"十二五"普通高等教育本科国家级规划教材

普通高等教育"十一五"国家级规划教材

面向21世纪课程教材

Textbook Series for 21st Century

# 畜牧业经济管理学

# Economic Management of Animal Husbandry

第3版

乔 娟 潘春玲 主编

中国农业大学出版社

·北京·

## 内容简介

本书由导论和四篇共十五章组成。第一篇畜产品市场，包括畜产品供给与需求、畜产品现货市场、畜产品期货市场、畜产品国际贸易与国际竞争力。第二篇畜牧业生产要素与相关产业，包括畜牧业生产要素、畜产品加工及贮运。第三篇畜牧业微观经济管理，包括畜牧业微观经济组织、畜牧企业营销管理、畜牧业项目投资评估、畜牧业经济核算。第四篇畜牧业宏观经济管理，包括畜牧业产业结构与布局、畜产食品安全与监管、畜牧业宏观调控、畜牧业可持续发展。

**图书在版编目(CIP)数据**

畜牧业经济管理学/乔娟，潘春玲主编. —3 版. —北京：中国农业大学出版社，2018.5 (2023.11 重印)

ISBN 978-7-5655-2019-8

Ⅰ.①畜…　Ⅱ.①乔…②潘…　Ⅲ.①畜牧业经济-经济管理-高等学校-教材　Ⅳ.①F307.36

中国版本图书馆 CIP 数据核字(2018)第 080006 号

**书　　名**　畜牧业经济管理学　第 3 版
**作　　者**　乔　娟　潘春玲　主编

**策划编辑**　张秀环　　**责任编辑**　张秀环
**封面设计**　郑　川　李尘工作室
**出版发行**　中国农业大学出版社
**社　　址**　北京市海淀区圆明园西路 2 号　　**邮政编码**　100193
**电　　话**　发行部 010-62818525,8625　　读者服务部 010-62732336
　　　　　编辑部 010-62732617,2618　　出　版　部 010-62733440
**网　　址**　http://www.caupress.cn　　**E-mail** cbsszs @ cau.edu.cn
**经　　销**　新华书店
**印　　刷**　北京时代华都印刷有限公司
**版　　次**　2018 年 6 月第 3 版　　2023 年 11 月第 4 次印刷
**规　　格**　787×1 092　　16 开本　　17.25 印张　　420 千字
**定　　价**　55.00 元

# 第3版编写人员名单


**主　编**　乔　娟　潘春玲

**副主编**　张光辉　蒋思文　赵元凤　索志林　乔颖丽　李秉龙

**编　者**　(按姓氏拼音排序)

宝音都仍(内蒙古农业大学)
葛　翔(中国农业大学)
蒋思文(华中农业大学)
李秉龙(中国农业大学)
李翠霞(东北农业大学)
孟凡艳(河北北方学院)
潘春玲(沈阳农业大学)
彭艳斌(沈阳农业大学)
乔　娟(中国农业大学)
乔颖丽(河北北方学院)
索志林(东北农业大学)
田艳丽(内蒙古农业大学)
余　红(新疆农业大学)
余建斌(华南农业大学)
张光辉(华南农业大学)
赵元凤(内蒙古农业大学)

# 第 2 版编写人员名单

**主　编**　乔　娟　潘春玲

**副主编**　张光辉　蒋思文　赵元凤　索志林　乔颖丽

**编　者**　（按姓氏拼音排序）

宝音都仍（内蒙古农业大学）
葛　翔（中国农业大学）
蒋思文（华中农业大学）
李翠霞（东北农业大学）
孟凡艳（河北北方学院）
潘春玲（沈阳农业大学）
彭艳斌（沈阳农业大学）
乔　娟（中国农业大学）
乔颖丽（河北北方学院）
孙葆春（青岛农业大学）
索志林（东北农业大学）
田艳丽（内蒙古农业大学）
闫逢柱（中国农业大学）
王若军（中国农业大学）
张光辉（华南农业大学）
赵元凤（内蒙古农业大学）

# 第1版编写人员名单

**主　编**　方天堃

**副主编**　乔　娟　索志林　陈仙林

**编　者**　(按姓氏拼音排序)
陈仙林(内蒙古农业大学)
方天堃(沈阳农业大学)
李　专(沈阳农业大学)
潘春玲(沈阳农业大学)
乔　娟(中国农业大学)
孙葆春(青岛农业大学)
索志林(东北农业大学)
王若军(中国农业大学)
赵庆国(沈阳农业大学)

# 第 3 版前言

由中国农业大学出版社出版的《畜牧业经济管理》(第 1 版)和《畜牧业经济管理学》(第 2 版),是到目前为止国内畅销的畜牧业经济管理学教科书。本书第 2 版被教育部批准为"普通高等教育'十一五'国家级规划教材",2014 年本书第 2 版又被教育部评选为"'十二五'普通高等教育本科国家级规划教材"。

本书于 2003 年 3 月由中国农业大学出版社第 1 次出版,由沈阳农业大学方天堃教授任主编,中国农业大学乔娟教授、东北农业大学索志林教授、内蒙古农业大学陈仙林副教授任副主编,最后由方天堃教授统稿。按照本书各章的顺序,各位作者负责如下各章的编写:第一章 绪论,方天堃;第二章 畜牧业经济形式与经营形式,方天堃;第三章 畜产品需求与供给,王若军、乔娟;第四章 畜牧业产业结构与布局,乔娟;第五章 畜牧业经营预测与决策,索志林;第六章 畜牧业中的生产要素,陈仙林;第七章 畜牧业中的饲料,陈仙林;第八章 畜牧场的生产组织与管理,潘春玲;第九章 畜产品加工与销售,索志林;第十章 畜牧业的经济核算,李专、孙葆春;第十一章 畜牧业生产经济效果评价,潘春玲;第十二章 畜牧业中的分配和消费,陈仙林;第十三章 畜产品比较优势和国际竞争力,乔娟;第十四章 畜牧业现代化与可持续发展,孙葆春、方天堃;第十五章 畜牧业经济的宏观调控,赵庆国、李专。

本书于 2010 年 6 月由中国农业大学出版社第 2 次出版,由中国农业大学乔娟教授、沈阳农业大学潘春玲副教授任主编,最后由乔娟教授统稿。按照本书各章的顺序,各位作者负责如下各章的编写:第一章 导论,乔娟;第二章 畜产品供给与需求,葛翔、闫逢柱、赵元凤;第三章 畜产品现货市场,乔颖丽;第四章 畜产品期货市场,乔娟;第五章 畜产品国际贸易与国际竞争力,乔娟、赵元凤;第六章 畜牧业中的生产要素,王若军、田艳丽、宝音都仍;第七章 畜产品加工及贮运,蒋思文;第八章 畜牧业经济的微观组织,张光辉;第九章 畜牧企业营销计划与决策,张光辉;第十章 畜牧业项目投资可行性研究与评估,索志林、潘春玲;第十一章 畜牧业的经济核算,潘春玲;第十二章 畜牧业产业结构与布局,孟凡艳、闫逢柱、乔娟;第十三章 畜产食品安全与监管,乔娟、李翠霞、赵元凤;第十四章 畜牧业的宏观调控,彭艳斌;第十五章 畜牧业现代化与可持续发展,孙葆春。

本书第 3 版由中国农业大学乔娟教授、沈阳农业大学潘春玲副教授任主编,最后由乔娟教授统稿。按照本书各章的顺序,各位作者负责如下各章的编写:第一章 导论,乔娟;第二章 畜产品供给与需求,余建斌、葛翔、赵元凤;第三章 畜产品现货市场,乔颖丽;第四章 畜产品期货市场,乔娟;第五章 畜产品国际贸易与国际竞争力,乔娟、赵元凤;第六章 畜牧业生产要素,田艳丽、宝音都仍、李秉龙;第七章 畜产品加工及贮运,蒋思文;第八章 畜牧业微观经济组织,张光辉;第九章 畜牧企业营销管理,张光辉;第十章 畜牧业项目投资评估,索志林、潘春玲;第十一章 畜牧业经济核算,潘春玲;第十二章 畜牧业产业结构与布局,孟凡艳、余建斌、乔娟;第十三章 畜产食品安全与监管,乔娟、李翠霞;第十四章 畜牧业宏观调控,彭艳斌、李秉龙;第十五章 畜牧业可持续发展,余红、李秉龙。

随着我国畜牧业的快速发展和畜牧业经济管理问题的发展变化，国家现代农业产业技术体系以及省区市创新团队中畜牧业经济岗位专家的研究推进，取得了丰硕的畜牧业经济管理方面的研究成果，促使我们对第2版教材进行修订。本版教材在第2版的逻辑框架和篇章内容基础上，主要对4篇内容做出以下重要修订。

(1)畜产品市场篇，在系统修订畜产品供给与需求和畜产品国际贸易与国际竞争力的基础上，重点修订和补充了畜产品现货市场和畜产品期货市场的部分内容。

(2)畜牧业生产要素与相关产业篇，在系统修订畜产品加工及贮运的同时，重点修订、替换和补充畜牧业饲料、劳动力、资金和技术进步的部分内容，增加畜牧业信息这一重要要素。

(3)畜牧业微观经济管理篇，在精炼规范章节题目的基础上，系统修订、替换和补充畜牧业的微观经济组织、畜牧企业营销管理、畜牧业项目投资评估和畜牧业经济核算的部分内容。

(4)畜牧业宏观经济管理篇，在系统修订畜牧业结构与布局、畜产食品安全与监管的同时，重点修订、替换和补充畜牧业宏观调控的部分内容，重新撰写畜牧业可持续发展的内容。

本版教材经修订后有如下4个特点：第一，力求理论与实际相结合，即用成熟的畜牧业经济管理理论来指导畜牧业经济管理实践，对新出现的畜牧业经济管理问题进行理论上的归纳与总结，用新的理论观点来解释和指导现有的畜牧业经济管理活动。第二，力求历史与现实相结合，畜牧业的发展伴随着整个人类社会的进步，在不同的历史发展阶段，虽然作为大农业主要组成部分的畜牧业的基础地位不变，但很多畜牧业经济管理问题、特别是政策及策略问题的差别很大，任何现实的畜牧业经济管理问题都与历史相联系。第三，力求国内与国外相结合，一是畜产品国际贸易走向自由化，一国畜牧业发展及问题常常与国际市场及别国市场相联系；二是别国畜牧业发展的经验与教训值得我们借鉴。第四，力求畜牧业经济管理理论与畜牧业经济管理政策及策略相结合，本书包括导论和4篇共15章，即畜产品市场篇、畜牧业生产要素与相关产业篇、畜牧业微观经济管理篇和畜牧业宏观经济管理篇。之所以这样安排是因为畜牧业经济管理学是一门应用经济管理学，畜牧业经济管理理论与畜牧业经济管理政策及策略有着紧密的联系，本书既注重畜牧业宏观经济管理理论与畜牧业政策的对接，也注意畜牧业微观经济管理理论与畜牧业经济管理策略的对接。

另外，本书在各章之前，提出了本章的学习要点；在各章之后又作了小结，归纳总结了本章的主要概念、观点和思想，并给出了复习思考题，便于学生及时复习；在各章之后又列出重要的参考文献，便于感兴趣的同学阅读和深入研究。教师不一定讲授本书所有的内容，有些内容可以让学生自己去读；当涉及中外具体的畜牧业经济管理问题时，教师还应该增加最新研究进展或案例，这一点由授课教师来把握。由于畜牧业经济管理涉及范围广泛，而且很多畜牧业经济管理问题尚在研究探索之中，本版教材中的不足之处敬请读者批评指正，以便于我们不断地对其进行改进和完善。

为了更好地落实中国共产党第二十次全国代表大会的会议精神，本教材对第十三章第三节畜产食品安全监管体系的内容作了较大篇幅的修订，对第十五章第三节畜牧业可持续发展战略进行了补充。

**乔　娟**

2023年10月28日

于中国农业大学绿苑

# 第 2 版前言

本书第 1 版作为“面向 21 世纪课程教材”于 2003 年 3 月由中国农业大学出版社出版，随着社会经济的发展和畜牧业经济管理学科整体研究水平的提高，发现第 1 版教材在很多方面存在着不足，促使我们着手对第 1 版教材进行全面修订，修订再版书荣幸地被教育部批准为普通高等教育“十一五”国家级规划教材。读者的支持和学界的重视，促使我们本着对读者负责和反映学科最新研究水平的态度，对第 1 版教材进行了全面的修订。

本版教材在第 1 版原有主要章节内容的基础上，在以下 6 个方面做出了重大修订。

(1)把本版教材内容划分为由五个部分组成的框架结构，即导论、畜产品市场篇、畜牧业生产要素与相关产业篇、畜牧业微观经济管理篇、畜牧业宏观经济管理篇，构建了畜牧业经济管理学的基本逻辑框架。

(2)增加畜产品现货市场和畜产品期货市场两章内容，使畜产品市场篇，既包括畜产品供给与需求的基本理论，又包括畜产品的现货市场、期货市场以及国际贸易等完整的内容，有助于读者全面把握畜产品市场的整体架构。

(3)将畜牧业中的饲料合并到畜牧业中的生产要素之中，既有助于整体阐述畜牧业生产要素之间的有机联系，又可避免与动物营养学等相关教材重复。

(4)把畜牧业中的具体经济管理问题分为微观经济管理和宏观经济管理两部分，有助于从畜牧业的微观经营主体和宏观管理部门两方面掌握畜牧业经济管理的整体内容。

(5)对畜牧业微观经济管理内容进行大量的修订、替换和补充，使畜牧业微观经济管理部分包括畜牧业经济的微观组织、畜牧企业营销计划与决策、畜牧业项目投资评估以及畜牧业的经济核算等系统全面的内容结构。

(6)在畜牧业宏观经济管理部分增加了畜产食品安全与监管一章，在促使畜牧业宏观经济管理部分更加充实和完善的同时，激发读者对畜产食品安全问题与监管的关注。

本版教材经过修订之后呈现出以下 3 个特点：①力求理论与实际相结合，即用成熟的畜牧业经济管理理论来指导畜牧业经济管理实践，对新出现的畜牧业经济管理问题进行理论上的归纳总结。②力求理论与现实相结合，畜牧业的发展伴随着整个人类社会的进步，在不同的历史发展阶段，虽然作为农业重要组成部分的畜牧业基础地位不变，但很多畜牧业经济管理问题差异很大，而且很多现实的畜牧业经济管理问题都与历史相联系。③力求国内与国际相结合，随着畜产品国际贸易不断走向自由化，国内畜牧业经济管理问题常常与国际市场紧密联系，因而需要借鉴国外畜牧业经济管理的经验与教训。

此外，本版教材在各章之前提出了本章的学习要点；在各章之后通过本章小结归纳总结了本章的主要内容，并给出了复习思考题，便于学生及时复习；在各章之后还列出了重要的参考文献，以便于感兴趣的读者阅读和深入研究。老师不一定讲授本版教材所有章节内容，有些内容可以让学生自学；当涉及国内外具体的经济管理问题时，老师还应该尽可能补充最新的研究成果及案例。

本书第1版由方天堃教授任主编，乔娟教授等任副主编，本版教材修订中方天堃教授因同时承担相关教材主编任务而退出，本版教材还根据参编人员工作变动等进行了必要调整。

本版教材由乔娟教授、潘春玲副教授任主编，张光辉教授、蒋思文教授、赵元凤教授、索志林教授、乔颖丽教授任副主编，最后由乔娟教授总纂定稿。各位作者的具体编写分工如下：第一章导论，乔娟；第二章畜产品供给与需求，葛翔、闫逢柱、赵元凤；第三章畜产品现货市场，乔颖丽；第四章畜产品期货市场，乔娟；第五章畜产品国际贸易与国际竞争力，乔娟、赵元凤；第六章畜牧业中的生产要素，王若军、田艳丽、宝音都仍；第七章畜产品加工及贮运，蒋思文；第八章畜牧业经济的微观组织和第九章畜牧企业营销计划与决策，张光辉；第十章畜牧业项目投资可行性研究与评估，索志林、潘春玲；第十一章畜牧业的经济核算，潘春玲；第十二章畜牧业产业结构与布局，孟凡艳、闫逢柱、乔娟；第十三章畜产食品安全与监管，乔娟、李翠霞、赵元凤；第十四章畜牧业的宏观调控，彭艳斌；第十五章畜牧业现代化与可持续发展，孙葆春。

本版教材虽然与第1版教材相比进行了大量的修订和完善，但如果没有第1版教材的成功推出和奠定的坚实基础，本版教材的修订和再版都无从谈起，为此衷心感谢未能参加本版教材修订的方天堃教授及其他第1版教材的编写人员。另外，由于畜牧业经济管理涉及范围广泛，而且很多畜牧业经济管理问题尚在研究探索之中，本版教材中的不足之处敬请读者批评指正，以便于我们不断地对其进行改进和完善。

乔　娟

2010年3月

于中国农业大学绿苑

# 第 1 版前言

畜牧业在农业乃至整个国民经济中占有十分重要的地位，畜牧业经济管理作为部门经济管理，也是农业乃至国民经济管理的重要组成部分。畜牧业提供的肉、蛋、奶等产品是人们的重要食物，其营养价值全面，特别是蛋白质的含量和质量高于植物性食品。膳食结构中有无足够的动物性食品和动物性蛋白，已成为衡量一个国家人民生活水平的主要指标之一。畜产品的加工和综合利用所获得的各类产品还是医药、化工、食品、机械、纺织、工艺美术等行业的重要原料。在经济欠发达地区，畜牧业还是农村动力和农田有机肥料的重要来源，同时可以提供更多的就业机会和经济收入。农村改革 20 多年来，我国畜牧业有了较快发展，但与发达国家仍存在很大差距。随着我国农业发展进入新阶段以后，为适应国内外市场需求的变化，要对农业结构进行战略性调整，其目标之一就是加快畜牧业的发展；为了应对加入 WTO 带来的挑战，同时为了全面推进小康社会建设，探讨如何促进我国畜牧业持续、健康、快速发展，是当前和今后相当长时期农业和农村经济发展的一项重要任务。为适应我国畜牧业发展的需要，我们组织编写了符合中国国情的、有利于指导畜牧业发展的畜牧业经济管理教材。本教材为教育部面向 21 世纪高等农林院校经济管理类本科人才培养方案及教学内容课程体系改革的研究与实践(04-21 项目)成果。

畜牧业经济管理学是一门部门经济管理学，是农业经济管理理论的组成部分。农业包括种植业、林业、畜牧业、渔业等具有不同经济特点的多种部门，每个部门都有自己的经济规律和经济特点。建立畜牧业的部门经济管理学，一方面有利于农业经济管理人才专业化，有利于培养掌握经济管理理论的畜牧业专业技术人才；另一方面可以指导畜牧业生产，特别是随着畜牧业商品化、专业化、社会化和生产水平的日益提高，畜牧业的生产规模也在日益扩大，对畜牧业生产的全过程加强经济管理，提高经济效益，都是在社会主义市场经济条件下需要面对和迫切解决的问题。

畜牧业经济管理学是研究经济规律在畜牧业中的具体表现形式和管理学原理在畜牧业中的具体应用，它不仅要研究各种经济规律在畜牧业部门和畜牧业企业的特殊表现形式，还要研究经济管理职能的具体运用和作用发挥。畜牧业经济管理就是对畜牧业部门和畜牧业企业在生产、交换、分配和消费等经济活动中及其各个环节上占用和消耗的人、财、物等方面，进行正确有效的决策、计划、组织、指挥、协调、核算和控制。即通过决策和计划，确定出切实有效的经营目标；通过组织和指挥，维持正常的生产和营销秩序，以保证经营目标的实现；通过协调和控制，及时解决、修正生产和流通中出现的各种矛盾和问题，确保畜牧业部门和企业沿着既定的目标轨道向前发展；通过核算和控制，检查计划的执行情况，从而保证畜牧业部门和企业经营计划的执行和决策目的的最终实现。

本教材坚持以马克思主义理论为指导，并运用现代西方经济理论、现代管理理论和方法，结合中国畜牧业发展实际，阐述了社会主义市场经济条件下，畜牧业经济管理的基本规律和基本方法。本教材在内容上力求创新，在继承过去已有教材成果的基础上，增加了新内容，如“畜产品需求与供给”“畜产品加工与销售”“畜产品比较优势和国际竞争力”“畜牧业可持续发展”等，引进了新理论、新内容、新方法，反映了本学科前沿的知识。这些都是过去教材中所没有的，而恰恰又是现实中所需要的。

本教材力求理论联系实际，根据教学内容插入了许多图表，列举了一些实例，并于每章后面设计了复习思考题，有利于培养学生联系实际、独立分析思考问题的能力，也增强了本教材的实用性。

该教材适用范围比较宽泛。既适用于高等农业院校经济管理类专业、动物科学专业、农村区域发展专业等各相关专业本科生用书，也可作为自学考试动物科学专业本科生学习、辅导用书，同时，还可作为农村基层干部、畜牧技术人员、经营管理人员学习、培训用书。

本教材由方天堃教授任主编，乔娟教授、索志林教授、陈仙林副教授任副主编，最后由方天堃教授统稿。具体章节编写如下：第 1、2 章由方天堃编写；第 3 章由王若军、乔娟编写；第 4、13 章由乔娟编写；第 5、9 章由索志林编写；第 6、7、12 章由陈仙林编写；第 8、11 章由潘春玲编写；第 10 章由李专、孙葆春编写；第 14 章由孙葆春、方天堃编写；第 15 章由赵庆国、李专编写。

尽管我国畜牧业有着悠久的历史，但现代畜牧业发展已经落在了发达国家的后面。特别是由于我国畜牧业经济管理学科建立比较晚，很多问题尚在研究探索之中，因此，要编写一部高质量的畜牧业经济管理教材，确实还是有很多困难的。又由于作者水平所限，加之时间比较紧，书中不足之处在所难免，敬请读者提出宝贵意见。

编　者

2003 年 1 月

# 目　录

# 第一章 导　论

◈ 学习要点

◘ 畜牧业的特性、地位与作用

◘ 畜牧业经济的产生与发展

◘ 畜牧业经济管理学的研究对象与内容

## 第一节 畜牧业的概念、特性、地位与作用

### 一、畜牧业的概念与特性

#### （一）畜牧业的概念

畜牧业是人们利用动物的生长发育来获取产品的社会物质生产部门。因为畜牧业生产的对象是动物体，获取的是动物产品，所以畜牧业一般是指以生产动物性产品为目的的动物饲养业。动物饲养是指人们以植物产品为基本饲料，将已经被驯化的动物（猪、牛、羊、马、骡、驴、鸡、鸭、鹅、兔、蜂、骆驼等，其中最主要的是畜禽），通过人工饲养、繁殖，利用动物的消化合成功能或者生理机能，将植物性产品转化为肉、蛋、奶、毛、绒、皮、丝、蜜等动物性产品。因此，畜牧业的本质是人们利用动物机体的生命力，把植物性产品转化为动物性产品，以满足社会需要的一种生产经济活动。

#### （二）畜牧业的特性

1. 畜牧业是自然再生产和经济再生产相交织的生产　畜牧业作为人们利用动物机体的生命活动，将植物性产品转化为各种动物性产品的生产活动的最基本特性，就是自然再生产和经济再生产的交织。

（1）畜牧业生产是一种自然再生产过程。畜牧业是利用动物有机体的生长发育过程进行的生产，是生命物质的再生产，因而也是有机体的自然再生产过程。例如，畜牧业的生产过程同时也就是动物的生长、繁殖过程，在这一过程中，动物主要以植物产品为基本食物，通过消化合成作用（新陈代谢）转化为自身所需的物质以维持自身的生长、繁殖，并将植物性产品转化成动物性产品。动物的残体和排泄物进入土壤和水体后，经过微生物还原，再次成为植物生长发育的养料来源，重新进入动物再生产的循环过程。显然，动物的自然再生产过程有自身的客观

规律，它的发展严格遵循自然界的生命运动规律。

畜牧业生产的对象是有生命的动物有机体，其生长和繁殖都依赖一定的环境条件并遵循一定的客观规律。人们通过劳动可以改变动物有机体生长和繁殖的环境条件，或者直接干预其生长和繁殖的过程，从而获得人们生活、生产和发展所需要的食物和其他物质资料。随着科学技术的发展，人们对动物生长发育规律的认识日益深入，改变动物生长发育过程及其环境条件的手段日益加强，畜牧业生产提供的动物产品也日益丰富。

(2)畜牧业生产也是一种经济再生产过程。畜牧业生产者在特定的社会中结成一定的生产关系，借助一定的生产工具对劳动对象进行具体的生产活动，以获得所需要的畜产品。这些畜产品可以供生产者自己消费，也可以作为生产资料进入下一个畜牧业生产过程，还可以通过交换换取生产者所需要的其他消费和生产资料。经过交换的畜产品可能有一部分进入消费过程，另一部分则进入下一个生产过程，或进入其他生产领域。畜牧业生产者利用自己生产的畜产品以及通过交换获得的其他生活和生产资料，不仅可以满足自身的生存需要，还可以不断进入下一个生产过程，保持畜牧业生产周而复始地进行下去。

综上所述，畜牧业生产最基本的特性就是自然再生产过程与经济再生产过程的有机交织。单纯的自然再生产过程是动物有机体与自然环境之间的物质、能量交换过程，如果没有人类的劳动与之结合，它就是动物自身的生育循环过程而不是畜牧业生产。作为经济再生产过程，畜牧业生产是人们有意识地干预自然再生产过程，通过劳动改变动物生长繁育的过程和条件，借以获得人们所需要的动物产品的生产过程。因此，这种对自然再生产过程的干预必须符合动物生长繁育的自然规律，同时也要符合社会经济再生产的客观规律。

由畜牧业自然再生产和经济再生产有机交织这一基本特性派生出了畜牧业的一系列相关特性，例如畜牧业发展需要坚持自然规律与经济规律相结合，畜牧业的生产时间与劳动时间不一致，畜牧业生产中存在着外部性、公共产品性、弱质性和不稳定性等。

2.畜牧业生产是以第一性植物生产为基础的第二性生产　相对于畜牧业生产来说，植物生产属于第一性生产。植物生产吸收土壤中的养分、水分和空气中的二氧化碳，通过光合作用形成植物能，因而植物生产的实质是最大限度地提高植物对太阳能的利用率。畜牧业生产主要是以植物产品为养料，通过动物的生理机能，再将植物能转化为各种动物性产品，因而畜牧业生产的实质是最大限度地提高动物对植物能的利用率和能量转化率，同时再将一部分动物不能吸收利用的物质，加工成有机肥后再返还给土壤。植物生产和动物生产是整个生态循环中的两个重要环节，要进行畜牧业生产并获得动物性产品，首先需要有饲草饲料。因此，发展畜牧业首先要建立巩固的饲料基地，不断扩大饲料来源，并根据各种动物生产和生存的需要，经济合理地配制饲料，保证动物在维持生命营养的基础上，能有更多的生产营养用于畜产品生产。同时要注意维持和不断改善生态平衡，合理利用和保护各种饲料资源；要防止和克服掠夺式地利用各种自然资源；如果没有第一性植物生产的充分发展为基础，发展第二性的畜牧业生产就是一句空话。

## 二、畜牧业的地位与作用

### (一)畜牧业的地位

1.畜牧业作为农业的重要组成部分也是国民经济的基础　农业是国民经济的基础，农业在国民经济中的重要地位主要表现在以下两方面：第一，农业是提供人类生存必需品的生产部门。迄今为止，人类所需要的最基本的生活资料及其原料，只能或者主要由动植物（准确地说，还包括微生物）产品来提供。第二，农业是整个社会的决定性生产部门，也就是说，农业的发展是社会分工和国民经济其他部门成为独立生产部门的前提和进一步发展的基础。在农业生产力低下的古代，人们为了生存不得不用全部劳动力从事农业生产；只有随着农业生产力的不断发展，农业劳动生产率的不断提高，剩余动植物产品不断增多，社会才能把日益增多的劳动力从农业中分离出来，从事农业以外的生产活动和文化、政治活动，工业、商业等经济部门才得以逐渐独立出来，而且独立出来的国民经济其他部门的进一步发展也必须依赖于农业的稳步发展。农业是人们利用太阳能，依靠动植物的生长发育来获取动植物产品的社会物质生产部门，既包括植物栽培业也包括动物饲养业，而动物饲养业也就是畜牧业。通过植物栽培业生产粮食、棉花、油料等植物性产品，可以满足人们生活和生产的部分需求；通过动物饲养业生产肉、奶、蛋、皮、毛等可以满足人们获得更高级营养和更多的加工品的需求。也就是说，植物栽培业和动物饲养业应处于同等重要的地位。因此，种植业是畜牧业发展的基础，随着现代农业的发展，畜牧业在农业当中所占的比重越来越大，并成为农业现代化的重要标志。但农牧有机结合，是现代农业可持续发展的不二选择。畜牧业的重要任务不仅是要提供更加精美和安全的食品，而且还要改善和保护生态环境，促进农业、农村和整个国民经济健康和谐发展。

*2. 畜牧业是充分合理利用自然资源的重要经济部门* 首先，地球上的自然资源除了耕地外，还有广阔的不适宜直接通过植物栽培获得人们需要的生活资料，但却可以生产出大量的满足动物饲养需要的牧草、树叶、灌木和水生植物等的草原、草山、草坡、森林、海岸滩涂等。通过畜牧业生产可以将人们不能直接利用的包含在牧草、树叶、灌木和水生植物中的碳水化合物、脂肪、蛋白质等营养物质转化成对人们十分有用的肉、蛋、奶、皮、毛等生活资料，畜牧业的这种功能在相当长的历史时期内，是其他任何经济部门所不能替代的。其次，人们只能直接利用植物栽培业通过光合作用和营养代谢合成的碳水化合物、脂肪和蛋白质等植物性产品（如粮食、棉花、油料、蔬菜、水果、糖料等）中的一部分（如粮食的籽粒、棉花的棉绒和棉籽、花生的果仁、甜菜和蔗糖的糖分等）作为生活资料或工业原料，而其余约 3/4 的植物产品的根、茎、叶、果实的皮壳，以及粮食加工、榨油、榨糖、酿酒等工业副产品，是人们不能直接用作生活资料来消费的，但却可以作为动物养殖业生产肉、蛋、奶、皮、毛等的主要生活资料。因此，植物栽培业和动物养殖业共同发展比单纯从事植物栽培业，能更充分合理地利用自然资源。

### （二）畜牧业的作用

畜牧业作为农业的重要组成部分，不仅是农业发展水平的重要标志，而且与植物栽培业共同对经济发展发挥着重要作用。

*1. 畜牧业是满足人们食品数量安全和改善人们食物结构的重要来源* 畜牧业所生产的畜产食品不仅是人们生活中最基本的必需品的重要组成部分，而且是改善人们食物结构，增加食物中动物性蛋白质比重的重要源泉。通常随着经济发展和收入水平的提高，人们的食物结构将从主要以植物性产品为主转向不断增加肉、蛋、奶等动物性产品的比重，使得畜产食品在人们生活中占有越来越重要的地位。

*2. 畜牧业是国民经济中某些工业发展所需原料的主要来源* 畜牧业还是工业发展所需原料的重要来源，众所周知，毛纺织工业、食品工业、皮革及制鞋工业、油脂工业以及部分医药工

业等的原料大部分来自畜牧业。在工业化早期阶段，一般国家的工业是以种植业和养殖业的原料加工业为主，所以工业的发展与种植业和养殖业的发展状况密切相关。虽然种植业和养殖业产值占国民生产总值的份额一般来说会随着实际人均GDP的增长而下降，可由于以种、养殖产品为原料进行生产的工业品的需求收入弹性一般大于原料本身的需求收入弹性，因而如果考虑到毛纺织工业、食品加工、皮革及制鞋工业等的发展，种养殖业相对重要性下降的速度就缓慢得多。以畜产品为原料的毛纺织工业、食品工业、皮革及制鞋工业、油脂工业以及部分医药工业等作为国民经济的重要组成部分，其持续健康发展，既有助于满足人们日常生活用品以及日益增长的消费需要，有助于改善人们物质生活水平，也有助于促进整个国民经济的持续健康发展。因此，保障畜牧业的持续健康发展既是相关工业持续发展的前提条件，也能为整个国民经济健康发展做出重要贡献。

*3. 畜牧业是提高农业劳动力利用率和农牧民增收的重要途径* 随着科学技术的进步和农业劳动生产率的不断提高，农业剩余劳动力将呈不断增加态势，特别是像中国这样的人口快速增长的发展中国家，农业剩余劳动力问题还很严峻。一方面，畜牧业相对于种植业的劳动密集型特征，决定了发展畜牧业有助于提高农业劳动力利用率；另一方面，尽管大量劳动密集型的养殖业发展也会带来资源和环境问题，但相对于种植业而言，畜牧业在发展过程中受耕地资源有限的制约较小，且比较适合实行适度规模经营，使得相对于种植业能够吸纳更多的农业劳动力。随着农业劳动力利用率的提高和养殖业本身的增值效应，必将有助于促进农民收入水平的不断提高。

*4. 畜牧业是发展有机农业和实现可持续发展的重要前提* 20世纪以来，通过提高产量来保障人类粮食安全的农业发展道路，后来也被人们定义为无机农业道路。无机农业道路的主要特点是依靠投入大量的机械动力、化肥、农药，以消耗大量的石油和天然气等能源来大幅度地提高农业劳动生产率和农产品产出水平，从而较好地满足人口增长对粮食安全的需要。但是，随着化肥、农药等的大量施用也带来了许多负面影响。例如，土壤结构遭到破坏，酸度增大，易板结；环境污染严重，农产品农药残留增加；能源消耗大，成本居高不下；水土流失严重，生态平衡遭到破坏等。进入20世纪中期以后，随着无机农业负面影响以及对人类危害的日益凸显，人们逐渐认识到可持续发展的重要性，要求经济效益、社会效益和生态效益并举；同时人们也认识到为了人类的身心健康，需要注意食品安全，并产生了新的消费需求，即要求生产者降低农产品中的农药和有毒有害物质残留，发展绿色或无污染食品，在农产品生产过程中不仅不能对环境产生不良影响，而且应该有利于保护自然生态环境以及自然资源的永续利用。正是基于上述背景促使人们提出了农业发展的新思路，尤其在发达国家出现了有机农业的发展思路，所谓有机农业也就是通过种植业与养殖业的有机结合、化肥与有机肥的科学合理使用并以有机肥为主，来实现投资省、耗能低、效益高和有利于保护环境的农业发展道路。厩肥是一种含有多种元素的有机肥，能形成腐殖质，改良土壤结构，促进土壤微生物活动，是肥效完全、有机质充分、培养地力的好肥料，而且投资少、增产效果好。显然，只有走农牧有机结合的现代农业发展道路，从而减少不可再生的石油和天然气等能源消耗，才能有助于人类社会的可持续发展。

*5. 农业的多功能性在畜牧业中的体现* 20世纪80年代（特别是乌拉圭回合）以来，人们对农业作用的认识更注重其多功能性。农业多功能性是指农业除了具有提供食物和纤维等多种商品的功能外，同时还具有其他经济、社会和环境等方面的非商品产出功能，这些功能所产

生的有形结果和无形结果的价值无法通过市场交易和产品价格来体现。一般认为,农业所具有的非商品产出功能可分为环境功能、社会功能、粮食安全功能、经济功能和文化功能五个方面。畜牧业作为农业的重要组成部分,农业所具有的多功能性在畜牧业中也都有所体现。

(1)环境功能。农业的环境功能表现为农业及其相关土地的利用对环境可能产生的有利或不利影响;畜牧业的发展能通过其自身的投入和产出等对环境产生有利或者不利的两方面影响,例如畜牧业的适度发展提高了植物产品的利用率,通过对动物废弃物的减量化、无害化、资源化的处理,实现农业生态环境的改善与治理。

(2)社会功能。农业的社会功能表现在不仅为农村居民提供谋生手段和就业机会,而且提供生活和社交场所,有助于减少农村人口盲目地向城市流动、保持社会稳定和形成社会资本,在许多发展中国家农业还有助于消除贫困和替代社会福利保障;畜牧业的发展能通过提供谋生手段和就业机会,减少农村人口盲目地向城市流动,形成农产品地理标志等公共品牌。

(3)食物安全功能。农业的食物安全功能是指所有的人在任何时候都在经济上有能力并且可以获得足够数量卫生安全和营养的食品,从而达到积极和健康生活对食品的需要及偏好(联合国粮农组织),具体包括:充足与稳定的供给,食物的可获得性,食物的卫生安全、质量和偏好;畜牧业的发展能通过提供一定数量卫生安全并且能满足人类不同膳食结构需要及偏好的食品来体现其食物安全功能。

(4)经济功能。农业的经济功能是指农业除了与其他部门一样具有提供产品和就业机会等传统经济功能外,还具有其他经济方面的非商品产出功能,如保障劳动力就业、经济缓冲作用、保持国土空间上的平衡发展、提供消遣场所、文化和历史继承、形成农业景观、促进社会公平、提高农村居民学习能力和维持特殊的生态系统等功能;畜牧业的发展能通过增加劳动力就业、提供消遣场所、文化和历史继承、形成农业景观等来体现其经济功能。

(5)文化功能。农业的文化功能表现为农业具有形成和保持农村独特文化和历史的功能;畜牧业的发展能通过与农牧区的紧密结合等来形成和保持富有地方特色和乡土气息的传统文化,维护文化的多样性。

## 第二节 畜牧业经济的产生与发展

### 一、中国原始畜牧业经济的产生

早在170万年以前的旧石器时代的初期和中期,生活在中国土地上的原始人的生产工具以打制的很简陋的石器为主,无法应对体力强大于人、爪牙锋利于人、行动敏捷于人的野生动物,也不可能以野生动物为生活资料。因此,这一时期的原始人是靠采集天然植物的果实、花、叶、根、茎为食。但是,随着原始人能够打制的生产工具越来越精细、锋利,越来越具有威力,而逐步改变了人类与野生动物的关系,使得原始人从只能躲避发展到不仅能对抗而且能制胜野生动物。

大约距今15 000年,原始人借助发明的弓箭,并使用织网兜捕动物,使得能捕获的野生动物逐渐增加,当捕获的野生动物超过当时所需的食物量时,就先吃打死的、后吃受伤的,而暂时吃不完的活野生动物(主要是小野生动物),就放在天然的地洞或土石围子内蓄养起来,以备捕获不到野生动物时食用,并成为在当时条件下贮存野生动物产品的主要方式。对捕获野生动物进行蓄养进一步改变了人类与野生动物的关系,并进一步发展到人类对野生动物的驯养阶段和有意的谋生手段,这不仅对于改进人类生活和狩猎技术产生重大作用,而且开启了动物饲养的历史。

进入新石器时代,原始人类为了弥补狩猎和采集的不足,发明了种植业,而种植业的发展推动了原始人类由流动狩猎和采集走向定居。种植业的发明及发展为原始人类的定居提供了前提,而定居也需要将猎获的野生动物加以驯养,以提供足够的生活资料。

原始人类驯养野生动物的初始目的仅仅是为了贮存生活资料,但当从驯养野生动物发展到繁殖、饲养以便获得更多动物产品,便逐渐形成了畜牧业,并成为人类最早的生产部门。畜牧业的产生不仅使动物产品从自然产品转为生产品,而且把家畜和野生动物区别开来,但较早成为家畜的都是易于驯化的动物。随着人类开始驯养动物和种植农作物,即出现原始畜牧业和原始种植业以后,人类也就从蒙昧时代进入到野蛮时代。

根据中国各地迄今已发掘的古代地下文化遗址中的家畜、家禽骨骼判断,各种家畜、家禽都是在这一时期驯化出来的。除了狗以外,猪是中国最早驯化的家畜。猪、狗、羊、牛、马、鸡六畜是中国新石器时代最早驯化的主要家畜种类,至今都有 4 000 多年的饲养历史。从 100 多个遗址出土的遗骨也发现,在整个新石器时代,猪的饲养一直占多数,为六畜之首。这主要是由于中国广大地区的氏族部落都以种植业为主,种植业的发展为养猪提供了更多的饲料,形成了以种植业为主,种植业和养殖业结合的经济特点。

## 二、中国古代畜牧业经济的特点

### (一)牲畜及产品由原始氏族公有转为奴隶主所有或农民私有

5 000 多年前,中国黄河中下游地区的母系氏族社会逐渐被父系氏族社会所代替,而到 4 000 多年前的父系氏族社会末期,种植业和畜牧业都有了新的发展。这一时期由个人生产出来的农牧产品,除了养活自己外,开始有了一定的剩余产品;同时,随着生产力的发展和剩余产品的形成,私有制出现,使得牲畜及其产品从公有转为奴隶主贵族私有以及农民家庭所有;从而导致原始社会逐渐解体,并进入奴隶社会时代。

### (二)放牧与圈养相结合的饲养方式得到发展

公元前 2100 年至公元前 700 年,随着大量奴隶被用于畜牧业生产,木、石、骨制工具的改进和推广,以及青铜器的发明,促使中国畜牧业获得较大发展,畜牧业能够提供的剩余产品也不断增加。这一时期不仅出现放牧与圈养相结合的饲养管理方式,而且已经开始种植牧草,大量饲养畜禽,牛和马主要为役用,尤其是东周、战国时期,产生了以家庭为生产单位,种植业为主,农牧结合经营的农户,而且随着牛耕法的推广,牛的用途由主要由作牺牲变为役用为主,肉食的来源主要转向饲养小家畜和家禽,从而促进畜牧业全面发展。

### (三)适应自然环境条件的畜种区域分布逐渐形成

作为有生命的动物(家畜家禽)的生长繁育会受到周围环境的影响,不同的畜禽品种所能适应的自然环境不同。随着人们对畜禽生长繁殖与所在地的自然环境有着密切关系的认识,逐渐知道什么样的地方适宜于发展哪些牲畜,从而开始能够根据牲畜生长对自然条件的适应性,形成了一定畜种的布局。例如,从魏晋时期至明代,人们知道中国西北地区适宜发展养马业，并把养马基地建在西北，使得西北地区的养马业都很发达。

### （四）农区畜牧业和牧区畜牧业逐渐形成

畜牧业产生之初，完全依靠分布在江河流域附近和气候、土壤条件比较适宜地区的天然草场放牧，但随着人畜不断增多，为了解决固定地区放牧饲料资源不足问题，产生两种扩大饲料来源的方式：发展种植业和扩大放牧空间范围。前者因依靠种植业而逐渐增加舍饲，减少放牧，趋向固定；后者则依靠扩大空间，增加流动性。由于饲养方式的分化，形成了畜牧业的两大类型，即农田畜牧业与草地畜牧业。

在地广和人畜都少的古代，粗放种植业与游牧能并存于同一地区，但随着生产的发展，出现了种植业与游牧争地的矛盾。于是在西北、西南等部分不适宜种植农作物而适宜利用天然草场放牧牲畜的高寒地区，就在狩猎的基础上逐步发展为牧业区；而在黄河、长江的中下游等适于种植多种农作物的地区，则在采集业的基础上逐步发展为农业区；进而促使两种类型的畜牧业产生地区分化，并逐渐形成牧区畜牧业与农区畜牧业。

农区和牧区畜牧业的分化是长期逐渐完成的。直到春秋时期，中原地带的游牧民族仍然活动在农区，两种类型畜牧业的地区分布界限并不明显。生态条件差、位置偏僻、不能发展种植业的牧区，只能发展马、牛、羊等草食家畜，使得畜牧业不仅是唯一的生产部门，而且是高度自给性生产，这些地区直到新中国成立前仍基本处于原始状态。天然水草条件较好的农区，除部分粮食可作为饲料外，拥有大量的秸秆、糠麸和蔬菜等可用于饲养猪和家禽，加之猪和家禽的饲养周期短等，使之很快就成为农区饲养最多的主要畜禽，但受人多地少、耕地主要用于种植口粮、饲料来源少的限制，农区畜牧业只是作为家庭副业，发展缓慢。农区畜牧业和牧区畜牧业的分化及形成，除自然环境因素的作用外，还有战争和政府的畜牧业政策等社会因素的作用。

## 三、中国近代畜牧业经济的特点

中国虽然是畜牧业起源最早的国家之一，并且在古代得到较大发展。但是，在中国近代历史中，特别是鸦片战争以后，尽管国外一些先进的畜牧兽医技术、优良品种以及经营管理方法通过多种渠道传入中国，由于封建统治和列强入侵等，使得中国的畜牧业和其他产业一样，因遭到严重摧残而发展缓慢。

### （一）数千年的封建统治严重制约畜牧业的发展

中国畜牧业在数千年的封建社会里，因封建统治者的残酷剥削而发展缓慢。农区畜牧业主要由农户分散经营，多为农户所有，但数量有限；多数农户耕种的是租佃的土地，牲畜的役力和肥料都用在租佃的土地上，生产的农产品大多以地租形式交给地主，农民得到的很少；农户的畜禽产品要经过中间商人进入市场或者直接售给官僚地主，农户所得也很少。牧区畜牧业的主要生产资料——草地和牲畜，绝大多数为封建牧主、头人、土司、王公以及宗教上层分子所有，牧民只有少量的牲畜而且只能在零星分散的草地上放牧；许多牧区实行农奴制，农奴主占有大量牲畜和土地，农奴只有少量牲畜，基本没有土地，而且农奴还要向农奴主提供劳役地租等。

近代的统治者也曾试图振兴畜牧业。晚清政府的陆军首先引进欧洲种马和饲养、繁育技术；民国历届政府的畜牧业务行政部门、畜牧兽医科研、教育机构引进了欧美畜禽良种和近代畜牧兽医技术，并向民间推广；近代畜牧企业在各地相继有所发展。但是，由于畜牧兽医事业经费来源没有保障，兽医防治工作处于被动应付状态，畜种改良没有成绩；由于战事，畜牧企业大多散失；由于兽医机构少、药品短缺，动物疫病流行，每年都有大批畜禽死亡，牧区尤为严重。从而使得近代中国畜牧业一直没能得到很好的发展。

### （二）列强入侵掠夺使中国畜牧业遭到严重摧残

沙俄在近代曾采取压价收购、贩卖劣货、任意提高售货价格等不公平的交易手段，对中国蒙古和新疆地区的畜牧业以及牧民实行残酷的掠夺。英国、美国、德国等也主要通过入侵后低价收购羊毛、羊绒、皮张等畜产品，对中国青海、西藏以及甘肃、宁夏、四川西北部等地区的畜牧业以及农牧民实行残酷的掠夺。日本在侵华战争期间，特别是在1941年发动太平洋战争后，在加强对原有的家畜和畜产品直接掠夺的同时，颁发两个“振兴畜产开发五年计划”，以建立为侵略战争服务的畜产品基地，还颁布了牲畜调整、畜产统制等法令，强制掠夺中国东北地方的畜产资源，使中国农业区的畜牧业遭到严重摧残。

西方侵入掠夺中国畜产品的同时，也带来一些先进技术和优良品种。近代奶牛（羊）业，最初是由外籍传教士从欧洲运来奶牛、奶羊，自养自用兴起来的，后来才有了欧洲人和中国人经营的奶牛场。近代奶牛业兴起之后，各地陆续办起了一批牧场（引进的外国良种，包括奶牛、鸡和猪）。

总体来看，从鸦片战争之后直到新中国成立前，中国畜牧业经济一直停滞不前。尽管西方列强侵入时，也带来一些先进技术、优良品种和经营管理方法，但因帝国列强和封建官僚地主的残酷掠夺，农牧民终年劳苦所创造的畜产品价值，大部分被他们剥夺消耗，不能用来改善生产条件，扩大再生产，甚至连简单再生产也难以维持。在畜牧业贸易中，帝国列强和封建官僚地主通过不公平交易，甚至以杀鸡取卵的方式进行掠夺。使得中国在历时100多年的近代史中畜牧业都未能摆脱衰退的局面。

## 四、畜牧业在中国历史上的社会经济地位

畜牧业的社会经济地位决定于畜产品社会需求。在中国的古代和近代，畜产品除了牧区外，只是上层社会的享受资料，基本不属于普通百姓所必需的生存资料，因而畜牧业对整个社会经济的影响非常有限。在农区，畜牧业与种植业结合经营，处于从属的副业地位，但作为维持地力的重要肥料来源与充分利用饲料资源以及剩余劳动力的途径，畜牧业又是农业不可缺少的有机组成部分，因而是有深厚社会基础的生产部门。由于畜牧业中的牛、马曾经是种植业的主要役畜，而且是社会生产力的重要标志，马还曾经是决定战斗力的重要军事装备，使得畜牧业具有特殊的社会经济地位。

自秦汉以来，历代政权对耕牛和战马的管理都很重视，尤其马政被历代政权列为国家大政。秦始皇制定了马政条例，设太仆卿管马，以后历代也都设太仆寺、牧官都尉、典牧令等管马人员的显要官职，并设有牧师苑、牧马苑、监牧所、飞龙院、上马驷等官办的巨型养马场，占有大面积草场，耗费大量投资。此外，保护耕牛也被历代政权当作关心农民的重要举措，为此还兴办养牛场，提倡、奖励、扶持养牛，以调剂耕牛。

在开始有海外贸易的近代畜牧业就是外汇的重要来源，皮、毛、肠衣、猪鬃、蛋、肉等畜产品在中国进入国际市场的商品中占有重要地位，即使在边远的牧区也因有英俄等外商入境收购，

而介入国际贸易①。

## 五、新中国成立后畜牧业经济的发展

### (一)新中国成立之初到改革开放前的畜牧业经济

新中国成立之初，农区畜牧业处于“家庭副业”的地位，生产力水平十分低下，牧区畜牧业以单一经营和自给自足为主，生产力水平也极其低下。1950 年秋收后到 1952 年末，农区经历了土地改革，使生产者与生产资料得到直接结合，激发了农民的生产积极性，为农区农牧业发展开辟了道路；与此同时，牧区经历了民主革命，对牧区畜牧业发展起到了积极的推动作用。民主革命和土地改革，废除了长期束缚畜牧业生产力的封建特权和封建剥削制度，解放了生产力，使畜牧业生产得到了较快的恢复和发展。

土地改革后的农区经济实行农民的土地所有制，民主改革后的牧区经济保存了牧主经济、个体畜牧业经济和宗教寺庙经济。由于当时片面地认为这些以私有制为基础的经济形式，不能满足进一步发展生产的要求，而只有逐步把牧主经济和广大的个体畜牧业经济改造成以公有制为基础的社会主义经济，才能进一步解放生产力，促进畜牧业的不断发展。于是，对牧区个体畜牧业经济、牧区牧主经济、牧区宗教寺庙经济、农业区和半农半牧区畜牧业经济进行了全面的社会主义改造。牧区个体畜牧业经济社会主义改造是从各种形式的牧业生产互助组逐步过渡到牧业生产合作社；牧区牧主经济社会主义改造主要采取三种办法，较大的牧主一般采取办公私合营牧场(这是改造牧主经济的主要形式)，较小的牧主有条件地参加合作社，还有的加入国营牧场；对牧区宗教寺庙经济的社会主义改造也主要采取了举办公私合营牧场、加入合作社和国有牧场三种形式。农业区和半农半牧区畜牧业经济的社会主义改造是伴随着农业合作化进程，一般采取经过互助组到合作社逐步前进的步骤进行的。

农牧业合作化过程中，在“左”的路线指引下，农区建社才一年多，牧区刚刚办起初级牧业社，其优越性尚未充分发挥，发展中问题尚未充分暴露和解决，就急于改变生产关系，1958 年仅几个月的时间就在全国实现了人民公社化(“政社合一”“一大二公”)，对合作化本身和畜牧业经济的健康发展都造成了不良的影响。自 1960 年开始，党中央开始纠正“左”的错误，畜牧业在国民经济调整中得到恢复和发展，但并没有从根本上改变人民公社“政社合一”“一大二公”的特点，尤其是否定了各种形式的联产承包责任制，实行集体劳动、统一核算、统一分配等不符合实际的经营管理制度，农牧民的积极性得不到发挥，畜牧业经济没有显著改善。而后经历十年“文化大革命”，畜牧业经济再次遭到极左路线的严重干扰和破坏，使中国畜牧业除生猪有较大发展外，大牲畜和其他畜产品基本处于停止徘徊局面。

### (二)改革开放以后畜牧业经济持续快速发展的原因

党的十一届三中全会以后，在实事求是地总结中国畜牧业发展经验教训的同时，进行了农牧业经济体制改革，实行了一系列改革开放的方针、政策，使中国的畜牧业进入一个稳定、持续、协调发展的新时期。新时期中国畜牧业经济持续健康发展主要表现在：各种畜产品产量和人均占有量持续大幅度增长；各种畜禽的年末存栏数量稳定增长；不仅畜牧业产值快速增长而且占农业总产值的比重不断提高。

---

①李明哲，张光辉，王钟建. 中国畜牧业经济学导论. 北京：农村读物出版社，1993：3-4.

改革开放之后中国畜牧业经济能够持续快速发展的原因主要在于：

1. 农区和牧区的经济体制改革，实行了以家庭联产承包经营为主的双层经营体制，极大地调动了广大农牧民的生产积极性，解放和发展了畜牧业的生产力　随着改革开放的深入，为适应畜牧业发展的不同生产力水平，大力推进畜牧业多种经济成分与多种经营形式的并存和共同发展。也就是说，不仅有全民所有制和集体所有制的畜牧业经济，还有大量的个体、私有、混合畜牧业经济；既有公司制经营、家庭经营，也有雇工经营和中外合资合作经营形式。从而形成多种经济成分并存、多种经营形式共同发展的局面，并通过相互竞争促进中国畜牧业的快速发展。畜牧业的特点决定了其比较适合农牧民家庭经营，既适合采用传统技术和经验，充分利用剩余劳动力和各种农副产品资源的小规模家庭经营，生产成本低，经济效益较好；又适合较大规模的家庭经营，主要采用先进的科学技术，依靠购入商品资料，实行规模经营，实现规模效益，而不受家庭经营土地多少的限制。

2. 确立让市场机制充分发挥作用的改革方针，促进了资源的合理配置和产品的有效流通　随着社会主义商品经济和市场经济制度的确立，为传统的计划经济转变为市场经济、供不应求转变为供求大体平衡、卖方市场逐步转变为买方市场创造了条件，从而充分发挥了各地区的畜牧业资源优势，做到人尽其才、物尽其用，并最大限度地满足社会需求。畜产品种类繁多，某些畜牧业资源和生产布局相对比较集中，而且畜产品多以鲜销和地方销售为主，如果不放开市场，畜产品不能在更大市场范围内有效流动，不仅难以全面满足消费者的需要，畜产品也将遇到销售难等问题。正是改革开放以来，逐步建立了与多种经济成分、多种经营方式并存的生产模式相适应的多渠道经营的流通体制和市场定价机制，使畜牧业生产的比较利益处于相对有利的地位，特别是为广大农牧民解决了卖难的问题，从而极大地促进了中国畜牧业的快速发展。

3. 城乡居民收入和消费水平的不断提高，极大地拉动了中国畜牧业的快速发展　改革开放以来，中国经济一直以较快的速度发展，人们的收入和生活水平不断提高，城乡居民的食物消费结构也发生很大变化，人均粮食等谷物消费不仅绝对量不断下降，占人均食物消费量的比例下降更快；人均肉、蛋、奶等畜产品消费不仅绝对量不断上升，占人均食物消费量的比例也一直呈上升趋势。尤其是城镇居民人均畜产品消费量的快速增长，极大地拉动了畜产品生产的快速发展。需要注意的是，中国城乡居民的收入和消费水平还有很大差距，可以预期随着中国农村居民收入水平的提高或者城乡收入差距的缩小，农村居民对肉、蛋、奶等畜产品的潜在需求量转变为现实的消费需求，必将进一步拉动中国畜产品供给的增长，也将吸引国际竞争者的加入。此外，随着城乡居民收入和消费水平的不断提高，在不断增加畜产品消费量的同时，对畜产品的质量安全也越来越关注，从而也给中国畜牧业的持续健康发展带来了巨大的压力。

4. 先进农业科学技术的推广应用和农业劳动生产率的不断提高，为中国畜牧业快速发展创造了条件　首先，先进种植业科学技术的引进、研发和推广应用快速地提高了种植业的劳动生产率，使中国粮食产量得到快速增长，并出现了专门为畜牧业提供饲料粮的产业，为发展畜牧业创造了良好的物质基础，从而极大地推动了畜牧业的快速发展。其次，先进的畜牧业科学技术（品种、繁殖、医药、饲料、养殖、设备等）的引进、研发和推广应用，以及国外先进的畜牧业经营管理知识和经验的引进和学习，促进了中国畜牧业的发展和生产水平的提高。第三，通过普及义务教育、举办培训班等使更多农牧民掌握了一定的畜牧业科学技术和经营管理知识，提高了农牧民的文化素质、科技水平和商品意识，推动了中国畜牧业的快速发展。

# 第三节　畜牧业经济管理学的研究对象与内容

## 一、畜牧业经济管理学的性质和研究对象

### (一)畜牧业经济管理学的性质

畜牧业经济管理学是以经济学和管理学为理论基础的部门经济管理学。经济学和管理学阐明了整个社会生产和国民经济所有部门的共有经济规律和管理原理,但却不可能深入具体地研究这些经济规律和管理原理在各部门中的具体表现形式,因为各个部门中都有着不同的、反映其各自特点的具体表现形式。畜牧业的经济特点和生产技术特点等决定了经济规律和管理原理在畜牧业中具有其特殊表现形式,并体现着畜牧业发展的客观规律性。因此,需要建立包括畜牧业经济管理学在内的一系列部门经济管理学。

畜牧业经济管理学作为一门部门经济管理学,是农业经济管理理论的组成部分。农业包含具有不同经济和生产技术特点的多种部门(种植业、畜牧业、林业、渔业等),每个部门都有自己的经济规律和生产经营特点。农业经济管理理论作为农业所属各部门的经济管理理论的概括,只能反映各部门经济管理发展的共性,不可能逐一深入、具体地研究这些经济规律和管理原理在各个部门中的具体表现形式,这就需要有一系列的部门经济管理学来分别研究本部门的具体经济规律和管理原理。畜牧业经济管理学,一方面要以农业经济理论所阐明的各种经济规律为基础,并结合畜牧业经济再生产的特点、技术、资源等具体情况来深入研究这些经济规律在畜牧业部门和企业中的特殊表现形式;另一方面还要研究畜牧业生产力发展运动即生产力诸要素的合理组织和开发利用中经济管理方面的原理、原则与方法,探求提高畜牧业经济效益的规律性。

建立畜牧业的部门经济管理学,一方面有利于农业经济管理人才专业化,有利于培养掌握经济管理理论的畜牧业专业技术人才;另一方面可以指导畜牧业生产,特别是随着畜牧业商品化、专业化、社会化和生产水平的日益提高,以及畜牧业生产规模的日益扩大,对畜牧业生产的全过程加强经济管理,提高经济效益,都是在社会主义市场经济条件下,必须面对和亟待解决的问题。

### (二)畜牧业经济管理学的研究对象

概括地讲,畜牧业经济管理学是研究畜牧业部门和畜牧业企业中的生产以及与此相联系的交换、分配和消费等经济活动和经济关系的学科,主要研究畜牧业生产关系发展运动和畜牧业中生产力诸要素的合理组织与开发利用的经济规律及其应用。

畜牧业经济管理学既然是以经济学、管理学和农业经济学作为理论基础,就不必更多地重复它们所研究和阐述的在经济规律和管理原理方面的共性。畜牧业经济管理学是研究经济规律在畜牧业中的具体表现形式和管理学原理在畜牧业中的具体应用,因而畜牧业经济管理学的研究对象要比经济学、管理学原理和农业经济学的研究对象更为具体,不仅要研究各种经济规律在畜牧业部门和畜牧业企业的特殊表现形式,还要研究经济管理职能的具体运用和发挥作用。畜牧业经济管理就是要在探讨畜牧业部门和畜牧业企业在生产、交换、分配和消费等经

济活动中的特定规律性的同时，对畜牧业部门和畜牧业企业在生产、交换、分配和消费等经济活动中，及其各个环节上占用和消耗的人力、财力、物力等方面，进行正确有效的决策、计划、组织、指挥、协调、核算和控制。具体来说，通过决策和计划，确定出切实有效的经营目标；通过组织和指挥，维持正常的生产和营销秩序，以保证经营目标的实现；通过协调和控制，及时解决、修正生产和流通中出现的各种矛盾和问题，确保畜牧企业沿着既定的经营目标轨道向前发展；通过核算和控制，检查计划的执行情况，从而保证畜牧业部门和企业经营计划的执行和决策目的的最终实现。

## 二、畜牧业经济管理学的研究内容

要系统完整地阐述畜牧业经济管理学的研究内容是困难的，因为随着经济的发展和社会的进步，经济学、管理学和农业经济学的研究内容都在不断地深化和发展，加上畜牧业部门经济的发展和畜牧业企业的不断进步，畜牧业经济管理学的研究内容也变得越来越广泛、越来越深入和越来越复杂。但是，随着畜牧业经济管理学科的不断分化，某些研究内容逐渐从畜牧业经济管理学中独立出来，形成新的学科或课程。就本教材来说，其研究内容主要包括以下几个方面。

### (一)畜产品市场

随着畜牧业科学技术的进步和市场机制的完善，许多国家、特别是中国告别了畜产品短缺时代，多数畜产品实现自给有余，甚至某些畜产品出现某种程度的过剩。于是畜牧业经济管理问题从过去以增加生产为中心，转变为以解决市场问题为中心。畜产品供给与需求，畜产品价格形成与决定，畜产品现货市场，畜产品期货市场，畜产品国际贸易与国际竞争力及相关政策等已成为当代畜牧业经济管理学所要解决的首要问题。

### (二)畜牧业生产要素与相关产业

尽管当代畜产品市场问题变得越来越重要，但畜牧业生产要素仍然是畜牧业经济管理学的重要研究内容。相对于畜产品市场来说，畜牧业生产要素市场发育相对滞后。畜牧业经济管理学所要研究的畜牧业生产要素，除了关注畜牧业中的饲料、劳动力、资金和技术等生产要素市场的运行机制与政府管理外，更主要的是要研究各种生产要素的特点以及如何有效利用。畜牧业自身的产业特点决定了畜牧业经济管理学的研究内容还应该包括与其密切相关的畜产品加工及贮运。

### (三)畜牧业微观经济管理

畜牧业经济管理学的研究对象决定了畜牧业经济管理学的研究内容还应该对畜牧业部门和畜牧业企业在生产、交换、分配和消费等经济活动中，及其各个环节上占用和消耗的人力、财力、物力等方面进行正确有效的决策、计划、组织、指挥、协调、核算和控制。因此，畜牧业经济管理学要在研究畜牧业经济的微观组织的基础上，探讨畜牧企业营销计划与决策、畜牧业项目投资评估以及畜牧业的经济核算等。

### (四)畜牧业宏观经济管理

市场应该是畜牧业资源配置的基础，但市场会在畜牧业资源配置的某些方面表现出失灵，因而需要畜牧业经济管理学在经济学、管理学和农业经济学已有研究成果的基础上，研究市场机制在畜牧业的哪些方面会表现出失灵以及为什么会失灵，因为市场失灵成为政府对畜牧业进行宏观经济管理和调控的基本理论依据。在当代畜牧业发展中，畜牧业产业结构与布局、畜产食品安全与监管、畜牧业的宏观调控以及畜牧业的可持续发展等已成为畜牧业宏观经济管理的重要议题。

## 本章小结

畜牧业是人们利用动物的生长发育来获取产品的社会物质生产部门，是自然再生产和经济再生产相交织的生产，也是以第一性植物生产为基础的第二性生产。畜牧业作为农业的重要组成部分也是国民经济的基础，是充分合理利用自然资源的重要经济部门。畜牧业是满足人们食品数量安全和改善人们食物结构的重要来源，是国民经济中某些工业发展所需原料的主要来源，是提高农业劳动力利用率和农牧民增收的重要途径，是发展有机农业和实现可持续发展的重要前提。畜牧业和畜牧业经济经历了原始、古代、近代、现代等各具特点的不同发展阶段。畜牧业经济管理学是以经济学和管理学为理论基础的部门经济管理学。畜牧业经济管理学是研究畜牧业部门和畜牧业企业中的生产以及与此相联系的交换、分配和消费等经济活动和经济关系的学科，主要研究畜牧业生产关系发展运动和畜牧业中生产力诸要素的合理组织与开发利用的经济规律及其应用。随着畜牧业经济发展和畜牧业企业不断进步，畜牧业经济管理学的研究内容越来越广泛、越来越深入和越来越复杂，畜牧业经济管理学科也在不断分化，某些研究内容逐渐独立形成新的学科。本教材的主要内容包括畜产品市场、畜牧业生产要素与相关产业、畜牧业微观经济管理和畜牧业宏观经济管理。

## 复习思考题

1. 畜牧业的含义是什么？畜牧业的主要特性有哪些？
2. 简述畜牧业在国民经济中的地位和作用。
3. 什么是农业的多功能性？农业的多功能性在畜牧业中如何体现？
4. 简述中国畜牧业经济产生和发展的基本脉络及各阶段的主要特点。
5. 畜牧业经济管理学的学科性质、研究对象和主要内容各是什么？

## 参考文献

[1] 李秉龙，薛兴利. 农业经济学. 3 版. 北京：中国农业大学出版社，2015.
[2] 李明哲，张光辉，王钟建. 中国畜牧业经济学导论. 北京：农村读物出版社，1993.
[3] 乔娟，潘春玲. 畜牧业经济管理学. 2 版. 北京：中国农业大学出版社，2010.
[4] 王秉秀. 畜牧业经济管理学. 2 版. 北京：中国农业出版社，1997.

# 第一篇

# 畜产品市场

畜产品供给与需求

畜产品现货市场

畜产品期货市场

畜产品国际贸易与国际竞争力

# 第二章　畜产品供给与需求

◆　学习要点

- 畜产品需求及其影响因素
- 畜产品供给及其运行因素
- 畜产品供求变动及其均衡价格形成机制
- 蛛网理论在畜产品供求分析中的应用

## 第一节　畜产品需求

### 一、畜产品需求及影响因素

#### (一)需求的概念

经济学中需求(demand)通常是指在某个时间和空间(某一时期内和一定市场)上按照某一价格人们愿意并且能够购买的商品的数量。需求概念总是同时涉及两个变量,一是该商品的销售价格,二是与该价格相对应的人们愿意并且有能力购买的数量。因此,在谈到人们对某种商品的需求数量时,首先必须表明与一定的需求量相对应的价格是多少。其次还应该将需求的概念与需要、欲望区别开来,消费者对某种商品的需要和欲望只是一种生理上的要求或心理上的、主观上的愿望,如果消费者不具备相应的货币支付能力,就不是经济学含义上的需求。同样,在消费者只具有购买能力而没有购买意愿的情况下,也不能形成需求。

#### (二)畜产品需求

对于畜产品的需求,按照产品的类别特征可以进行如图 2-1 的划分。不同类别的产品所满足的需求是不同的。例如,肉、蛋、奶等食品所满足的主要是生理方面的需求,而宠物等所满足的主要是精神方面的需求;工业原料与农业原料所满足的不是最终消费者的需求,而是派生出来的中间需求——生产方面的需求。

按照市场营销理论,对商品的需求不仅可以具体到某类或某种产品,而且可以并应该具体分解到对该商品的各种质量价值特性成分的需求。人们之所以对某种商品有需求,归根结底是因为该种商品具有某些质量特征,这些质量特征可以满足人们的需要。例如,人们对肉、蛋、

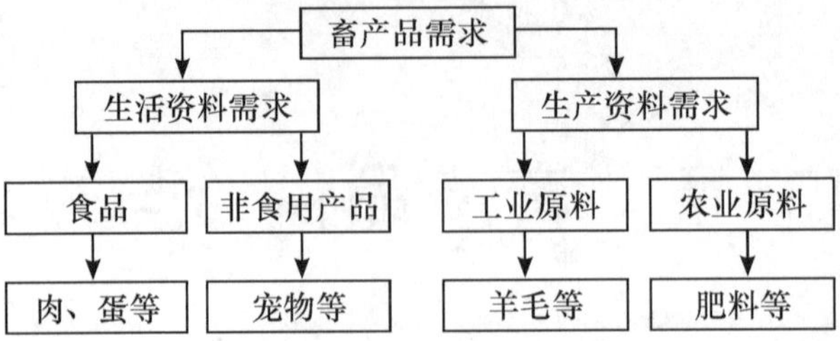


图 2-1　畜产品需求的产品类别

奶的需求，就是因为肉、蛋、奶含有能量、蛋白质等营养物质的特征。不过，各种质量特征不能独立存在，而是综合包含在一种商品之中，即商品是各种质量特征的综合载体。任何商品所包含的质量特征都有许多种，其中可能有一种是最基本或最主要的。商品的价值（对于消费者的效用）如何，最终取决于消费者对该商品中所包含的各种质量特征的综合评价，而不是对某一种单一质量特征的评价。对于食品来说，其基本的质量特征是各种营养成分的含量，但除了营养特征之外，各类食品还有许多其他质量特征。这些质量特征不仅包括一些感官享受价值（如颜色鲜艳、味道鲜美等）和一些技术性价值（如耐贮藏、易加工等），还包括一些主观心理价值（如产地、名贵程度、生产方式等）。

表 2-1 列出了食品的各种质量构成要素及其特征指标，这些不同的质量特征均对消费者的食品需求具有重要的影响和制约作用。表中位于上方的属于食品的基本质量特征，位于下方的则属于一些附加的质量特征。当收入水平较低时，人们主要关注食品的基本质量特征，随着收入水平的提高，人们对各种附加质量特征将越来越关注。

表 2-1　食品的质量构成要素与特征

| | 质量要素 | 质量特征指标 |
|---|---|---|
| ↑基本效用 | 营养价值（营养生理质量） | 能量、脂肪、碳水化合物、蛋白质、维生素、矿物质等的含量与质量 |
| | 健康价值（卫生和安全） | 农药、兽药、有害物质和外来杂质等的含量 |
| | 适用性和可用性（技术和物理质量） | 可贮藏性、可加工性、加工成品率等 |
| 附加效用↓ | 享受价值（情感性价值） | 形态、颜色、气味、口味、享受成分浓度等 |
| | 心理价值（道德、生态和社会的质量） | 生产方式（有益于环境、动物福利等）；与生产的接触；产品产地；优越感价值（支付得起高价视为社会地位的标志） |

## （三）影响畜产品需求的因素

在畜产品市场中，影响消费者需求的因素，一般有如下几种。

1. *商品自身的价格*　一般情况下，一种商品的价格越高，该商品的需求量就会越小；相反，价格越低，需求量就会越大。

2. *消费者的收入水平*　消费者的收入水平对商品需求量的影响，对于不同的商品而言，会产生不同的效果。就大多数商品而言，当消费者的收入提高时，商品的需求量就会增加。然而，对另外一些商品来说，当消费者的收入提高时，商品的需求量反而会减少，比如，一些低档商品。

3.消费者的偏好　偏好是消费者对商品的喜好程度。它受生理、经济和社会文化等多种因素的影响。消费者的偏好总是与商品的需求量成相同方向的变化。一般来说，短期内消费者的偏好比较稳定，不易发生显著的变化，但也不应排除来自外界因素的影响，例如，广告就可以让原本不知名的商品变成广大消费者所普遍接受的商品。

4.相关商品的价格　当其他相关商品的价格发生变化时，一种商品本身的需求量也会发生变化。这种相互影响的方向取决于两种商品之间的关系，如果两种商品之间是替代品，即指用途基本相同、具有替代关系的商品，它们之间相互影响的方向是同向的，其中一种商品的价格上涨将会导致另一种商品需求量增加。例如，猪肉和禽肉是相似的动物类食品，猪肉涨价，人们就会少买猪肉而多吃些禽肉，于是，禽肉的需求量就会增加。如果两种商品之间是互补品，即指用途上可以相互补充、经常一起使用的商品，这类物品之间相互影响的方向是反向的，其中一种商品的涨价，会导致它的互补品的需求量减少。通常在各种畜产品之间替代性较强，而互补性相对较低。

### (四)需求函数

影响某商品需求的因素与该商品需求量的关系也可以用数学函数来表示，这样的数学函数被称为需求函数。如前所述，影响消费者对畜产品需求的主要因素有：商品自身的价格、消费者的收入水平、消费者的偏好、相关商品的价格。这四种因素与商品需求的关系可以用式(2-1)所示的函数表示。

$$D_X = f(P, I, T, P_0) \tag{2-1}$$

其中：$D_X$ 表示对商品 X 的需求量；$P$ 表示商品本身的价格；$I$ 表示消费者的收入水平；$T$ 表示消费者的消费偏好度；$P_0$ 表示相关商品的价格。此式只表明商品 X 的需求量与右侧的一些变量之间存在着联系，并没有说明这种关联的性质和大小，为了提供定量信息，就要求选用具体的函数形式。它的线性形式可以用式(2-2)表示。

$$D_X = B + a_P P + a_I I + a_T T + a_0 P_0 \tag{2-2}$$

系数 $a_P$、$a_I$、$a_T$ 和 $a_0$ 分别表示有关变量变动 1 个单位会使商品 X 的需求量变动多少，例如 $a_P$ 是价格的系数，它可解释为在其他三个变量保持不变的情况下，价格变动 1 个单位会引起需求量变动的数量。

用于表示需求的函数形式可以有多种，除了线性形式外，常用的是幂函数形式，可以用式(2-3)表示。

$$D_X = BP^{a_P} I^{a_I} T^{a_T} P_0^{a_0} \tag{2-3}$$

幂函数形式中的系数 $a_P$、$a_I$、$a_0$ 和 $a_T$ 具有特别重要的意义，其中 $a_P$ 等于价格弹性，$a_I$ 等于收入弹性，$a_T$ 等于消费者偏好的弹性和 $a_0$ 等于相关产品的交叉弹性，关于这些弹性的概念，在本章的后文中会做解释。因此，幂函数形式的优点是它提供了弹性的估计值。

选择什么样的函数形式较好，这取决于选择什么样的理论模型和用途。如果认为需求量是自变量的线性函数，选择线性形式是适合的。如果目的是为了估计弹性，或考虑变量之间的非线性关系，就可以选择幂函数形式。

## 二、商品价格与需求原理

### (一)需求价格

消费者为了获得一定数量的商品所愿意支付的购买价格称为需求价格,它取决于商品对于消费者的边际效用。商品的效用是指商品对于消费者的需要和欲望的满足能力,是由该商品的使用价值和消费者对该使用价值的主观感受共同决定的。边际效用是指消费者最后购买(消费)的一个单位商品的效用。消费者在购买(消费)同一商品时,随着数量的不断增加,他从中获得的总效用也在增加,但总效用的增加速度会越来越缓慢,也就是说,当消费者对某一物品的消费量增加时,该物品的边际效用趋向于递减,微观经济学称之为边际效用递减规律。例如,一只烤鸡对于一个饥汉来说具有很大的边际效用,但对于一个饱汉来说边际效用就很小;烟瘾很大的瘾君子在缺烟时愿意为一包香烟支付超过常规水准的价格,但对不吸烟者其需求价格就等于零。

同样的商品具有相同的使用价值,但由于不同消费者的主观感受可能很不相同,所以对不同消费者的效用可能极为不同。一个典型的例子是猪肉对汉族消费者的效用截然不同于对回族消费者的效用。

### (二)需求表与需求曲线

在市场上,我们会发现消费者购买某种商品的数量是由该商品的价格所决定的。商品的价格越高,购买的数量越少;反之,在其他条件不变的情况下,商品的价格越低,购买的数量越多。因此,在一定的时间和一定的市场里,某商品的市场价格和该商品的需求量之间总存在着一定的关系,反映这种价格与需求量之间关系的数据表叫作需求表,需求表的图形叫作需求曲线。

表 2-2 提供了一个鸡蛋需求表例子,该表的数字是假设的。根据该表可以绘制出如图 2-2 所示的需求曲线 $dd$,利用需求表或需求曲线我们不难获得该商品在任何价格点的需求量。

表 2-2 鸡蛋需求表

| | 价格(元/千克) | 需求量(吨/月) |
|---|---|---|
| A | 10 | 9 |
| B | 8 | 10 |
| C | 6 | 12 |
| D | 4 | 15 |
| E | 2 | 20 |

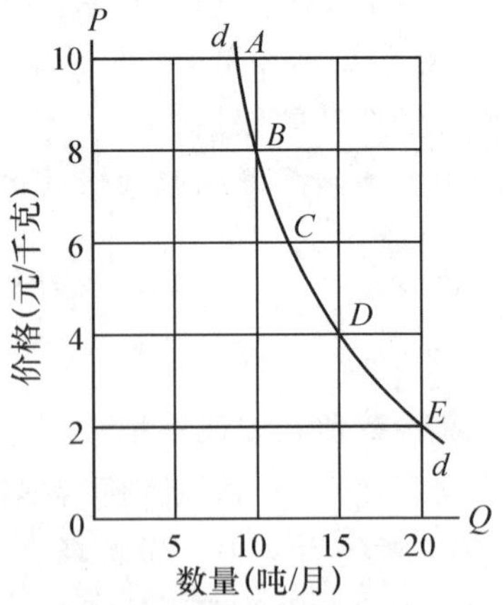


图 2-2 需求曲线

### (三)需求定律

根据需求曲线可以看出:数量和价格具有反比的关系,当 $P$ 下降时,$Q$ 上升,该曲线向下倾斜,从左上角到右下角,这个重要性质被称为需求向下倾斜规律,或需求定律(law of demand),即在其他条件不变的前提下,当一商品的价格上升时,它的需求量减少;反之,当一商品的价格下降时,它的需求量会增加。这一规律几乎适用于一切商品。经济学通常把需求表和需求曲线描述的内容,即与任一价格相应的需求数量,称为表达了某人或某市场对某商品的需求状况。

### (四)需求曲线的移动

需求曲线是对需求函数的直观描述,需求函数中包含的影响需求量的因素不仅有价格,还有消费偏好、收入以及相关品价格等因素,于是,经济学会遇到这样一个难题:如何用二维图形表达一个多维的函数关系。这里需要介绍经济学解决此类问题的分析技巧。

$$D_X = f(\underbrace{P}_{\text{运动参数}}, \underbrace{I, P_0, T, \cdots}_{\text{位移参数}}) \tag{2-4}$$

经济学将决定需求量的参数分为两种:运动参数(价格)和位移参数(除价格以外的所有影响需求量变化的因素)(式 2-4)。在研究价格对需求量的影响时,通常都假定所有位移参数的值不变,这样一来,我们就可以直接用需求曲线(如图 2-3 中的 $dd$ 曲线)来表达运动参数(价格 $P$)和需求量之间的函数关系,即 $D_X = f(P)$。对于这种只是因为商品的价格发生变化而引起的该商品的需求量在需求曲线上的移动,经济学称之为需求量的变化。在研究位移参数(除价格以外的其他因素)对需求量的影响时,通常是分析在每一种价格下消费者购买商品的数量会变化到多少,位移参数的变化在图形上的表示是需求曲线的位移,这种位移经济学称之为需求的变动,向右位移(从 $dd$ 曲线右移到 $d'd'$)说明需求增加,即消费者在每个价格上比以前需要更多的商品,向左位移(从 $dd$ 曲线左移到 $d''d''$)说明需求减少,即在每个价格上的需求量比以前减少。接下来,让我们来分析一下影响商品需求的三个主要的位移参数,即消费者的收入水平、消费者的偏好、相关商品的价格,是如何影响需求曲线的移动的。

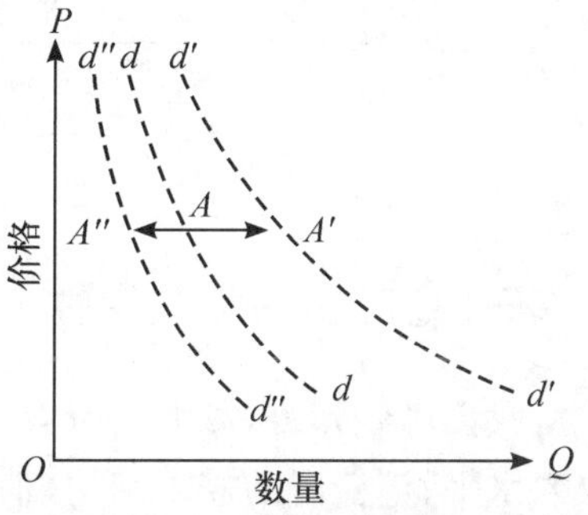


图 2-3　需求曲线的位移

1. 收入变化　对于生活必需品或奢侈品类商品,当收入增加时,该类商品的需求量会增加,表现为需求曲线向右平移;反之,当收入减少时,表现为需求曲线向左平移。对于很多低档品类商品,当收入增加时,该类商品的需求量会减少,表现为需求曲线向左平移;反之,当收入减少时,需求曲线向右平移。

2. 消费偏好改变　当需求数量因消费偏好的变化而增加时,需求曲线会发生向右平移;当需求数量因消费偏好的变化而减少时,需求曲线会发生向左平移。

3. 相关品价格变化　一般来说,某商品的替代品的价格升高的效应,就如同该商品的价格降低,因而替代品价格升高会导致对该商品的需求量的扩大,当该商品的实际价格不发生变化时，该商品的需求曲线会发生右移；而当替代品价格降低时会导致对该商品的需求量减少，该商品的需求曲线会发生左移。当某商品的互补品的价格升高时，该商品的需求曲线会发生左移；反之，如果某商品的互补品的价格降低时，该商品的需求曲线会发生右移。

综上所述，当其他条件不变时，某一非价格因素的变动，将使某商品的需求曲线按照如图 2-4 所示的规律变动。

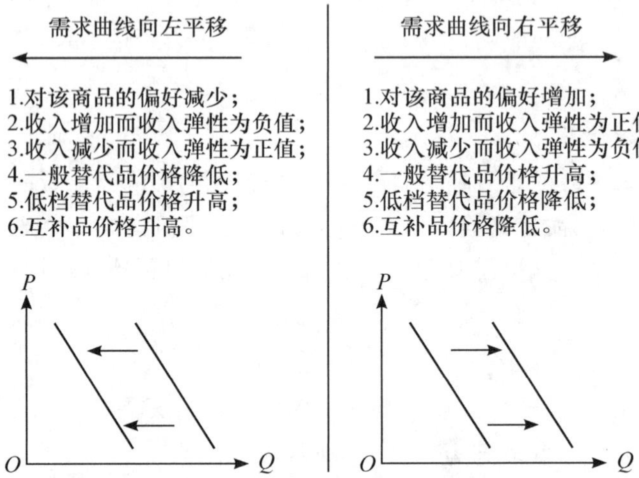


**图 2-4　需求曲线的平行移动**

## 三、畜产品的需求弹性

我们已经知道，影响消费者对畜产品需求的主要因素有 4 个：商品本身的价格、消费者的收入水平、消费者的需求结构（消费者的偏好）和相关商品的价格。现在如果我们想知道这些因素的变化将会导致商品的需求上升或下降多少？比如价格上升 2%或收入上升 5%，需求又会怎么变化？要解决此类问题，需要借助弹性理论。

弹性理论是 19 世纪由法国经济学家古诺（A. A. Cournot）首先明确提出，后由马歇尔（Marschell）发展成为完整理论。20 世纪后英国经济学家庇古（A. C. Pigou）、美国经济学家穆尔（H. C. Moore）、舒尔茨（H. Schultz）等将这一理论用于实践，并对某些商品的需求弹性进行了估计。如今，弹性理论已广泛应用于各种经济分析。

弹性是一个变量对于另一个变量的敏感性的一种度量，它告诉人们：一个变量发生 1%的变化将会引起另一个变量变化的百分比。需求弹性是指某商品需求量的变动幅度对引起需求量发生变化的因素的变动幅度之比值，通常以百分比来衡量。也就是说，需求弹性是指当价格、收入等因素的数量发生 1%的变动时所引起的某商品需求量变动的百分比。常用的需求弹性有需求的自身价格弹性（简称为需求价格弹性）、交叉价格弹性（简称交叉弹性）和需求收入弹性。

### （一）需求价格弹性

当一种商品本身的价格发生变化时，会引起该商品需求量的变化。这种由商品本身价格变动所引起的需求量的变动，称之为需求的自身价格弹性，简称为需求价格弹性，甚至进一步简称为价格弹性。

1.价格弹性的定义与计算　需求价格弹性的一般计算公式见式(2-5)。

$$需求价格弹性=\frac{需求量变动的百分比}{价格变动的百分比} \tag{2-5}$$

计算价格弹性的方法通常有两种:点弹性和弧弹性,两者如何选择取决于能获得的数据和它的用途。

(1)点弹性。点弹性是表示需求曲线上某一点的弹性,它可用来评价价格的微小变化所带来的影响,或用来计算在某一特定价格上的价格弹性。其计算公式如式(2-6)所示。

$$E_P=\frac{dQ/Q}{dP/P} \tag{2-6}$$

(2)弧弹性。弧弹性是表示需求曲线上两点之间的弹性,适宜于分析可测度的价格为离散变化所带来的影响,它反映这一区间上价格的平均变化对需求量变化的平均影响。弧弹性的计算公式如式(2-7)所示。

$$E_P=\frac{Q_2-Q_1}{(Q_2+Q_1)/2}\div\frac{P_2-P_1}{(P_2+P_1)/2} \tag{2-7}$$

在通常情况下,当一种商品的价格上涨时,其需求量都表现为下降,因而$(Q_2-Q_1)/(P_2-P_1)$是负值,所以需求价格弹性$E_P$也是负值。

2.价格弹性与需求曲线　在一般情况下,同一需求曲线上各点的价格弹性是不同的,即使需求曲线为一条直线也是如此。在直线型需求曲线上,$\Delta Q/\Delta P$是恒定不变的,但是在不同点上的$P/Q$都是不同的,因而在该需求曲线上各点的价格弹性是不同的。这点可以通过图2-5加以说明。运用几何方法可以证明,需求曲线上的任意一点$V$的$E_P=m/n$弹性,证明见式(2-8)所示。

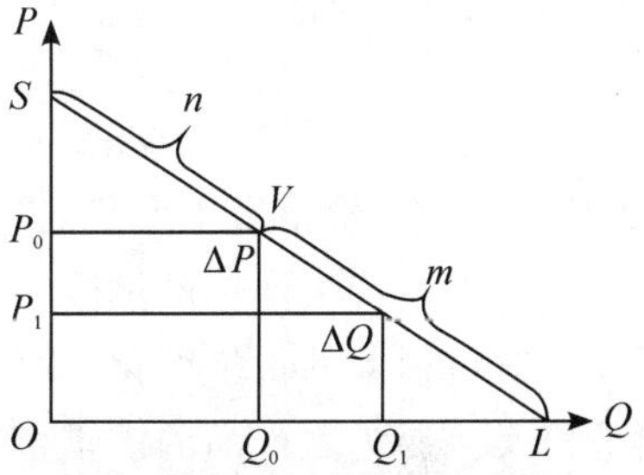

图2-5　价格弹性与需求曲线

$$E_P=\frac{\Delta Q/Q_0}{\Delta P/P_0}=\frac{\Delta Q}{\Delta P}\times\frac{P_0}{Q_0}=\frac{\overline{P_0V}}{\overline{P_0S}}\times\frac{\overline{\Delta P_0}}{\overline{\Delta Q_0}}=\frac{\overline{OQ_0}}{\overline{P_0S}}\times\frac{\overline{OP_0}}{\overline{OQ_0}}=\frac{\overline{OP_0}}{\overline{P_0S}}=\frac{m}{n} \tag{2-8}$$

由于$m$和$n$的值在不同点上均不相同,所以直线型价格需求曲线上各点的弹性均不相同。

图2-6显示了假设的需求曲线$Q=8-2P$,该曲线上各点的$\Delta Q/\Delta P$是恒定不变的,当我们在曲线上向下移动时,比率$P/Q$减小,因而弹性$E_P=(\Delta Q/Q)/(\Delta P/P)=(\Delta Q/\Delta P)/(P/Q)$的绝对值也减小。在靠近需求曲线与价格轴的交点处,$Q$是很小的,因而$P/Q$的数值非常大,$E_P=-\infty$;当$P=2$且$Q=4$时,$E_P=-1$;在需求曲线与数量轴的交点处,$P=0$,$E_P=0$。

如果价格弹性的绝对值大于1,我们称之为需求具有价格弹性,如图2-6所示的价格在2～4的区域;如果价格弹性的绝对值小于1,我们就说需求缺乏价格弹性,如图2-6所示的价格在0～2的区域。

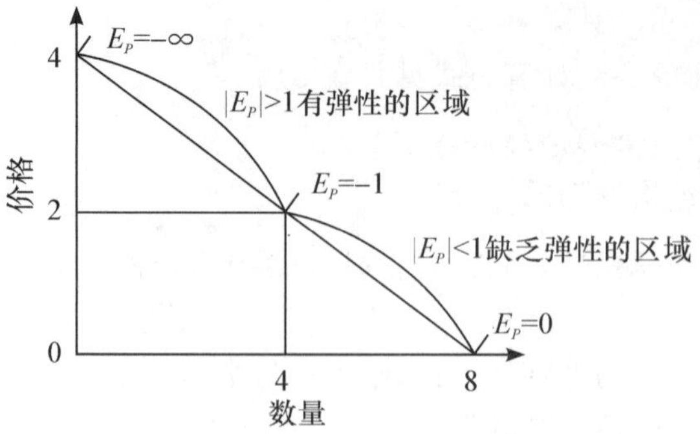


图 2-6　直线性需求曲线的弹性

在特殊的情况下，有时也可能得到弹性处处相等的需求曲线。这些曲线的一般函数形式为：$Q^a = P^b$（幂函数），此时 $E_P = b/a$。其中的三种特殊情况见图 2-7。a 图显示了弹性为 0 的需求曲线，即无论价格如何变动，需求量也不变；b 图中的需求曲线是完全弹性的，即价格的微小变化会引起需求量的很大变化；c 图中的需求曲线是单一弹性的，即需求量变动的比例等于价格变动的比例。

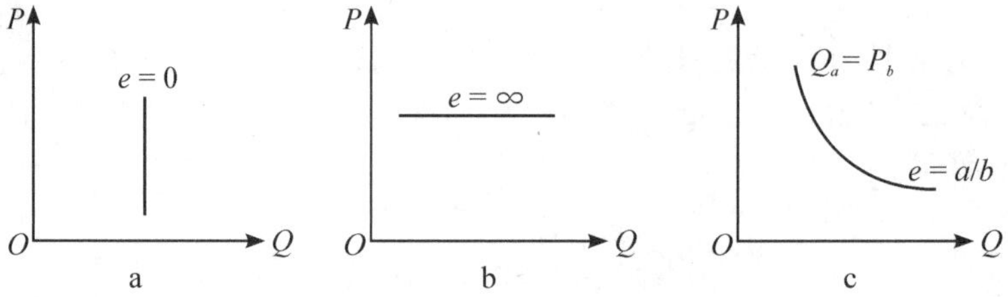


图 2-7　弹性处处相等的价格需求曲线

3. 需求价格弹性的经济应用　①价格弹性与家庭开支比例。商品支出在家庭消费总支出中的比例越小，价格发生变化时所发生的收入效果越小，从而价格弹性就越小。②价格弹性与价格灵敏性。价格弹性的倒数称为价格灵敏性。其所表达的含义是当需求量发生一个百分比的变化时所引起的价格变化的百分比。价格灵敏性的概念对农产品的需求价格弹性有特别重要的意义。因为农产品的需求价格弹性一般较小，即价格灵敏性较大，从而在供给量发生一个较小的波动时，农产品的价格就会发生一个较大的变动。③价格弹性与销售额的关系。在商业经营中，人们经常提及薄利多销，所谓薄利多销是指通过降低商品价格来增加商品的销售量，从而达到增加销售额的目的。需要指出的是，降价所减少的销售额是否能通过多销而增加的销售额来得到弥补？用弹性理论就很容易得出分析的结论。弹性理论的分析证明，这一销售策略并非在所有情况下都适用，只有在商品的需求价格弹性 $|e|>1$ 的情况下才能奏效，即达到降价增加销售总额的目的。④价格弹性与政府经济政策。许多发达国家都对农业实行较为优惠的收入政策、价格政策、补贴政策等，其理论依据之一就是农产品需求是缺乏弹性的。

4. 影响需求价格弹性的因素　从广义上看，影响价格和消费的因素都可能影响到某种商品的需求价格弹性，但与价格弹性直接相关的因素主要有以下四方面：①是否有很多的替代品。②该商品是否有许多可供选择的用途。③消费者在该商品上的支出占该消费者总支出的比重。④度量的时间长度。一种商品如果有比较多的替代品，或具有多种多样的用途，或在消费者的总支出中所占的比重较大，该种商品的需求价格弹性往往就比较大。长期的需求弹性往往比短期的大，是因为随着时间的延长，消费者就可以有很多机会来调整自己以适应价格的变化。

## (二)需求的收入弹性

1. 需求收入弹性的定义和计算　需求的收入弹性又简称为收入弹性，它用来测定当其他因素保持不变时，由于收入变动而引起的相应的需求变动的程度。也就是说，需求收入弹性是指收入变动一个百分点时，商品需求变动的百分率。该指标用来衡量需求变动对收入变动的反应程度。需求收入弹性的计算与需求价格弹性的计算相似。与需求价格弹性一样，需求收入弹性也有点弹性和弧弹性两种，其计算方法见式(2-9)和式(2-10)。

$$E_Y=\frac{dQ/Q}{dY/Y} \tag{2-9}$$

$$E_Y=\frac{(Q_2-Q_1)/(Q_2+Q_1)}{(Y_2-Y_1)/(Y_2+Y_1)} \tag{2-10}$$

这里，$Y$ 代表收入。如果收入的变化很小，或者如果要计算在一定收入水平上的收入弹性，适宜使用点弹性；如果收入变化相对较大，通常使用弧弹性。对于需求价格弹性，比较有意义的价格弹性是呈负值的价格弹性。但在讨论需求收入弹性时，其值可能是正值，也可能是负值，还可能等于零，正负需求收入弹性都具有重要经济意义。

2. 需求收入弹性曲线的类型　从理论上说，收入弹性曲线有 6 种类型(图 2-8)，但常见的和有较大经济意义的是 A、C、E 三种类型。

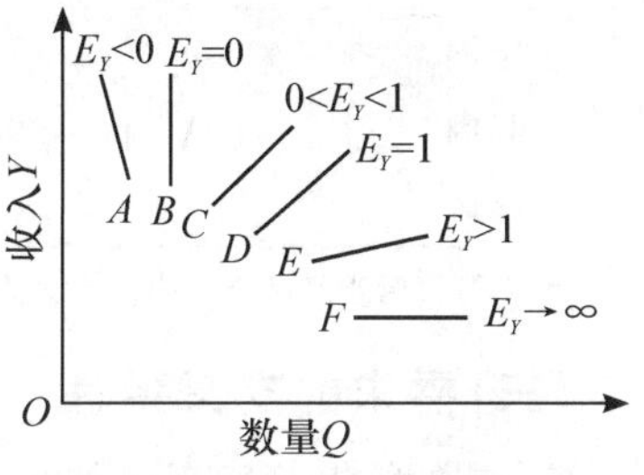

图 2-8　需求收入弹性曲线的类型

A 类：当收入增加时商品的消费量将减少，便宜的马铃薯可能是一个例子，经济不宽裕的人可能买不起肉食品，但随着他们收入的提高，他们就减少马铃薯的消费转而购买禽肉、猪肉。这样，收入的增加导致对马铃薯需求量的减少，这类商品为低档品。B 类：无论收入如何变动，商品的消费量保持不变，比如食盐等。C 类：随着收入增加消费量缓慢增加，这类商品为生活必需品，如面包、肉类食品等。D 类：消费量与收入同步增长，这类商品在现实生活中较少见。E 类：消费量增长快于收入增长，这类商品属于高档品或奢侈品，如娱乐用品、首饰等。F 类：当收入达到某一特定高度时，需求量是无限的，这类商品在现实生活中没有。

在商业周期的不同阶段，企业产品的收入弹性是决定企业成功与否的重要因素。在繁荣时期，销售奢侈品的企业会发现他们的产品需求量的增长速度甚至快于收入的增长速度，但遇到衰退年度，它们的需求就迅速下降。然而，销售必需品的企业情况明显不同，在经济繁荣时期，他们不一定得益很多，但在衰退期，他们的产品会显示出较强的抗衰退性。

3. 需求收入弹性与恩格尔曲线　一般来说，在同一条恩格尔曲线(商品需求量与收入的关系曲线)上收入弹性是不同的。恩格尔曲线上任意一点的需求收入弹性可以通过图像来判断(图 2-9)，从原点引一条 45°的分角线，该分角线与恩格尔曲线的切点($A$)的需求收入弹性为 1。$A$ 点左侧的需求收入弹性大于 1，$A$ 点右侧至 $B$ 点的需求收入弹性小于 1，$B$ 点右侧的需求收入弹性为负值。从图 2-9 中可以看出，随着收入的增加，食品的需求收入弹性在逐步减小，也说明在同一条恩格尔曲线上需求收入弹性是不同的。长期来说，食品作为一个消费类别在现实生活中是不可能出现负值的收入弹性。

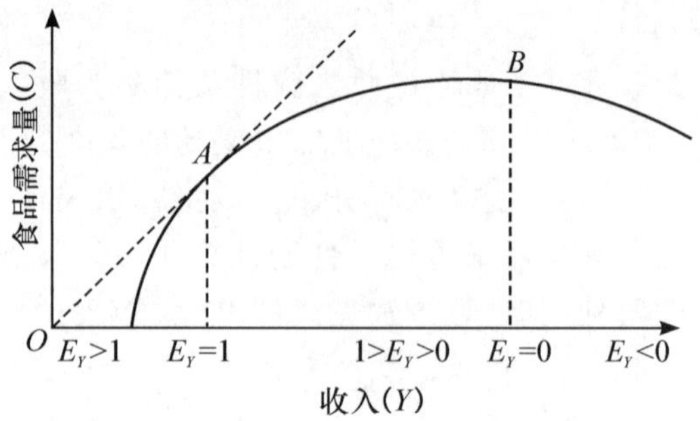


**图 2-9　需求收入弹性与恩格尔曲线**

表 2-3 列出的是食品的需求收入弹性的一些例子，其中只有牛肉的需求收入弹性大于 1。

**表 2-3　部分食品的需求收入弹性的估计值**

| 食品 | 需求收入弹性的估计值 | 食品 | 需求收入弹性的估计值 |
|---|---|---|---|
| 牛肉 | 1.05 | 番茄 | 0.24 |
| 鸡肉 | 0.28 | 土豆 | 0.15 |
| 猪肉 | 0.14 | | |

资料来源:《管理经济学》. 中国人民大学出版社，1998 年。

## (三)需求的交叉弹性

交叉弹性是指某商品的价格变动会影响到相关的另一种商品的需求状况，即与 A 商品相关的商品 B 的价格发生变动而引起 A 商品需求量相应的变动幅度。这一指标主要用来衡量某商品需求变动对另一种相关商品价格变动的反应程度。需求交叉弹性的计算公式见式(2-11)。

$$需求交叉弹性=\frac{A\text{ 商品需求量变动的百分比}}{B\text{ 商品价格变动的百分比}} \tag{2-11}$$

同需求的价格弹性与收入弹性一样，需求的交叉价格弹性也有点弹性和弧弹性两种，其计算方法见式(2-12)和式(2-13)。

$$E_{AP_B}=\frac{dQ_A}{dP_B}\times\frac{P_B}{Q_A} \tag{2-12}$$

$$E_{AP_B}=\frac{(Q_{A_2}-Q_{A_1})}{(P_{B_2}-P_{B_1})}\times\frac{(P_{B_2}+P_{B_1})/2}{(Q_{A_2}+Q_{A_1})/2} \tag{2-13}$$

需求交叉弹性的数值可能是正值，可能是负值，也可能为零。如果两种商品间的需求交叉弹性大于零，表明这两种商品是可以互相替代的(例如猪肉与牛肉)；如果两种商品间的需求交叉弹性等于零，表明这两种商品之间不存在关系(如羊毛和鸡蛋)；如果两种商品间的需求交叉弹性小于零，表明这两种商品是可以互补的(如黄油和面包)。通常需求交叉弹性越大，表明两种商品的相关性越大，或者说两种商品之间的影响程度越大，它们之间的替代性或互补性就越大。

交叉弹性在企业决策中具有一定的应用价值，许多公司都生产几种互相关联的产品，因此，只要其中一种产品的价格发生调整就会影响到公司销售的其他关联产品的需求，借助交叉弹性的信息将会有助于决策者对这种影响做出评价。

## 四、收入与需求数量

### (一)收入与需求的关系

收入与需求的关系大体上可用图 2-10 来表示。图中表示商品需求量与收入的关系曲线称为恩格尔曲线。一般有三种情况：①随着收入增加，需求量也增加，且需求量增加幅度大于收入增加幅度，这类商品是高档消费品，如图 2-10 中的 a 图所示；②随着收入增加，需求量也增加，但需求量增加幅度小于收入增加幅度，这类商品是生活必需品，如图 2-10 中的 b 图所示；③随着收入增加，需求量减少，这类商品是低档消费品，如图 2-10 中的 c 图所示。

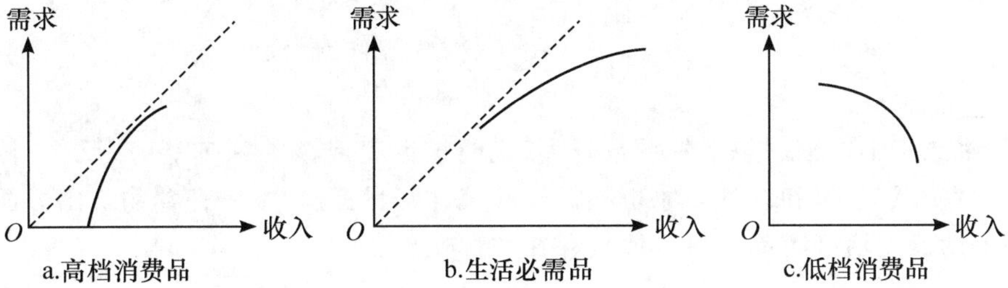


图 2-10　收入与需求的关系(恩格尔曲线)

### (二)单个消费者对某种商品的需求与其收入变化的关系

现实生活中，绝大多数商品属于高档消费品、生活必需品还是低档消费品都是相对的，同一种商品，对高收入的人来说可能已是低档消费品，而对收入很低的贫困人口则可能还是高档消费品。对同一个消费者而言，同一种商品在其收入增长的不同阶段的地位可能差异很大，随着消费者收入水平的不断提高，一些原来的高档消费品将依次变为生活必需品乃至低档消费品。这种单个消费者对某种商品的需求随着收入提高而发生的变化关系，可借助图 2-11 来加以说明。

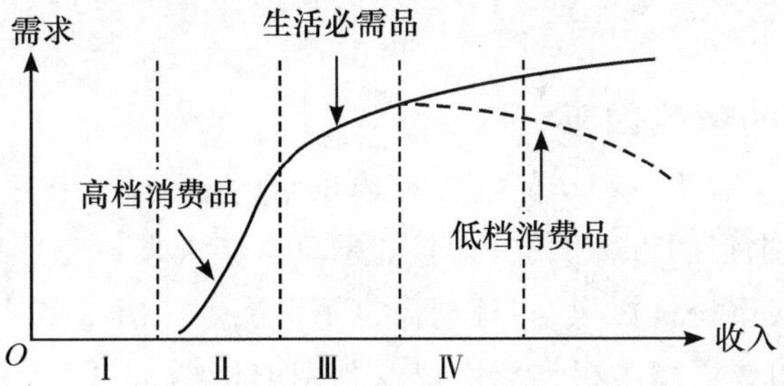


图 2-11　单个消费者对某种商品的需求与其收入变化的关系

第一阶段，曲线与横坐标重合，这意味着该消费者的收入水平太低，根本买不起该商品，消费该商品对其来说是一件奢侈的事。第二阶段，随着收入的增长，曲线递增上升，这意味着需求的增长幅度大于收入的增长幅度，开始消费该高档消费品。第三阶段，随着收入的增长，需求也继续增长，但此时需求的增长幅度已经变得小于收入的增长幅度，消费该商品已经成为生活中的必需。第四阶段，随着收入的增长，需求不再增长，视商品的可替代性如何有两种趋势：如果该商品具有不可替代性，该商品的需求量就将趋于平稳；如果该商品可以被其他(较高档的)产品所替代，则该商品的需求量将趋于下降。

#### (三)恩格尔定律和恩格尔系数

19 世纪的德国统计学家恩格尔(E. Engel)根据经验统计资料对消费结构进行研究，并根据研究结果提出如下观点：一个家庭的收入越少，家庭总收入中或家庭总支出中食物支出所占的比例就越大，随着家庭收入的增加，食物支出的比例逐渐降低；一个国家越穷，每个国民的平均收入或平均支出中用于购买食物的费用所占的比例就越大，随着人均国民收入的增长，食物支出比例逐渐降低，这一规律被称为恩格尔定律。

根据恩格尔定律可以得出恩格尔系数的计算公式见式(2-14)。

$$\text{恩格尔系数}=\frac{\text{用于食物支出的金额}}{\text{总支出}} \tag{2-14}$$

某个家庭或某个国家的恩格尔系数越大，说明该家庭或该国家越贫穷；反之，相反。在恩格尔之后，一些经济学家和统计学家也根据经验统计资料提出，不仅在食物支出方面存在递减的现象，在其他的生活必需品支出方面也存在类似现象。

## 第二节 畜产品供给

### 一、畜产品供给及影响因素

#### (一)供给的概念

经济学中在谈到一种商品的供给概念时，总是指一定市场上在一定时期内与每一销售价格相对应的，生产者愿意并且能够供给的数量。畜产品的供给来自于畜产品的生产，但并非生产者生产的所有畜产品都形成供给，生产者生产的畜产品中只有作为商品出售的部分才属于供给。

#### (二)畜产品供给的影响因素

1. 考察的时间长短　对于一种产品的产量或供给的多少，一个月、一个季度或一年以上，显然会有很大差别。以生猪的市场供应为例，如果只考察未来一个月的供应量，它只能取决于当前的生猪存栏量，即使市场价格很高，短期内也不可能生产出更多的生猪上市。如果考察期为一年或几年的时间，由于养殖者根据当前以及预期的市场价格，可以扩大或缩小生产规模，从而改变市场的供给量。

2. 生产者目标与市场反应行为　在市场经济条件下，生产者的最终目标是追求利润最大化，畜产品生产者的最终目标也是如此，当有利可图，尤其是可以获得丰厚的利润时，畜产品生产者就会增加饲养量；相反，如果利润下降甚至出现亏损时，他们就会减少饲养量。

由于从开始增加(或减少)饲养量到产品上市,需要经过一个饲养的过程,因此畜产品现货市场供应量的变化总是滞后于市场价格的变化,并容易导致市场供求的失衡,进而引起市场价格的波动。

3.技术水平 技术水平高低的最终体现是投入产出的比率,在畜牧业中反映投入产品比率的主要指标有饲料转化率、产仔率、产奶量、日增重、劳动生产率、资金利润率等。技术水平越高意味着消耗同样多的资源可获得的畜产品就越多,这些指标是反映一个国家或地区畜牧业先进程度的重要标记,也是说明一个国家资源转化潜力的重要依据,如果技术水平相对较低,表明通过提高技术水平增加产品供给量的潜力就较大。

4.商品自身的价格和相关品的价格 在市场经济中,生产者总是被利润所驱使,而商品价格的高低又直接关系到生产者可获得利润的多少,因而每当市场上该商品的价格提高时,总会吸引生产者扩大规模或吸引新的生产者转入该商品的生产。相反,如果市场上该商品的价格下降,导致生产者利润减少甚至亏损,那么生产者就会减少甚至放弃该产品的生产。由于不同种类畜产品的生产过程以及其本身的效用存在很多相似性,使得当一种畜产品的价格发生变化时,很可能会影响到另一种畜产品的供给。比如,如果生猪的市场价格没有发生变化,而活禽的市场价格在节节升高,养殖者可能的选择就是减少或放弃生猪生产,转而从事家禽生产。

5.生产要素价格 生产要素的价格直接关系到产品的成本,生产要素的价格越高,产品的成本就越高,如果市场上畜产品的价格未变,那么生产者的利润就会减少,生产者就会压缩生产规模。

6.政府政策和市场预期 由于畜产品涉及民生问题,为了保证畜产品的稳定供应,各国政府都根据本国的国情实施了一些保护或促进畜牧业发展的相关政策,比如税收政策、价格政策、贸易政策等,这些政策对稳定畜产品的供给起到了一定的导向性的作用。例如,对一种产品增加税收使卖价提高,在一定条件下会通过需求的减少而使供给减少;反之,减低商品税收负担或政府给予补贴,会通过降低卖价刺激需求,从而引起供给增加。生产者对市场的未来预期,不仅会影响生产者扩大还是缩小进行某种产品生产的决策,也会影响已有产品的市场供给状况。如果农民预期猪肉价格将下降,就会缩小养猪规模或不养猪;如果农民预期猪肉价格将上升,就会扩大养猪规模或开始养猪;如果许多农民的预期相似的话,就将大大增加或减少未来的养猪总量。这些变动必将进一步反映到猪肉的市场供给量上。

### (三)供给函数

供给函数通常用来反映在一定时空条件下,某商品的供给量与决定供给量的各种因素之间的关系。比较常用的供给函数可以用式(2-15)表示。

$$S_a = f(P_a, P_1, \cdots, P_m, R_n, \cdots, R_y, T, E, O, B, u) \tag{2-15}$$

其中:$S_a$ 为商品 a 的供给量;$P_a$ 为商品 a 的价格;$P_1, \cdots, P_m$ 为所有竞争品(如果不生产 a 而生产的其他产品)的价格;$R_n, \cdots, R_y$ 为各种用于生产商品 a 的生产要素的价格;$T$ 表示技术水平;$E$ 为各种环境条件;$O$ 为生产者所追求的目标;$B$ 为生产者的市场反应方式;$u$ 代表其他因素的综合作用。

## 二、畜产品价格与供给原理

### (一)供给表和供给曲线

供给表可用来反映某商品的价格与供给量之间的对应关系。表2-4描述了鸡蛋供给状况的供给表,表中内容表示,若售价为每千克2元,没有任何生产者愿意提供产品;若价格每千克为4元,则该市场各个生产者愿意销售的数量合计为7吨,……,若销售价格上升到10元,该市场各个生产者愿意销售的数量合计达到18吨。把该表的数据描绘到坐标图上,即是图2-12的供给曲线。

表2-4 鸡蛋供给表

| 项目 | 价格(元/千克) | 供给量(吨/月) |
|---|---|---|
| A | 10 | 18 |
| B | 8 | 16 |
| C | 6 | 12 |
| D | 4 | 7 |
| E | 2 | 0 |

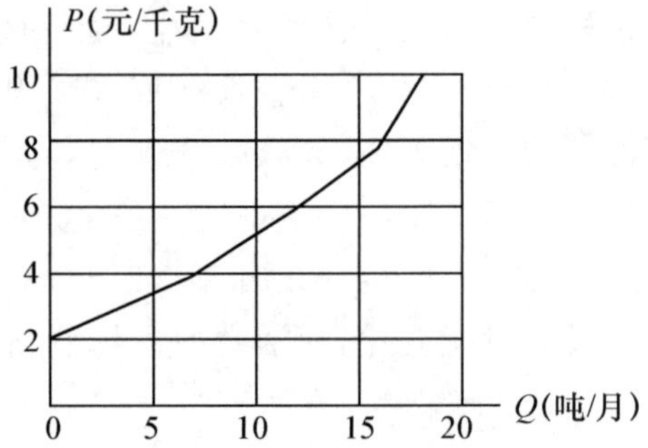


图2-12 供给曲线

如果假定其他影响供给的因素保持不变,只有商品本身的价格发生变化,则商品的供给与价格之间的关系可以用供给曲线来表示。供给曲线一般是一条自左下方向右上方倾斜的曲线,从图2-12所示的供给曲线可以看出,一般供给曲线的斜率为正值,因此供给量与价格呈正相关关系。在特殊情况下供给曲线也可能是一条垂直线或一条水平线(如图2-13a和图2-13b所示)。

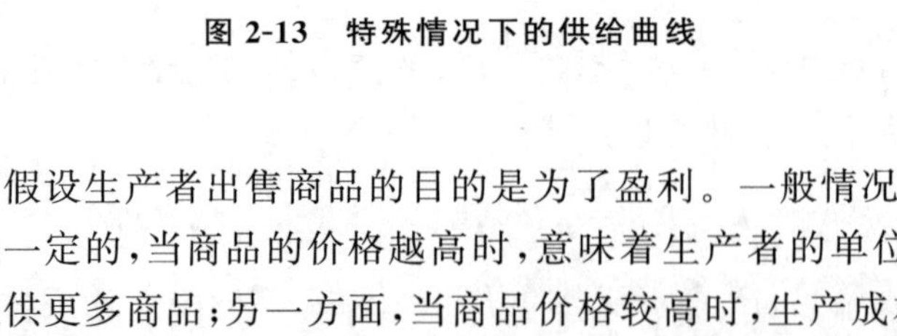


图2-13 特殊情况下的供给曲线

### (二)供给定律

市场经济条件下假设生产者出售商品的目的是为了盈利。一般情况下某具体商品生产者生产某商品的成本是一定的,当商品的价格越高时,意味着生产者的单位利润越多,所以生产者就会积极向市场提供更多商品;另一方面,当商品价格较高时,生产成本较高的生产者也有了参与生产的机会,从而使该商品的市场总供给量增大。反之,当某商品的价格越低时,意味着生产者的单位利润减少,甚至无利可图,生产者就会转而生产其他商品,从而使该商品的市场总供给量减少。这种在其他条件不变情况下,商品的供给量随价格的上升而增加,随价格的下降而减少的普遍现象,被称之为供给定律。

### (三)供给曲线的移动

如同需求函数一样,供给函数是供给量和影响供给量的诸因素之间的多维关系的数学描述,这些因素也可归纳为两类:运动参数和位移参数,如式(2-16)所示:

$$S_a = f(\underset{\downarrow \atop \text{运动参数}}{P_a}, \underbrace{P_1, \cdots, P_m, R_n, \cdots, R_y, T, E, O, B, u}_{\text{位移参数}}) \tag{2-16}$$

如果假定其他因素不变,仅研究价格与供应量之间的关系,就要使用供给曲线,可表达为:$S_a = f(P_a)$,如图 2-14 中的 $ss$ 曲线。商品的价格发生变化而引起的该商品的供给量在供给曲线上的移动,经济学称之为供给量的变化。在研究位移参数(除价格以外的其他因素)对供给量的影响时,通常是分析在每一种价格下,供应商品的数量会变化到多少,位移参数的变化在图形上的表示是供给曲线的位移,经济学将这种位移称之为供给的变动,向右位移(从 $ss$ 曲线右移到 $s''s''$)说明供给增加,即在每个价格上的供给量比以前增多,向左位移(从 $ss$ 曲线左移到 $s's'$)说明供给减少,即在每个价格上的供给量比以前减少。

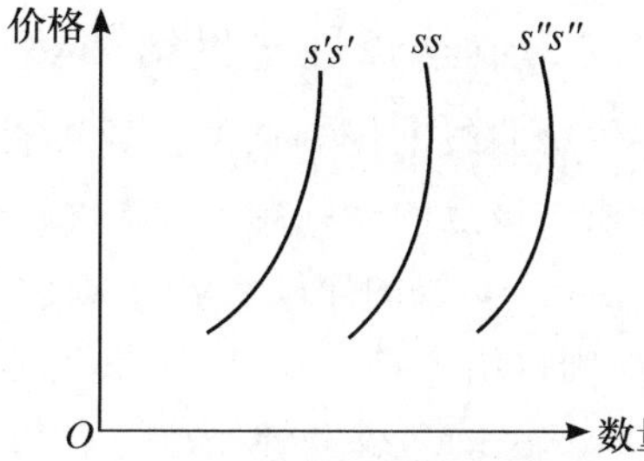


**图 2-14 供给曲线的移动**

影响供给变动的因素很多,其中最常见原因主要有两个:生产要素价格的变化和技术进步引起的生产率变化。一方面,如果生产要素价格降低,则生产成本也相应降低,从而在产品价格不变的条件下,生产者愿意生产出更多的产品,使供给曲线向右移动;反之,如果生产要素价格升高,则生产成本也相应升高,从而在产品价格不变的条件下,生产者愿意提供的产品数量减少,使供给曲线向左移动。另一方面,由于技术的不同,同样的物质投入得到的产出是不一样的。先进的技术能提高生产率,从而获得较高的产量。也就是说,将同样的成本分摊到较多的产品单位中去就降低了单位产品成本,这必将刺激生产者的积极性,从而使供给曲线向右平移。

## 三、畜产品供给弹性

### (一)供给价格弹性的概念和计算

供给的价格弹性(也称为供给弹性)是指当某商品的价格发生一个百分比的变化后,该商品的供给量所发生的相应的百分比变化,可用来衡量价格变动所引起的供给量变动程度。供给弹性的计算公式与需求弹性的计算公式相似。如果用 $E_S$ 表示供给弹性,那么供给弹性的计算公式可以用式(2-17)和式(2-18)表示。

$$\text{点弹性}: E_S = (\mathrm{d}Q/Q)/(\mathrm{d}P/P) = (\mathrm{d}Q/\mathrm{d}P) \times (P/Q) \tag{2-17}$$

$$\text{弧弹性}: E_S = \frac{(Q_2 - Q_1)/(Q_2 + Q_1)/2}{(P_2 - P_1)/(P_2 + P_1)/2} = \frac{(Q_2 - Q_1)/(Q_2 + Q_1)}{(P_2 - P_1)/(P_2 + P_1)} \tag{2-18}$$

式(2-20)和式(2-21)中,$P$ 代表价格,$Q$ 代表供给量,$dP$ 和 $dQ$ 分别代表价格变动的数值与相应的供给量变动的数值。根据供给规律,供给量与价格同方向变化,故一般情况下 $E_S$ 是正数。

若 $E_S>1$,表示价格每提高 1%,供给量的增加大于 1%,称为供给富于弹性;若 $E_S=1$,称为供给是单元弹性;若 $E_S<1$ 表示供给缺乏弹性;若 $E_S=0$ 称为供给完全缺乏弹性,即不管价格如何变化,供给量固定不变,这时的供给曲线是垂直于横坐标(代表供给量)的一条直线;若 $E_S=\infty$,表示对于某一给定价格,供给量可以任意增加,供给曲线是平行于横坐标(数量轴)的一条直线,称为供给有完全弹性。

### (二)供给弹性与供给曲线

供给曲线上任一点的供给弹性的大小取决于通过该点的切线与坐标轴相交的交点与过原点的 45°线的比较。若交点位于 45°线的上方,则供给弹性大于 1,即供给是有弹性的(图 2-15 中的 $c$ 线上的任意一点);反之,若交点位于 45°线的下方,则供给弹性小于 1,即供给是缺乏弹性的(图 2-15 中的 $a$ 线上的任意一点)。若交点恰在 45°线上,则供给弹性等于 1(图 2-15 中的 $b$ 线上的任意一点)。

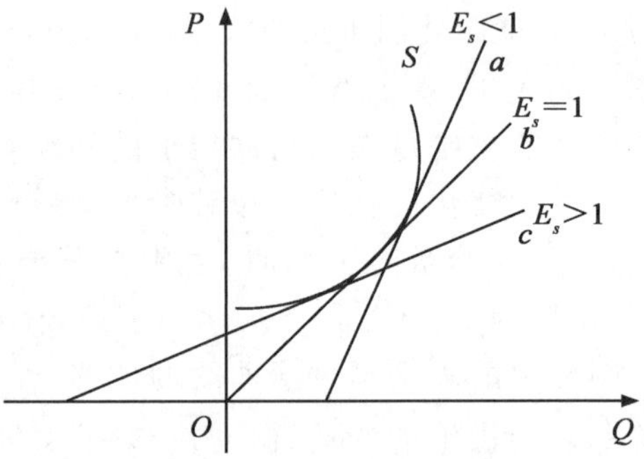


图 2-15　供给弹性与供给曲线

### (三)影响供给弹性的因素

影响供给弹性的因素较多,但其中考察期的长短是决定供给弹性大小的主要因素。在极短时间内,生产者所能提供的供应量,只能限于已有的库存,价格无论怎样提高,供应量都无法增加,供给完全缺乏弹性,供给曲线是垂直于横轴(数量轴)的一条直线(图 2-16a)。在短时期内,生产者尽管来不及增加厂房设备等固定的生产要素,但仍然可以通过增加可变的生产要素(原材料、劳力等)扩大产量(图 2-16b)。在长时期内,由于每个生产者都可能通过调整厂房设备的规模来扩大产量,一个行业(或产品)的企业数量也可能增加,因而其供给弹性将大于同种产品在短期内的供给弹性(图 2-16c)。

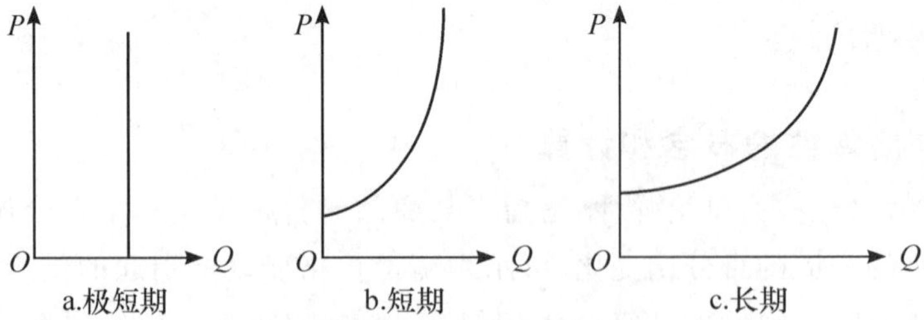


图 2-16　时间长短与供给弹性

## 四、增加畜产品供给的途径

在论述增加畜产品供给途径之时,需要首先明确两个前提:其一是资源的稀缺。如果我们有用之不竭的土地、劳力、资本等，则想要多少畜产品就能生产出多少，现实不是如此，因而需要探讨的是面对有限资源，有哪些增加畜产品供给的途径可供选择；其二是符合市场经济规律。如果不按照市场规律，人为强制性地将其他行业的资源转移到畜牧业生产之中，阻碍其他行业的发展，也不应该作为考虑的范畴。经济学是一门解决稀缺问题的学科，市场经济是为了利用有限资源、寻求资源优化并获得最高效率而产生的一种社会经济制度。因此，需要利用市场经济的优势，同时考虑市场经济规律固有的缺陷来探讨增加畜产品供给的有效途径。

根据市场经济规律可知，如果要增加畜产品的供给量，无非是两种选择：一种是在供给状况不变的前提下，只要提高畜产品的价格，畜产品的供给量就会沿着供给曲线增加；另一种是改变供给状况，让供给曲线向右移动，使得任何价格所对应的供给量都增加。改变供给状况远不如提高畜产品的价格那么容易，但通过改变供给状况来增加畜产品的供给更符合消费者的利益，且可考虑的因素很多，经济学把影响商品供给状况的诸多因素的影响结果综合为一个指标，即边际成本。所谓边际成本是指由于增加（或减少）一单位产品而引起的成本的增加（或减少）。影响边际成本的因素，概括起来主要有：生产规模、生产技术和管理水平、原料市场的供给、本行业的市场状况、政府的相关政策等。下面从这几个方面来分析增加畜产品的途径。

### （一）生产规模

适度规模生产会促进先进设备和技术的使用，同时还有助于降低单位产品的固定成本分摊，并提高劳动生产率。畜牧业是我国的传统产业，我国畜禽养殖中农户养殖仍然占主体，规模化水平还相对较低，加速我国畜禽养殖的适度规模化进程，在消耗同等资源量的前提下，仍然有增加畜产品供给的可能。

### （二）生产技术和管理水平

提高生产技术主要包括改良畜禽品种或优化畜禽品种结构，提高畜禽营养平衡供给的水平，控制疫病的传播、改善动物的健康状况，研制推广先进的畜禽养殖设施等。有了一流的生产技术，还需要一流的管理，所有的技术都得靠有效的管理才能转化为最终的生产效率。与国际先进水平相比，我国的畜牧业生产水平还相对落后，畜禽死淘率偏高，饲料转化效率较低，其中有技术原因，也有管理不善的因素。

### （三）原料市场的供给

在畜产品的全部成本构成中，饲料成本占 60％以上，因而饲料原料的市场价格对畜产品的供给影响很大，只有稳定的饲料市场才能有稳定的畜产品市场。增加饲料供应的主要措施有：进一步改变种植业结构，在保证粮食自给率的前提下，将种植人畜兼用的作物品种改为畜禽专用的饲用作物；进一步综合开发利用农副产品、食品制药类生产副产品的饲用价值；增加部分饲料原料的进口，尤其是蛋白类饲料的进口，比如进口大豆，由于大豆的亩产很低，如果增加大豆或豆粕进口，便可以转移部分土地用于生产其他饲料原料。

### （四）本行业的市场状况

市场经济制度的高效率是基于完全竞争的市场，尽管现实中没有一个国家的市场能处于完全竞争的状态，但为了获得尽可能高的回报，还是应该尽力创造这样的市场环境，通过公平竞争将效率低下的生产者从行业中淘汰，通过执行反垄断法，让竞争的价格真正发挥作用。只有这样，整个行业的效率才能提高。我国畜产品市场还不够健全，生产者的技术水平参差不齐、交易双方的信息不对称、同质不同价甚至以假乱真的现象时有发生，这些都降低了我国畜牧业生产的整体效率。

### (五)政府的相关政策

畜牧业是一个非常脆弱的行业，并主要源于以下两个方面：其一是市场。由于生产者规模小且广泛分布于农村，因而市场经济制度中固有的缺陷，即生产的盲目性导致市场价格的大幅震荡，在畜牧业中最容易发生，而且每一次价格的震荡都会给行业造成重大的损失。其二是疫病。与工业品生产不同的是，畜禽养殖场一旦暴发疫情，将意味着全部的投入立刻化为灰烬，且还为今后的饲养和周边的饲养带来潜在的隐患。在接近完全竞争的市场经济制度中，企业只能是市场价格的被动接受者，要维系相对稳定的市场、相对健康的环境，必须依靠政府发挥作用。

# 第三节　畜产品供求平衡

## 一、供求规律与均衡价格

前面已经从市场局部，即需求或供给单方面分析了其运行规则。市场是需求与供给的统一体，下面把需求与供给联结起来，从市场整体研究需求、供给和价格之间的关系，其体现的市场运行规律，一般称为供求规律。

经济学提出的供求规律是基于一个理想的市场结构，即完全竞争的市场结构。在完全竞争的市场结构中，一个行业内企业数目很多，以致任何一个企业所生产的产品数量在整个市场中所占的份额都是微不足道的，而且它们的产品是同质的，所以任何一个企业都无力左右市场、操纵市场价格，而只能作为市场价格的接受者。此时，需求曲线上各点表示消费者在特定价格下愿意且有能力购买的产品数量，供给曲线上各点表示生产者在特定价格下愿意且有能力提供的产品数量。供给、需求两条曲线相交之处，表明按这种价格成交能使供需双方都能接受，买者想买的数量等于卖者想卖的数量。当供给和需求相等时供求关系处于均衡状态，处于均衡状态时的价格称为均衡价格，供给等于需求时的数量称为均衡数量。

在供求规律作用下，市场上的供求通过自发调节达到均衡状态的过程可以用表 2-5 和图 2-17 来说明。在表 2-5 中，鸡蛋价格为每千克 10 元时，对应的生产者每月给市场提供 18 吨鸡蛋，然而消费者的需求量仅为每月 9 吨，由于鸡蛋存货积压，竞争的卖方只得降低价格。当鸡蛋的价格处在 2 元时，情况又会怎样？在该点上，因为需求超过生产，不能获得鸡蛋的需求者会使过低的价格提高。至此，最后的成交价格显而易见，只能在价格为 6 元的 $C$ 点，在该点的供给量正好等于需求量。均衡价格(即唯一能持久的价格)，在这种价格下，愿意供给的数量和愿意需求的数量相等。竞争的均衡必须处于供给曲线和需求曲线的交点。

**表 2-5　鸡蛋的供给与需求**

| 项目 | 价格(元/千克) | 需求量(吨/月) | 供给量(吨/月) |
|---|---|---|---|
| A | 10 | 9 | 18 |
| B | 8 | 10 | 16 |
| C | 6 | 12 | 12 |
| D | 4 | 15 | 7 |
| E | 2 | 20 | 0 |

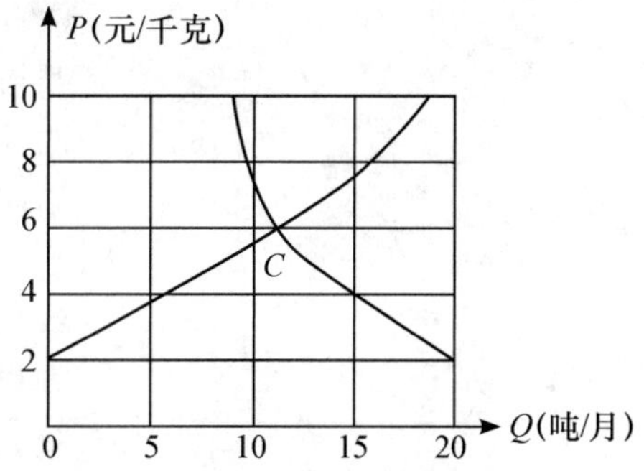


**图 2-17　供给、需求与均衡价格形成**

如果需求曲线或供给曲线发生位移时，均衡价格又将会发生怎样的变化(图 2-18)？

当出现非价格原因引起需求扩大时，需求曲线向右平移，这时生产者供给量和消费者购买量相等时的成交价格就会处于较高的水平，在 $S$ 和 $D'$ 相交的价格水平上，供给曲线保持不变，需求扩大时会导致商品价格上升(图 2-18b)；反之，若需求曲线保持不变，供给出现非价格因素引起增大时，供给曲线发生向右平移，这会导致商品价格的下降(图 2-18c)。

如果需求曲线向右平移的同时，供给曲线也发生向右平移，价格的变动就将取决于供给与需求曲线的斜率和各自的移动幅度(图 2-18d、图 2-18e 和图 2-18f)。依据同样的道理，可以推断当需求曲线和供给曲线同时向左平移时的情况。

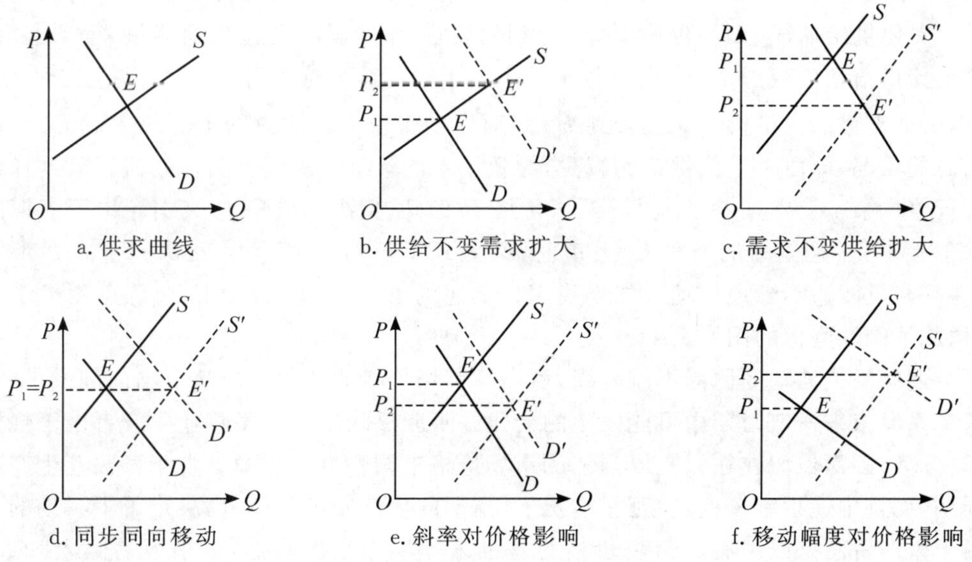


**图 2-18　需求、供给曲线位移与均衡价格变动**

## 二、蛛网理论

蛛网理论是20世纪30年代西方经济学界出现的一种动态均衡分析，它将市场均衡理论与弹性理论结合起来，再引进时间因素来考察市场价格和产量的变动状况，即用供求定理解释某些生产周期长的商品，在供求不平衡时所发生的价格和产量的循环影响和变动。这种变动呈现周期性的波动，其波动的轨迹如果用图像表示，很像蛛网，因此被称为蛛网波动。概括这种波动现象的理论被称为蛛网理论。

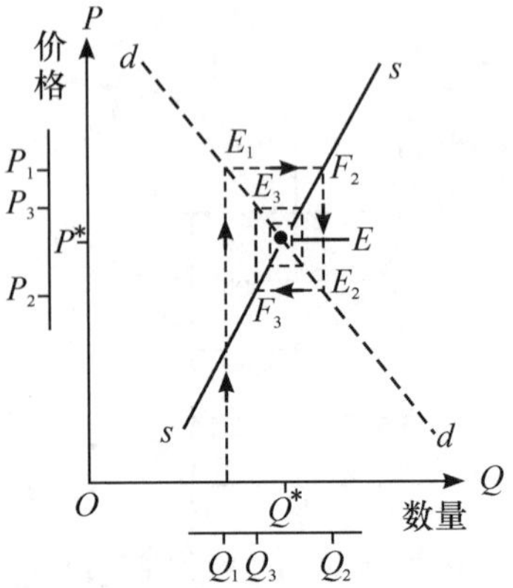


**图 2-19　动态的蛛网**

下面以生猪为例来描述生猪的生产量与市场价格的波动以及形成蛛网的过程。假设图2-20中的曲线 $dd$ 是某市场上生猪的需求曲线，曲线 $ss$ 是该市场上生猪的供给曲线。根据均衡原理，该市场的生猪价格应该在需求、供给曲线相交的 $E$ 点所对应的价格 $P^*$，成交量应该是 $Q^*$。

现在假设由于饲料价格的上涨或由于疫情的发生，导致生猪产量下降到 $Q_1(Q_1<Q^*)$。面对 $Q_1$ 的供给量，买方根据需求曲线 $dd$ 只能按照 $E_1$ 点对应的价格 $P_1$ 买到生猪，此时的 $P_1>P^*$，由此可见，由于生猪供给的减少，导致了市场价格提高。高位的市场价格又将会影响到下一个时期的生猪市场供给量。对照供给曲线 $ss$，当价格上涨到 $P_1$ 的位置时，生产者将会增加饲养量，等到上市时市场中的生猪供给量已增加到 $F_2$ 点所指出的生猪量 $Q_2$，再对照需求曲线，当生猪量在 $Q_2$ 的位置时，买方支付的生猪价格只能是 $E_2$ 点对应的价格 $P_2$，此时的 $P_2<P^*$，由此可见，由于生猪供给的增加，又导致了市场价格的降低。低位的市场价格又将会影响到再下一个时期的生猪市场供给量。对照供给曲线 $ss$，当价格下降 $P_2$ 到的位置，生产者将会减少饲养量，等到上市时，市场中的生猪供给量已减少至 $F_3$ 点所指出的生猪量 $Q_3$，继续对照需求曲线，当生猪量 $Q_3$ 在的位置时，买方支付的生猪价格又上升到 $E_3$ 点对应的价格 $P_3$，此时的 $P_3>P^*$，这又重复了波动开始时的状况，即由于生猪供给的减少，导致了市场价格的提高。类似的过程就这样继续不断地进行着。第一个产量 $Q$ 偏低，导致了价格 $P$ 偏高；偏高的价格 $P$ 又引导出下一期的产量 $Q$ 偏高，等到下一期偏高的产量 $Q$ 上市时，又导致了价格 $P$ 偏低。就像一个人在走钢丝绳，总是在平衡点两边不断地摆动。如果我们将上述的 $E_1$、$F_2$、$E_2$、$F_2$、$E_3$…等点用虚线连接起来，便构成了蜘蛛网似的图形。

分析上述蛛网式波动的原因不难发现，畜产品市场价格的变化只反映了当前的供求关系，而对供求关系在未来一定时期内可能发生的变化并不能反映出来。畜牧业生产者由于规模较小，又比较分散，因而他们往往只是以当前的市场价格来调整生产规模。由于畜牧业生产需要一定的周期，而且中途很难改变，在正常情况下，本期的生产安排规模，已决定了下一期的产量规模。由于生产者总是以现有的市场价格为基准来预期未来的收益，就很容易陷入“蛛网困境”，产量的变化总是赶不上市场变动的节奏。上述生猪产量变化和市场价格波动的过程，可用图2-20来表示。

对于类似于上述生猪市场的波动，其最终的结果会如何？这要视具体情况而定，通常会有

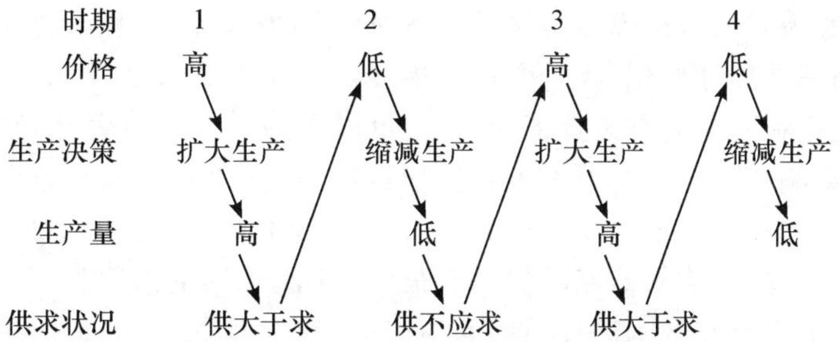


图 2-20　畜产品的周期性波动

三种结果:①供给价格弹性小于需求价格弹性。意味着价格变动对供给量的影响小于对需求量的影响,这时价格和产量的波动会逐渐减小,使市场价格趋于均衡价格,称为收敛性波动(图 2-21a);②供给价格弹性大于需求价格弹性。市场受外力干扰偏离均衡状态的市场价格在对下期供给量变动影响下,使实际价格和实际产量上下波动的幅度会越来越大,远离均衡点,使均衡无法恢复,这种情形称为发散性波动(图 2-21b);③供给价格弹性等于需求价格弹性。即价格波动引起供给量变动的程度始终不变,实际产量和实际价格始终围绕均衡点上下波动,永远达不到均衡,称为循环型波动(图 2-21c)。

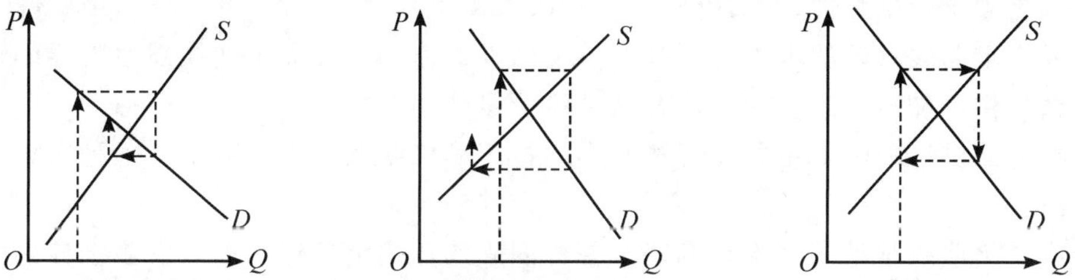


a.收敛性波动　b.发散性波动　c.循环性波动

图 2-21　蛛网波动

作为一种经济体制,市场经济并不是十全十美的,其调节经济的自发性和滞后性就是它的内在缺陷,蛛网理论也正表明了这一点。蛛网理论是一种动态均衡分析,运用该理论时通常是基于这样的假设:①完全竞争的市场,每个生产者都会认为当前的市场价格会继续下去,自己改变生产计划不会影响到市场价格;②需求相对稳定,价格主要由供给量所决定,供给量由上期的市场价格所决定;③生产的商品不是耐用商品。这些假设表明,蛛网理论最适合解释农产品的供求状况及其价格的基本走势,在现实的运动中,蛛网理论的三种模型在一定时期内是相互交错出现的。

## 本章小结

市场经济条件下畜产品供求决定畜产品价格,畜产品价格又反作用于畜产品供求。需求是指消费者在某一特定时期内在一定价格水平下愿意并能够购买得起该种商品的数量;对畜产品的需求,按照产品的类别特征可以划分为不同种类;影响畜产品需求的因素包括消费者的偏好、消费者的收入水平、商品本身的价格以及相关商品的价格等。常用的需求弹性有需求的自身价格弹性(简称为需求价格弹性)、交叉价格弹性(简称交叉弹性)和需求收入弹性;需求曲线移动讨论的是当消费偏好变化、收入变化或相关商品价格变化时,需求曲线将发生怎样的变化。畜产品供给是指在一定时空条件下,在一定价格水平上畜产品生产者愿意并能够提供出售的畜产品数量;影响商品供给的因素主要包括自然、经济和社会因素等许多方面;供给弹性通常是指供给的价格弹性,供给曲线上任一点的供给弹性的大小取决于通过该点的切线与坐标轴相交的交点的位置;影响供给变动的因素很多,但引起供给曲线发生移动的最常见原因主要是生产要素价格的变化和技术进步引起的生产率变化。均衡价格是指在这种价格上,愿意供给的数量和愿意需求的数量相等;竞争的均衡必须处于供给曲线和需求曲线的交点;蛛网理论是用供求定理解释某些生产周期长的商品,在供求不平衡时所发生的价格和产量的循环影响和变动的一种动态均衡分析。

## 复习思考题

1. 需求和需求价格的含义是指什么?畜产品需求有哪些主要类别?

2. 影响需求的因素有哪些?影响畜产品需求的因素有哪些?各种因素如何影响畜产品需求?

3. 什么是需求价格弹性、交叉价格弹性和收入需求弹性?

4. 造成需求曲线移动的因素有哪些?各种因素的作用会使需求曲线发生怎样的移动?

5. 什么是供给和畜产品供给?什么是供给价格弹性?

6. 影响商品供给的因素主要有哪些?影响畜产品供给的因素有哪些?各种因素如何影响畜产品供给?

7. 造成供给曲线移动的因素有哪些?各种因素的作用会使供给曲线发生怎样的移动?

8. 在市场经济制度中增加畜产品供给的有效途径有哪些?

9. 什么是均衡价格,画图表述需求曲线和供给曲线的移动将如何影响畜产品市场的均衡价格。

10. 什么是蛛网理论?试述蛛网图形的形成过程,并分析市场价格波动的原因。

## 参考文献

[1] [美]H·克雷格·彼得森,W·克里斯·刘易斯. 管理经济学. 4 版. 吴德庆,译校. 北京:中国人民大学出版社,2009.

[2] [美]罗伯特·S·平狄克,丹尼尔·L·鲁宾费尔德. 微观经济学. 7 版. 张军,校. 高远,朱海洋,范子英,等,译. 北京:中国人民大学出版社,2009.

[3] [美]保罗·萨缪尔森,威廉·诺德豪斯. 经济学. 18 版. 萧琛,主译. 北京:人民邮电出版社,2008.

[4] 高鸿业. 西方经济学. 北京:中国人民大学出版社,2011.

[5] 乔娟,潘春玲. 畜牧业经济管理学. 2 版. 北京:中国农业大学出版社,2010.

# 第三章　畜产品现货市场

◈　学习要点

- 畜产品市场及畜产品市场体系的含义及发展
- 畜产品批发市场的含义、种类、功能及特征
- 零售业态发展的影响因素及畜产品零售市场的含义
- 超市畜产品零售的特点及畜产品零售企业的连锁经营

## 第一节　畜产品市场与畜产品市场体系

### 一、市场与畜产品市场

#### (一)市场的含义

市场既是一个商品经济的范畴,同时也是一个历史的范畴。它随着社会分工和商品经济的产生而产生,随着社会分工和商品经济的发展而发展,在这一过程中,市场的概念由狭义发展到广义。

市场是社会分工和生产社会化的产物,生产力的发展引起社会分工和生产的社会化,产生了以交换为根本特征的商品经济,也就产生了市场这一概念。随着商品经济的发展,市场的含义不断发展变化。市场最初的含义是指商品交易的场所,“市”就是买卖,“场”就是场所,市场即买者和卖者从事商品交换活动的场所。如我国古代对市场的解释,认为“日中为市,致天下之民,聚天下之货,交易而退,各得其所”①。因此,狭义的市场是指商品交易的场所,把一定时间、一定地点进行商品交易活动的地区称为市场。

随着社会分工的深化,专业化、社会化生产方式导致交换活动越来越普遍,生产者与卖者明显地分离开来,商品流通成为实现商品交换活动的必要环节,中间商及其众多相关机构应运而生,就将生产者和中间商及其相关机构合称为卖方,将购买者称为买方。同时,市场上差异化的产品和差异化的需求日益增加,交换活动表现为时间上的频繁性、空间上的广泛性、方式上的多样性等特点,环节的增加和市场主体分化使市场上的交换关系复杂化,市场不仅仅是一

---

①姬昌. 全本周易. 北京:北京出版社,2006:353.

个商品交换场所，买卖双方间形成了一定的作用机制和相互依存的关系体系，这样就形成了广义的市场概念：市场指所有卖方和买方实现商品让渡的交换关系的总和。

### （二）畜产品市场的产生与发展

一个国家或地区的市场是由产品市场和要素市场等组成的统一体，最早出现的市场是农产品市场。农产品市场是产品市场中的子市场之一，广义的农产品市场又可分为农（种植业）产品市场、林产品市场、畜产品市场和水产品市场等，畜产品市场又是农产品市场的子市场之一。畜产品市场是畜产品买方和卖方实现商品让渡交换关系的总和。

农产品市场产生于社会分工和商品经济的发展，社会分工和商品经济的发展则产生于人类社会劳动生产率的提高。马克思指出："超过劳动者个人需要的农业劳动生产率，是一切社会的基础"①。劳动者食有所余是社会分工产生的初始原因。在原始农业和原始畜牧业产生之前，人类靠采集和狩猎为生，这种自然分工，劳动生产率低下，极少有剩余产品。人类历史上的第一次社会大分工是游牧部落从其余的人群中分离出来，一般认为这一过程发生于原始社会中期。第一次社会大分工之后，产品更加丰富，促进了商品交换，畜产品市场越来越成为农产品市场的重要组成部分。

如上所述，畜产品市场是农业劳动生产率提高、社会分工和商品经济发展的产物，在此基础之上，畜产品市场的发展还受下述主要因素影响。

1. 人口　民间自发形成畜产品市场的重要原因是人口的增长，人口增长带来对畜产品需求的增加，自然形成畜产品市场，如集市。

2. 政治　在地方政治中心，由于政治、经济活动的需要，如诉讼、纳税等，人们频繁汇集在一起，逐渐形成了畜产品交易的场所；此外，还有地方政府为了繁荣地方经济建立的畜产品交易市场。

3. 宗教　由于宗教的原因人们习惯于在一地集会，久之约定俗成，逐渐发展为畜产品交易场所，如庙会。

4. 城市　城市由集市或工业中心等发展而来，城市形成后，成为畜产品消费地市场的主要载体。

5. 物流设施　最重要的物流设施是交通运输设施，它是畜产品市场空间范围扩大的基本条件，其他如仓储、冷藏和加工设施等。

6. 经济和金融　经济和金融发达程度是畜产品市场发展的另一个重要原因。现代畜产品市场离不开经济体系和金融体系的支撑，在发达的经济体系中，市场体系较为完善，资金融通便捷，信息较为充分，成为畜产品市场不断发展的重要条件。如畜产品国际贸易的发展等，都与经济和金融体系的支撑密切相关。

## 二、畜产品市场体系

### （一）畜产品市场体系的含义

广义的畜产品市场是畜产品买方和卖方实现商品让渡关系的总和。这一市场的概念不仅包括畜产品买卖的场所，还包括买卖双方彼此之间形成的一定的作用机制和相互依存的关系

①马克思. 资本论. 北京：人民出版社，1985，3：885.

体系，从这种意义上说，畜产品市场体系是畜产品市场结构及市场机制的统一体。从不同角度将畜产品市场体系分成不同的种类时，称为畜产品市场结构。市场机制是商品经济条件下社会经济活动的各个环节（生产、分配、交换、消费）及其组成要素（价格、供求、竞争、利息、工资等）通过市场相互联系、相互制约并实现自我平衡的功能。市场机制的基本要素主要有价格机制、供求机制和竞争机制，它们遵从价值规律、供求规律和竞争规律的调节而交互作用、彼此制约，形成市场自发平衡运行的内在调节功能。市场机制在自发平衡市场运行的功能时要求市场具备下述条件。

1.具有完备的市场结构　从社会再生产角度看，一个完备的市场体系中，市场结构可分为产品（生产资料和生活资料）市场、金融市场、劳动力市场、技术市场、信息市场等。从市场的空间结构看，可分为地方市场、区域市场、全国市场和国际市场等。从流通中的交易方式看，分为批发市场与零售市场。不同的市场之间相互依存、相互适应，市场机制才能发挥应有的作用。从市场的时间结构和功能作用看，可分为现货市场、期货市场等。

2.形成适合市场机制运行的制度条件　市场机制要求有相应的制度条件作为运行的前提条件，从某种意义上说，市场机制与制度条件的关系犹如火车和铁路间的关系，没有必备的制度保障，市场机制就不能发挥相应的作用。在经济运行中，市场机制发挥作用要求破除条块分割、城乡分割，破除国际贸易壁垒，要求形成畅达的政务环境。

3.有健全的市场监管体系　市场机制的作用是有缺憾的，特别是畜产品市场具有供求周期长的特点，市场机制的作用也因此具有时滞性，导致的市场波动比其他市场更加剧烈。市场的外部性特征还导致市场主体的自利行为，产生负的外部性，如食品安全问题频有发生。畜产品市场是关系国计民生的重要市场，必须有健全的市场监管体系来规范市场机制的不良作用。

### （二）畜产品市场结构

根据分析研究畜产品市场体系的相应需要，可以从不同的角度考察畜产品市场体系的构成，即按不同的标志将畜产品市场体系划分为不同的类型。主要分类可概括为下述几种。

1.按畜产品的交易时间和目的划分现货市场、期货市场　现货市场是指买卖双方在商定交易条件后即刻成交且钱货两讫或者成交后在一定时间内钱货两讫的市场，市场流通中的商流和物流分离时间不会太长。在畜产品现货市场中买卖双方交易的目的是为了现实商品的价值和使用价值。畜产品期货市场是市场经济发展过程中围绕畜产品期货合约交易而形成的一种特殊的经济关系，是一种特殊的交易活动，或者说畜产品期货市场是指畜产品期货合约交易关系的总和。这种特殊的交易活动必须按照特定的规则和程序、在特定的场所内集中进行，而且是由相互依存和相互制约的期货交易所、期货交易结算所、期货经纪公司和期货交易者组成的一个完整的组织结构体系。在畜产品期货市场中买卖双方交易的目的是为了规避现货价格波动的风险或者获得风险投资收益。

2.按畜产品的交易方式划分为批发市场、零售市场　畜产品批发市场是畜产品批量交易的场所，是全国范围或地区间、城乡间畜产品及相关产品流通的市场。批发市场的主要特征是商品的中间销售和现货交易，交易成员通常以生产者与中间商间批量交易为主，批发市场的买者是为了获得批零差价的中间商。从不同的角度可将批发市场分为不同的种类。按市场的职能可分为产地批发市场（集散批发市场）、销地批发市场（中转批发市场）；按经营职能分为纯批发市场、批零兼营市场；按经营时间分为常年性批发市场、季节性批发市场；按市场的交易空间划分为区域性批发市场、全国性批发市场；按经营商品的种类分为综合性批发市场与专业批发市场。畜产品零售市场是指为最终消费者提供畜产品及其服务的市场。通过零售环节，畜产品经由流通领域进入消费领域。我国畜产品零售市场的主要形式为农贸市场、专业商店、超市几种。畜产品批发市场和零售市场都属于畜产品现货市场的范畴。

3. 从畜产品买者的角度可分为个人消费者市场（畜产品消费者市场）和组织市场（畜产品产业市场、畜产品中间商市场与畜产品政府市场） 这种分类方法主要在市场营销学中使用，因为如何更好地满足消费者需求是市场营销学的核心问题。从卖者的角度研究畜产品市场中买者的特性，是制订营销计划和营销策略的基石。畜产品消费者市场中的买者主要是个人和家庭，购买的目的是满足生活消费，为最终市场的购买。畜产品产业市场又称生产者市场，是组织市场中的最重要的部分。畜产品产业市场是以畜产品为原料的加工业为主体的市场，原料类畜产品品种繁多，数量巨大。主要包括皮、毛及不直接鲜食的肉、蛋、乳等产品。以盈利性与中间购买市场为根本特征。畜产品中间商市场由从事畜产品转卖业务的组织和个人构成，主要包括畜产品批发商与零售商。政府市场是政府为履行各项管理职能而进行的物资和服务购买。对关系国计民生重大的产品，政府通过购买进行储备或销往国际市场，以实现宏观调控的目标。畜产品政府市场就属于这一类。畜产品政府市场是政府实现农业宏观调控目标的有效途径。畜产品消费者市场和组织市场也都属于畜产品现货市场的范畴。

## 三、新中国成立后畜产品现货市场的发展

### （一）我国畜产品现货市场的阶段性特征

新中国成立后，我国的畜产品流通体制经历了自由贸易阶段（1949—1954）、计划购销阶段（1955—1978）和十一届三中全会后的改革开放阶段。随着流通体制的变革，畜产品交易方式也不断发展变化，作为交易方式的载体，我国的畜产品现货市场也不断发展完善。

1. 1949—1954 年自由贸易阶段的畜产品现货市场 畜产品零售市场多样化是这一阶段的基本特征。农贸市场（又称自由市场）、城市消费合作社、国营零售商店、其他形式的零售商店、小商小贩等多种形式共存。畜产品批发企业或机构的特征不明显。

2. 1955—1978 年计划购销阶段的畜产品现货市场 1953 年起国家对农产品实行计划管理体制，农产品统派购制度自此开始不断强化。本阶段取缔了各种农贸市场，主要畜产品基本上由国营商业经营，批发业务由按行政区划建立起的畜产品批发机构经营，采取计划调拨形式，分发到加工厂或遍及城乡的国营肉蛋食品公司、供销合作社的销售网点零售。到 1955 年，主产区生猪实行派购，1956 年水产品实行派购，由各区域的国合商业企业完成相应畜产品的派购任务后，再从事零售。

3. 1978 年改革开放后的畜产品现货市场 1978 年以来，我国的畜产品现货市场不断发展完善，逐步形成了批发市场与零售市场相衔接的市场结构。从市场交易方式的发展变化看，畜产品现货市场建设中的两个明显阶段是开放农贸市场和开办批发市场。

(1)开放城乡农贸市场（集贸市场）。1978 年党的十一届三中全会后，畜产品流通体制改革从大幅度提高畜产品收购价格开始，与之匹配的市场体系改革是开放城乡农贸市场、允许农民上市出售完成派购任务后的剩余畜禽产品。1983 年后提倡畜产品的“多渠道、少环节”流通，1985 年取消生猪、肉牛、羊、鲜蛋和羊毛的派购任务，实行自由上市，自由交易，随行就市、按质论价。这一系列畜产品流通体制的改革，强化了市场机制对畜产品供求的调节作用，在促

进全国城乡农贸市场蓬勃发展的同时，提出了畜产品由生产者到零售环节如何流通的新问题，因而带来了对大宗畜产品批发交易的需求。这一时期出现了一批畜产品贸易中心、贸易货栈等专业畜产品批发市场形态。

(2)开办畜产品批发市场。长期以来受生产水平的制约，我国的畜产品供给水平偏低，为了控制需求数量，在城市畜产品供应方面采取凭票证配给的制度。城乡居民的畜产品需求弹性很大。改革开放促进了畜牧业生产的发展，对畜产品流通产生了效率化的要求，为更好地适应畜牧业专业化生产、社会化流通的需要，1991 年我国在成都等地兴办了生猪批发市场，随后又建立了无锡肉类批发市场。此后进入畜产品现货市场迅速发展时期，全国范围内所有城市和地区的肉蛋产销全部实现了市场化。1992 年 5 月又建立起上海肉类商品批发市场，北京、西安、郑州、沈阳等直辖市和省会城市，都建起了肉类批发市场，地、县、镇各级纷纷建立牲畜交易市场。

## (二)我国畜产品现货市场发展现状

1.我国畜产品现货市场建设的成效　我国畜产品现货市场不断完善，表现在各种类型、不同交易环节、不同交易方式的市场形态相继发展起来。

(1)批发市场的类型不断丰富，综合性与专业性的畜产品批发市场共存。特别是专业化的畜产品批发市场的发展，是畜产品市场细分及主产区形成的产物。如我国各地普遍存在的耕牛交易市场、仔猪市场、骡马交易大会、安徽六安的白鹅专业市场、长江流域的蛋品专业市场、北京清真牛羊肉批发市场等。到 2014 年，我国亿元以上商品交易市场统计数据显示，我国共有亿元以上肉食禽蛋市场 126 个，比 2007 年的 86 个增长了 46%。其中批发成交额 1 151.2 亿元(表 3-1)。已形成了一批成规模的专业畜产品批发市场。2006 年 12 月，新疆乌鲁木齐市华凌畜产品批发市场正式成为“农业部定点市场”，这家专业批发市场已建成了传统手工清真牛羊屠宰场、高档清真牛羊肉分割生产车间、低温冷库、活畜待宰区等完备的基础硬件设施，拥有日均 6 000 余头(只)的活畜屠宰量。2013 年全国肉禽蛋批发市场 20 强中，有肉类和禽蛋交易市场、家禽交易市场、生猪交易市场等 11 家专业畜产品批发市场。

**表 3-1　2014 年全国亿元以上商品交易市场基本情况**

| 市场 | 市场数量(个) | 摊位数(个) | 营业面积($\times 10^4$ 米$^2$) | 成交额(亿元) | | |
|---|---|---|---|---|---|---|
| | | | | 总额 | 其中批发 | 其中零售 |
| 合计 | 5 023 | 3 534 757 | 29 567.9 | 100 309.9 | 86 323.7 | 13 986.2 |
| 肉食禽蛋市场 | 126 | 44 873 | 295.8 | 1 328.3 | 1 151.2 | 177.0 |
| 水产品市场 | 145 | 98 509 | 482.6 | 3 157.2 | 3 025.2 | 132.0 |

资料来源:《中国统计年鉴》.北京:中国统计出版社，2015 年 9 月。

(2)现代批发市场建设进程加快，远期交易和拍卖交易方式处于起步阶段。2002 年兴建的新疆通汇畜产品批发交易市场占地 200 亩，主要经营畜产品贸易、畜牧机械、饲料、兽医兽药、委托畜产品加工等，是一家拥有仓库、交易厅，质检中心，信息及价格指数发布中心，结算中心和收、储、分选加工、包装、运输等物流功能齐全的现代畜产品交易市场，可达到交易细羊毛 24 000 吨，山羊绒 320 吨，皮张 500 万张，交易额达到 3.42 亿元的经营规模。重庆农畜产品交易所于 2009 年 6 月 13 日挂牌营业，主要从事生猪等畜产品远期交易。

(3)超市在零售市场中的地位越来越重要。与改革开放早期我国畜产品零售主要以农贸市场为主不同,随着人们收入水平的提高和社会生产力的发展,现代零售业态进入畜产品零售领域。超市越来越成为生鲜畜产品销售的重要场所,对于引导畜牧业规模化发展、保障畜产品质量安全、建立可追溯的畜产品产销体系起着重要作用。超市是发达国家畜产品零售的主导业态,是发展中国家生鲜畜产品零售的主流发展趋势。

(4)农畜产品互联网批发和零售市场崭露头角。互联网的发展提供了便捷的购物渠道,电子商务的多种模式快速改变着消费者的购物方式。近年来,与网上批发相比较,生鲜农产品网上零售发展迅速。但生鲜食品网上销售额在我国近万亿的生鲜农产品市场中,仅占不足1%,其中畜产品的网上零售品种相对较少。

*2.我国畜产品批发市场建设中存在的问题* 目前我国亟待发展的是现代畜产品批发市场、专业市场及拍卖市场。一方面,我国畜产品批发市场交易规模小,批零兼营普遍,服务功能单一,法律法规不健全。我国的畜产品批发市场主要采取一对一交易方式,现货交易,人货同行,没有预冷、冷藏、分包装过程,商品堆放在市场上一对一讨价还价出售,现金现场结算。交易方式传统,交易效率低下,不适宜大规模的畜产品交易。大多数批发市场处于提供集中交易场所的初级阶段,基础设施不完善,服务功能较单一。有些批发市场引进了少量必需的服务机构进场,如银行、运输公司等,提供金融、运输服务,众多批发市场尚处在由传统集市型市场向现代批发市场的过渡中,有待于进一步发育成熟。加强批发市场的法规建设是我国当务之急,可减少市场运行中的不规范现象。另一方面,拍卖交易方式发展滞后。没有拍卖交易方式的批发市场上,交易的公开性、公平性和规范性都受到限制,不能充分发挥规范交易行为和发现批发市场价格的作用。

## 第二节　畜产品批发市场

### 一、畜产品批发市场的含义与功能

#### (一)畜产品批发市场的含义

畜产品批发市场是畜产品交易者之间进行现货批量交易的场所。是比集市初级畜产品市场较高一级的市场形式。通过畜产品批发市场将来自各产地市场的畜产品集中起来,经过加工、储藏与包装,批量分销给畜产品中间商或零售商。批发市场上的畜产品交易者包括生产者与中间商、中间商与中间商。畜产品批发市场的含义应从广义与狭义两个层面来理解,狭义是指从事畜产品批量集中交易的场所;广义是指为畜产品批量交易提供服务的一种特有市场组织。在现代畜产品批发市场中,批发市场的场所功能与服务功能相辅相成,共同构成现代畜产品批发市场的特征。

批发市场是商品流通的大动脉和枢纽,左右着畜产品流通的效率,在国内外畜产品交换中都居于重要地位。日本有80%的猪、牛、羊肉经过35个批发市场成交,每天的鲜肉、鲜蛋都经过全国四组批发市场传递到消费者手中,日本的畜产品市场从东京的中心批发市场到全国各地的零售点已形成了网络。

### (二)畜产品批发市场的功能

1.商品集散功能　畜产品批发市场的最基本的功能是多种同类产品的集中与分散,称之为商品集散功能。畜产品批发市场将分散在各产地、多样化并相对数量较少的畜产品集中起来,再经过分销给中间商或零售商,实现畜产品向销地的分散与转移。批发市场的集散功能可降低交易双方的搜寻成本,从而降低交易费用。如果没有批发市场这一环节,就会出现买者与卖者间的盲目搜寻,产生交易信息不对称的情形,导致交易次数多、交易批量小、成交概率低、交易效率低的情况,从而产生高的交易成本,导致畜产品流通不畅,生产者“卖难”和消费者“买难”问题发生。

2.价格形成功能　畜产品批发市场是典型的现货交易市场,交易信息清晰明确,集中了大量的同质畜产品和大量的买者与卖者。相形之下,每一份参与交易的畜产品相对数量较少,每一份畜产品可能的交易对象众多而机会均等,每一对交易者都不可能左右市场价格,产生了完全竞争的市场价格形成机制,受市场供求关系调节,可以形成真实反映畜产品价值的市场均衡价格。

3.供求调节功能　畜牧业是通过生物的有机体转化环境资源和生产要素的动物生产部门,是以植物生产为基础的次级生产部门。动物生命体受疾病等环境因素影响较大,并受植物初级生产部门生产水平的制约,畜产品的生产规模取决于植物生产部门可提供的饲料规模,而植物生产受自然环境条件影响大。因此,畜产品的供给存在着较大的不确定性。由于一定时期中畜产品的消费需求相对恒定,就产生了供给的波动性与需求的稳定性间的矛盾。通过批发市场的商品集散与价格形成功能,有利于调节供求关系。

4.信息中心功能　信息中心功能是现代批发市场的重要服务功能之一。畜产品批发市场也是供求信息集散的场所,在同一时间、同一地点集中了大量的买者和卖者,也就集聚了广泛的供求信息交换来源。相对而言,在畜产品批发市场中的买者和卖者能够得到较为完备的供求信息。这些信息通过现代批发市场的信息服务系统传播发布,及时地将市场交易价格向更为广阔的区域扩散出来,如一些地区的代表性产品批发市场价格进入农业部市场信息网向全国公开发布,形成了其他交易方式的参考价格,及时地反映整体畜产品供求关系的变化,可以引导供求双方自我调节。

5.综合服务功能　通过基础设施建设,为交易者提供便利交易条件的多种服务项目,是现代批发市场的重要特征,称之为批发市场的综合服务功能。主要包括为交易者提供交易空间、停车场、装卸搬运、交易中介、买卖结算、商品加工、分割包装、储藏等项目,还承担规范市场交易秩序、保持完全竞争的市场交易环境等方面的服务。完善的市场综合服务功能有助于提升批发市场的客货吸引力。

## 二、畜产品批发市场的种类与特征

### (一)畜产品批发市场的种类

1.按交易商品种类分综合性畜产品批发市场和专业性畜产品批发市场　综合性畜产品批发市场是指经营多种类的畜产品、相关加工品、其他食品类、畜牧机械、饲料、兽医兽药、委托加工的批发市场。此外,为方便进场交易者的综合性需求或为吸引入场人数,此类批发市场有时会附带经营一些日用工业小商品等。专业批发市场是指主要经营一类或一种畜产品的批发市场。如禽类批发市场、黄牛交易市场、皮毛交易市场、饲料批发市场及大牲畜交易市场等。

2. 按所处地理位置可分为产地批发市场、销地批发市场和中转地批发市场　产地批发市场承担着将原产地畜产品向中转地批发市场或销地市场转运、辐射扩散的功能。在畜产品集中的产区，特别是活体畜产品销售，产地批发市场的作用尤为重要。销地批发市场是指位于城市消费地的批发市场，作用是承接产地批发市场或中转批发市场的畜产品，并向当地零售商分销。中转地批发市场是指位于产销地之间的畜产品批发市场，一般处于交通枢纽位置，在产地与销地批发市场间起着物流枢纽的作用。

3. 按市场营业时间可将批发市场分为常年性批发市场、季节性批发市场和临时性批发市场　销地批发市场以及绝大多数中转地批发市场一年四季开业，属于常年性批发市场，如畜产品贸易货栈。而一些产地批发市场受当地畜产品生产周期的限制，只在某一时间形成集中交易，属于季节性批发市场。另有一些畜产品生产周期长，生产量较为固定，只需设立临时批发市场，一次性销售就可以完成销售商品的数量。如一些区域性的大牲畜交易会。

4. 根据畜产品批发市场的规范化程度分为中央批发市场、地方批发市场和自由批发市场　中央批发市场，又称国家级批发市场。是规范化程度最高、交易规模最大的畜产品批发市场组织形式。普遍采取会员制度，主要实行拍卖的市场公开竞价方式，有系统规范的管理条例。地方批发市场，又称区域性批发市场，是指中央批发市场以外能达到法定规模的批发市场。地方批发市场一般设在产地，有露天市场，也可设在建筑物内，并配有一定量的仓储设备。地方批发市场的兴办者可以是当地政府，也可以是各种经济合作组织，其交易批量和规范化程度须达到一定水平，但不及中央批发市场。自由批发市场，是指除中央和地方批发市场以外的批发市场的统称，其规范性较差，申办较简单，不需特别批准，只要登记注册领取执照便可开办，交易规模较小或较多为零售。

### (二)现代畜产品批发市场的特征

1. 基础设施完善　现代畜产品批发市场是物流中心。完善的畜产品批发市场集现代物流、信息流于一体，冷链、冷藏和运输等基础设施完善。批发市场配备有完善的保管、冷风冷藏、配送及加工设施等，并灵活运用计算机信息处理技术构建管理信息系统，及时发布交易信息。

2. 交易方式先进　批发市场的交易方式以拍卖、参照市场组织者公布的参考价格、议价几种形式为主。拍卖有这样几个好处：一是集中竞买，避免一对一讨价还价，可大幅度提高交易效率；二是买者公开报价，高度透明，公平竞争，使得强买强卖、回扣、贿赂等扰乱流通秩序的行为没有可乘之机；三是价格完全在供求作用下形成，公平合理。如日本东京都的鲜活商品批发市场就是采取开价拍卖方式成交。

3. 法律法规健全　为使农产品流通能够保持协调、灵活、高效的运转状态，提高畜产品交易效率，各国都建立有完备的法律法规及市场条例对畜产品流通进行规范。如日本于1921年颁布的《中央批发市场法》，将中央批发市场的开设、管理、交易等纳入了法治轨道。随着经济发展和批发市场地位的日益提高，日本又于1971年将《中央批发市场法》改为《批发市场法》，对不同级别批发市场建设的基本方针、开设条件、交易者、交易办法、监督等作出一系列法律规定，将地方批发市场也纳入法制轨道，而且以后每隔5年修订一次，各地方政府和有关部门也依据该法制定一系列地方法规。法律法规的完善，对日本批发市场的规范运行和健康发展起到重大作用。

# 第三节 零售业态与畜产品零售市场

## 一、零售业态的含义与影响因素

### (一)零售业态的含义

零售业态是从企业的角度考察消费者需求定位,从而形成的商业服务业市场细分形态。零售业态的内在组成要素分别为目标顾客、商品结构、服务方式、店铺环境、价格策略等。这些要素同时存在,是零售活动正常进行的前提。零售业态可分为:百货店、便利店、超市、大型综合超市、仓储式会员商店、专业店、专卖店和购物中心。

从零售业态的发展历程看,上述几种零售业态都可以经营畜产品,现代畜产品零售以超市、大型综合超市、仓储式会员商店及专卖店为主。零售业态有自己的生命周期,当具备相应的条件时才能产生。一些因素从供给与需求两方面影响零售业态的产生,其中人均收入水平、社会技术水平和产业链构建方式是关键因素。

### (二)影响零售业态供给的因素

1.政策动因和政策激励　政策动因和政策激励是一国政府从国民经济全局考虑,对某种零售业态供给采取的促进措施。无论在诱致性或强制性制度变迁中,政策动因与政策激励均参与其中。在买方市场及经济全球化形势下,零售业态已由产业链上产品的最终实现环节逆转为直面消费者的战略导向环节,成为国家经济政策、产业政策和对外政策实施的载体。

2.零售业态及零售企业间的竞争　不同零售业态间的竞争及同种零售业态中零售企业间的竞争,决定着市场进入的难易程度,决定着零售企业的市场定位(如与零售经营管理技术相关的定价和服务水平等),左右零售企业市场战略与策略制定,最终以零售企业市场占有率及利润率方式表现出企业的竞争地位,竞争不利的企业将退出市场。

3.零售经营管理技术　指零售经营设备配置与管理、采购管理、配送管理、损耗控制、人员管理等技术。在社会技术水平和产业链构建方式既定时,零售经营管理技术水平的高低通过零售企业运营成本影响零售业态供给。

4.社会技术水平　社会技术水平主要包括企业外部交通运输、物流设施、信息技术水平等。零售业态经营管理水平一定时,社会技术水平决定零售业态提供某种服务水平所需的零售价格水平,或者说决定着零售业态提供某种服务所需的成本费用水平。如果不能以相同的价格提供相同的服务水平,这种零售业态供给就不会生成或不能长期存在;如果能够用相同的价格提供更高的零售服务水平,这种零售业态在市场竞争中占有优势。

5.产业链构建方式　产业链构建方式以产业链纵向关系体现(如纵向一体化关系、合约关系等)。作为产业链行为主体的生产者、中间商、零售商的特征(如供应商规模及零售企业的规模)是决定产业链中各行为主体间交易费用的重要因素,生产者、中间商和零售商三者选择合约关系或纵向一体化关系相连接,要以交易费用最低为依据。因为产业链交易费用直接影响零售业态的成本利润水平,也影响零售企业市场竞争地位。

### (三)影响零售业态需求的因素

1.人均收入水平　人均收入水平的提高,是一国经济增长与发展的重要标志。随着人均收入水平的提高,消费者购买力提高,这要通过零售业态实现;消费者购买力提高产生对商品特性及服务水平提升的支付意愿,又推动着消费者需求结构升级,导致对新零售业态的需求。

2.消费者需求结构升级　人均收入水平提高是消费者需求结构升级的基础,生活方式改变要求便捷、省时、一站购齐、购物环境赏心悦目,这些都是零售业态服务水平提高的标志,一般需要更高的零售价格才能实现。零售服务水平提高往往会产生新的零售业态——因为零售业态分类依据是经营方式、商品结构、服务功能、选址、商圈、规模、店堂设施、目标顾客等,这些依据既是消费者需求结构升级要求的内容,又是零售业态服务水平提高的表现。

3.消费者偏好　消费者偏好是对某类消费品的个人选择准则,对于食品则表现为口味、品味和对产品特征的特殊要求。如中国消费者喜食新鲜的蔬菜、水果,以非冷冻(冷藏)的常温肉类作为新鲜标准。消费者行为一般与其社会特征相联系,如不同消费者的收入水平、教育程度、居住地远近等。一种零售业态定位于消费者共性偏好,就拥有广泛的消费者群体而位于消费者偏好的中心;反之定位于消费者特殊偏好的零售业态,其消费者数量较少。

4.安全健康消费需要　随着环境问题产生及人类健康生活方式理念日益普及,安全健康消费需要已不仅是每个消费者个人生活方式问题,也不仅是整个人类社会需要共同面对的问题,而成为波及全球生物圈和食物链生死存亡的重要问题。与食物生产过程中用到的化学物质危害性相比较,环境中的高致病性微生物引起的疾病产生具有毁灭性的“多米诺骨牌”效应。各国政府都在从源头上控制食品安全问题。零售业态可以作为食物供应链的核心企业起到控制生鲜食品质量安全载体的作用,一些国家的超市经常从国家政策的角度参与食品质量安全管理。

5.人口增长与城市发展　城市布局变化,城市中心人口外迁至城郊,都引起零售业态商品结构、服务功能、选址、商圈、规模的变化。

## 二、畜产品零售市场

### (一)畜产品零售市场的含义

零售是指将商品和服务直接销售给最终消费者,从而实现商品和服务价值的一种商业活动。畜产品零售市场是指为最终消费者提供畜产品及其服务的市场,是畜产品的终端市场。零售市场的作用是将商品畜产品以零售的方式分散到消费者手中,实现畜产品使用价值的让渡。从交易方式看,现货市场中零售市场是与批发市场相衔接的市场形态,批发市场的中间商是零售商的供应商,零售商从批发市场供应商处批量购买畜产品,经过符合消费者需求的分拣包装后上架销售。

我国畜产品零售市场的主要形式为农贸市场和超市。农贸市场目前仍然是中小城市和乡镇区域的主要零售市场。近年来,随着社会技术进步、人均收入水平的提高及各级政府对农贸市场的治理改造,我国生鲜食品零售方式发生了迅速变化,便利店、超市、大型综合超市、仓储式会员商店、专卖店和购物中心等新型零售业态在大、中城市发展较快,超市(包括大型综合超市、仓储式会员店、购物中心)正在逐渐取代农贸市场成为畜产品零售市场的主要形式。

### （二）畜产品零售市场的特点

1. 零售商与消费者的交易市场　与其他零售市场的共性特点一致，畜产品零售市场是连接生产者、加工者和消费者之间分销渠道的最终环节。有别于畜产品加工和批发环节，这两个环节的交易对象主要是生产者和转售者，购买商品的目的是作为加工的原料和再出售。畜产品零售市场是零售商与最终消费者间的交易市场，消费者购买商品的目的是自己消费。此外，消费者不仅局限于家庭和个人，非生产性的集团购买也可归为消费者的范畴。

2. 交易频率高，交易数额小　畜产品零售市场直接面向广大消费者，满足的是消费者的日常需求。畜产品的生鲜属性与多样化属性使每次交易数量小，日常消费品的特性又使得交易频率高。

3. 数量多并广泛分布于居民区附近　零售市场的地理范围在很大程度上与商品特性有关。畜产品零售市场交易的是日常消费品，且具有生鲜属性和多样化属性，是非个性化的大众商品，消费者人数众多，交易频率高，交易数额小，就要求市场分布广泛，市场覆盖范围相对较小。

4. 不同零售市场上的经营主体区别较大　农贸市场上的卖者多为零售商贩，主要经营鲜活畜产品，也有农户自产自销的。超市经营的畜产品由供货商或配送中心供货，进货渠道稳定，产品质量相对有保证。畜产品网上零售需要借助于电子商务平台，经营主体由消费者和商业企业组合成了不同的模式。主要的模式包括：C2C（Consumer to Consumer）、O2O（Online to Offline）、B2C（Business to Customer）、C2B（Consumer to Business），以及多种模式的混合形态，如 B2B2C（Business to Business to Customers）等模式。各种模式均处于探索发展阶段。

## 三、畜产品农贸市场

### （一）畜产品农贸市场的含义

农贸市场全称是农产品集市贸易市场。是指在城乡设立的可以自由买卖农副产品的市场。新中国成立之初的 1949—1954 年为畜产品零售市场多样化时期，农贸市场、城市消费合作社、国营零售商店、其他形式的零售商店等多种零售形式共存。与其他形式相对比，农贸市场可以自由交易，讨价还价；在摊贩之间形成了竞争关系，价格可以随行就市。因此又称为“自由市场”。后在 1955—1978 年畜产品计划购销阶段被取缔。1978 年改革开放后又恢复了农贸市场。随着大大小小城乡农贸市场的建立，传统计划经济体制造成的农民“卖难”和城市居民“买难”的矛盾得到了有效缓解，并逐步形成了“农产品生产者→批发市场→农贸市场→消费者”的农副产品流通模式。农贸市场的发展，为搞活农产品流通、增加农民收入、丰富城市居民的“菜篮子”发挥了重要作用。

畜产品是农贸市场中交易的主要农产品之一，在各个农贸市场中都占有重要地位。也有数量可观的专门出售畜产品的农贸市场，特别是鲜活畜产品零售，需要特殊的场所和相应的条件。专门出售畜产品的农贸市场是狭义的畜产品农贸市场。

### （二）畜产品农贸市场的特点

1. 畜产品农贸市场是我国畜产品零售市场的主要形式　农贸市场是畜产品特有的交易场所，无论是发达国家或发展中国家，都有农贸市场。发达国家有定期开放的农贸市场，发展中国家农贸市场则大量存在，成为农畜产品零售市场的主要形式。

2. 交易主体中的卖方大多是畜产品小零售商　与其他生鲜农产品销售不同，畜产品农贸市场的卖方中自产自销的农民较少，特别是在城市的农贸市场中，存在着大量的个体畜产品小零售商。这种状况一方面得益于国家相关法规制约，如牲畜集中屠宰的相关规定；另一方面是我国畜牧业生产规模化发展的结果，一定生产规模形成后，生产者就会产生销售专业化分工的需求。

农贸市场作为农畜产品流通的一个末端，在一定的历史时期发挥了重要的作用，因其具有满足广大居民传统购物习惯的特点。但在大、中城市，随着城市居民生活环境质量的提高，购物习惯发生变化，农贸市场在购物环境、卫生条件和商品质量等方面已经不能满足人们现代生活需要，逐渐开始被新型零售业态的代表超市所取代。

# 第四节　超市畜产品零售与连锁经营

## 一、超市的含义及畜产品零售的特点

### （一）超市的含义

超市是超级市场的简称，其特点是所有商品开架陈列，标明价格，顾客自行选择，在出口处结账付款等。超级市场销售的商品以食品、日常用品及冷冻食品为主。超市以日常消费品“一站购齐”、销售生鲜食品半成品为主要服务定位，为消费者提供便捷、舒适的购物环境，更能适应现代都市快节奏生活的需要。

超级市场20世纪30年代出现于美国。超市业态的诞生，带来了零售业的深刻革命，被称为继百货店之后的第二次零售业革命。超市产生之时，就以食品经营为特征。国外超市发展的历程中，经历了标准食品超市、大型综合超市和仓储型超市三种定位，从这种意义上说，超市业态的产生，也就意味着食品零售方式向超市演化。国际上通常按超市成型化过程中的这三种定位将超市分为以下类型。

1. 标准食品超市　以经营家庭食物为主。其面积在1 000（我国500）米$^2$以上，70%是食品，而食品中50%是生鲜食品。

2. 大型综合超市（GMS）　面积在2 500米$^2$以上，其中1/3经营食品，其余为百货和杂货等家居日用工业品。

3. 仓储式超市（美国又称平价俱乐部）　是一种以会员制为销售制度，以量贩为特征的批发性超级市场，经营面积在万（我国4 000）米$^2$以上，生鲜区占有一定规模，经营的生鲜品种不多且为标准食品超市和大型综合超市中购买频率最快、消耗量最大、通用性最强的商品。

也有把便利店列为超市的情形。便利店面积在几十到100米$^2$左右，一般选址在居民住宅区、主干线公路边、机关、企事业单位所在地附近。就生鲜食品经营而言，美国的便利店不经营生鲜食品，日本的便利店则经营与超市形成直接竞争的商品，包括生鲜食品。

我国对超市的分类与国际上略有不同，除标准食品超市、综合超市、仓储型超市外，还有小型超市。小型超市主要分布于居民区中，出售食品和日常消费品。另有一些“农改超”形成的

“生鲜超市”,起源于东南沿海地区的大、中城市,是由农贸市场升级改造所成。以经营生鲜食品为主,生鲜食品份额可占到70%～100%。但是生鲜超市在随后的运营中,相当数量难以维系就倒闭了。所余者有一部分调整了生鲜食品结构,降低了蔬菜、鲜活农畜产品的经营比例,有的又改回了农贸市场。

### (二)超市畜产品零售的特点

1.分割出售、品牌明确和半成品加工出售　超市畜产品经营的主要特点是质量分级严格,分不同部位分割包装出售。超市畜产品零售通常有柜台外包或自营两种方式,一般都要求标明品牌。有的畜产品直接用供应商的品牌,如双汇冷鲜肉、千喜鹤冷鲜肉等。有的用超市自有品牌。为了方便消费者,超市除了出售熟食畜产品外,更吸引消费者的是出售小包装半成品生鲜畜产品,在包装上注明烹制方法,并加好辅料。

2.配送中心及冷链系统是超市畜产品零售必备的基础设施　超市畜产品零售的主要特征是保鲜,物流配送、信息技术和冷链设备成为超市畜产品经营的基础设施。这些专用设备投入大,导致超市生鲜食品经营比一般食品成本高、风险大,须以规模经营来降低成本,提高总利润水平。

## 二、连锁经营的含义与优点

### (一)连锁经营的含义及特征

1.连锁经营的含义　连锁经营一般是指经营同类商品或服务的若干个店铺,以一定的形式组合成一个联合体,在整体规划下进行专业化分工,在分工的基础上实施集中化管理,把各店铺独立的经营活动组合成整体以获取规模效益。连锁经营的特点是六个统一:统一采购、统一配送、统一标识、统一营销策略、统一价格、统一核算。连锁经营具体可分为三种形式:直营连锁、特许经营连锁和自由连锁。

直营连锁又称“正规连锁”,是指连锁公司的店铺均由公司总部全资或控股开设,在总部的直接领导下统一经营。总部对各店铺实施人、财、物及商流、物流、信息流等方面的统一经营。

特许经营是指特许者将自己所拥有的商标、商号、产品、专利和专有技术、经营模式等以特许经营合同的形式授予被特许者使用,被特许者按合同规定,在特许者统一的业务模式下从事经营活动,并向特许者支付相应的费用。由于特许企业的存在形式具有连锁经营统一形象、统一管理等基本特征,因而也称之为特许连锁或者特许加盟。

自由连锁也称自愿连锁。连锁公司的店铺均为独立法人,各自的资产所有权关系不变,在公司总部的指导下共同经营。各成员店使用共同的店名,与总部订立有关购、销、宣传等方面的合同,并按合同开展经营活动。在合同规定的范围之外,各成员店可以自由活动。根据自愿原则,各成员店可自由加入连锁体系,也可自由退出。

2.连锁经营的特征　直营连锁由总公司直接经营、投资、管理各个零售店铺,营销定位是“渠道经营”,即通过经营渠道的拓展获取利润。直营连锁主要特点是所有权和经营权集中统一于公司总部,下属的直营店铺实质上是总公司的下属派出分店。除直营连锁外,连锁经营的基本特征如下:

(1)连锁经营是一种授权人与被授权人之间的合同关系。

(2)连锁经营中授权人与被授权人之间不存在有形资产关系，而是相互独立的法律主体，由各自独立承担对外的法律责任。

(3)授权人对双方合同涉及的授权事项拥有所有权或专用权，而被授权人通过合同获得使用权及基于该使用权的收益权。

(4)连锁经营中的授权是指包括知识产权在内的无形资产使用权，而非有形资产或其使用权。

(5)被授权人有根据双方合同向授权人交纳费用的义务。

(6)被授权人应维护授权人在合同中所要求的统一性。

### (二)连锁经营的优点及技术条件

1.连锁经营的优点　连锁经营主要是企业运用无形资产进行资本运营，是实现低风险资本扩张和规模经营的有效方法和途径。这也是连锁经营能得以迅速发展的根本原因所在。其优点表现为：

(1)授权人只以品牌、经营管理经验等投入，便可达到规模经营的目的，不仅能在短期内得到回报，而且使无形资产迅速提升。

(2)被授权人由于购买的是已获成功的运营系统，可以省去自己创业不得不经历的一条“学习曲线”，包括选择盈利点、市场开发等必要的摸索过程，降低了经营风险。

(3)被授权人可以拥有自己的公司，掌握自己的收支。被授权人的经营启动成本低于其他经营方式，因而可在较短的时间内收回投入并盈利。被授权人可以在选址、设计、员工培训、市场等方面，得到经验丰富的授权人的帮助和支持，使其运营迅速走向良性循环。

(4)授权人与被授权人之间不是一种竞争关系，有利于共同扩大市场份额。

2.连锁经营的技术条件　连锁经营作为一种日益普遍的商业组织形式，要求有相应的技术体系作为支撑才能运营。连锁经营的技术体系至少应包括五项核心技术：计算机管理技术、中央采购技术、物流配送技术、营销创新技术及人力资源管理技术。

## 三、畜产品零售企业的连锁经营

### (一)连锁超市畜产品经营

1.连锁超市畜产品经营的含义　连锁超市是超市业态连锁经营的商业模式。是超市零售业态通过无形资产扩张，提高企业的市场占有率，取得规模效益的经营模式。国外将自助服务和连锁经营作为超市与生俱来的两大特征。

畜产品是超市“生鲜三品”之一，“生鲜三品”是蔬菜、肉类和水产的总称，“生鲜三品”中，一般初级产品所占比重较大。可见畜产品是连锁超市经营的重要商品之一。作为消费者购买频率高的日常消费品，是否销售畜产品是消费者选择购买场所的主要依据，据美国食品零售商协会调查，生鲜食品在吸引消费者方面具有极其重要的作用，91%的消费者以是否经营高质量的生鲜果蔬作为选择超市的主要标准，86%的消费者以是否经营高质量的肉类作为主要选择标准。畜产品是连锁超市招揽顾客之源，也就成为连锁超市提高竞争力的源泉之一。

2.连锁超市在畜产品经营中的作用　连锁超市作为畜产品的零售企业，在畜产品市场体系中具有独特的作用。

(1)有利于保障畜产品质量安全。连锁超市通过集中采购、统一配送、分散销售、集中决策等资源共享的经营模式，在扩大市场占有率与产生规模效益的同时，规范了畜产品采购渠道，有助于建立畜产品质量安全追溯体系。与农贸市场的多主体、多渠道畜产品零售相比较，更有利于提高畜产品质量安全水平。

（2）有利于形成畜产品优势品牌。连锁超市各门店经营理念具有高度同一性，表现在商品、价格、服务、标识、店面装潢及店堂布置的统一。当某种品牌的优质畜产品得到消费者的广泛认同时，其品牌扩散效应将十分迅速。对于提高畜产品品牌知名度，形成企业无形资产具有重要意义。

（3）有利于构建优质畜产品供应链。供应链是核心企业通过信息流、物资流和资金流等，与相关的制造、组装、分销和零售企业共同建立的一种网链结构。核心企业通过这一网链，将原材料转变为产品，再销售到最终用户。连锁超市要在零售业市场竞争中居优势地位，在消费者收入水平提高的时代，销售安全、优质的畜产品是内涵发展的关键所在，构建优质畜产品供应链已经成为连锁超市的重要发展战略之一。

（4）有助于提升优质畜产品生产企业的竞争优势。在当代激烈的市场竞争中，位于供应链最前端的零售企业能够最迅速地了解消费者需求，成为供应链的核心企业。从这种意义上说，连锁超市作为供应链管理的核心企业，引领着整个畜产品供应链的发展方向。而供应链管理的实质是借助其他企业的资源，通过优势互补，增强竞争实力，在实现供应链盈利水平最大化的前提下，实现供应链成员企业的各自利益目标。畜产品生产企业可借助连锁超市的品牌扩散效应，提升畜产品质量，提高企业的竞争优势，实现与连锁超市零售企业的优优组合，达到双赢。

3. *连锁超市畜产品经营要求的条件*　连锁超市是超市业态的具体经营模式之一，只有当具备前述超市业态产生的供给与需求的一般条件、连锁经营的技术条件时，连锁超市才会出现。此外，连锁超市畜产品经营还要求供应商的规模化。连锁超市生鲜食品经营成为畜产品零售的主导业态，是世界畜产品零售的趋势。与之关联的另一重要趋势是连锁超市避开批发市场而直接向生产者采购，只有适应供应链利润最大化要求，且大规模高效率的生产者才能作为供应商并加入供应链。由此导致供应商规模的扩大和集中化。大规模供应商之间的合作倾向稳定，对连锁超市更有利；小规模的生产者仅在特殊的品种上可介入连锁超市生鲜食品供应链。

## （二）连锁专卖店畜产品经营

连锁专卖店是畜产品生产及加工企业前向一体化发展的畜产品连锁零售专卖店。畜产品连锁专卖店即使在发达国家也不多见，发达国家的畜产品主要通过各种类型的超市销售。我国连锁畜产品专卖店产生的主要原因如下。

1. *政府对建立畜产品质量安全保障体系的推动*　由于我国畜产品质量安全事故频发，政府特别强调畜产品质量安全的可追溯性和经营上的组织化，出台政策措施鼓励连锁专卖等形式的畜产品零售企业发展。

2. *大型畜产品加工企业的需求*　大型畜产品加工企业为产品生产投入了大量的专用性投资，要求有稳定的零售市场作为保障，以便降低市场风险。一些品牌畜产品生产企业产生了建立零售网络，直接面向消费者的需求。如以双汇为代表的一批肉类加工企业，自建连锁化的品牌肉类专卖店，如双汇在河南省和其他省市已经发展400多家连锁肉类专卖店。

连锁专卖店畜产品经营的作用与连锁超市相同,不同的是连锁专卖畜产品经营是通过生产加工企业的品牌效应来带动零售,而连锁超市可由超市的品牌来带动消费者对畜产品品牌的认知。

## 本章小结

市场是实现商品流通的必不可少的环节。畜产品市场是农产品市场的子市场之一,是畜产品买方和卖方实现商品让渡交换关系的总和;畜产品市场体系是畜产品市场结构及市场机制的统一体,按畜产品的交易时间和交易目的不同可划分为现货市场和期货市场。新中国成立后我国畜产品现货市场的流通体制经历了自由贸易阶段、计划购销阶段和改革开放阶段。畜产品现货市场按照流通中的交易方式不同,可分为畜产品批发市场与畜产品零售市场。畜产品批发市场是畜产品交易者之间进行现货批量交易的场所,畜产品批发市场的主要功能是商品集散、价格形成、供求调节、信息中心和综合服务。按照不同分类标准可将畜产品批发市场分为不同类型,现代畜产品批发市场的主要特征是基础设施完善、交易方式先进、法律法规健全。

零售业态是从企业的角度考察消费者需求定位,从而形成的商业服务业市场细分形态;影响零售业态供给的主要因素有政策动因和政策激励、零售业态及零售企业间的竞争、零售经营管理技术、社会技术水平、产业链构建方式;影响零售业态需求的主要因素有人均收入水平、消费者需求结构升级、消费者偏好、安全健康消费需要、人口增长与城市发展。畜产品零售市场是为最终消费者提供畜产品及其服务的市场,其主要特点是零售商与消费者的交易市场、交易频率高和交易数额小、数量多并广泛分布于居民区附近、不同零售市场上的经营主体区别较大。农贸市场和超市是我国畜产品零售市场的主要形式。农贸市场是在城乡设立的可以自由买卖农副产品的市场,是我国畜产品零售市场的主要形式,交易主体中的卖方大多是畜产品小零售商。超市畜产品零售的主要特点是分割出售、品牌明确和半成品加工出售,配送中心及冷链系统是超市畜产品零售必备的基础设施。连锁经营有其独特的特征和优点,但要求有相应的技术体系支撑才能运营。连锁超市作为畜产品的零售企业,在畜产品市场体系中具有独特的作用;连锁专卖店是畜产品生产及加工企业前向一体化发展的畜产品连锁零售专卖店。

## 复习思考题

1. 畜产品市场的含义及其产生和发展的影响因素有哪些?
2. 简述畜产品市场体系的含义、阶段性特征和发展现状。
3. 简述畜产品市场体系构成的含义。
4. 简述畜产品批发市场的含义与功能。畜产品批发市场的种类与特征是什么?
5. 零售业态发展的影响因素有哪些?
6. 畜产品零售市场的含义与特点是什么?
7. 简述超市畜产品零售的特点及我国超市畜产品零售中存在的问题。
8. 畜产品零售企业连锁经营的作用及要求的条件有哪些?

## 参考文献

[1] 李秉龙,薛兴利.农业经济学.3 版. 北京:中国农业大学出版社,2015.

[2] [美]理查德·库尔斯,约瑟夫·乌尔.农产品市场营销学.9 版.孔雁,译.北京:清华大学出版社,2006.

[3] 农业部软科学办公室.农业经营制度.北京:中国农业出版社,2001.

[4] 欧阳旭初.农业经济学.3 版.北京:中国财政经济出版社,2000.

[5] 乔娟,薛春玲.畜牧经济管理学.2 版.北京:中国农业大学出版社,2010.

[6] 乔娟,乔颖丽,李小北.市场营销学.2 版. 北京:中国农业大学出版社,2013.

[7] 乔颖丽.中国城市生鲜食品超市业态形成机理研究.北京:中国农业出版社,2006.

# 第四章　畜产品期货市场

◆　学习要点

- 畜产品期货市场的产生与发展
- 畜产品期货市场的概念与特征
- 畜产品期货市场的功能与作用
- 畜产品期货市场功能与现货市场的关系

## 第一节　农畜产品期货市场的产生与发展

### 一、农畜产品期货市场的产生

畜产品作为农产品的重要组成部分，其期货市场发育是伴随着畜牧业的主要饲料原料（玉米和大豆）等大宗农产品期货市场的发展与完善而逐步产生与发展的。通常认为现代意义上的农产品期货市场在19世纪中期产生于美国芝加哥，而且早期发育比较成功的农畜产品期货市场主要是大宗种植业产品。

19世纪30～40年代，随着美国中西部大规模开发使农业逐渐走上商品化的道路，也刺激了美国国内交通运输条件大为改观，使得地理位置优越的芝加哥从一个不起眼的小村落发展成为重要的谷物集散地。中西部的玉米、小麦等农产品在收获季节大多先汇聚到芝加哥交易，再由此运往东部等消费区。但是，农产品季节性供求矛盾使得价格随着季节交替频繁变动不仅大量存在，而且有时价格剧烈波动难以预测，极大地伤害了生产经营者和消费者的利益。

为了缓解农产品季节性供求矛盾和价格剧烈波动，连接供求的中间商（农产品储运经销商、贸易商等）顺应时势并迅速增加。中间商在交通要道旁设立仓库，农产品收获季节从生产者手中收购并等待来年发往外地，缓解了农产品季节性供求矛盾，但中间商因此承担很大价格风险（一旦来年价格下跌，利润就会减少，甚至面临亏本的风险）和囤积资金不济的风险（从生产者手中购买农产品需要大量借贷资金，储存、自然损耗等持有成本在农产品出售前也一直延续，一旦资金不济中间商将面临低价出售的风险）。中间商在长期经营中摸索出一套远期交易方式来回避价格下跌和资金不济风险，即在购入农产品后，立即到芝加哥并与芝加哥的加工商或销售商签订第二年春季的供货合同，以事先确定销售价格并确保利润，合同还能以抵押形式帮助中间商获得银行贷款，以确保农产品购买和库存费用的及时供给。

随着玉米、小麦等农产品购销范围从芝加哥扩展到全美甚至欧洲，供求信息不对称问题急需解决。因为在市场兴旺的同时竞争越来越激烈，供求行情瞬息万变，价格波动涨跌不定，中间商都想寻找一个集中信息的场所，以便及时了解供求行情和价格信息。为此，1848 年 82 位谷物商人创立了芝加哥期货交易所(CBOT)。芝加哥期货交易所(CBOT)发展初期主要是为买卖双方提供相互见面、交流信息、洽谈业务和达成交易的场所，但随着农产品现货市场范围不断扩大，粮食运输不可靠、轮船航班不定期、信息传递时滞性大等问题的凸现，促使芝加哥期货交易所(CBOT)于 1851 年正式引入农产品远期合约交易。远期合约交易不仅在一定程度上排除了即期交易的偶然性和不确定性，有助于保持农产品生产经营活动的稳定性和连续性；而且使农产品买卖双方相互之间在一定程度上转移了价格波动的风险，即生产者(加工商和出口商)在转移未来价格下跌(上涨)风险的同时必须放弃价格上涨(下跌)获利的机会。

由于农产品远期合约从签订到实物交割的很长一段时间市场价格不断波动，买卖双方都希望能自由转让以规避价格风险或者把握获利机会，一些资金雄厚的商人也因农产品远期合约买卖存在获利机会开始参与远期合约交易(可分担现货远期合约商们的价格风险)。为了克服农产品远期合约非标准化给这些交易带来的很多困难，芝加哥期货交易所(CBOT)于 1865 年推出标准化期货合约取代远期合约，之后又实施了保证金制度，真正意义上的现代农产品期货市场由此诞生，使得农产品期货合约在流动性增强的同时，交易者的风险得到更大程度的分散。

1848 年芝加哥期货交易所成立初期，黄油、鸡蛋、家禽等畜产品和玉米、小麦等种植业产品就几乎同时成为期货交易品种，但相对于种植业产品期货，畜产品期货交易发展缓慢。1898 年黄油和鸡蛋经销商退出芝加哥期货交易所另外组建了芝加哥黄油和鸡蛋交易所，1919 年又将其改名为芝加哥商业交易所，并对上市交易的期货品种结构进行了调整。

20 世纪 60 年代初，芝加哥商业交易所(CME)宣布开始畜产品的期货交易，这在当时被认为是革命性的。在此前的 100 多年时间里，期货品种被认为仅限于具有某些固定特点的无生命的产品，这种产品的质量等级易于划分而且能够长期储存。显然生猪、活牛之类的畜产品不具备这样的特点。最重要的是，一个成功的期货品种必须有期货商品的交易者积极参与，并得到生产经营者的支持。由于担心期货交易会成为政府加强对家畜和肉类工业控制的工具，美国肉类协会董事局曾一致投票反对建立畜产品的期货市场。但是，芝加哥商业交易所(CME)特立独行，在 1961 年成功地推出猪腩期货之后，又于 1964 年推出活牛期货，投机商、活牛饲养人甚至一些肉类加工商从一开始就表现出浓厚的兴趣，从而使得新合约一举成功。20 世纪 80 年代以后随着期货期权的推出和快速发展，1984 年芝加哥商业交易所(CME)又顺利推出活牛期货期权交易。

畜产品期货市场比大宗谷物期货市场发育晚的主要原因还在于：活猪、活牛等畜产品期货交易需要较高的科技条件，活家畜从期货合约成交到实物交割的期间内，需要饲养、清洗、防疫，交割中还需要运输工具、交割仓库的现代技术设备作保障；猪肉、牛肉等畜产品期货也需要现代化的冷冻设备，没有冷冻设备作保障，变质、易变质、易腐烂的肉蛋奶等畜产品根本不可能进入期货市场。所以，从历史上看，畜产品真正作为期货交易品种进入期货市场是 20 世纪 60 年代在冷冻防疫技术和生物技术取得重大突破的基础上形成和发展起来的。

## 二、国外农畜产品期货市场的发展

自1848年芝加哥期货交易所(CBOT)诞生以及1865年推出标准化期货合约后,随着美国农畜产品现货生产和流通的规模和范围的扩大,不断有新的农畜产品期货品种上市,除了小麦、玉米、大豆等谷物期货外,从19世纪后期到20世纪初,随着堪萨斯期货交易所(KCBT,建立于1856年)、纽约棉花交易所(NYCE,建立于1870年)、芝加哥商业交易所(CME,建立于1874年)以及后来明尼阿波利斯谷物交易所(MGE,建立于1981年)等的诞生与发展,棉花、咖啡、可可等经济作物,黄油、鸡蛋以及后来的活猪、活牛、猪腩等畜禽产品,木材、天然橡胶等林产品期货也都陆续上市并快速发展。

进入20世纪中后期,农畜产品期货市场在世界各地都得到较快发展,但一直到21世纪初,农畜产品期货市场以及主要农畜产品期货品种,除了天然橡胶主要在日本东京工业品交易所(TOCOM)交易外,仍主要集中在美国。美国农畜产品期货市场中上市的农畜产品期货合约和期货期权合约(是在农畜产品期货合约基础上发展起来的一种标准化合约)涉及范围十分广泛,包括谷物、畜产品、林产品和经济作物,基本涵盖了所有适宜期货交易的农畜产品种类。

农畜产品期货是世界上最早上市的期货品种,并且在期货市场产生之后的120多年中,农畜产品期货一度成为期货市场的主流,虽然最近40年来,随着国际金融期货市场的兴起,农畜产品期货交易额所占的绝对比例大大下降,但它仍然占据着国际期货市场上相当的份额。目前国际上仍然在交易的农畜产品期货有21大类、190多个品种,其中相当一部分交易非常活跃,在世界农畜产品的生产、贸易、消费中,发挥了无可替代的重要作用,农畜产品期货市场已经成为发达国家的农牧民和农牧企业锁定风险,进而可以在比较稳定的市场价格信息条件下合理安排生产的避险工具。

## 三、中国农畜产品期货市场的发展与现状

截至2017年8月,中国只有一个畜产品期货品种,即2013年11月8日在大连商品交易所上市的鸡蛋期货。因此,中国农畜产品期货市场的发展历程主要还是种植业产品和林业产品等的发展历程。

### (一)中国农畜产品期货市场发展历程

20世纪90年代以来,中国期货市场发展的历程很大程度上就是以中国农产品期货市场的发展历程来体现的。中国农产品期货市场发展历程大致可分为以下四个阶段。

*1.初创阶段(1990—1993年)* 1990年中国郑州粮食批发市场成立以及1991年3月在该批发市场签订了第一份小麦远期交易合同等都为中国农产品期货市场的发育奠定了基础,并一定程度上显示了中国农产品期货市场发育的可能性;1992年下半年起适应期货市场发展要求的期货经纪公司开始成立,如广东万通期货经纪公司和中国国际期货经纪公司等;1993年4月中国颁布了第一个有关期货市场方面的法规——《期货经纪公司登记管理暂行办法》。截至1993年底,全国范围内建立的期货交易所达40余家,上市交易的农产品期货品种也不断增加,在国家工商局登记的期货经纪公司达144家。总的来看,这一阶段为中国农产品期货市场发展奠定了一定基础,但也不断产生各种各样的问题,使得中国农产品期货市场盲目发展的趋

势明显。

2.清理整顿阶段(1994—1996 年)　这段时间里,中国农产品期货交易快速增长,1995 年中国期货市场总成交量达 63 612 万手,总成交额达 10 万亿元,其中农产品期货成交额占到一半左右。但是,由于中国农产品期货市场盲目发展和不规范而引发了一系列问题,1993 年 11 月国务院发布了《关于坚决制止期货市场盲目发展的通知》,并开始对期货市场进行清理整顿,具体包括:初步建立统一的监管机构;清理整顿期货交易所和期货经纪公司;初步清理整顿交易品种;规范期货市场运作等。即使这样,由于在这段时间里农产品期货交易主要集中在一些小品种上,尤其是绿豆、咖啡、红小豆等不具备较好的期货市场发育所需要的现货市场条件的品种交易活跃,使得农产品期货交易中垄断和恶性炒作事件不断发生,甚至威胁到中国期货市场的继续生存与发展。

3.调整阶段(1997—2000 年)　经过前一阶段的整顿,中国农产品期货市场开始进入相对平稳的试点发展时期。1997 年和 1998 年政府加大了对期货市场的调整,进一步压缩期货交易所、期货经纪公司以及期货交易品种;1999 年 6 月国务院颁布了《期货交易管理暂行条例》,并相继实施了与之相配套的《期货交易所管理办法》《期货经纪公司管理办法》《期货经纪公司高级管理人员任职资格管理办法》和《期货业从业人员资格管理办法》等,从而加强了对期货市场的法制监管,使之逐渐向规范化发展。经过这段时间的调整,中国期货市场的法规体系和制度框架基本构建起来:完善了证监会对期货市场的集中统一监管和垂直领导,并初步建立了期货市场的三级监管体系,同时规范了期货经纪公司的运作。从而使中国农产品期货市场的规范化程度有了较大提高。在整个调整时期,中国期货市场交易量持续下降,农产品期货交易也在不断萎缩,2000 年中国期货市场成交额不到 1995 年的 1/5,但农产品期货仍占中国期货市场成交额的绝大多数,尤其从 2000 年起中国农产品期货交易已经开始趋于向原料性大宗农产品集中。

4.规范发展阶段(2001 年以来)　2001 年 3 月,"十五"规划纲要首次提出"稳步发展期货市场",为中国期货市场多年的规范整顿画上了句号;2002 年党的十六大报告中提出要正确处理"虚拟经济和实体经济的关系",不仅为期货市场进一步发展扫除了理论认识方面的障碍,也预示着中国期货市场发展新阶段的到来。从 2001 年开始,期货市场逐步趋于活跃,出现恢复性增长,并于 2003 年超过之前的最高水平;2004 年农产品期货成交额稍有下降,但后来一直稳步上升,尤其是期货市场发育或功能发挥所需具备的现货市场条件比较好的原料性大宗农产品期货的交易越来越活跃。2007 年 3 月起,国务院和证监会陆续颁布并不断修改完善了《期货交易管理条例》《期货交易所管理办法》《期货公司监督管理办法》《期货公司董事、监事和高级管理人员任职资格管理办法》《期货从业人员管理办法》《期货公司风险监管指标管理办法》等,这些条例和办法的修订和制定为中国期货市场的进一步稳健发展奠定了良好的宏观环境。2011 年的"十二五"规划纲要明确提出"推进期货和金融衍生品市场发展",2016 年的"十三五"规划纲要明确提出"积极稳妥推进期货等衍生品市场创新",农产品期货市场不断迎来新的发展机遇和挑战。

### (二)中国农畜产品期货市场的发展现状

中国农畜产品期货市场的组织结构以及品种格局基本延续了 1998 年国务院对期货市场整顿和结构调整后的状态。提供农畜产品期货合约交易的期货交易所压缩至 3 家持续至今,而且各交易所的交易品种不再重复设置,2006 年 9 月新成立了中国金融期货交易所,但提供农畜产品期货交易的交易所仍是原来的3家。截至2017年8月，中国期货业协会共有会员391家，其中普通会员(期货公司149家、证券公司84家、资产管理公司10家、风险管理公司65家、私募期货基金管理人4家)312家，特别会员(期货交易所、保证金监控中心)5家，联系会员(地方行业协会35家、期货服务机构4家、保证金存管银行12家、期货三商23家)74家。大连商品交易所、郑州商品交易所和上海期货交易所上市的农畜产品期货品种见表4-1。

**表4-1　中国期货交易所上市的农畜产品期货品种情况**

| 交易所 | 成立时间 | 上市的农畜产品期货品种 |
| --- | --- | --- |
| 大连商品交易所(DCE) | 1993.2 | 玉米、玉米淀粉、黄大豆一号、黄大豆二号、豆粕(豆粕期权)、豆油、棕榈油、鸡蛋、纤维板、胶合板 |
| 郑州商品交易所(ZCE) | 1993.5 | 强麦、普麦、棉花、白糖(白糖期权)、菜籽油、菜籽粕、油菜籽、早籼稻、粳稻、晚籼稻 |
| 上海期货交易所(SHFE) | 1999.5 | 天然橡胶 |

资料来源:中国期货业协会网站,截至2017年8月。

# 第二节　畜产品期货市场的概念与特点

## 一、畜产品期货市场的概念和构成

畜产品期货市场作为市场制度的一种创新，有其自身的规定性，并且有狭义和广义之分。狭义的畜产品期货市场是指进行畜产品期货交易的场所，通常特指畜产品期货交易所。广义的畜产品期货市场是指市场经济发展过程中围绕畜产品期货合约交易而形成的一种特殊的经济关系，是一种特殊的交易活动。或者说广义的畜产品期货市场是指畜产品期货合约交易关系的总和。这种特殊的交易活动必须按照特定的规则和程序、在特定的场所内集中进行。因此，广义的畜产品期货市场应该是由相互依存和相互制约的期货交易所、期货结算机构、期货公司、期货交易者、其他期货中介与服务机构、期货监督管理机构等组成的一个完整的组织结构体系。

### (一)期货交易所

期货交易所是专门进行标准化期货合约买卖的场所，是一个会员制或公司制的，按照其章程规定实行自律管理，以其全部财产承担民事责任的非营利性或者营利性机构。在现代市场经济条件下，期货交易所依靠自身管理严密、组织健全、设备完善和高效运作，为期货交易者提供良好的期货交易环境。期货交易所自身不参与交易活动，也不拥有期货合约标的商品。期货交易所的主要职责包括：为期货交易提供场所、设施和服务；设计期货合约，并安排合约上市，制定并实施期货市场制度与交易规则，组织并监督期货交易，监控市场风险，发布市场信息。

国际上，期货交易所设立通常是采用中央政府审批制，即由中央政府或其授权主管部门依法审查批准设立，所依据的法律多为公司法以外的专门金融类法律。我国境内现有四家期货交易所，其中大连商品交易所、郑州商品交易所、上海期货交易所是会员制期货交易所，中国金融期货交易所是公司制期货交易所。按照国务院发布实施的《期货交易管理条例》，期货交易所是指依照《期货交易管理条例》设立，不以营利为目的，履行《期货交易管理条例》规定职责，以其全部财产承担民事责任，按照章程和交易规则实行自律管理的法人。

### （二）期货结算机构

期货结算机构是为期货交易提供结算服务的期货市场的另一个重要组成部分。期货结算机构的主要职能是担保交易履约、结算交易盈亏和控制市场风险，具体包括结算每笔期货交易所内达成的期货合约，结算交易账户、核收履约保证金并使其维持在期货交易所需要的最低水平，监管实物交割，报告交易数据等。对于所有期货合约的交易者来说，期货结算所是第三方，既是每一个作为买方结算会员的卖方，又是每一个作为卖方结算会员的买方。

期货结算机构可独立设立为法人，也可设立为期货交易所的一个内部机构。在西方发达国家，期货交易所对应的期货结算机构通常为独立的法人。在这种情况下，期货结算机构通常为多个期货交易所（以及证券交易所）提供结算服务。其好处是在获得更高结算效率的同时，节约结算会员的结算保证金以及结算准备金。当然，也有一些期货交易所对应的期货结算机构为期货交易所的内部机构。需要指出的是，即使期货结算机构设立为独立的法人，设立期货结算机构所依据的法律一般也不是公司法，而是专门金融类法律。以独立法人形式设立的期货结算机构通常采用公司形式，但无论是独立法人形式的期货结算机构还是作为期货交易所的内部结算机构，在内部管理上都采用会员制形式。我国境内四家期货交易所的结算机构均是交易所的内部机构，因此期货交易所既提供交易服务，具有组织和监督期货交易的职能，也提供结算服务，具有组织并监督结算和交割、为期货交易提供集中履约担保、监督会员交易行为、监管指定交割仓库的职能。

### （三）期货公司

期货公司是指依法设立、接受客户委托、按照客户的指令，以自己的名义为客户进行期货交易并收取交易佣金的中介组织。每一个期货交易者为实现套期保值或者投机获利，都希望直接进入期货交易所进行交易。但是，由于期货交易的高风险性，决定了期货交易所必须制定严格的会员交易制度和会员总量控制，非期货交易所会员不能进入期货交易所内进行期货交易，于是就产生了严格的会员交易制度与吸引更多交易者和扩大市场规模之间的矛盾。解决这一矛盾的办法，就是允许一部分具备条件的期货交易所会员接受客户委托，代理客户进行期货交易。这样，作为期货交易中介机构的期货公司应运而生。

需要指出的是，期货交易所会员、期货结算机构会员并不一定是期货公司，而期货公司也不一定是期货结算机构会员或者期货交易所会员。在一些国家，由于其公司法使用范围较广，期货公司可按公司法设立，但在更多国家，比如我国，期货公司作为非银行金融机构，其设立必须按公司法及相关金融法的设立程序进行。期货公司作为场外期货交易者与期货交易所之间的桥梁和纽带，其主要职能包括：根据客户指令代理买卖期货合约、办理结算和交割手续；管理客户账户，控制客户交易风险；为客户提供期货市场信息，提供期货交易咨询，充当客户的交易顾问等。

### （四）期货交易者

期货交易者是指承认并且遵守期货交易法规和规则，按照相关规定从事合法交易人员的统称。基于不同角度，期货交易者可以划分为不同类型。根据进入期货市场的目的不同，可将期货交易者分为套期保值者和期货投机者。套期保值者是指通过买卖期货合约以减小自身面临的、由于市场变化带来的现货市场价格波动风险的组织、机构和个人。期货投机者是指运用一定资金通过期货交易以期获取投资收益的组织、机构和个人。

畜产品期货市场中的套期保值者，是指那些把畜产品期货市场作为回避与转移现货价格波动风险的场所，利用畜产品期货合约（以及畜产品期货期权合约）作为将来在现货市场上买卖特定畜产品的临时替代物，对现在已经买入（或者已经拥有、或者将来拥有）准备以后售出或者对将来需要买入的特定畜产品的价格进行保值的生产者、经营者和消费者。畜产品期货市场中的期货投机者，是指那些试图正确预测市场价格的未来走势，甘愿利用自己的资金去冒险，不断买入卖出畜产品期货合约（以及畜产品期货期权合约），以期从价格波动中赚取价差而获利的个人或企业。套期保值者和期货投机者的共同存在，不仅为期货市场提供了风险转移者和风险承担者，而且扩大了市场的交易量，使得套期保值者和期货投机者相互都能很容易地找到交易对手，从而提高了期货市场的流动性，促进期货市场发现价格和回避风险功能有效发挥。

### （五）其他期货中介与服务机构

其他期货中介与服务机构是指期货市场上，除了期货公司以外的券商 IB、居间人、期货信息资讯机构、期货保证金存管银行、交割仓库等。

券商 IB 是指符合条件的证券公司受期货公司委托，可以将客户介绍给期货公司，并为客户的期货交易提供规定的服务，期货公司因此向证券公司支付佣金。这种接受期货公司委托并为期货公司提供中间介绍业务的证券公司即是券商 IB。根据《证券公司为期货公司提供中间介绍业务试行办法》，证券公司只能接受期货公司委托从事中间介绍业务并提供相关服务，还要与期货公司签订包含指定内容的书面委托协议。

居间人是指独立于期货公司和客户之外、接受期货公司委托进行居间介绍、独立承担基于居间法律关系所产生的民事责任的自然人或组织，其主要职责是介绍客户，即按合同约定凭借自有的客户资源和信息优势为期货公司和期货交易者“牵线搭桥”。居间人有权按合同约定从期货公司获取因从事居间活动付出劳务的报酬。但是，居间人与期货公司没有隶属关系，不是期货公司签订《期货经纪合同》的当事人，期货公司的在职人员不能成为本公司或者其他期货公司的居间人。

期货信息资讯机构主要是指为期货市场提供行情软件、交易系统以及相关信息资讯服务的组织机构。期货信息资讯机构主要从期货交易所和期货结算所等组织机构获得相关期货信息以及转发权，加工转化为期货交易者所需要的信息产品（行情信息、咨询信息等）。

期货保证金存管银行是指经期货交易所同意、与期货交易所签订相应协议，按协议约定的权利和义务，在期货交易所的监督下协助期货交易所规范办理期货交易结算业务的银行。期货保证金存管银行是期货市场保证金封闭运行的必要环节，也是保障期货交易者资金安全的重要机构。

交割仓库是指向期货交易所提出申请、由期货交易所指定、与期货交易所签订协议，按协议约定为畜产品期货合约等进入实物交割环节提供交割地点、生成标准仓单等相关服务的独立法人。

### (六)期货监督管理机构

期货监督管理机构是指以矫正和改善期货市场内在“市场失灵”问题为目的，通过法律、经济、行政等手段对参与期货市场活动的各主体的行为进行干预、管制和引导的政府监管机构和自律性管理机构。

政府监管机构是指为了规范各利益主体的行为，保护各方的合法利益和社会公共利益，维护期货市场的正常秩序，依据相关法规建立的对期货市场实施全方位监管的政府机构。国内期货市场的政府监管机构是中国证监会以及派出机构(证监局)，美国期货市场的政府监管机构是商品期货交易委员会。中国证监会的主要职责是依照法规和国务院授权，对期货市场实行集中统一的监督管理、维护市场秩序、保障合法运行。

自律性管理机构是以政府监管机构为核心的期货市场监管体系的重要组成部分，自身也是政府监管对象。国内期货市场的自律性管理机构包括期货交易所、期货保证金监控中心和中国期货业协会。国内的期货交易所是按照其章程规定实行自律管理的法人，应依据《期货交易管理条例》和国务院期货监管机构的规定建立健全各项规章制度，加强对交易活动的风险控制、对会员以及交易所工作人员的监督管理。期货保证金监控中心的宗旨是建立和完善期货保证金监控机制，及时发现并报告期货保证金风险状况，配合期货监管部门处置风险事件。中国期货业协会的宗旨是：在国家对期货业实行集中统一监管的前提下，进行期货业自律管理；发挥政府与期货业间的桥梁和纽带作用，为会员服务，维护会员的合法权益；坚持期货市场的公开、公正、公平，维护期货市场的正当竞争秩序，保护期货交易者利益，推动期货市场规范发展。

## 二、畜产品期货市场的特性

### (一)交易对象的特殊性

在畜产品期货市场中交易的是一种特殊的商品，即畜产品期货合约。畜产品期货合约是一种由期货交易所统一制定、在交易所内集中交易、受法律约束并规定在未来的某一特定时间和某一特定地点交割一定数量和一定质量的某种特定畜产品的标准化合约。标准化的畜产品期货合约本身不是实货，而只是实货的象征或者代表。

畜产品期货合约与现货合同的相同之处在于两者都是交易中的一种契约，两者的主要联系在于畜产品期货合约是在现货远期合同基础上逐步标准化的结果。但是畜产品期货合约与现货合同有着显著的区别。

第一，标准化与非标准化的区别。畜产品期货合约是标准化的、公众的一种约定；在标准化的畜产品期货合约中，畜产品的数量单位、品质等级、合约月份、交割时间、交割地点、报价单位、最小变动价位、每日价格最大波动幅度、交易时间、最后交易日、交易手续费等都是既定的。畜产品现货合同是买卖双方协商签订的协议；在畜产品现货合同中，上述所有相关内容都由买卖双方议定。

第二，价格决定方式的区别。在畜产品期货合约中唯一没有被标准化的变量是价格，但期货合约中的价格要在期货交易所内以公开、公平、公正、竞争的方式达成。畜产品现货合同中的价格是由买卖双方个别商定的。

第三，有无签约者的区别。畜产品期货合约中除了价格以外的所有标准化条款是一种公众约定，不是由买卖双方议定的，也没有一个个的纸面合同，其买卖转让更没有背书。畜产品现货合同中的所有条款都是由买卖双方共同商定并签字画押的，若有一方不能兑现，需公正背书才能把责任、义务或权力转给第三方。

### （二）交易商品的特殊性

畜产品现货市场中交易的商品包括所有进入流通领域的畜产品。畜产品期货市场中交易的商品是一些具有代表性而且需要具备一定条件的特定畜产品。

一方面，进入畜产品期货市场交易的畜产品本身应具备两个基本条件或特征：一是品质等级易于标准化，即拥有明显的进行划分和评价品质等级标准的畜产品，以满足期货合约中品质等级标准化的需要。二是能够长期贮藏而且适宜运输，即可以较长时间贮藏或运输而不会变质的畜产品，以适应期货合约中交割日期标准化的需要。但是，随着活猪、活牛等畜产品期货交易中交割环节现金结算的运用，一定程度上突破了能够长期贮藏而且适宜运输的要求对畜产品进入期货市场的制约。

另一方面，进入畜产品期货市场交易的畜产品现货市场应具备两个基本条件或特征：一是特定期货畜产品的现货市场接近完全竞争，即现货市场上不存在或至多只存在微弱的垄断力量，这是畜产品期货市场发现价格功能发挥的重要条件；具体表现为特定期货畜产品的现货市场规模大且存在大量的供求双方，替代品数量少且替代弹性小，现货市场实物流动性高等。二是特定现货市场环境发达完善，使得现货市场交易和投资主体不仅需要而且能够利用期货市场回避现货价格波动风险或获得风险利润，这是畜产品期货市场回避风险功能发挥的重要条件；具体表现为现货价格市场调节且波动频繁，现货市场交易主体独立，物流和信息体系发达完善等。

### （三）交易目的的特殊性

畜产品现货市场交易的目的是为了进行实物交割，实现畜产品所有权的转移。具体来说，进入畜产品现货市场的交易者的目的分别是：卖方为了实现其畜产品的价值，买方则是为了取得畜产品的使用价值。畜产品期货市场交易的目的不是为了获得实物畜产品，也不是为了实现畜产品所有权的转移，而是通过畜产品期货合约交易转嫁与这种所有权有关的畜产品价格波动所带来的风险，或者获得风险投资利益。具体来说，进入畜产品期货市场的交易者的目的是为了利用畜产品期货市场进行套期保值以避免现货价格波动的风险，或是为了利用期货市场价格的上下波动来投机获利。因此，根据交易目的的不同，可将畜产品期货市场中的交易者分为两类，即套期保值者和期货投机者（包括单向投机者和套利投机者）。

### （四）交易场所与交易方式的特殊性

交易场所的特殊性表现为，畜产品期货市场中的交易必须在高度组织化的期货交易所内依照期货法规集中进行，即不能分散地进行交易，但由于期货交易所实行会员交易制度，非期货交易所会员就只能委托期货交易所会员组建的期货公司进行代理交易。而畜产品现货市场中有集中交易（如生鲜食品的批发等），也有分散交易，而且一般以分散交易为主，或者说在现货市场中的交易一般不受交易地点等的限制，交易者可以灵活方便且随机地在任何场所与对手进行交易。

交易方式的特殊性表现为，在畜产品期货市场上，所有的交易都要集中在期货交易所内以公开、公正、公平、竞争的方式进行交易，一对一的谈判交易视为违法，期货市场的竞价方式主要有公开喊价和电子化交易，所有场外交易者必须委托期货公司代理交易。而在畜产品现货市场上，交易一般是一对一谈判签订契约，具体内容由交易双方商定。签订契约之后如果不能兑现，需要诉诸于法律。

### （五）交易保障制度的特殊性

畜产品现货市场中的交易主要以《合同法》等法律为保障，合同不兑现或违约时要借助法律或仲裁的方式解决。畜产品期货市场中的交易虽然也有基本的法律保障，但更为重要的交易保障制度是由会员制度、保证金制度、每日无负债结算制度等构成的规则制度来保障期货交易的正常运行。期货市场的保证金制度的一个显著特点是其杠杆作用，即只按照成交期货合约价值的一定比例向期货交易双方收取保证金，通常为期货合约价值的5%～10%，这样与现货市场中的交易相比，投资者在期货市场上投资所需资金要少得多。通常现货市场中的即期或者远期现货交易是否收取或者收取多少保证金由交易双方商定，但只要达成交易契约就需要按照约定进行实物交割并结清全部货款。

### （六）交易机制的特殊性

畜产品期货市场交易机制的特殊性主要表现为双向交易和对冲机制。双向交易是指期货市场交易者既可以买入期货合约作为交易的开端（称为买入建仓），也可以卖出期货合约作为交易的开端（称为卖出建仓），也就是通常所说的“买空卖空”。对冲机制是指期货市场交易者通过与建仓时的交易方向相反的交易来解除履约责任，而不是通过期货合约到期时进行实物交割来履行责任。具体来说就是买入建仓以后可以通过卖出相同合约的方式解除履约责任，卖出建仓后可以通过买入相同合约的方式解除履约责任。

在畜产品期货市场中由于期货合约是标准化的，无论买入还是卖出期货合约，交易者均不需对合约具体条款进行协商，而且期货合约交易主要通过保证金制度等作为履约保障，这就为期货交易者的双向交易提供了便利和可能。而在畜产品现货市场中由于交易契约是由买卖双方私下商定、非标准化的，一般交易者只能先买后卖，而且较难通过反向交易来解除实物交割的责任。正是期货市场的双向交易、对冲机制、保证金制度等特点，使得畜产品期货市场能够吸引大量的期货交易者，尤其能够吸引大量的期货投机参与者，从而能大大提高期货市场的流动性。

# 第三节　畜产品期货市场的功能与作用

## 一、畜产品期货市场的功能

发现价格和回避风险作为期货市场最基本和最主要的功能，也是畜产品期货市场最基本和最重要的功能。

### （一）发现价格功能

畜产品期货市场的发现价格功能是指期货交易所将同一期货畜产品的众多买卖者集中在一起，通过公开、公正、公平、竞争的期货交易运行机制而形成的具有真实性、连续性、权威性、未来性价格的过程。发现价格功能是建立在畜产品期货价格能够充分反映相关信息的前提之上，逐渐接近于未来某一特定时间的畜产品现货均衡价格的过程，可以认为期货价格是对未来现货价格的走势进行预测的过程。这种期货价格的预测性是价格发现的本质核心，也是期货市场有效性的一种体现。

在只有现货市场的情况下，畜产品生产者按照现货市场价格来预测未来价格，因而存在一种静态预期价格机制。用公式表示为：$P_t=f(Q_t)$，$P_{te}=P_{t-1}$，即本期价格 $P_t$ 取决于本期产量 $Q_t$，本期的预期价格 $P_{te}$ 等于上期价格 $P_{t-1}$，这样本期的供给量就取决于上期价格，价格调节作用滞后，而本期的需求量却取决于本期价格。可见，在畜产品现货市场上，这种静态预期价格机制必将导致市场周期波动，从而形成畜产品供求和价格变动的蛛网效应。

与只有畜产品现货市场的情况相比，在存在有效运行的畜产品期货市场的情况下，将存在着较为合理的预期价格机制。生产经营者从期货市场获得反映未来供求的明确的价格信息，利用期货平均价格形成合理预期，调节生产经营活动。用公式表示为：$Q_{ts}=f(P_{te})$，$P_{te}=P_{tf}$，即本期产量 $Q_{ts}$ 取决于本期预期价格 $P_{te}$，本期预期价格 $P_{te}$ 等于本期期货价格 $P_{tf}$，而期货价格是建立在大量供求信息基础上的，从而能够比较正确地反映未来供求。与现货市场不同的是，市场需求也将受期货市场价格的影响，$Q_{td}=f(P_{tf})$，即本期需求 $Q_{td}$ 取决于本期期货价格 $P_{tf}$，并随之不断调整。这样就使得市场供求在期货价格引导下，不断得到事先调节，从而提前向新的均衡点收敛，即市场供求在期货价格调节下不断收敛于新的均衡点。例如，假设某种畜产品供不应求，人们预期情况要持续一段时间，反映在期货市场上（前提是存在有效运行的畜产品期货市场），期货价格随之上升，价格上升会对买方产生警示作用，不能再继续增加需求，同时也意味着生产者可增加产量；随着潜在供应量的增加，期货市场供求关系逐渐缓和，期货价格逐渐下跌，此时对生产者又是一个明确的警示，不能再继续增加产量，同时期货价格下跌也会刺激需求。可见，通过这种超前性的期货价格机制调节能有效克服现货价格失真及生产滞后调节问题。

从以上价格形成机制的比较中可以发现，存在有效运行的畜产品期货市场情况下形成的价格比只有畜产品现货市场情况下形成的价格更接近理论上的均衡价格，畜产品期货价格对于现货价格的长期均衡具有重要作用。

### （二）回避风险功能

风险回避指市场中风险厌恶者采取一定措施来转移或分散因交易而面临的经济风险，尽可能地减少因风险存在所带来的不利影响。由于多数人是风险厌恶者，因此风险回避在市场经济中非常必要。

畜产品现货市场风险有很多，如交易主体的违约风险、政策风险等，价格波动风险是其中的一种，从某种意义上可以说是一种最大的风险。由于供给形成期和缩减期的存在，以及畜产品现货市场价格的局限性和价格机制调节的滞后性，使得现货市场经常会出现周期性的价格波动，即使有均衡，也是短暂地通过价格涨跌调节需求达到的短期均衡。现货市场中，畜产品让渡与其空间位移同时开始，随着畜产品所有权转移，风险也随之转移，因此在只有现货市场情况下，价格风险一旦产生很难回避。这种价格波动风险，给畜产品生产者、需求者和经营者造成很大的不稳定性，使得生产者不能在一个能保证其合理收益的价格条件下进行简单再生产和扩大再生产，使得经营者不能在一个能补偿其经营费用并获得正常经营利润的价格条件下经营。总之，价格波动风险的存在，使得生产者和经营者都不能以一个合理的价格来预先确定从事生产和经营应当获得的正常利润。为此，客观上产生了回避现货市场价格波动风险的强烈需要。

现货市场中的一些风险(如自然灾害等)可以通过某些途径得以回避，比如保险，但价格风险保险公司一般不予受理，因此价格风险回避在市场经济中显得更为必要。生产周期短的商品或畜产品，根据现货市场价格或者通过紧密的纵向一体化经营等可以一定程度上规避价格波动风险，而生产周期长的商品或畜产品，由现货市场供求机制自发调节容易导致蛛网波动。因此，对于生产周期较长的畜产品来说，现货市场价格风险需要一个有效转移回避机制和事先调节机制，而期货市场的出现为畜产品生产者、需求者和经营者回避现货市场价格风险提供了机会和场所，这是因为成功发育的期货市场具有回避现货市场价格风险的功能。

期货市场回避现货市场价格波动风险功能的发挥是以套期保值交易作为手段的。套期保值之所以有助于回避现货市场价格波动风险，其基本原理就在于某一特定畜产品的期货价格与现货价格在同一时空内会受到相同经济因素的影响和制约，因而一般情况下两个市场的价格变动趋势相同。套期保值就是利用两个市场上的这种价格关系，取得在一个市场上出现亏损，在另一个市场上获得盈利的结果。另外，当期货合约临近交割期时，现货价格与期货价格趋于一致，即二者之间的基差趋近于零。只有期货市场与现货市场在最终价格上的趋同性才会带来套期保值交易的行之有效。

### (三)其他功能

一些学者从各不相同的角度来认识和评价期货市场的功能，指出期货市场还具有其他许多功能。

1.期货市场具有风险投资功能　期货交易连续不断和价格频繁波动，为投资者提供了风险投资的机会；期货市场高度组织化、规范化，按固定的程序和规则公开竞价交易，为投资者创造了高效平等的投资环境；期货交易只需交纳比例很低的履约保证金，交易者可用少量的资金进行大宗买卖，能使有限的资金作高速周转，取得更高的利润，为投资者提供高效率的投资工具。

2.期货市场具有资源配置功能　期货市场的发展为市场经济中的生产经营者分散或回避风险创造了良好的条件，从而有助于改善金融产品和金融资产的市场价格形成机制，促进资本的有效配置。资本的有效配置进而会带来社会稀缺资源的有效配置，创造出更多消费者认为最有价值的产品和服务，从而提高生产效率，改善居民生活质量。

3.期货市场能够节省交易费用　期货合约是一种标准化合约，成交迅速，买卖双方只要认为价格合适，即可成交，节省了为合约条款反复协商的洽谈费用；期货交易由于有会员制度、保证金制度和每日无负债结算制度的保障，合约双方履约有保证，节省了资信调查费用；实物交割制度化，一般不存在违约和毁约现象，因而节省了违约、毁约引起纠纷而发生的费用。

4.期货市场具有培植市场秩序功能　期货市场倡导“公开、公正、公平、竞争”的交易规则，禁止不正当交易，建立规范化的交易秩序；期货市场创立了“交易头寸限额”规则，严禁垄断和操纵市场，维护公平竞争秩序；期货市场的价格涨跌停板规则，抑制价格波动风险，造就价格平稳运行秩序。

5.期货市场具有信息功能　在期货市场上有每天每月的交易和价格信息，反映着现货和远期的预测，能集中地反映经济运行中的一些问题，不仅是生产经营者微观决策的依据，也是国家宏观调控决策的参考。

6.期货市场具有减缓价格波动幅度的功能　投机者贱买贵卖,使价格以小的波动取代了大的震荡;期货市场有促进经济国际化的功能,因为期货市场的国际化推动了经济的国际化,即期货市场所形成的公正的价格对于供求的调节和合理配置资源的范围已超越了国界,正在推动世界经济进一步国际化。

事实上,确切地说,上述期货市场的其他功能大多是发现价格、回避风险功能的派生物,会随着这两个功能的实现而自发起作用。发现真实有效的价格,交易者才能对未来市场供求关系变化做出正确预测,才可以利用价差赚取风险利润;发现真实有效的价格,才能利用其完全竞争的价格机制促进资源的有效配置;发现真实有效的价格才能反映当时市场预期现货在某日将来的价格,这样的价格信息对社会才是有益的,才能成为宏观决策和微观决策的参考;投机者以真实有效的价格信息为基础预测未来供求变化,才能做到提前买进卖出,使价格先行上升或下降,从而减缓价格的波动幅度;发现真实有效的价格并且能获得大量市场信息,才能促使交易迅速消除区域信息障碍,交易范围迅速扩大,才能促进期货市场的国际化进而推动世界经济的国际化。另外,节省交易费用和培植市场秩序主要是通过期货市场的制度和规则保障来实现的,不是产生于期货市场的内在运行机制和基本经济行为,因而不是期货市场的基本功能。

## 二、畜产品期货市场的作用

### (一)畜产品期货市场功能发挥对现货市场的宏观作用

1.减缓价格波动　畜产品期货市场发现价格功能的较好发挥,不仅会使近期期货价格与现货价格波动趋势趋于一致,而且有助于减缓现货价格的波动幅度。因为,如果畜产品期货市场有效运行,当现货市场某种畜产品供不应求时,这种畜产品的现货价格将上升,相应地引起期货价格上升,而价格上升会反过来促使供给增加;当期货投机者认为价格已经上升到较高水平时,会大量高价卖出该种畜产品期货合约(卖空投机交易),这就客观上增加了市场供给,减少了供求缺口,使期货价格不至于上升过高,从而扼制现货价格的暴涨。反之,当现货市场某种畜产品供过于求时,这种畜产品的现货价格将下跌,相应地引起期货价格下跌,而价格下跌会反过来促使需求增加;当期货投机者认为价格已经下跌到较低水平时,会大量买入该种畜产品期货合约(买空投机交易),这就客观上增加了市场需求,缩小了供求缺口,使期货价格不至于持续暴跌,从而使畜产品现货价格止跌回升。这样,就能一定程度地使畜产品未来的供求保持大体的平衡,不致造成未来供求的较大波动,对畜产品价格的波动起到抑制的作用,并能使价格的波动幅度处于相对比较稳定的范围内。

2.有助于政府宏观调控　由于期货市场独特的发现价格、回避现货价格波动风险功能,借助畜产品期货市场可以有效地提高和加强政府对重要畜产品市场的宏观调控管理。也就是说,畜产品期货市场功能的逐步发挥将为政府对重要畜产品市场的宏观调控提供有利工具。政府不仅可利用期货市场的未来供求及价格信息来进一步明确稳定重要畜产品市场供求和价格的各项具体政策措施,也可以通过向畜产品期货市场提供权威性的未来供求及价格信息来引导期货市场的交易活动,促使期货市场更好地发挥发现价格功能,从而对现货市场的生产、流通、加工与消费等环节产生影响,进而影响整个畜产品市场供求,使政府能在较低宏观调控成本下实现预期的政策目标,而且当期货市场流动性能满足时可运用期货市场来完善国家重要储备畜产品的科学吞吐机制和安全轮换机制。

3. 促进农业国际化发展　期货市场功能发挥具有促进本国农业国际化的作用，需要通过畜产品期货市场的国际地位来体现的。畜产品期货市场和期货交易所具有的公开、公正、公平、竞争的机制或特点，使得某一畜产品期货市场功能得到较好发挥之后，能在世界范围产生重要影响，并且其所形成的期货价格可能成为国际贸易中的基准价格。因此，畜产品期货市场的发展与功能发挥情况以及在全球范围的地位，将影响本国生产经营者在国际畜产品现货市场中的交易地位和议价能力。也就是说，随着畜产品期货市场功能的有效发挥，相应品种的畜产品期货市场的国际地位就高、价格影响力就大，并且有助于合理配置农牧业资源和促进本国农牧业的国际化发展。

### (二)畜产品期货市场功能发挥对现货市场的微观作用

1. 锁定生产经营成本或利润　畜产品的生产周期较长，以及畜牧业生产受自然和经济等因素共同影响的自然再生产与经济再生产同时进行的特征，决定了畜产品生产经营者经常要面临畜产品价格波动的风险。具体来说，畜产品生产者经常会面临生产资料价格上涨、畜产品价格下跌的风险，畜产品经营者(中间商)也同样面临着畜产品买入价格提高，销售价格不变或下跌的风险。但是，当某种畜产品期货市场有效运行，该种畜产品期货市场的发现价格和回避风险功能得到有效发挥的情况下，生产经营者可以在现货市场和期货市场之间建立起一种风险规避机制，并通过一定的期货和现货业务运作来规避现货市场价格波动的风险。也就是说，在期货市场两大基本功能较好发挥的情况下，生产经营者可以利用期货市场的远期权威价格，通过套期保值操作、远期合约交易或者订单生产等来锁定畜产品的生产经营成本或者特定畜产品的原材料成本，降低畜产品现货价格波动的风险程度，从而稳定地从事畜产品的生产和经营活动，获得稳定的经济效益甚至提高经济效益，并且能够在价格波动中保持生产和经营活动的平稳运行，获取正常的经营利润。

2. 引导畜产品生产和畜牧业结构调整　在畜产品期货市场发现价格功能得到有效发挥的条件下，利用期货市场的价格发现机制和信息传导机制，能够增强市场信息的导向功能，反馈于现货市场，利用期货市场对未来价格的预期能够有效地引导畜产品生产经营者的资金投向，使得社会资源有可能得到合理的配置，不至于因现货市场价格的滞后效应而导致资源的巨大浪费，由此使市场潜力得到更好地发挥。

在市场经济条件下，单纯的政府行政命令对调整畜牧业结构已显得力不从心，需要借助于有效的价格信号和市场手段来正确引导养殖场户和农业企业。随着畜产品期货市场功能的有效发挥，畜产品期货市场不仅将成为供求信息最集中的地方，同时汇聚了各方面投资和预测的专家，而且能使畜产品期货价格成为未来市场最具代表性的价格，客观反映未来市场供求走向，使得畜产品生产经营者可以依据未来权威的畜产品期货价格的预期和变动趋势，来制定未来的养殖经营方案。这样，畜产品期货价格就将成为调整畜牧业生产结构的重要依据之一。随着畜产品期货市场发现价格功能的逐步发挥，越来越多的相关畜产品生产经营者开始利用畜产品期货市场提供的预期权威价格信号，调整相关畜产品的生产经营计划，既实现了资源的合理配置，避免了生产的盲目性，也一定程度上克服了畜产品产销不对路、增产不征收等问题。

3. 拓展畜产品的销售与采购渠道　在畜产品期货市场发现价格功能得到有效发挥的情况下，特定畜产品期货市场能形成接近未来供求均衡的价格，即形成一个从短期到长期的较好反映未来供求趋势的完整价格体系，为现货市场交易双方确定现货成交价格提供权威的依据，从而拓展畜产品现货的销售与采购渠道。在这种情况下，买卖双方在确定特定畜产品现货成交价格时，只需在特定期货价格的基础上谈判一个具体交割品级和交割地点的升贴水，这样既有利于保证交易畜产品的质量和买卖双方履约，又有助于降低交易成本。

因为，在畜产品期货市场功能较好发挥的情况下，特定畜产品期货市场不仅已经聚集了众多的买方和卖方，所有期货合约的交易都将在公开、公正、公平、竞争的环境下进行，而且期货市场的高度组织化和规范化运作以及所实施的履约保证金和交易所履约担保等，使期货合约的履行有切实的保证。这样买卖双方在期货市场上可以根据需要随时低成本地通过买卖期货合约，并通过期货转现货①，来完成现货交易，协调产销之间的联系。也就是说，买卖双方通过期货合约的纽带，拓展畜产品现货流通渠道，并且保证生产经营活动顺利进行。从另一个角度讲，这种利用期货合约交易以及期货转现货来实现的现货交易活动，一定程度上也促进了交易双方信用水平的提高，降低了生产经营者的信用风险。

## 第四节　农畜产品期货市场功能与现货市场的关系

### 一、农畜产品期货市场功能产生于现货市场发展需求

从制度变迁的角度看，农畜产品期货市场功能产生于现货市场不确定性因素增多、风险增大、降低激增交易成本的需求，是市场经济体制完善进程中的一次影响深远的制度变迁。因此，可以说农畜产品期货市场功能产生于现货市场的发展需求，功能发挥始终与现货市场发展紧密相连。

#### (一)期货市场功能产生于现货市场发展风险防范的需求

农畜产品期货市场经过一个半世纪多的繁荣发展，无论内容还是形式都发生了创立者们难以想象的变化，特别是各种各样的利用农产品期货市场投资获利的交易活动非常火爆，期货市场的投资(或称投机)特征日益强化，但农畜产品期货市场发现价格、回避风险这两大基本功能从始至今都未改变，而农畜产品期货市场这两大基本功能的产生正是为了迎合其现货市场发展的避险需求。以美国芝加哥期货交易所(CBOT)产生为代表的美国农畜产品期货市场诞生史，可以很好地解释农畜产品现货市场发展风险防范需求诱致了期货市场的产生，而农畜产品期货市场功能发挥正好弥补了现货市场价格机制和避险机制的不足。

19 世纪 30～40 年代，随着美国商品经济的加速发展，农畜产品现货市场供需矛盾加剧、价格波动和信息不对称等风险随之高涨，急需一种回避风险、沟通信息、发现价格、锁定未来交易预期的交易方式，农畜产品期货市场恰好成为弥补现货市场交易缺陷的产物，农畜产品期货市场功能的发挥正好适应了现货市场发展的相关需求。

#### (二)期货市场功能产生于现货市场发展节约交易费用的需求

制度经济学认为交易是有成本的，交易过程需要交易者投入大量的精力与时间，支付信息

①期货转现货是指持有同一交割月份合约的交易双方通过协商达成现货买卖协议，并按照协议价格了结各自持有的期货持仓，同时进行数量相当的货款和实物交换。需要注意的是期货转现货是农畜产品期货合约中关于实物交割的类型之一，并非所有农畜产品期货合约都有可以期货转现货的规定。

费用和其他相关费用。在不确定的市场环境中，如果农畜产品的价格、质量、品种、交易对象等信息不清楚，交易费用会更大。而且在正常交易过程中，价格变动给买卖双方带来的影响是不对等的。在农畜产品市场上，价格变动给受益方增加的收益通常对再生产影响不大，但给受损方造成的损失不仅可能导致经营效益下降，而且可能导致生产过程中断，生产要素闲置等交易费用。即使市场经济发达的农畜产品现货市场，交易费用仍普遍存在，且价格波动越大交易成本越高，而过大的交易费用又会影响农畜产品现货市场的正常运行。但是，随着农畜产品现货市场不确定性增加和风险增大，降低交易费用成为农畜产品期货市场功能发挥的重要驱动力；这种驱动力首先诱致农畜产品远期合约的产生，然后演变为农畜产品期货合约，形成农畜产品期货市场，农畜产品期货市场具有的回避风险和发现价格功能正好能有效降低现货市场发展中因价格波动加剧而激增的交易费用。

例如，CBOT 的农产品远期合约交易在避免价格波动带来的成本损失而降低交易费用的同时，提供比较集中的交易场所，使交易者比较容易找到最需要交易的对方，降低了寻找成本。但因农产品现货远期合约的契约关系分散进行，市场运行随时受到有限理性、机会主义、不确定性、履约监督、配置损失等因素的影响，交易者在寻找交易对象、谈判、签订以及执行和监督合约过程中都要付出一定的代价(交易费用的一部分)，使得农产品远期合约交易所具有的压缩交易费用能力有限。为进一步降低或者化解农产品现货远期合约交易的成本，CBOT 推出了标准化的农产品远期合约(即期货合约)和保证金制度。标准化的农产品期货合约大大提高了市场流动性，增加了交易者成交机会，降低了交易成本，进一步刺激了农产品期货市场的交易规模；保证金制度有效地降低了违约风险，为农产品期货市场功能的充分发挥打下了坚实的根基。因此农畜产品期货市场功能的充分发挥，可以降低机会主义、不确定性、履约监督等交易费用，排解交易者对这些风险因素的担忧；能够提高农畜产品现货市场的流动性，降低交易成本；能为农畜产品现货价格提供权威的参考价，引导资源合理配置，提高人们的有限理性，减少市场可能的配置损失。

## 二、农畜产品期货市场功能发挥需要现货市场具备的条件

从历史与逻辑相统一的角度看，农畜产品期货市场源于现货市场，是农畜产品现货市场内在矛盾不断深化并不断得到解决的产物，农畜产品现货市场是期货市场发展和完善的依托，并与农畜产品期货市场并存发展。从理论与现实相结合的角度讲，农畜产品期货市场必须反映现货市场发展的要求，必须能够通过自身功能的发挥来为现货市场的良性运行服务。农畜产品现货市场是期货市场产生和发展的基础，期货市场的产生和发展并不是对现货市场的替代，而是通过其功能的发挥对现货市场起补充作用，同时又以现货市场的发达完善和接近完全竞争作为功能得以充分发挥的条件。

### (一)现货市场接近完全竞争是发现价格功能发挥的重要条件

通常，农畜产品期货价格直接取决于期货合约的供求变化，而期货合约的供求变化，既可来自现货市场供求力量对比的改变，也可来自期货市场内处于不同交易部位的交易者力量对比。在充分流动的农畜产品期货市场上，由于期货市场的完全竞争性，短期的期货价格波动可由投资者对利益的追逐行为而迅速得以平复。所以，在成熟的农畜产品期货市场上，发现价格主要决定于现货市场的完全竞争程度。然而，在多数农畜产品现货市场上都存在着一定的市

场垄断力量，这种市场垄断力量作用的大小，决定着期货价格对于现货价格的贴近程度，即决定着期货价格与现货价格变动的一致程度。

竞争理论表明，在一个近似于完全竞争的农畜产品现货市场上，拥有大量的买主和卖主，市场价格只能由全体买主的需求总量和全体卖主的供给总量共同决定，个别买主和卖主只是市场价格的接受者，而不是市场价格的制定者，不存在一个或几个较大的买主或卖主单独或共同垄断市场、操纵市场价格的现象。因此，对于具有近似于完全竞争性的现货市场基础的期货农畜产品来说，才会有相当数量的套期保值者，这样的期货农畜产品的交易才可能提供较为精确的远期价格变动趋势，才可能形成基于现货市场基础上的公平价格和指导价格。但对于有垄断力量发挥作用的现货市场来说，情况就并非如此，甚至在多数情况下恰恰相反。在一个完全垄断的市场上，生产经营者不会产生进入期货市场的需要，因为农畜产品价格受到垄断方控制，市场主体在生产经营活动中不存在价格风险，也就没有回避价格风险的需要。垄断性农畜产品在期货市场上的价格只能是一种名义标价，而不具备调节现货市场供求的经济作用，不仅不会发现远期价格，反而会误导现货价格，并推动现货价格不断地远离均衡点。这必将造成农畜产品期货市场上的不公平竞争，扭曲价格信号，使期货市场无法发挥其发现价格的功能。

由此可见，农畜产品期货价格的决定机制主要建立在其现货农畜产品市场的完全竞争程度上，要使发现价格功能得以发挥，需要现货市场上不存在或至多只存在微弱的垄断力量，即现货市场接近完全竞争。

### (二)现货市场发达完善是回避风险功能发挥的重要条件

农畜产品期货市场回避风险功能的发挥需要以投机交易与套期保值交易所构成的期货市场风险分担框架为前提。套期保值者以放弃获得最大利润的机会为代价，来避免可能遭受的最大损失风险。投机者则根据自己对农畜产品价格的预期，买进或卖出合约，承担风险回避者所不愿意承担的风险，以图分享套期保值者放弃的一部分利润达到其投机盈利的目的。投机者进入农畜产品期货市场，不仅提供了风险承担者，而且扩大了市场交易量，增加了市场流动性，使套期保值者能很容易地找到交易对手，自由地进出农畜产品期货市场。

因此，现货市场发达和完善，使现货市场交易和投资主体不仅需要而且能够利用期货市场回避现货价格波动风险或获得风险利润，是农畜产品期货市场回避风险功能发挥的重要现货市场条件。也就是说，一方面现货市场生产经营者随时面临着农畜产品价格变动频繁且波动幅度大的风险，需要通过套期保值来回避，而且能够自主决定是否利用期货市场通过套期保值回避价格风险；另一方面投资者愿意并能够通过在期货市场和现货市场的投资活动获得农产品价格频繁波动的风险利润。

综上所述，农产品期货市场发现价格、回避风险功能的发挥需要现货市场必备的条件可以归纳为两个：现货市场接近完全竞争；现货市场发达完善使现货市场交易和投资主体不仅需要而且能够利用期货市场回避现货价格波动风险或获得风险利润。

## 三、农畜产品期货市场功能发挥促进现货市场发展与完善

虽然农畜产品期货市场功能发挥程度取决于现货市场的发展水平，但农畜产品期货市场功能的充分发挥又反作用于现货市场，并通过其独特的经济功能来调节和引导现货市场的健康运行，促进农畜产品现货市场的发展与完善。

### (一)为农畜产品现货市场价格稳定和机制完善提供外在动力

农畜产品期货市场发现价格功能的充分发挥能为现货市场提供一个权威参考价格,为现货市场价格稳定和机制完善提供外在动力。例如,一直以来,“CBOT 大豆”在世界范围内得到认同,并无可置疑地成为全球大豆现货交易的定价基准。

在市场经济中,价格机制是调节资源配置的重要手段。价格反映了农畜产品的供求关系,同时又影响了供求的变动。市场经济中的生产经营者具有自主的经营决策权,而价格信息是生产经营者进行正确决策的主要依据。农畜产品期货市场是有组织和规范化的市场,在专门的期货交易所内通过公开、公正、公平、竞争的期货交易运行机制,集中众多影响农畜产品价格的供求因素,形成能够比较准确反映真实供求状况及其价格变动趋势的期货价格。这样的价格具有真实性、预期性、连续性和权威性的特征,克服了农畜产品现货市场价格信号短暂性和分散性的不足,已成为许多国家农畜产品现货生产经营者决策的主要依据。因而,农畜产品期货市场发现价格功能的充分发挥不仅能为现货市场价格机制的完善提供条件,而且有利于稳定现货市场价格。

中国的市场经济地位尚未得到国际社会完全承认,很多农畜产品的市场价格机制不完善,急需现货市场外部力量的推动,农畜产品期货市场发现价格功能的发挥尤其不可或缺。从国际贸易关系来看,农畜产品期货市场的发展将通过减缓国内供求关系的周期性波动、增强对国际市场价格形成过程的影响力,改变中国在大宗农畜产品贸易中的“贱卖贵买”的不利地位。

### (二)为农畜产品现货市场参与者提供避险机制

农畜产品期货市场发现价格和规避风险两大基本功能的充分发挥能为现货市场经营者提供一种高效、迅捷的避险机制。在农畜产品现货市场运行中,由于供求因素变化和市场竞争加剧,现货经营者不可避免地面临信用风险、经营风险、价格风险等,而绝大多数现货经营者属于“风险厌恶者”,希望通过回避风险来获取预期的稳定利润;同时也存在许多希望通过承担相应风险来获取投资收益的风险投机者(他们属于“风险偏好者”)。农畜产品现货经营者和风险投机者通过套期保值和期货投机等交易形式和完善的交易规则,为现货市场参与者提供高效、迅捷的避险机制。

具体来说,在现货市场上的农畜产品生产经营者常常会面临生产资料或者原材料价格上涨、农畜产品或者加工品价格下跌的风险,农畜产品贸易商也同样面临着农畜产品进价提高,售价不变或下跌的风险。借助农畜产品期货市场可以使他们在现货市场和期货市场之间建立起一种风险抵消机制,将现货市场价格波动的风险通过这种套期保值的业务运作抵消掉。当农畜产品期货价格与现货价格保持同方向变动,而且波动幅度完全一致时,套期保值者利用风险回避机制就能将其所面临的现货价格风险全部抵消。当然,如果农畜产品现货价格与期货价格的波动幅度不同,套期保值者不一定能借助期货市场将现货价格波动的风险完全抵消,甚至可能带来一些亏损。但是,只要农畜产品价格变动方向正如生产经营者所预期的那样,并且基差波动幅度小于现货价格波动幅度,就将远比不进行套期保值所面临的风险小得多。

### (三)优化资源配置指导现货生产流通

农畜产品期货市场发现价格功能对资源优化配置的作用最大。集中交易使农畜产品期货市场具备了越来越强大的信息聚合和发现价格功能,为现货价格提供了权威的参考价,可以引导资源合理配置,提高人们的有限理性,减少市场可能的配置损失。美国芝加哥期货交易所

(CBOT)作为国际谷物贸易的基准价格,引导着世界范围的谷物生产、贸易和消费,发挥着谷物市场价格“风向标”和谷物企业经营“避风港”的作用。可以说,美国的谷物经济已经离不开期货市场,美国期货市场在农畜产品价格风险管理中,发挥着为农牧业发展保驾护航的重要作用。

大连商品交易所的大豆和豆粕期货价格较好地预示了现货的供求关系,在指导生产规划方面起到有效的作用。在市场经济中,市场竞争在某种程度上就是价格竞争。大豆和豆粕期货市场为农牧业企业参与国际竞争提供了价格信息,企业可以利用国内外农畜产品期货市场的价格联动性,通过国内农畜产品期货市场,建立起与国际市场的联系渠道,超前感受国际市场价格的变化,在激烈的市场竞争中抢得先机。同时,农畜产品期货市场也为中国企业参与国际市场设立了“缓冲带”,减缓了国内企业直接进入国际市场所受到的冲击。大连商品交易所的大豆和豆粕期货价格与国际期货市场价格具有很强的相关性。国内的进口商就可以利用大豆和豆粕期货价格,作为他们进行国际贸易的价格参照系。

## 本章小结

农畜产品期货市场已成为很多国家的农牧民和农牧业企业锁定风险,进而可以在比较稳定的市场价格信息条件下合理地安排生产的避险工具。畜产品期货市场作为市场制度的一种创新,在交易对象、交易商品、交易目的、交易场所、交易方式、交易保障制度和交易机制等方面都有着与现货市场不同的特征。发现价格和回避风险作为期货市场最基本和最主要的功能,也是畜产品期货市场最基本和最重要的功能。畜产品期货市场在宏观方面的作用主要表现为减缓价格波动,改善政府宏观调控,促进农业国际化发展。在微观方面的作用主要表现为锁定生产经营成本或利润,引导畜产品生产和畜牧业产业结构调整,拓展畜产品的销售与采购渠道等。农畜产品期货市场功能产生于现货市场发展对风险防范和节约交易成本的需求,同时又以现货市场的发达完善和接近完全竞争作为功能得以充分发挥的条件。农畜产品期货市场功能的充分发挥又将反作用于现货市场,并通过其独特的经济功能来调节和引导农畜产品现货市场的健康运行,促进农畜产品现货市场的发展与完善。

## 复习思考题

1. 试分析国外现代农畜产品期货市场是如何产生的?发展现状如何?
2. 20 世纪 90 年代以来中国农畜产品期货市场经历了怎样的发展历程?
3. 中国目前上市交易的期货农畜产品有哪些?分别在哪些国内期货交易所上市?
4. 什么是狭义的畜产品期货市场?什么是广义的畜产品期货市场?
5. 广义的畜产品期货市场包括哪些组成部分,各组成部分的主要作用是什么?
6. 畜产品期货市场相对于现货市场的主要特性有哪些?为什么?
7. 试分析畜产品期货市场发现价格功能与基本原理。
8. 试分析畜产品期货市场回避风险功能与基本原理。
9. 试分析畜产品期货市场功能发挥对现货市场的宏观作用与基本原理。
10. 试分析畜产品期货市场功能发挥对现货市场的微观作用与基本原理。

11. 试分析农畜产品期货市场功能产生于哪些现货市场发展需求与基本原理。

12. 试分析农畜产品期货市场功能发挥需要具备哪些现货市场条件与基本原理。

13. 试分析农畜产品期货市场功能发挥对现货市场发展完善的作用与基本原理。

# 参考文献

[1] 乔娟，潘春玲. 畜牧经济管理学. 2版. 北京：中国农业大学出版社，2010.

[2] 乔娟，李秉龙，康敏. 中国农产品期货市场功能与现货市场关系研究. 北京：科学出版社，2008.

[3] 王淑英，李政丹，王旐. 新编期货交易理论与实务. 北京：北京交通大学出版社，2014.

[4] [加]约翰·C·赫尔. 期权与期货市场基本原理. 8版. 王勇，袁俊，韩世光，译. 北京：机械工业出版社，2016.

[5] 张辰利. 农产品期货与农业生产. 北京：金盾出版社，2012.

[6] 中国期货业协会. 期货市场教程. 5版. 北京：中国财经出版社，2013.

# 第五章　畜产品国际贸易与国际竞争力

◆　学习要点

- 比较优势理论和竞争优势理论的历史渊源
- 比较优势和竞争优势的区别和联系
- 畜产品比较优势分析的理论依据和计量方法
- 畜产品国际竞争力分析的理论依据和计量方法

## 第一节　国际贸易的基本理论

### 一、比较优势理论

#### （一）绝对利益理论

国家间为什么要进行贸易以及何时进行贸易？这个困扰经济学家们几个世纪的问题直到1776年亚当·斯密（Adam Smith）提出了绝对利益理论，才有了答案。斯密认为，如果一个国家专门从事本国的出口部门的生产而进口其他国家以较低成本生产的产品，则该国的国民收入就能得到最大化。如果该国能比其他国家更廉价地生产某种产品，这个国家对该产品的生产就有绝对利益。一个国家应该专门生产本国有绝对利益的产品，然后将其剩余的产品出口。如果一国生产所有的产品都有绝对利益，那他根本不用进行贸易。

#### （二）比较利益理论

亚当·斯密的理论在1817年受到大卫·李嘉图（David Ricardo）以及他的比较利益学说的挑战。根据李嘉图的学说，即使一个国家在生产所有产品方面均有绝对成本优势，贸易动因仍然存在。如果英国生产布匹的成本是葡萄牙生产布匹成本的1/3，英国生产葡萄酒的成本是葡萄牙生产葡萄酒成本的1/2，那么英国应该专门从事于布匹的生产，因为在这方面英国的相对优势更大。

根据绝对成本理论，英国应该出口布匹和葡萄酒这两种产品，但根据比较成本（比较成本是指英国多生产一单位的葡萄酒必须放弃的生产布匹的数量，或相反）理论，英国应该出口布匹而进口葡萄酒，而葡萄牙因具有生产葡萄酒的比较优势应该专门从事葡萄酒的生产。因此，李嘉图认为分工可以使每个贸易国家得到更多的财富。英国的布匹在葡萄牙的价格(以葡萄酒为单位)要比在其本国高,但英国的布匹在葡萄牙的价格仍然比葡萄牙的布匹要便宜。两个国家都从贸易中得到了好处。

李嘉图的理论依据了几个重要的假设条件:贸易前的价格是由相关的劳动生产率决定,而不是由需求决定的;贸易格局完全由两国间的技术水平差异决定;当生产产品面向国际市场时,生产要素(土地、劳动力以及资本——所有产品生产最基本的要素)只在一国国境之内进行竞争。李嘉图把所有这些生产要素归结为一种单位,每种产业都被假定使用同一种基本的要素组合并需要类似质量的生产要素。这些生产要素实际上被认为是在各部门间无成本流动的。

李嘉图以后的经济学家们,通常接受比较利益的思想并把自由贸易视为有根据的。但是,尽管对李嘉图的理论深信不疑,经济学家们还是不断地用放宽李嘉图理论中假设条件的方法来对李嘉图模式进行发展。对李嘉图模式的最重要的发展者是瑞典经济学家赫克歇尔(E. F. Heckscher)和俄林(B. G. Ohlin)。

### (三)要素禀赋论

赫克歇尔-俄林理论又被称为要素比例说或要素禀赋论。该理论认为,各国之间的资源差异是产生国际贸易的唯一原因。比较优势的产生受到以下两个比例之间的相互作用的影响:一个是不同生产要素在不同国家的资源中所占的比例,它反映生产要素的相对充裕程度;另一个是不同生产要素在不同产品生产投入中所占的比例,它反映的是产品生产中不同要素的相对密集使用程度,生产技术对这个比例产生影响。各国要进口那些含有较大比例的本国比较昂贵的生产要素的产品,而出口那些含有较大比例的在本国比较便宜的生产要素的产品。按照该理论,各国不必特意地进行劳动和资本的国际流动,主要通过自由贸易,在效率、质量相同的条件下,各国的劳动、资本和土地就可以获得完全相同的报酬或收入,各国间的贫富差距将会消失。

要素禀赋理论以下列理论假设为条件:两个国家、两种产品、两种生产要素;产品市场和生产要素市场均为完全竞争市场;规模报酬不变;两个国家的生产要素完全同质;每个国家的要素禀赋是固定的,也是可以度量的,要素密集程度不会发生逆转;两个国家的同种产品的生产函数相同,并且都是一次齐次函数;每个国家都有一种产品是劳动密集型的,另一种产品是资本密集型的;两个国家的偏好相同;两个国家都不是完全专业化生产;没有关税和运输;国家之间的国际贸易是平衡的。上述假设是要素禀赋理论成立的严格条件。

批评家们指出,上述的一些假设条件似乎并没有反映国际经济的现实。因此,导致了许多对赫克歇尔-俄林理论的指责,其中最值得注意的以经验为依据的挑战是诺贝尔经济学奖获得者——瓦西里·列昂剔夫(Wassily Leontief)。列昂剔夫一篇具有重大影响的文章发现了与赫克歇尔-俄林理论所预料的正好相反的结果,美国出口产品按平均值计算不如进口产品的资本密集程度高。这一后来被人们称为“列昂剔夫悖论”的发现激励了许多人对比较利益根源可选的理解方法进行研究。尽管如此,赫克歇尔-俄林理论一直到20世纪80年代都一直是国际贸易的理论基石。

## 二、比较优势来源的解释

赫克歇尔-俄林关于国际贸易要素比例的理论阐明了那些拥有充裕资本但劳动力稀缺的国家，将会主要出口资本密集型产品而进口劳动密集型产品。而列昂剔夫公布的美国20世纪50年代的数据则表明美国出口产品的资本密集程度小于美国进口产品的资本密集程度。从此，赫克歇尔-俄林的理论引起了人们的怀疑。到20世纪60年代末，一些学者已经形成了一些对比较利益的他择性解释（贸易与生产格局，如果不是由要素比例决定，是由什么决定的呢?），以试图说明“列昂剔夫悖论”。

### （一）熟练劳动说

熟练劳动说认为，美国十分强调通过教育、在职培训以及保健等措施培养熟练劳动力，这些强调措施提高了由劳动力、管理阶层人员、专业人员和官员们所提供的服务质量与决策水平。因为美国相对来说比较充裕的熟练劳动力的供给，特别是在科学和技术领域里，使得美国出口商品中的熟练劳动含量要比进口商品的熟练劳动含量多。

### （二）以研究与开发为目的的产业说

以研究与开发为目的的产业说强调，美国从那些以研究与开发为目的的产业中获得了效率优势。按照这种理论解释，研究与开发的费用支出导致了制造产品所使用的机器与技术工序的改善，提高了产品的质量以及有关的服务质量，提高了在组织商业企业时所使用的管理技术水平。这种知识资本导致了更有效的生产。由于这些产业不是资本密集型产业，这就解释了为什么美国的出口比进口资本密集程度要小。

### （三）自然资源产业说

自然资源产业说认为，美国的贸易格局可以通过深入分析自然资源产业结构来得到解释。这一方法是假设美国是自然资源禀赋相对贫乏的国家，包括采矿和初级加工业在内的自然资源产业在美国都是高度资本密集型企业。由于自然资源在美国的稀缺，所以用不出口自然资源产品的办法来保存自然资源和资本。美国需要进口那些用美国方法衡量是高度资本密集型的自然资源产品。

### （四）国内需求说

国内需求说认为，一种产品在国内被消费（或被投资），对于这种产品成为潜在的出口产品是一个必要但不充分的条件。一国产品首先应该满足国内需求（偏好），然后再满足国外需求。因此，当两个国家需求结构越是相似时，两国之间的贸易可能性就越大，反之则越小。而需求结构的差异是由收入水平决定的，因而处于同一层次收入水平的国家之间贸易量较大。

### （五）产品生命周期说

产品生命周期说把产品技术发展分成三个阶段：新生期、成长期、成熟期。随着产品生命周期的阶段性变化，影响比较优势的决定因素也在变化，即使各国仍然拥有原来生产资源的储备比例，其生产和出口的比较优势也会由于产品要素密集型的变动而转移。因此，不同类型的国家能够在不同阶段上享有比较优势。这就较好地解释了一些最初出口某些产品的发达国家后来反而需进口这些产品的现象。

### (六)产业内部贸易说

产业内部贸易说认为,最重要的是产业生产出差异产品——仅仅是由于产品风格、质量、使用特点上的细微变化或品牌名称上存在差异,而性能却十分相似的替代品。规模经济不仅仅来自较大的工厂,也来自生产差异性产品的同一个生产厂家。不同国家将专门从事一个可选的差异性产品,由于每个国家总有一些人不愿意趋同于本地大多数人的口味,这就使得相似产品存在着进口与出口的动因。

## 三、国际贸易新理论

20 世纪 80 年代,国际贸易体制方面的许多经济变化激发了经理们、政策制定者和理论家们对国际贸易理论的重新审视。在整个 80 年代,经验数据表明,国际贸易的大部分并且是不断增长的部分不再受到比较利益的驱动。一些国家自然出口那些能反映其相对要素禀赋的初级产品和自然资源产品,但是,制成品的贸易格局和服务贸易的格局却缺少可预见性。与古典相对要素比例理论所预言的结果相反,一些国家正在进口有比较利益的产品与劳务,并出口它所没有比较利益的产品与劳务。这种被称为产业内贸易的现象在 20 世纪 70 年代保持平稳发展后,80 年代急剧增长。

对贸易格局的传统预言被某些产业中巨大的规模经济的出现和统治全球特定市场的某些特大型公司(通常是跨国公司)的出现所挫败。古典理论想当然地认为公司没有影响价格的力量,只要有多家公司一起经营,理论上就不必把战略性行为考虑进去,所有公司都被想当然地认为是价格的接受者。但是,随着产业的日益集中,以及大公司对市场结构和市场行为影响能力的提高,公司和政府就具有了通过进行战略性选择达到在全球市场上建立竞争优势的机会。

一些对传统观点进行攻击的贸易理论家意识到,在国际贸易中有理由考虑市场的不完全竞争性和行为的战略性问题。新国际贸易理论家们的最主要的主张是,公司和政府在不完全竞争的市场上可能会以一种战略性的和自觉的方式行动,从而影响一个国家的贸易平衡和国家财富。

新国际贸易理论家们最初的观点主要是实证的而不是规范的;动力来自尝试解释新的贸易形势和填补标准贸易理论的空白。新国际贸易理论最为基本的观点是非比较优势贸易论。新国际贸易理论家们证明,各国不必仅仅为了利用其差别而从事专业化和国际贸易。国际贸易在很大程度上是由收益递增而不是由比较优势驱动的。在他们看来,至少在一定限度内,谁生产什么是历史因素、偶然事件和过去的政策的产物,而不是国家资源和能力的根本差别的产物。

克鲁格曼(Paul R. Krugman)认为新国际贸易理论提出了三个重要创新,使得对收益递增的讨论摆脱了决定性的限制。首先,新国际贸易理论家在贸易理论中引入了产业组织理论,把它从完全竞争模式的束缚下摆脱出来;其次,新国际贸易理论家设法使贸易理论从“二维假定”中解脱出来,即摆脱了沉湎于迎合要素比例理论,但却疏于考虑其他可选情形的理论与建模形式;第三,新国际贸易理论突破了人为地区分纯技术的与货币的外部经济的做法,这种区分曾使外部经济在经验上看起来是不可能把握甚至于值得怀疑的。

新国际贸易理论的确改变了人们的思维方式。在新国际贸易理论出现以前,人们趋向于忽视比较优势以外的其他观点,在新国际贸易理论出现后,却再也不能这样做了。从贸易政策角度看,新国际贸易理论的创新旨在解释而不是改变国际贸易。

尽管新国际贸易理论从某些方面说明了各国贸易竞争优势存在差距的原因,但他们的解释不能完全令人满意。例如,规模经济理论指出规模经济是企业竞争优势的重要源泉,但什么国家的公司会获得这些优势?在哪些产业?新国际贸易理论认为至少在一定限度内这是历史因素、偶发事件和过去政策的产物,这种解释显然无法令人满意。技术差距论未能解释技术差距为什么会出现,什么国家会获得技术领先的优势?产品生命周期理论未能解答,为什么一些国家的某些产品在国内市场很小或发展缓慢的情况下仍能成为世界领先者?为什么许多国家的产业并没有像新国际贸易理论预测的那样失去竞争优势?

面对这些新问题,美国学者迈克尔·波特(Michael Porter)在他的《国家竞争优势》一书中提出了一种新的理论范式,即国家竞争优势理论。波特认为,一个国家的产业能否在国际市场上具有竞争力,取决于该国的国家竞争优势,而国家竞争优势是由四个基本因素(要素条件,需求条件,相关产业与支持产业的状况,公司的战略、结构和竞争行为)和两个辅助因素(政府行为和偶然事件)相互作用所决定的。

## 第二节　比较优势理论与竞争优势理论

比较优势理论是关于一国怎样进行资源优化配置,尤其是在出口商品和劳务的生产部门怎样配置资源的问题,而竞争优势理论是指一个国家使其公司或产业在一定的领域取得成功的决定性因素问题,二者是不同的。但是,简单的二分法显然又是不科学的,认为竞争优势理论可以代替比较优势理论也是错误的。事实上,比较优势理论和竞争优势理论是既有区别又相互联系的。

### 一、比较优势理论与竞争优势理论的区别

#### (一)比较优势理论与竞争优势理论构建的市场条件不同

传统的比较优势理论与竞争优势理论的重要区别表现在:传统的比较优势理论建构于完全竞争市场条件下,而竞争优势理论则建构于不完全竞争市场条件下。在完全竞争市场条件下,由于不存在规模经济与公司活动,产品是同质的,不存在非价格竞争,因而比较优势直接体现为价格竞争优势,使得比较优势与竞争优势完全一致。但是,在不完全竞争市场条件下,价格竞争优势不但来源于比较优势,还可能来自于规模经济、产品差异等因素。

#### (二)比较优势理论与竞争优势理论研究的对象不同

比较优势理论主要论证的是国家间产业分工与产业互补的合理性;而竞争优势理论则主要是讨论各国间的同一产业或同一种产品在世界市场上发展的现实态势,主要论证的是国家间产业冲突和产业替代的因果关系。

### (三)比较优势理论与竞争优势理论讨论的优势来源不同

比较优势理论评估了贸易产品生产中资源配置的效率问题,其中大卫·李嘉图的传统比较优势理论只解释了劳动力要素,赫克歇尔-俄林的新古典比较优势理论考虑了更多的生产要素,但还都没有考虑科学技术进步、国内市场需求、政府行为等的作用;而竞争优势理论认为,一国某一特定产业或产品的国际竞争优势取决于四个基本因素(要素条件,需求条件,相关产业与支持产业的状况,公司的战略、结构和竞争行为)和两个辅助因素(政府行为和偶然事件)的相互影响和相互作用。

### (四)比较优势和竞争优势的衡量标准不同

比较优势是用影子价格描述的,其主要衡量指标有:国内资源成本系数、显示性比较优势和劳动密集指数等;而竞争优势则是用市价衡量的,其主要衡量指标有:市场占有率(国际市场占有率、进口国市场占有率、本国国内市场占有率)、贸易竞争指数和显示性比较优势等。

### (五)竞争优势理论不像比较优势理论那样被广泛运用

在国际经济关系的研究中,比较优势理论是被经济学家最广泛运用的理论假说。而竞争优势理论的运用则没有比较优势理论那样广泛。

从比较优势理论与竞争优势理论区别的分析可知,拥有比较优势并不等于拥有竞争优势。比较优势是一种潜在的优势,往往表现为某一要素禀赋相对丰富,而使其在国际分工中扮演着某种特定的角色。但竞争优势是一种实际显现的竞争能力,是生产力各构成要素综合协调的结果。

## 二、比较优势理论与竞争优势理论的联系

尽管在经济分析中,比较优势理论和竞争优势理论分别将比较优势与竞争优势界定为区别明显的两个不同概念,但是,在现实经济中比较优势与竞争优势两者又是密切联系和不可分割的。比较优势与竞争优势的主要联系表现为以下几个方面。

### (一)比较优势是竞争优势的基础

一国在生产要素方面的比较优势有利于该国去建立国际竞争优势,而只有一国国际竞争优势的建立才能使该国获得持久的比较利益。一般来说,一国具有比较优势的产业往往易于形成较强的国际竞争优势,或者说,比较优势可以成为竞争优势的内在原因,促进特定产业国际竞争优势的提高。同时,一国产业的比较优势要通过竞争优势才能体现,或者说,一国具有比较优势的产业或产品较容易形成或保持国际竞争优势。但需要注意的是,并非不具有比较优势的产业,就不可能形成和保持国际竞争优势。

### (二)发挥比较优势是实现竞争优势的最佳途径

国民收入总量越大,社会经济福利越大。因此有效地配置资源,使社会各种资源获得最大限度的利用是国民收入最大化的充分条件。对于中国来说,充分发展劳动密集型产业,就是发挥比较优势,有效利用资源,为国民收入最大化创造条件。这也等于相对提高了资本及技术资源的丰富程度。资本积累多了,并逐步由相对稀缺到相对充裕,就可以尽快缩小与发达国家在资源禀赋、技术及产业结构上的差距,从而加快资源禀赋结构及产业的提升,增强产业的竞争

优势。与此相反，如果不按照比较优势发展经济，则这些产业就很难比较有效地并在较短时间内产生竞争优势。

# 第三节　畜产品比较优势分析

## 一、畜产品比较优势分析的理论依据

### （一）比较优势学说

李嘉图认为，国际贸易的基础并不限于生产技术上的绝对差异，只要各国之间存在着生产技术上的相对差别，就会出现生产成本和产品价格的相对差别，从而使各国在不同的产品上具有比较优势，使国际分工和国际贸易成为可能。每个国家都集中生产并出口其具有比较优势的产品，进口其具有比较劣势的产品，从而获得比较利益。因此，李嘉图的这一学说也被称之为比较利益理论。

产品的比较优势来自于生产技术的相对差异。假设我们可以用产品的相对劳动生产率来衡量产品的比较优势，相对劳动生产率是不同产品劳动生产率的比率，用公式表示为式(5-1)：

$$\text{产品 A(猪肉)对产品 B(牛肉)的相对劳动生产率}=\frac{\text{产品 A(猪肉)的人均产量}}{\text{产品 B(牛肉)的人均产量}} \tag{5-1}$$

如果中国生产产品 A(猪肉)对产品 B(牛肉)的相对劳动生产率高于美国生产产品 A(猪肉)对产品 B(牛肉)的相对劳动生产率，则中国在产品 A(猪肉)生产上就拥有比较优势，反之，则是有比较劣势。

这种比较优势也可以用相对成本来表示。相对成本是单位产品的投入量的比率，用公式表示为式(5-2)：

$$\text{产品 A(猪肉)对产品 B(牛肉)的相对生产成本}=\frac{\text{产品 A(猪肉)的单位成本}}{\text{产品 B(牛肉)的单位成本}} \tag{5-2}$$

如果中国生产产品 A(猪肉)对产品 B(牛肉)的相对成本低于美国生产产品 A(猪肉)对产品 B(牛肉)的相对成本，中国就具有生产和出口产品 A(猪肉)的比较优势，反之，则是有比较劣势。

例如，中国和美国都生产鸡肉和猪肉，中国鸡肉的相对劳动生产率是 1 吨鸡肉/0.5 吨猪肉，即 2 吨鸡肉/1 吨猪肉；美国鸡肉的相对劳动生产率是 0.8 吨鸡肉/1 吨猪肉，2＞0.8，中国具有生产鸡肉的比较优势。而两国生产猪肉的相对劳动生产率则正好相反，中国猪肉的相对劳动生产率为 0.5 吨猪肉/1 吨鸡肉，美国猪肉的相对劳动生产率为 1.25 吨猪肉/1 吨鸡肉，1.25＞0.5，美国具有生产猪肉的比较优势。

如果用相对成本来衡量，则有式(5-3)至式(5-6)成立：

$$\text{美国鸡肉的相对成本}=\frac{1.25\ \text{劳动力/吨}}{1\ \text{劳动力/吨}}=1.25 \tag{5-3}$$

$$中国鸡肉的相对成本=\frac{1\ 劳动力/吨}{2\ 劳动力/吨}=0.5 \tag{5-4}$$

$$美国猪肉的相对成本=\frac{0.8\ 劳动力/吨}{1\ 劳动力/吨}=0.8 \tag{5-5}$$

$$中国猪肉的相对成本=\frac{2\ 劳动力/吨}{1\ 劳动力/吨}=2 \tag{5-6}$$

中国鸡肉的相对成本比美国鸡肉的相对成本低，因而具有比较优势；美国猪肉的相对成本则比中国猪肉的相对成本低，因而具有比较优势。其最终结论与用相对劳动生产率来衡量是一致的。

比较优势理论认为，一国之所以能够出口获利，只需在该产品生产上拥有比较优势而不一定要有绝对优势。一国可能在所有的产品生产上都不具有绝对优势，但一定会在某些产品生产上拥有比较优势，只要该国在其国内产品成本和价格上存在着差别。因此，即使一个国家不拥有绝对优势，仍然可以参加国际分工和国际贸易，并获取比较利益。

例如，如果澳大利亚生产牛肉的成本是中国生产牛肉成本的 1/3，澳大利亚生产鸡肉的成本是中国生产鸡肉成本的 1/2，那么澳大利亚应该专门从事于牛肉的生产，因为在这方面澳大利亚的相对优势更大。根据绝对成本理论，澳大利亚应该出口牛肉和鸡肉这两种产品；但根据比较成本理论，澳大利亚应该出口牛肉而进口鸡肉，而中国因具有生产鸡肉的比较优势应该专门从事鸡肉的生产。澳大利亚的牛肉在中国的价格（以鸡肉为单位）要比在其本国高，但澳大利亚的牛肉在中国的价格仍然比中国的牛肉要便宜。因此，两个国家都从贸易中得到了好处。

### （二）机会成本学说

以哈伯勒（G. Habler）为主的一些经济学家，基于对古典劳动价值论的质疑，提出了机会成本理论。机会成本是指为了生产一单位的某种特定产品（如猪肉）所必须减少的其他产品（如鸡肉）的数量。产品的价格由生产成本决定，而生产成本不是由所投入的劳动量多少决定，而是由该产品的机会成本决定。机会成本较小的产品其价格较低，其比较利益较大，因此，一国应该专业生产并出口该产品。

以机会成本替代劳动作为成本的决定因素，在揭示国际贸易发生原因方面的更合理支持在于，劳动并非产品生产的唯一要素，实际上，各种要素价格都会影响产品的成本，但以劳动作为生产成本的唯一决定要素，显然过于简化，如果使用机会成本概念，就暗含着各种生产要素共同作用的效果。

### （三）资源禀赋学说

李嘉图以后的经济学家们，通常接受比较利益的思想并把自由贸易视为有根据的。但是，经济学家们还是不断地用放宽李嘉图理论中假设条件的方法来对李嘉图模式进行发展。对李嘉图模式的最重要的发展要算赫克歇尔（E. F. Heckscher）和俄林（B. G. Ohlin）的要素禀赋理论。

要素禀赋理论可以概述为，不同的产品需要不同的生产要素比例，而不同的国家拥有的生产要素比例是不同的。因此，各国在生产那些能够比较密集地利用其较充裕的生产要素的产品时，就必然会有比较利益产生。因此，每个国家应该出口能利用其充裕要素的那些产品，以换取那些需要比较密集地使用稀缺生产要素的进口产品。

赫克歇尔-俄林认为,生产产品需要不同的生产要素而不仅仅是劳动力。资本、土地以及其他生产要素也都在生产中起重要作用并影响劳动生产率和生产成本。并且他们还注意到,不同产品需要不同的生产要素配置。有些产品的生产技术性较高,需要大量的机器和资本投入,这种产品可称为资本密集型产品;有些产品的生产则需要大量的体力劳动,这种产品则称为劳动密集型产品。由于各国生产要素的储备比例或资源禀赋是不同的,有的国家资本相对雄厚,有的国家劳动力相对充足。因此,产品生产的相对成本不仅可以由技术差异决定,而且可以由要素比例和要素稀缺程度的不同来决定。一般来说,劳动力相对充裕的国家,劳动力价格较低。因此,劳动密集型产品的生产成本会相对低一些;而资本相对充裕的国家,资本的价格会较低,生产资本密集型产品则相对成本较低。

因此,国际贸易的基础是生产资源配置或要素禀赋上的差别。各国要进口那些含有较大比例的本国比较昂贵的生产要素的产品,而出口那些含有较大比例的在本国比较便宜的生产要素的产品。按照该理论,各国不必特意地进行劳动和资本的国际流动,主要通过自由贸易,在效率、质量相同的条件下,各国的劳动、资本和土地就可以获得完全相同的报酬或收入。

例如,假设中国和美国都生产鸡肉(需要较多的劳动)和牛肉(需要较多的资本),美国的资本相对充裕而劳动力相对不足,中国的劳动力相对充裕而资本相对不足。因此,中国生产鸡肉的能力强于生产牛肉的能力,而美国生产牛肉的能力比生产鸡肉要强。

由于中国资本稀缺,中国牛肉的相对成本比较高,假设为 2;美国拥有相对充裕的资本,牛肉生产的成本相对较低,假设为 0.5。而两国鸡肉生产的相对成本恰好相反,中国是 0.5,美国是 2,因中国拥有相对充裕的劳动力,中国鸡肉的相对成本较低。因此,美国拥有生产牛肉的比较优势,而中国拥有生产鸡肉的比较优势。

假设世界市场劳动力的充裕程度不及中国,但超过美国,而整个世界市场资本的充裕程度不及美国,但高于中国,则在世界贸易条件下,鸡肉和牛肉的相对成本一定都会大于 0.5,但小于 2。

如果假定每单位牛肉的价格/每单位鸡肉的价格=1,即每单位牛肉可以交换每单位鸡肉。对于中国来说,自己生产 1 单位牛肉需要减少 2 单位鸡肉,现在只要多生产鸡肉并向美国出口,就可以用 1 单位鸡肉换回 1 单位牛肉,无疑从交换中得到了好处。对美国来说,每单位鸡肉的生产原来要付出 2 单位牛肉的代价,现在只要多生产牛肉并与中国交换鸡肉,只需付出 1 单位牛肉即可换回 1 单位鸡肉,无疑也从贸易中得到了好处。因此,通过国际贸易中国和美国消费的满足程度和国民收入都将得到提高。

## 二、畜产品比较优势分析的计量方法

计量比较优势的方法有多种,但目前理论界分析国家之间农产品比较优势时使用较多的方法主要有两种:显示性比较优势法和国内资源成本法。前者利用历史资料进行比较优势的评价,属于事后实证性的统计评估。后者则属于事前评价,可以作为安排资源的分配与利用的依据。畜产品的比较优势最终也最重要的是体现在市场竞争的利益优势上,这两种方法正是从市场的角度出发来衡量畜产品的比较优势。

### (一)显示性比较优势法

显示性比较优势是巴拉萨(Balassa)于1965年测算部分国家贸易比较优势时采用的一种方法,后来被世界银行等国际组织普遍采用。简单地说,显示性比较优势是指一个国家某种产品出口额占其出口总值的份额与世界该类产品出口额占世界出口总值的份额的比率。用公式表示为式(5-7):

$$RCX_{ij}=\frac{X_{ij}/X_{it}}{X_{wj}/X_{wt}} \tag{5-7}$$

式中:$RCX_{ij}$ 为 $i$ 国 $j$ 种产品的显示性比较优势指数;$X_{ij}$ 为 $i$ 国 $j$ 种产品的出口总额;$X_{it}$ 为 $i$ 国所有产品出口总额;$X_{wj}$ 为世界第 $j$ 种产品的出口总额;$X_{wt}$ 为世界所有产品出口总额。

如果 $RCX_{ij}>1$,则说明 $i$ 国 $j$ 种产品生产上具有显示性比较优势;如果 $RCX_{ij}<1$,则说明 $i$ 国 $j$ 种产品生产上没有显示性比较优势;如果 $RCX_{ij}=1$,则说明 $i$ 国 $j$ 种产品的显示性比较优势处于临界状态。

### (二)国内资源成本法

国内资源成本(DRC)指标包括国内资源成本系数(DRCC)和社会净收益(NSP)两类指标。

1. 国内资源成本系数(DRCC)　决定畜产品比较优势的因素较多,但以生产成本、边境价格和汇率最为显著。在国际经济一体化条件下,生产成本将因国际间生产要素的自由流动而最小化,边境价格将由国际市场供求关系决定,而汇率将更为真实地反映本币的换汇成本。根据国内资源成本理论,在贸易自由化条件下,一国生产 $j$ 产品比较优势的决定系数为式(5-8):

$$DRCC_j=\frac{DPC_j}{NV_j\times EX} \tag{5-8}$$

式中:$DRCC_j$ 为 $j$ 产品的国内资源成本系数(或称比较优势决定系数);$DPC_j$ 为 $j$ 产品生产的国内资源机会成本(即 $j$ 产品生产耗费的国内资源以机会成本计算的成本);$NV_j$ 为 $j$ 产品按边境价格计算的附加值(即以影子价格计算的 $j$ 产品产值);$EX$ 为外汇的机会成本(或称影子汇率,是进口投入要素以机会成本计算的成本)。其中 $DPC_j$ 和 $NV_j$ 的具体计算方法见式(5-9)和式(5-10):

$$DPC_j=\sum_{s=2}^{m}F_{sj}V_s-E_j \tag{5-9}$$

$$NV_j=U_j-M_j-R_j \tag{5-10}$$

式中:$F_{sj}$ 为 $j$ 种产品生产活动所需要的第 $s$ 种生产要素的数量;$V_s$ 为第 $s$ 种生产要素的机会成本;$U_j$ 为按边境价格计算的 $j$ 种产品产值;$M_j$ 为生产 $j$ 种产品的所有可进口性中间投入,以CIF价格计算其价值;$R_j$ 为 $j$ 种产品生产中所有外国直接拥有的生产要素的成本,以机会成本计算;$s$ 为所投入的生产要素的种类数,因为将外汇设为第1种原始投入要素,所以从2起;$E_j$ 为外部效果,若 $j$ 种产品的外部效果具有外部经济,则 $E_j>0$,若 $j$ 种产品外部不经济，则 $E_j<0$，若 $j$ 种产品没有外部效果，则 $E_j=0$。

如果 $DRCC_j<1$，表明 $j$ 种产品生产的产出大于投入，具有比较优势；如果 $DRCC_j>1$，则表明 $j$ 种产品生产的产出小于投入，缺乏比较优势；如果 $DRCC_j=1$，则表明 $j$ 种产品生产的产出等于投入，处于比较优势的临界状态。如果将1与 $DRCC_j$ 的差额定义为比较优势度，则比较优势度可以用公式表示为：

比较优势度＝1－国内资源成本系数(DRCC)

比较优势度可用来衡量某种畜产品生产的有利或不利程度。如果比较优势度>0，则表明该种畜产品生产比较有利；如果比较优势度<0，则表明该种畜产品生产处于不利状况；如果比较优势度＝0，则表明该种畜产品生产处于有利与不利的临界状态。

2.社会净收益　在国际国内生产要素和产品能自由流动的情况下，通过考察某种产品生产能否带来社会净收益，即生产资源配置是否具有效率，可判断该种产品生产是否具有比较优势。社会净收益(NSP)是指一个国家充分利用国际国内资源从事畜牧业生产活动所获得的收益。用公式表示为式(5-11)：

$$NSP_j=NV_j\times V-DPC_j=(U_j-M_j-R_j)\times V-\sum_{s=2}^{m}F_{sj}V_s+E_j \tag{5-11}$$

式中：$V$ 为影子汇率(shadow price of foreign exchange)，以一单位美元所代表的本国货币表示；其他各参数的含义与前面的解释相同。

如果 $NSP_j>0$，则该国生产 $j$ 种产品有利可图，资源配置具有一定效率，从国际分工的角度看该国应适合发展 $j$ 种产品生产；如果 $NSP_j<0$，则 $j$ 种产品生产无利可图，资源配置缺乏效率；如果 $NSP_j=0$，则 $j$ 种产品生产处于利益平衡点，资源配置效率为0。

### (三)劳动密集指数法

劳动密集指数是某种特定产品资本投入量与劳动投入量之比与该国所有产品的资本投入量与劳动力投入量之比的比率。用公式表示为式(5-12)：

$$L_j=\frac{V_j/N_j}{V_t/N_t} \tag{5-12}$$

式中：$L_j$ 为 $j$ 种产品的劳动密集指数；$V_j$ 为 $j$ 种产品的资本投入量；$N_j$ 为 $j$ 种产品的劳动力投入量；$V_t$ 为该国所有产品的资本投入量；$N_t$ 为该国所有产品的劳动力投入量。$L_j$ 越高，意味着 $j$ 种产品的资本密集性越高；$L_j$ 越低，意味着 $j$ 种产品劳动密集性越高。需要注意的是，因为劳动密集指数只考虑了资本和劳动力这两种生产要素，而且在世界范围内生产成本数据不像贸易数据那样具有可比性，所以劳动密集指数只有与显示性比较优势指数联系起来使用时才具有实际意义。

最后，对一个国家某种畜产品的比较优势进行计量分析时特别需要注意的是，比较优势的概念一般都是以贸易前的价格作为衡量尺度，然而所有实际经验数据都是世界贸易条件下产生的。显然，以贸易前价格为依据推导出各种真实指标几乎是不可能的。因此，所有比较优势测算方法所得到的结果，只能是对基本真实关系的近似估计，与理论概念都存在一定差距。

# 第四节　畜产品国际竞争力分析

## 一、畜产品国际竞争力分析的理论依据

### (一)畜产品国际竞争力的基本含义

国际竞争力可进一步区分为产业或产品国际竞争力、企业国际竞争力和国家国际竞争力等不同概念。尽管近年来对各国国家国际竞争力进行比较已成为十分热门的研究课题，但有的学者认为，在国家层次上谈论国际竞争力或使用有竞争力的国家的概念不太恰当。因为国家的主要经济目标是为其人民创造较高的并且不断提高的生活水平，而能否做到这一点，并不取决于含义不清的国家竞争力，而取决于一国利用各种资源的生产率。况且任何国家都只能在某些产业具有较强的国际竞争力，而在另一些产业缺乏国际竞争力，有很强国际竞争力的产业通常只存在于少数几个国家。所以只有在产业或产品和企业层次上研究国际竞争力才具有实际意义。

《世界经济论坛》1985 年的《国际竞争力报告》提出，国际竞争力是“企业目前和未来在各自的环境中以比他们国内和国外的竞争者更有吸引力的价格和质量来进行设计生产并销售货物以及提供服务的能力和机会”。1994 年的《国际竞争力报告》又将国际竞争力定义为“一国某公司在世界市场上均衡地生产出比其竞争对手更多财富的能力”。很明显，在这里关于国家的国际竞争力是从企业或产业的角度来定义的，实际上是说一国的企业和产业的国际竞争力。

美国《关于产业竞争力的总统委员会报告》认为，“国际竞争力是在自由良好的市场条件下，能够在国际市场上提供好的产品、好的服务同时又能提高本国人民生活水平的能力。”

《我国工业品国际竞争力比较研究》课题组认为，关于国际竞争力的各种定义尽管存在差异，但基本的含义还是一致的，即所谓国际竞争力就是一个国家特定产业通过在国际市场上销售其产品而反映出的生产力。由于在市场经济中，经济活动(特别是产业活动)的关键因素是生产效率和市场营销，所以，国际竞争力归根结底就是各个国家同类产业或同类企业之间相互比较的生产力。从一个国家特定产业参与国际市场竞争的角度看，特定产业的国际竞争力就是该产业相对于外国竞争对手的生产力的高低。因此，产业国际竞争力实质可以定义为，在国际间自由贸易条件下(或在排除了贸易壁垒因素的假设条件下)，一个国家特定产业以其相对于其他国家的更高生产力，向国际市场提供符合消费者(或顾客)需求的更多产品，并持续地获得盈利的能力。

依据上述关于产业或产品国际竞争力的解释，我们可以将畜牧业或某种畜产品的国际竞争力定义为，在国际间自由贸易条件下(或在世界贸易组织有关协议的前提下)，一个国家的畜牧业或某种畜产品以其相对于其他国家的更高生产力，向世界市场提供符合消费者(或顾客)需求的更多产品，并持续地获得盈利的能力。

### (二)畜产品国际竞争力分析的理论依据

根据畜牧业或畜产品国际竞争力的定义，畜牧业或畜产品国际竞争力研究是将市场竞争作为观测点。只有在国际间自由贸易(或在排除了贸易壁垒因素的假设)的条件下，产业或产

品的国际竞争力才能得到正常体现,从而才能进行测度。这里的市场包括对外开放的本国市场和向本国开放的外国市场,因为在国际间自由贸易条件下,本国产品可以进入国际市场,外国产品也可以进入本国市场。

畜产品国际竞争力研究的基本的客观观测资料就是相关国家特定畜产品的国际市场占有率和盈利率,这是畜产品国际竞争力的最终实现指标,反映了畜产品国际竞争的实际结果。然而,畜产品国际竞争力研究的目的不仅仅是客观描述特定畜产品国际竞争的实际结果,而且要发现决定或影响各国特定畜产品国际竞争力的各种因素,即寻找导致畜产品国际竞争的实际结果以及未来趋势的原因,从而揭示和论证各种畜产品国际竞争力的因果关系。由于在现实经济中,有无数因素影响着各国各种畜产品的国际竞争力。因此,如何将无数影响各国各种畜产品国际竞争力的因素清理成清晰的逻辑因果线条,以突出其中最具重要性的因素,成为需要解决的重要问题。著名的产业国际竞争力专家迈克尔·波特教授经过对许多国家的产业国际竞争力进行研究后,指出一个国家的特定产业是否具有国际竞争力取决于要素条件,需求条件,相关和辅助产业的状况,企业战略、结构与竞争行为四个基本因素,以及政府行为和机遇两个辅助因素,这六个因素构成著名的产业国际竞争力“国家菱图”(National Diamond,也译为“国家钻石”),见图 5-1。迈克尔·波特教授以这一分析范式为基本框架,展开了他的全部研究过程,对产业国际竞争力研究做出了非常有价值的贡献。

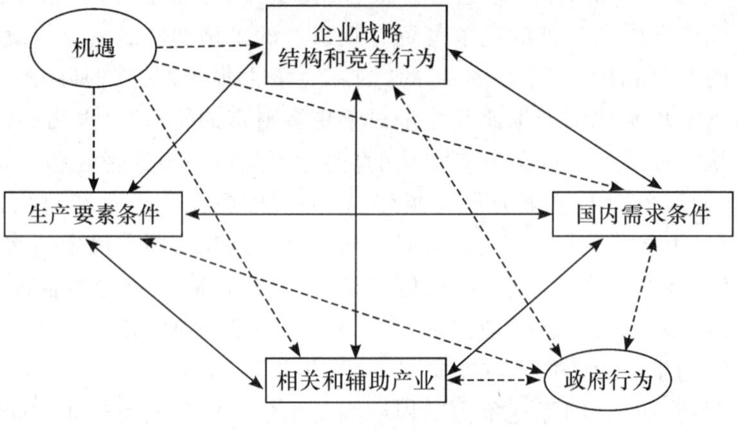


**图 5-1　产业或产品国际竞争力决定的完整环境系统**

## 二、畜产品国际竞争力现实结果的计量方法

反映畜产品国际竞争力结果的指标包括市场占有率、贸易竞争指数和显示性比较优势等,其中最主要的指标是市场占有率和盈利率。由于企业获利情况的统计资料较难获得,而且当主要分析国际竞争力结果时可以假定其所获利润与市场占有率为正相关关系。因此,通常可以主要用市场占有率和贸易竞争指数等来考察畜产品参与国际竞争的实际结果。

由于各国某种产品的产量、销售和出口等指标中都有一部分是外商投资企业创造的,所以在计算各国各种畜产品市场占有率和贸易竞争指数等指标时,应将外商投资企业创造的部分从总额中减去。因为在国际竞争力分析的福利经济学研究中,需要引入与“国籍”有关的特殊因素。

## (一)市场占有率

市场占有率是反映国际竞争力结果的最直接和最简单的实现指标，可以表明其在国际和国内市场竞争中所具有的竞争实力，它反映了国际竞争力的实现程度。市场占有率指标可以从三个角度进行计算。

1. 国际市场占有率　国际市场占有率通常用来比较若干个国家(或地区)某种畜产品国际竞争力的强弱。如果考虑应在出口额中减去外商投资企业创造的部分，则某国某种特定畜产品国际市场占有率可由式(5-13)计算得到：

$$WMS_{ij}=\frac{X_{ij}-\beta_{ij}\times\gamma_{ij}\times X_{ij}}{X_{wj}}\times 100\% \tag{5-13}$$

式中：$WMS_{ij}$ 为 $i$ 国 $j$ 种产品的国际市场占有率；$X_{ij}$ 为 $i$ 国 $j$ 种产品出口总额；$\beta_{ij}$ 为 $i$ 国外商投资企业 $j$ 种产品出口额占该国 $j$ 种产品出口总额比重；$\gamma_{ij}$ 为 $i$ 国 $j$ 种产品外方资本金占外商投资企业资本金比重；$X_{wj}$ 为世界 $j$ 种产品出口总额。

2. 进口国市场占有率　在不考虑外商投资企业影响的情况下，进口国市场占有率可采用如式(5-14)所示：

$$IMS_{ij}^{k}=M_{ij}^{k}/M_{j}^{k}\times 100\% \tag{5-14}$$

式中：$IMS_{ij}^{k}$ 为 $i$ 国 $j$ 种产品占 $k$ 国 $j$ 种产品进口总额的比重；$M_{ij}^{k}$ 为 $k$ 国从 $i$ 国进口 $j$ 种产品的总额；$M_{j}^{k}$ 为 $k$ 国 $j$ 种产品的进口总额。

3. 本国国内市场占有率　如果考虑应减去外商投资企业创造的部分，一国某种特定畜产品国内市场占有率可由式(5-15)计算得到：

$$DMS_{ij}=\frac{(S_{ij}-\alpha_{ij}\times\gamma_{ij}\times S_{ij})-(X_{ij}-\beta_{ij}\times\gamma_{ij}\times X_{ij})}{(S_{ij}-X_{ij}+M_{ij})}\times 100\% \tag{5-15}$$

式中：$DMS_{ij}$ 为 $i$ 国 $j$ 种产品国内市场占有率；$S_{ij}$ 为 $i$ 国 $j$ 种产品总销售额；$M_{ij}$ 为 $i$ 国 $j$ 种产品进口总额；$\alpha_{ij}$ 为 $i$ 国外商投资企业 $j$ 种产品销售额占 $j$ 种产品总销售额的比重；$X_{ij}$、$\beta_{ij}$ 和 $\gamma_{ij}$ 与前面定义相同。

## (二)贸易竞争指数

贸易竞争指数可以表明某国生产的某种产品是净进口，还是净出口，以及净进口或净出口的相对规模，从而反映某国生产的某种特定畜产品相对于世界市场上供应的其他国家的该种产品来讲，是处于生产效率的竞争优势还是劣势以及优劣势的程度。如果计算贸易竞争指数时，考虑应将外商投资企业创造的部分从总出口额中减去，其计算公式为式(5-16)：

$$TC_{ij}=\frac{X_{ij}-\beta_{ij}\times\gamma_{ij}\times X_{ij}-M_{ij}}{X_{ij}-\beta_{ij}\times\gamma_{ij}\times X_{ij}+M_{ij}} \tag{5-16}$$

式中：$TC_{ij}$ 为 $i$ 国 $j$ 种产品的贸易竞争指数；$X_{ij}$、$M_{ij}$、$\beta_{ij}$ 和 $\gamma_{ij}$ 的含义与前面定义相同。

如果 $TC_{ij}$ 值大于零，表示 $i$ 国第 $j$ 种产品为净出口，说明该国的这种产品生产效率高于国际水平，具有较强的国际竞争力；绝对值越大，国际竞争力越强。如果 $TC_{ij}$ 值小于零，表示 $i$ 国第 $j$ 种产品为净进口，说明该国的这种产品生产效率低于国际水平，不具有或缺乏国际竞争力；绝对值越大，越缺乏国际竞争力。如果 $TC_{ij}$ 值等于零，则表示 $i$ 国第 $j$ 种产品的生产效率与国际水平相当，其进出口纯属与国际间进行品种交换。

### (三)显示性比较优势

显示性比较优势(Revealed Comparative Advantage Index)指数，简称 RCA 指数。该指数的基本含义是：在某进口国(如日本或欧盟)市场上，从所研究的国家(如中国)进口的某种特定畜产品占该种畜产品进口总额的份额，与从所研究的国家(如中国)进口总额占该进口国(如日本或欧盟)进口总额的份额的比率。其计算公式如式(5-17)所示：

$$RCA_{ij}^{k}=\frac{X_{j}^{k}\Big/\sum_{i}Y_{ij}^{k}}{\sum X_{j}^{k}\Big/\sum_{ij}Y_{ij}^{k}}=\frac{X_{j}^{k}\Big/\sum X_{j}^{k}}{\sum_{i}Y_{ij}^{k}\Big/\sum_{ij}Y_{ij}^{k}} \tag{5-17}$$

式中：$RCA_{ij}^{k}$ 为 $i$ 国 $j$ 产品在 $k$ 进口国或地区市场的显示性比较优势指数；$j$ 为产业或产品，$j=1,2,3,\cdots,n$；$i$ 为出口国或地区，$i=1,2,3,\cdots,m$；$k$ 为进口国或地区；$X_{j}^{k}$ 为 $k$ 进口国(如日本)自所研究的国家(如中国)进口 $j$ 产品的总额；$Y_{ij}^{k}$ 为 $k$ 进口国(如日本)自 $i$ 出口国进口 $j$ 产品的总额。

一般认为，若 $RCA_{ij}^{k}$ 指数大于 2.5，表示 $j$ 种出口产品具有极强的国际竞争力；若 $RCA_{ij}^{k}$ 指数介于 1.25～2.5，表示 $j$ 种出口产品具有较强的国际竞争力；若 $RCA_{ij}^{k}$ 指数介于 0.8～1.25，表示 $j$ 种出口产品具有中等国际竞争力；若 $RCA_{ij}^{k}$ 指数小于 0.8，则表示 $j$ 种出口产品的国际竞争力较弱。

## 本章小结

畜产品国际贸易和国际竞争是经济全球化背景下，任何国家畜牧业发展都必须面对的现实问题，比较优势理论和竞争优势理论是研究国际贸易和国际竞争问题的主要理论基础。亚当·斯密的绝对利益理论于 1817 年受到大卫·李嘉图以及他的比较利益学说的挑战，李嘉图以后的经济学家们，通常接受比较利益理论思想并把自由贸易视为有根据；对李嘉图模式的最重要发展要算赫克歇尔-俄林的要素禀赋论；列昂剔夫公布的美国 20 世纪 50 年代的数据则使赫克歇尔-俄林的要素禀赋论引起人们怀疑；20 世纪 80 年代保罗·克鲁格曼等把不完全竞争模型和博弈论以数学方式纳入到国际贸易研究中，提出新国际贸易理论；迈克尔·波特使用一种与新国际贸易理论家完全不同的实证方法，提出一种新的理论范式——国家竞争优势理论。比较优势理论是关于一国怎样进行资源优化配置的理论，竞争优势理论是关于一个国家使其公司或产业在一定领域取得成功的决定性因素的理论；比较优势理论和竞争优势理论既有区别又相互联系。

畜产品比较优势分析的理论依据包括：比较优势学说、机会成本学说和资源禀赋学说等；畜产品比较优势分析的计量方法有多种，但理论界分析国家之间畜产品比较优势使用较多的方法主要有显示性比较优势法和国内资源成本法。畜产品国际竞争力研究的基本客观观测资料是相关国家特定畜产品的国际市场占有率和盈利率，畜产品国际竞争力研究的目的不仅仅是客观描述特定畜产品国际竞争的实际结果，而且要寻找导致畜产品国际竞争的实际结果以及未来趋势的原因，从而揭示和论证各种畜产品国际竞争力的因果关系。

## 复习思考题

1. 什么是绝对优势？什么是比较优势？简述比较优势理论和比较优势来源的历史渊源。

2. 国际贸易新理论是怎样提出来的？国际贸易新理论的主要内容有哪些？

3. 什么是比较优势理论？什么是竞争优势理论？试述比较优势理论和竞争优势理论的区别和联系。

4. 畜产品比较优势分析的主要理论依据是什么？简述比较优势学说、机会成本学说和资源禀赋学说的主要内容。

5. 畜产品比较优势分析的计量方法主要有哪些？简述显示性比较优势、国内资源成本系数和劳动密集指数的主要含义和计算方法。

6. 什么是畜产品国际竞争力？畜产品国际竞争力分析的主要理论依据是什么？

7. 简述迈克尔·波特的产业国际竞争力“国家菱图”理论的主要内容。

8. 畜产品国际竞争力分析的计量方法主要有哪些？简述国际市场占有率、贸易竞争指数和显示性比较优势指数的主要含义和计算方法。

## 参考文献

[1] [美] 迈克尔·波特. 国家竞争优势. 李明轩，邱如美，译. 北京：华夏出版社，2002.

[2] 陈武. 比较优势与中国农业经济国际化. 北京：中国人民大学出版社，1997.

[3] 程国强. WTO 农业规则与中国农业发展. 北京：中国经济出版社，2000.

[4] [美] 戴维·B·约菲(David B. Yoffie)，本杰明·戈梅斯-卡斯(Benjamin Gomes-Casseres). 国际贸易与竞争——战略与管理案例及要点. 2 版. 宫桓刚，孙宁，译. 大连：东北财经大学出版社，2000.

[5] 乔娟，潘春玲. 畜牧业经济管理学. 2 版. 北京：中国农业大学出版社，2010.

[6] 乔娟，李秉龙. 中国农产品国际竞争力研究. 北京：中国人民大学出版社，2006.

[7] 乔娟. 中国肉类产品国际竞争力研究. 北京：中国农业出版社，2002.

# 第二篇

# 畜牧业生产要素与相关产业

# 第六章　畜牧业生产要素

◈　学习要点

- 饲料的分类与特点、饲料的开发与可持续利用
- 畜牧业劳动力的概念、作用与合理利用
- 畜牧业资金的含义、运动规律、筹集与管理
- 畜牧业技术进步的内涵与特点、内容与作用
- 畜牧业信息的特征、建设与应用

## 第一节　畜牧业饲料

### 一、饲料的分类与特点

#### (一)饲料的概念和分类

1.饲料的概念　饲料是饲养畜禽食物的总称,一切能被饲养动物适量食用、又能提供某种或多种营养或某些特定功能物质、或对这些食物品质或功能有改进的物质均称为饲料。但是,对畜禽的健康状况、生产力及产品的质量应无不良影响。因此,饲料是饲养畜禽生产各种畜禽产品的基础,而饲料的质量和成本对畜牧业的经济效益和畜产品质量起着决定性作用。

2.饲料的分类　饲料的种类很多,为了利用方便,通常将其分为不同类型。习惯上对饲料的分类方法主要有以下几种:根据饲料的经济特性,划分为天然饲料和生产饲料、基础饲料与补充饲料、自给饲料与商品饲料;根据饲料的营养特性,划分为粗饲料、青绿饲料、青贮饲料、能量饲料、蛋白质饲料、矿物质饲料、维生素饲料、饲料添加剂;根据饲料的来源,划分为植物性饲料、动物性饲料、微生物饲料、矿物质饲料和人工合成饲料。根据饲料的营养特性与经济特性的分类在畜牧业经济管理中具有更重要的意义。

(1)根据饲料的经济特性分类

①天然饲料和生产饲料。天然饲料是天然存在的,不是专为畜牧业而生产的饲料。野生植物、矿物、农作物副产品等都是天然饲料。畜牧业可利用这些饲料资源,生产人类所需的畜产品。依靠天然植物和饲料,可以发展畜牧业,但这种畜牧业的主要问题是生产结构和生产水平将受到限制。由于依靠天然饲料不能满足日益增长的畜产品需求,产生了以人工饲料为主

产品的生产饲料。来自种植业的生产饲料的出现,使畜牧业进入到新的历史阶段,畜牧业突破天然饲料的限制。饲料工业的出现更丰富了生产饲料的内容。

②基础饲料与补充饲料。按照饲料在日粮中的地位可分为基础饲料和补充饲料。根据饲料互补性原理,为了满足畜禽营养需要,日粮应由多种饲料配合。根据饲料替代性原理,为了提高经济效益应尽量提高有利的饲料比重,使之成为基础饲料,作为畜禽营养物质的主要来源。基础饲料可以是一种或少数几种饲料。选用作基础饲料的应是在当地最具优势的饲料,产量高,成本低,或者有大量供应,有稳定来源且价格低廉的商品饲料。基础饲料的任务不是全面满足畜禽营养的需要,而是满足主要营养物质特别是能量营养需要,为了全面满足营养需要,还需要有补充饲料来弥补其不足。既然是补充,其数量就比较少,因而可以不再要求是本地最具优势的饲料或最廉价的商品饲料。一般要求基础饲料大量满足能量营养,一定程度上满足蛋白质营养;一般补充饲料主要补齐蛋白质营养,同时也能补齐能量营养;添加剂补充饲料用于满足某些维生素、氨基酸、矿物质的营养需要。一般来说,饲料成本主要决定于基础饲料,饲料质量主要决定于补充饲料。

③自给饲料与商品饲料。生产或采集一定数量的饲料实现不同程度的饲料自给,是畜牧业生产中比较普遍的情况,即使在商品经济发达的国家也是如此。这是农场有较大面积的土地,机械化、社会化水平较高,有可能兼营种植业与畜牧业,而且种植业与畜牧业都有利可图。我国自给饲料有农区、牧区和农牧交错带三种类型。牧区拥有大面积草场可放牧,也可适当补饲,尤其在春季和冬季。在农区和农牧交错带,有大量的饲料玉米、大豆以及玉米秸秆、稻草等农副产品和青贮玉米、苏丹草、苜蓿草等饲草资源,可以经营和发展畜牧业。

(2)根据饲料干物质的营养特性分类

①粗饲料,指粗纤维含量在18%以上的饲料,包括青干草、秸秆、稻壳等。

②青绿饲料,指青绿新鲜的饲料,其特点是不仅幼嫩,而且能量、蛋白质等营养物质,尤其维生素含量较高。

③青贮饲料,是将新鲜牧草或作物经青贮技术制成的饲料,目的在于减少营养物质的损失,可长期保存。

④能量饲料,凡是干物质中粗蛋白含量低于20%、粗纤维含量低于18%、每千克饲料干物质中可消化能在2 500大卡以上的饲料均属于能量饲料。主要包括谷实类及其加工副产品、根茎瓜类饲料,其营养特点是淀粉类物质含量很高,干物质中一般含有70%以上的淀粉,例如玉米、高粱。

⑤蛋白质饲料,指干物质中粗纤维含量少于18%、粗蛋白质含量在20%以上的饲料,如豆饼、豆渣。

⑥矿物质饲料,如石粉、食盐、骨粉等以及蛋白质含量在20%以上的饲料。

⑦维生素饲料,主要指工业合成的维生素。

⑧添加剂,包括营养性添加剂和非营养性添加剂,对畜禽的生长、饲料的保存具有良好的作用。

### (二)饲料的经济地位和特点

1.饲料的经济地位　饲料是发展畜牧业的物质基础。动物产品的生产受到诸如遗传、营养、健康和环境等多种因素的影响,其中饲料的作用是不能忽视的。在品种、环境条件相同的情况下,动物所需要的营养物质主要来自于饲料,饲料质量和成本不仅影响着畜禽的生长、发育和繁殖，而且影响畜产品的质量、生产效率和成本。动物的各种可用产品如乳、肉、蛋、皮和毛等，实质上就是饲料的转化物。饲草料是畜牧业的物质基础，没有饲料则畜牧业就无法进行生产。

（1）饲料的数量和质量决定着畜牧业的规模及其发展速度。数量充足、符合畜禽营养需要的饲料是保证畜产品质量的必要条件。中国畜禽体质不健壮，死亡率高，良种畜禽的生产性能不能充分发挥，与高效优质、安全饲料供应不足有较大关联，当然生物安全及疾病防控也是重要的因素，其中饲料是当前中国畜牧业发展中的一个主要问题。中国目前畜产品的生产效率和质量偏低，一定程度上与优质饲料的供给缺乏有关，发展高效、优质畜牧业的根本途径在于解决优质、高效、安全饲料不足的问题。

（2）饲料是决定畜产品产量的重要条件。饲料是畜牧业生产成本的重要组成部分，在舍饲畜牧业中，饲料费用一般占生产成本的 60%～70%。能否获得质优价廉的饲料，是决定畜牧业经营成果大小的重要条件。

（3）饲料制约畜牧业的生产结构和饲养方式。畜牧业的生产结构、饲养方式等都在一定程度上受饲料资源的约束。例如青草、青贮、秸秆等粗饲料丰富的地区，畜牧业以饲养牛、羊等草食动物为主；饲料玉米、大豆等精饲料丰富的地区，畜牧业则以饲养猪、禽类为主；精饲料、配合饲料紧缺的地方，畜牧业以放牧、散养为主；精饲料、配合饲料充足的地方，畜牧业则以舍饲或半舍饲为主。

2. *饲料的经济特点*　要经济合理地利用饲料资源，提高饲料的经济报酬，降低成本，就必须根据饲料的经济特点，进行合理的选择、替代以及配合。

（1）饲料的多样性。饲料的多样性包括两方面内容。一是饲料的种类丰富多样。从世界范围来说，有上万种植物性饲料品种，并且植物性饲料还有主、副之分，加上动物性、矿物质和特种饲料，则饲料种类就更多。二是饲料的种类有增多的趋势。如培育作物新品种、提取新产品、利用食品加工副产品、合成新饲料添加剂、有毒原料的去毒处理、畜禽粪便处理后的综合再利用等，都丰富了饲料的种类。饲料多样性的意义在于扩大了饲料来源，为畜牧业选择饲料提供更多可能性。即根据不同饲料的数量、质量、成本及不同畜禽各个生长阶段的营养需要量可选择经济上最合理的饲料种类来发展畜牧业。另一方面，根据饲料多样性的特点，有助于发现扩大饲料来源的新途径来解决优质饲料资源短缺问题。

（2）饲料的通用性。饲料的通用性包括两方面含义。首先是在畜牧业内部的通用性。同一畜禽可利用不同的饲料，同一饲料可用于不同的畜禽。畜禽可将不同的饲料加工成相似的产品，不同的畜禽可将同一饲料加工成不同的畜产品。这一事实反映很多饲料在多种畜禽中具有通用性。这是由于各种饲料是相似营养物质的载体。用同一种饲料可以饲养不同的畜禽，转化为不同使用价值和价值的畜产品，取得不同的经济效果。各种畜禽对同一种饲料的转化效率不同，而且所产生的产品各有不同的使用价值和价值，从而就产生各种畜禽对同一种饲料的竞争关系，即产生了用某一种饲料究竟饲养什么畜禽，主要生产什么产品，才能更好符合市场需求和经济上更加有利的问题。其次，在畜牧业与其他用途之间的通用性。饲料的通用性主要表现在食品、饲料、材料、燃料和肥料 5 个方面。许多饲料都有畜牧业以外的其他用途，从而产生畜牧业与其他用途之间的竞争关系。在许多情况下，有些饲料的其他用途往往比用作饲料更重要，在经济上更加合算，畜牧业在竞争中处于不利地位。例如石油价格上涨导致的生物柴油与燃料乙醇的发展，导致大量油料作物（大豆、菜籽等）和能量作物如玉米、小麦、油籽、糖类等饲料原料价格的上涨,但同时又为饲料业提供了更多的蛋白质原料,如饼粕和干谷物蒸馏糟等蛋白质原料,并引起蛋白质原料价格的波动。饲料问题不是孤立的,应从实际需要和可能出发,因地制宜、统筹解决,以便平衡和稳定社会经济秩序。

(3)饲料的替代性。由于某些饲料在营养成分和理化性质方面具有一定的共同特性,所以有可能用某一种饲料代替另一种饲料来达到生产同样数量和质量的某种畜产品的目的。由于饲料价格不同,为了生产同样数量的某种畜产品,在一定范围内可以用价格较低的饲料替代价格较高的饲料,以降低畜产品成本。但是,由于饲料之间存在着差异性,存在着营养成分和理化性质的差异性,而且畜禽对不同营养成分的均衡需求,生产同样数量的某种畜产品,每增加一单位某一饲料的使用可以替代的另外一个饲料的数量超过了畜禽营养平衡的限度以后就会出现递减的趋势。因此,以较低价格的某一饲料替代较高价格的另外饲料的经济效益递减达到某一点以后,继续替代不但不能继续降低成本,而且会使成本提高,所以应找到替代的适合点。饲料生产的发展和市场对畜产品需求的变化,引致对饲料需求的变化,使得各种饲料的价格、成本、产量等方面经常发生波动。为了适应变化的情况,就需要经常利用饲料替代性的特点,适时适地调整饲料配方和饲喂方式,这样才能提高经济效益,促进饲料结构的调整。

(4)饲料的互补性。饲料的互补性反映不同饲料营养特性之间的差异性和饲料成分与畜禽需要之间的不一致性。不同饲料所含营养物质的种类及其比例和物理、化学、生物学特性不一致,畜禽的品种、个体、年龄、生产性能的差异对各种营养物质的需要量也不一致,使得任何一种饲料都不能全面、合理地满足饲养需求。因此,畜禽的饲料日粮构成不能单一化,需要利用饲料的差异性,用多种饲料配成营养成分比较全面而又合理的配合饲料来满足畜禽饲养的需要,以获得品质优良和数量充足的畜产品。另一方面,可以节约饲料,节约营养物质。据测算,畜禽饲喂配合饲料,可比单一粮食饲料减少粮食消耗25%～30%。构成畜禽日粮的饲料可以分为两大类,一类是作为畜禽营养物质主要来源的在日粮中比重较大的基础饲料;另一类是补充基础饲料营养物质不足的补充饲料。畜禽的基础饲料一般由一种或少数几种饲料组成,然后再根据畜禽生长需要和基础饲料的营养特点选择补充饲料。

## 二、饲料资源的开发和持续利用

饲料资源是饲料工业的物质基础。将各种资源加工处理后,用于饲喂畜禽的过程为饲料资源的利用。在正常情况下完全不宜用作饲料或不能被动物有效利用的物质,通过特殊处理使其成为饲料或能被动物有效利用,或者直接增加可利用资源生产量的过程叫饲料资源的开发。受人口增长和粮食增产潜力的制约,我国的饲料原料相对短缺,并将影响畜牧业所需饲料的发展水平和发展速度。因此,加强饲料资源的开发和持续利用迫在眉睫。

### (一)饲料资源的开发

1.增加可利用资源的生产量　具体措施包括增加饲料作物和牧草的种植面积,科学调整种植业内部结构,加大饲料作物和牧草种植比例,提高土地的复种指数;改善饲料加工和贮存条件,减少饲料浪费等。

2.利用生物技术育种,培育优质饲料资源　随着现代生物技术的发展,利用基因工程技术来改变生物的性状与杂交育种,具有直接、定向特点。目前已成功培育出了养分含量高、有毒有害物含量低的作物新品种,如双低油菜籽、低酚或无毒棉籽、高蛋白玉米、高赖氨酸玉米等。

因此，利用基因工程技术可大大提高具有特定质量特性的作物新品种的培育速度。

3.科学加工饲料，提高饲料利用率 合理的饲料加工，可破坏植物细胞壁，钝化抗营养因子，改善饲料的适口性，提高养分的消化利用率。因此，每一次饲料加工工艺的革新，都对饲料原料的合理利用、新产品的开发、产品质量的改良或生产效率的提高等带来有益的变化。

4.充分利用微生物和化学合成，增加创生性饲料资源 用人工方法来生产创生性饲料资源，如单细胞蛋白饲料、活性酵母饲料、活菌制剂、酶制剂、合成氨基酸、合成维生素、各种非营养性饲料添加剂等，具有规模化程度高、容易控制等优点，既可生产优质饲料资源，又可变不可利用的饲料资源为可利用饲料资源，变废为宝，改善环境质量。

5.合理应用饲料添加剂，提高饲料养分和消化利用率 随着科学技术的进步，饲料添加剂的研究和应用得到迅速发展，添加剂种类大大增加，其作用也不仅仅是促进生长，一些添加剂已成为促进营养物质消化吸收或保证动物营养生理功能正常发挥所必需的物质，成为全价日粮中必不可少的组成部分。合理应用饲料添加剂，是提高饲料营养物质利用率、开发利用饲料资源的重要途径。

6.进一步推广全价配合饲料，提高配方技术水平 合理的配方设计，可避免单一使用养分不平衡的饲料原料，可有效地提高饲料养分的利用效率，减少饲料资源浪费。在配方设计和饲料加工过程中，应充分应用动物营养学和饲料科学知识，针对不同的畜类、畜种、品种以及不同生产阶段，研制出科学合理、成本低的配合饲料。如理想蛋白质模式应用，以有效氨基酸、有效磷等作为基础配制饲粮等来提高配方技术含量，提高饲料转化效率。

7.充分利用国际饲料资源，弥补国内饲料资源的不足 现代饲料工业发展的突出特征之一就是全球资源共享。中国已于2001年加入世界贸易组织(WTO)，由于关税下降和国外原料生产成本比国内低，粮食和饲料出口减少、进口增加的贸易格局必将形成，这无疑可缓解中国饲料资源的缺乏。

### (二)饲料资源的可持续利用

1.合理布局和配置畜群结构 畜群结构是指同种畜群中不同年龄、不同性别和不同用途的牲畜或畜组在畜群中所占的比例。合理的畜群结构就是在保证畜群再生产和扩大再生产正常周转的同时，能取得最大的经济效益。而要做到这些，关键是基础母畜、种公畜应当具有适当的比例，它们既是畜产品的主要提供者，又是幼畜、后备畜、育肥畜和产品畜的来源，因而是整个畜群的中心环节。应因地、因时、因畜制宜地发展畜牧业，利用各种饲料资源，提高饲料利用率和饲料报酬以及提高集约化水平等来实现饲料资源的可持续利用。在合理布局和配置畜群结构时应主要考虑以下问题：①根据经济发展特点和畜产品需求变化趋势，合理安排各种畜产品生产。②充分发挥各地饲料资源优势，以较小的消耗获得最好的经济效益。③充分发挥市场机制在资源配置中的基础作用，使中国的畜群结构既适应资源特点，又符合市场的客观要求。④大力发展饲料工业，优先发展饲料添加剂，提高配合饲料使用率。

2.合理利用饲料资源 饲料资源不仅存在提高利用率的问题，还应该合理利用。①根据我国的实际情况，确定相应的利用策略和措施。不能盲目照搬别人的方式，更不能走极端。几十年来，我国在挖掘饲料资源潜力方面曾走过两个极端，一是20世纪50年代只注意数量，不考虑质量，片面强调各种农业副产品的作用，甚至号召用砻糠和玉米芯等粗纤维含量高的秕壳类作为猪饲料，违反动物营养学的客观规律，结果以无效告终。另一个极端是在20世纪70年代后期以至现在，片面强调饲料的生产效率，追求高投入高产出，忽略了饲料的安全问题。

②我国各地区资源分布情况复杂，畜牧业结构和养殖品种规模有很大差别。应因地制宜，根据当地资源情况确定饲料的生产方向，避免远距离采购饲料原料。尽量采用可替代饲料资源，在保证饲料营养价值的前提下，节约紧缺饲料和成本较高的饲料资源。③开发利用饲料资源应与环境保护相结合，在保证本身不造成污染的前提下，尽量将各产业的可利用副产品加以利用。总之，饲料资源的高效、合理开发利用是今后中国乃至世界各国面临的一个重要问题，特别是要与可持续发展战略相适应。随着中国饲料工业的发展，开发新的饲料资源，降低饲料成本已成为饲料工业领域的主要课题。

# 第二节　畜牧业劳动力

## 一、畜牧业劳动力的概念与作用

### （一）畜牧业劳动力的概念

劳动力有狭义和广义之分。狭义的劳动力是指人的劳动能力，是人的体力与智力的总和。广义的劳动力是指具有劳动能力的人口或劳动资源，是一定区域内具有劳动能力的人的数量和质量。畜牧业劳动力是指能够参加畜牧业劳动的劳动力数量和质量的总和。畜牧业劳动力的数量是指能够参加畜牧业劳动的人数，通常包括已达到劳动年龄并有劳动能力的人数和实际参加或可能参加畜牧业劳动而未达到劳动年龄或超过劳动年龄的人数。畜牧业劳动力的质量是指劳动者的体力、智力、技术熟练程度、文化教育水平以及思想觉悟、道德品质等方面的状况。其中，劳动者的体力不单是在劳动中得以发挥劳动力的生理基础，也是劳动者的智能得以提高的生理基础。劳动者的智能包括科学文化知识、专业生产经验和劳动技能等，这是劳动者能够创造物质财富的关键所在。但劳动者的智能是社会对劳动者进行教育培养和劳动者长期学习锻炼的结果，而且劳动者的智能和体力能否很好地发挥的内在因素是劳动者的思想觉悟和物质需要。因此，劳动力素质是劳动者的体质、智能和思想三方面的统一。

畜牧业劳动力数量的变动，是自然和社会因素共同作用的结果。自然因素有农牧区人口的自然增长率，达到或超过劳动年龄的人数和劳动力的自然减员。社会因素主要是指国民经济发展速度和国家所采取的有关政策措施。如劳动力在国民经济各部门之间分布比例的变化，人口政策及其实施状况，畜牧业经营形式的变化，市场需求的变化，产业结构的调整等。畜牧业劳动力的质量状况，取决于农牧区教育的普及状况，畜牧业科学技术发展状况，专业化水平和劳动熟练程度等。通常在社会生产力发展的不同阶段对畜牧业劳动力质量的要求不同。传统畜牧业的饲养劳动、管理活动中，劳动力的体力具有十分重要的作用，男、女或整、半、辅助劳动力的划分常用来反映劳动力的质量；而在现代畜牧业中，智力因素的作用不断增大，体力因素的意义相对降低。因此，劳动者的文化科学水平、技术熟练程度和经营管理水平已经成为衡量畜牧业劳动力质量的主要指标。畜牧业劳动力的数量和质量因受自然、社会、经济、文化教育等各种因素的影响而处于不断变化之中。

### （二）畜牧业劳动与劳动力的特点

劳动力资源只有投入使用才能发挥作用。畜牧业劳动力资源主要用于畜牧业生产，由于畜牧业生产有不同于其他生产部门的特殊性，因而便产生了畜牧业劳动力使用的特殊性。深刻认识这些特殊性，对于合理组织畜牧业生产十分重要。

1. 劳动对象的特殊性　畜牧业劳动的主要对象是有生命的动物。这些动物是经过人类长期驯化培育出来的，是制造畜产品的“活机器”，本身具有自然再生产的能力，但必须与自然环境条件相适应。畜禽对各种自然灾害和疾病的抵抗力较为脆弱，它们不但每天需饲喂照管，且比农作物和野生动物要求更严格的生活条件。一般来讲，畜禽供给人们畜产品的数量和质量，很大程度上取决于人们供给畜禽饲料的种类、数量、质量以及环境条件。当饲养者提供给畜禽以适宜的生存环境，优质、丰富的饲料，精心的饲喂和管理，畜禽就回报饲养者以丰富而优质的产品。当饲养者对畜禽照管不周时，其损失程度远比农作物疏于照管造成的损失严重得多，甚至影响禽畜一生以至后代的健康与品质。同时，畜禽的饲养目的和作用是可以转化的，例如仔猪可留作种畜也可以育肥出售。家畜的这些特性要求饲养者精心照管、勤于观察、科学饲养，从而能够根据畜禽和自然条件的变化，独立而果断地决策，及时采取相互连贯的一系列措施。因此，饲养畜禽必须有严格的责任制度，劳动组织必须常年固定，饲养者必须有丰富的知识和经验，必须具备专门技能，这是畜禽本身的特点所决定的。

2. 自然再生产和经济再生产相交织　广义的畜牧业生产劳动，除了畜禽饲养劳动外，还包括饲料生产劳动。饲料生产、加工、贮运、保管等方面的劳动，不仅劳动量大、劳动季节性强，而且劳动成效在很大程度上影响甚至决定饲养劳动的效果。国外多数以畜牧业为主的家庭农场，既养畜禽，又种饲料。这样劳动的主要优点是既提高了劳动力的利用率，又利用自身条件降低了饲料成本，从而提高养畜劳动的经济效益。可见，把饲料生产劳动和畜禽饲养劳动放在同等重要地位，使二者有机地结合起来，是畜牧业生产的客观要求。但不论是饲料生产还是畜禽饲养，都具有自然再生产和经济再生产相交织的特点。

3. 劳动时间的相对均衡性　种植业生产的季节性造成了农业劳动的不均衡性。与种植业劳动相比，畜牧业的劳动对象是动物，一般需每天饲养，故用工量在全年基本上是均衡的。由于畜牧业劳动时间的相对均衡性，因而大力发展畜牧业生产，有利于提高畜牧业劳动力的利用率和劳动生产率。

4. 劳动产品的阶段性　从凝结的产品看，畜产品与植物产品都是自然和劳动相结合的特殊产品。但种植业劳动平时一般不能直接取得产品，劳动成果体现在最终产品上，劳动的有效性和报酬只有等到作物收获后才能确定。畜牧业劳动虽然大部分也是最后才能取得最终产品，但饲养期间会有如乳、绒毛、幼畜禽等产出，可以根据产量、增重量、成活率等考核劳动的有效性，将劳动报酬与平时的劳动绩效即产品产量和质量挂起钩来。

## 二、我国畜牧业劳动力的合理利用

### (一)畜牧业劳动力的供给与需求

1. 畜牧业劳动力供给及影响因素　畜牧业劳动力供给是指在一定时间内劳动力进行畜牧业劳动供给的数量和质量。畜牧业劳动力供给的主要因素有：一是农村人口规模和构成，直接决定着畜牧业劳动力的供给资源的规模和构成；二是劳动报酬的高低决定着畜牧业劳动力实际供给的多少。在一定时期，畜牧业劳动报酬高则供给量大，反之畜牧业劳动报酬低则供给量小；三是畜牧业劳动力供给资源的素质状况决定着畜牧业劳动力有效供给的多少。随着畜牧业科学技术水平的提高和推广，以及畜牧业生产工具的升级换代，迫切要求畜牧业劳动力供给资源素质的提高，以适应现代科技进步和市场经济发展的需要；四是畜牧业劳动时间供给量的多少，同样是决定畜牧业劳动力供给状况的重要因素。

*2.畜牧业劳动力需求与主要影响因素* 畜牧业劳动力需求是指在现存畜牧业自然资源状况和生产力水平的条件下，为了保证经济发展和社会对畜产品日益增长的需要，整个社会对畜牧业劳动力总量和质量的整体需求。畜牧业劳动力需求包括畜牧业劳动力的数量和质量需求两个方面。畜牧业劳动力的数量需求是指畜牧业部门维持再生产所必需的畜牧业劳动力达到一定的数量。畜牧业劳动力的质量需求是指畜牧业部门维持再生产所必需的对畜牧业劳动力的文化、技能及健康等达到一定素质的需求。

决定畜牧业劳动力需求的因素主要有：第一，畜牧业自然资源的状况决定着畜牧业劳动力潜在需求的大小。在社会对畜产品整体需求相对稳定、畜牧业劳动力素质水平和畜牧业生产力水平变化不大的条件下，畜牧业自然资源的数量与畜牧业劳动力的需求数量同向变动，畜牧业自然资源的质量与畜牧业劳动力的需求数量反向变动。第二，社会人口和经济状况决定着畜牧业劳动力的宏观需求状况。总人口的规模越大，人们的食物构成以动物产品为主，则对畜牧业劳动力的宏观需求就越多；相反，总人口的规模越小，人们的食物构成以植物产品为主，则对畜牧业劳动力的宏观需求就越少。社会经济发展水平越高，资本有机构成越高，工业劳动生产率越高，对畜牧业劳动力的宏观需求就越少；反之越多。此外，社会的产业结构不同，决定着社会对畜牧业劳动力的需求量也不同。第三，政府的政策对于畜牧业劳动力的需求状况也是一个重要的决定因素。政府采取鼓励人口增长的政策，社会对畜牧业劳动力的需求就会扩大；相反，政府若采取限制生育的政策，社会对畜牧业劳动力的需求会随之减少。如果政府重视教育事业，全社会劳动力的科学文化素质会提高，特别是畜牧业劳动力素质会提高，由于高素质的畜牧业劳动力资源的形成，社会对畜牧业劳动力的数量需求会自然降低；如果政府忽视了教育事业，社会就会以劳动力的数量来弥补质量的不足，社会对畜牧业劳动力的需求数量就会扩大。

### (二)畜牧业劳动力利用率及影响因素

*1.畜牧业劳动力利用率的含义* 畜牧业劳动力利用率是指畜牧业部门或畜牧业企业实际利用的劳动力与劳动力资源总数的比例，是衡量畜牧业劳动力利用程度的指标。提高畜牧业劳动力利用率是提高畜牧业生产水平和经济效果的重要条件。在一定的畜牧业劳动力总量和劳动生产率的条件下，劳动力利用率越高可以生产出越多的畜产品。衡量畜牧业劳动力利用率的指标主要有三类：一是实际参加畜牧业生产劳动力占应参加畜牧业生产劳动力人数的比率；二是畜牧业劳动者全年实际参加劳动的天数占全年应参加劳动天数的比率；三是畜牧业劳动者在班工作日中纯工作时间占工作时间的比率。

*2.影响畜牧业劳动力利用率的因素* 影响畜牧业劳动力利用率的因素较多，概括起来有两个方面：一是劳动力的状况，如人口数、年龄、健康状况、知识结构、积极性和主动性等；二是自然条件和社会经济状况，如草场面积、草场质量、农牧业生产结构、畜产品市场需求状况和价格、劳动组织和劳动报酬等。不同地区，尤其是农区和牧区，制约畜牧业劳动力利用率的因素各不相同，有些影响因素是比较固定的，或者要经过较长时间才起变化，例如牧场面积和牧场的质量；有些因素则可以在短期内发生变化，例如市场需求状况和价格。

提高畜牧业劳动力利用率的意义在于，使劳动者真正成为社会财富的创造者，为社会创造更多的财富。因为在社会劳动力资源总量和劳动生产率一定的情况下，畜牧业劳动力资源的利用率越高，就意味着有更多的实际劳动量投入畜牧业生产，从而可以生产出更多的产品。否则，劳动力得不到利用，不仅劳动力流失，而且农牧民收入也得不到提高。

### (三)提高畜牧业劳动力利用率的途径

1.充分调动畜牧业劳动者的生产积极性　劳动力资源的利用程度与劳动者的积极性紧密相关。应运用积极的宏观调控政策充分调动畜牧业劳动者的生产积极性，尊重劳动者的经营自主权，充分发挥他们在生产中的主观能动作用，使劳动力和劳动时间得到更加合理的利用。

2.加强畜牧业基础设施建设，调整种植业结构　长期以来，我国草地畜牧业生产力水平低下的一个重要原因，就是草地退化，饲草的数量和质量制约了畜牧业的进一步发展。草地和牧草是牧区畜牧业生产的物质基础，只有投入大量的资金和畜牧业劳动力，加强草原建设，建立人工草地，才能实现草地畜牧业持续稳定发展。在农区除了进行农田基本建设，建设高产、稳产农田吸收大量农村劳动力，从而增加粮食和作物秸秆等粮食副产品的生产用于发展畜牧业以外，在有条件的地区，发展粮食作物与饲料作物的套种，提高复种指数来增加饲料的生产，这既能增加农村劳动力从事农业生产的时间，提高粮食产量，又能增加饲料的生产，从而可扩大畜牧业的养殖规模。

3.促进畜牧业产业化经营，延长畜牧业产业链　我国仍存在着畜牧业生产、加工、销售相互脱节的现象。走产业化发展的道路，不仅可以提高农牧区劳动力的利用率，还可以拉长畜牧业产业链条，增加畜牧业产值。因此，养殖业发展应以市场为导向，以效益为中心，以资源为基础，确定主导产业，创办龙头企业，建设商品基地，以公司加农牧户的形式辐射带动农牧户，形成产加销有机结合，贸工农一体化的产业经营体系，推进畜牧业的两个根本性转变和实现畜牧业现代化，从而增加农牧区对劳动力的需求。

4.发展多种形式的经济联合，促进畜牧业劳动力的合理利用　我国畜牧业劳动力得不到充分利用的原因并不在于缺乏生产门路，而在于缺乏资金、技术等资源条件的配合。因此，为促进畜牧业劳动力的充分利用，要进一步深化改革，鼓励从事畜牧业生产的农牧户之间，从事畜牧业生产的农牧户与从事种植业生产的农户之间，农牧户与企业之间，城乡之间在资金、技术、劳动力和其他各种资源条件方面，实行自愿互利、入股分红等多种形式的联合，实行产业化经营，从而充分利用农牧区的劳动力资源。

5.促进畜牧业剩余劳动力转移　畜牧业的发展虽然有助于吸纳劳动力，但随着畜牧业劳动生产率的提高和比较优势的下降，畜牧业剩余劳动力向非农产业的转移是必然趋势，即畜牧业劳动力不仅会相对地减少，而且会绝对地减少。在农区由于经济比较发达，畜牧业剩余劳动力的转移相对容易。在牧区，由于经济比较落后，并且牧区少数民族占多数，牧民文化水平较低，且在语言和饮食等方面存在较大差异，剩余劳动力的转移更为困难。牧区超载过牧的根本原因是人口相对于草地生产力来说过多，因此，只有转移牧区的剩余劳动力，才能减轻草地的压力。

## 三、畜牧业劳动生产率

### (一)畜牧业劳动生产率的概念与评价指标

劳动生产率是指单位劳动时间内所生产出来的产品数量，或者生产单位产品所支出的劳动时间。提高畜牧业劳动生产率，就意味着在单位劳动时间内能生产出更多的畜产品，或者单位畜产品所包含的劳动量减少。根据畜牧业劳动生产率的概念，可得出其计算公式为式(6-1)或式(6-2)。

$$畜牧业劳动生产率=\frac{质量合格的畜产品数量}{消耗的劳动时间} \tag{6-1}$$

$$畜牧业劳动生产率=\frac{消耗的劳动时间}{质量合格的畜产品数量} \tag{6-2}$$

公式中“质量合格的畜产品数量”是指“有效劳动成果”，它可具体化为生产出符合社会需求且质量合格的实物量，即总产量或商品量等，也可以是总产值。根据计算和分析需要，还可以从总产值中减去物质消耗求得净产值，或减去生产销售成本求得纯收入。这样可以消除物质消耗、销售成本对“劳动成果”的影响，从而更准确地计算出单位时间生产的净产值、纯收入。

公式中“消耗的劳动时间”指消耗活劳动时间和物化劳动时间的总和，也可仅指消耗的活劳动时间。前者形成的生产率被称为全劳动生产率，后者形成的生产率被称为活劳动生产率。但是，在实际计算过程中，物化劳动时间的计算比较困难，一般只计算活劳动时间的消耗。在实际工作中不计算物化劳动时间也可基本反映劳动生产率的状况和变动趋势，并可具体化为人年、人日、人时，通常以人年为单位计算。反映畜牧业劳动率的具体指标有：

1. 平均每个农牧业劳动力一年内生产的主要农畜产品数量　在这里之所以要混合计算，是由于我国农牧区劳动者生产的“兼业性”所决定，特别是在农牧民家庭生产经营过程中，劳动者从事农牧业劳动时间难以截然分开；另外，也是为了考核农牧业劳动者的综合生产能力。这一指标的特点是既能反映劳动生产率，又能反映劳动力的利用率。因为按“人年”计算的劳动生产率决定于劳动者全年参加生产的工作日数和平均每个工作日的产量。利用这一指标，既能督促生产单位提高劳动力利用的程度，又重视提高劳动力利用的效果，以便共同促进总产量的增长。所以国内外广泛采用这一指标来计算农牧业劳动生产率。

2. 平均每个农牧业劳动力每工时所生产的畜产品数量　这一指标国外采用得多，科研上采用得多。通常，生产单位畜产品所需工时越少，劳动生产率越高。该指标的特点是能准确反映畜牧业的实际劳动生产率水平，便于比较，但需有详细工时记录统计表。

3. 平均每个生产者一年内所创造的总产值　该指标是按生产者在同一单位时间内生产出各类产品的产值计算的。其优点是可以克服用实物单位计算劳动生产率的局限性，便于综合考核各种不同畜产品的劳动生产率，考核不同单位或同一单位不同年份间劳动生产率水平。但计算时要注意价格口径的一致性。

4. 平均每个劳动者一年内所创造的纯收入　该指标是将劳动者创造的农畜产品价值扣除农畜产品的物质成本和雇工的费用后，用年平均劳动者人数去除求得。它表明劳动者对社会的实际贡献，可用于扩大再生产和改善生活条件的水平。

5. 平均每个农牧业劳动者可供养的人数　该指标是指生产的农畜产品除养活劳动者本人以外，剩余农畜产品可供养社会非农牧业劳动者的人数。供养的人数越多，表明劳动生产率越高。该指标表明一个国家农牧业总的生产水平以及对社会贡献的大小，因而可用于进行国际比较。

按产品数量或产值计算劳动生产率时，一般只能在生产周期结束后进行，为了及时了解日常劳动力利用的效果，畜牧企业、国有农牧场、合作社还采用劳动效率指标来反映。所谓劳动效率是指劳动者在一定时间、符合一定质量要求的条件下，所完成的工作量。其计算公式如式(6-3)。

$$劳动效率=\frac{完成某项作业工作量}{消耗活劳动时间} \tag{6-3}$$

公式中“作业工作量”，也是劳动成果的一种表现形式，特别对某些机械作业、围栏种草、植树造林、打井修渠等项作业，多通过劳动效率来衡量劳动成果。它是计算劳动生产率的一种补充指标。

### （二）提高畜牧业劳动生产率的重要意义

畜牧业劳动生产率的不断提高是历史发展的必然。科学技术的不断发展为畜牧业劳动生产率的不断提高奠定了基础，资源的限制和社会经济的不断发展必然要求人们不断提高畜牧业劳动生产率。一个社会的进步与落后，最终要表现为劳动生产率的高低。具体来讲，提高畜牧业劳动生产率具有如下重要意义。

1.*提高畜牧业劳动生产率是发展畜牧业生产的根本途径* 通过提高畜牧业劳动生产率，可以在不增加甚至减少畜牧业劳动力的条件下生产出更多的畜产品；在增加活劳动和物化劳动的条件下，可使其产生更大的效果。增加畜产品的基本途径有二：一是增加劳动者数量和工作时间，即增加社会劳动时间；二是提高劳动生产率，节约单位产品上所消耗的劳动时间。前者会受到劳动力供给数量和人的生理因素的制约，是有限度的，且减少劳动时间也是人类的需要，而后者则是无止境的。

2.*提高畜牧业劳动生产率是增加积累和提高农牧民物质文化生活水平的决定条件* 只有提高畜牧业劳动生产率，才能降低单位畜产品的成本、增加利润、提高积累，才能为农牧民物质文化生活水平的提高奠定物质基础，才能使广大农牧民群众腾出更多的时间学习科技和文化以及从事体育、娱乐活动，从而提高广大农牧民群众的科技文化素质。

3.*畜牧业劳动生产率是衡量畜牧业现代化水平的根本标志* 衡量畜牧业现代化水平的指标有许多，但根本的标志是畜牧业劳动生产率。畜牧业劳动生产率的高低同产量与劳动耗费直接关联。畜牧业劳动生产率高，意味着畜牧业科学技术水平、畜牧业机械化水平、畜牧业经营管理水平以及农牧民的科技文化素质高，即畜牧业现代化程度高。

4.*提高畜牧业劳动生产率是加快国民经济发展的重要保证* 提高畜牧业劳动生产率，一方面可以使畜牧业劳动者提供更多的剩余畜产品，更好地满足国民经济其他部门的需要，促进其发展；另一方面可从畜牧业中解放出大量劳动力，满足国民经济其他部门的需要。

### （三）畜牧业劳动生产率的影响因素和提高途径

影响畜牧业劳动生产率的因素是多方面的。马克思指出：“劳动生产力是由多种情况决定的，其中包括：工人的平均熟练程度，科学的发展水平和它在工艺上应用的程度，生产过程的社会结合，生产资料的规模和效能，以及自然条件。”①这就清楚地说明，影响劳动生产率的主要因素是自然条件、物质技术条件和社会经济条件。自然条件包括土地、水利、气候、生物等。这些条件优越，就可以同样的劳动时间生产更多的畜产品，畜牧业劳动生产率就高；这些条件恶

①马克思，恩格斯．马克思恩格斯全集．北京：人民出版社，1972，23：53．

化，畜牧业劳动生产率就下降。物质技术条件主要指科学技术状况、劳动的物质技术装备以及现代管理手段等。社会经济条件包括人口的增长速度、农牧业劳动力向非农部门转移的速度、非农部门对畜牧业的影响力、经济关系、生产规模、劳动组织、劳动报酬、劳动态度、劳动者素质以及农牧民收入水平等。因此，提高农牧业劳动生产率的途径综合起来就是要不断改善自然条件、物质技术条件和社会经济条件。具体来说，就是增加产量和降低劳动消耗。针对我国的实际情况，应从以下几个方面来提高我国畜牧业劳动生产率。

1. *不断改进畜牧业劳动者的物质技术装备*　“机器是提高劳动生产率，即缩短生产商品的必要劳动时间的最有力的手段。”①在劳动过程中，只有劳动者借助于工具，才能使劳动对象发生预期的变化。以先进机器代替简陋工具，就可以突破劳动者生理器官功能的制约，大大提高畜牧业劳动效率和劳动生产率。但是，由于我国大多数地区资金缺乏，农业劳动力相对过剩，使用机器要在地区和作业项目上进行选择，力求物化在机器中的劳动量，低于它所能代替的活劳动量中的必要劳动部分，并使被取代的劳动力也能够得到合理安排和利用。

2. *合理利用和逐步改善自然条件*　由于畜牧业生产对象的特殊性，尤其是草原畜牧业受自然条件的约束更大，“在农业中……问题不只是劳动的社会生产率，而且还有由劳动的自然条件决定的劳动的自然生产率。”②所以加深对自然力的研究，认识和利用自然规律，合理安排生产，开展农牧业基础设施建设，加强草原生态环境的建设和保护工作，使劳动力的合理利用与改造自然条件相结合，是提高畜牧业劳动生产率的重要途径。

3. *不断提高畜牧业劳动者的科学技术水平和劳动熟练程度*　随着生产力水平的不断提高，科学技术的不断进步，科学技术日益成为直接的生产力，对提高畜牧业劳动生产率发挥着越来越突出的作用。在畜牧业中，运用畜牧业机器设备，采用畜牧业生物技术，搞好畜牧业的经营管理，都离不开劳动者的科学技术知识。因此，要大幅度提高畜牧业劳动生产率，就要加强对农牧民的智力投资，提高农牧民的科学文化素质。

4. *采取正确的政策和措施，调动农牧民的生产积极性*　农牧民对农牧业生产的积极性是农牧民采取各种提高农牧业劳动生产率办法的根本保证。没有农牧民从事畜牧业生产的积极性，畜牧业劳动生产率的提高是不可能的。提高农牧民从事畜牧业生产的积极性，最重要的措施就是保证农牧民从事畜牧业生产能够得到合理的经济收益。为此，要求政府不断完善和落实各项农牧业政策，例如财政信贷政策，农牧民合理负担政策，市场法规的完善和健全等。

5. *建立合理的劳动组织形式*　通过建立合理的劳动组织，使劳动组织形式与生产力的发展水平相适应，根据生产的客观需要进行适当的分工协作，对提高劳动生产率具有重要作用。畜牧业实行家庭经营制度虽然具有客观必然性，但小规模的家庭经营对畜牧业的发展也有局限性。因此，必须随着畜牧业生产力水平的提高，在坚持家庭经营基本制度不变的前提下，进行畜牧业组织制度的再创新。就当前来说，主要是引导农牧民建立各种形式的专业合作社、家庭农牧场、畜牧业产业化经营组织，通过公司加农牧户、合作社加农牧户等形式，提高畜牧业社会化服务组织程度，使不足的生产要素得到补充，闲置的生产要素得到开发利用，从而有助于提高整个社会的畜牧业劳动生产率。

---

①马克思，恩格斯. 马克思恩格斯全集. 北京：人民出版社，1972，23：441.

②马克思，恩格斯. 马克思恩格斯全集. 北京：人民出版社，1972，23：864.

## 四、畜牧业劳动管理

### (一)畜牧业劳动管理的含义

畜牧业劳动管理是指畜牧企业有关劳动方面的一切管理工作的总称。主要包括劳动过程的组织、劳动定额和定员的编制、劳动保护、劳动报酬、劳动竞赛和生产责任制等内容。劳动管理的任务是正确合理地确定劳动过程中人与人的关系和人与物的关系,有计划地组织劳动的分工和协作,充分调动劳动者的积极性,保证生产的正常进行和不断提高劳动生产率。

### (二)畜牧业劳动定额

畜牧业劳动定额是指在一定的畜牧业生产技术条件下,按一定的质量要求,完成一定的工作(或产品量)所消耗的劳动数量标准。对于畜牧业企业,劳动定额是规定数量下限,至少要达到这个水平,高于这个限额的行为得到鼓励。在畜牧企业中,劳动定额的形式主要有饲养定额和产量定额两种。劳动定额水平的确定一是要先进合理,二是要公平。先进合理就是在正常工作条件下,经过努力多数人(85%左右)能够达到,少数人可以接近这个水平,只有这样才能鼓励大家努力工作,使资源得到充分利用。定额水平过低,人们轻易就可超过;定额水平过高,人们可望而不可即,这些都不利于调动人们的积极性。公平,就是企业内劳动定额在不同部门、不同岗位之间高低水平要接近,不能造成有的很容易实现,有的尽了很大努力也很难实现,即所谓苦乐不均。所以,要尽量采用技术测定法和统计分析法等科学方法制定定额,并及时定期审定。畜牧业劳动者完成或超额完成劳动定额直接与其应获得的劳动报酬紧密联系。

### (三)畜牧业劳动报酬

畜牧业劳动报酬是指员工在畜牧业生产组织中工作取得的物质利益,包括工资、奖金、津贴、福利及保险等。换句话说,若物质利益是通过服务于畜牧业组织,即通过有组织的劳动而获得,就称为畜牧业劳动报酬。劳动报酬通常包括基础工资、津贴、奖金、福利、保险等。畜牧业劳动报酬的高低受到全社会劳动生产率、劳动力市场供求状况等诸多组织外部因素和组织本身支付能力、员工自身差别等组织内部因素的影响。

### (四)岗位责任制

岗位责任制是指在畜禽场的生产管理中,要使每一项生产工作都有人去做,并按期做好,使每个职工各尽其能,能够充分发挥主观能动性和聪明才智,需要建立联产计酬的岗位责任制。岗位责任制主要包括两个方面:依岗位确定工作人员和依岗定责定薪。定员的方法主要包括:按劳动效率定员、按设备定员、按岗位定员、按比例定员、按职责范围和业务分工确定编制定员。岗位定员是企业在用人方面经常使用的一种标准,是企业在一定的生产技术组织条件下,为了保证生产经营活动正常进行而规定的各类人员配备的质量要求和数量界限,是企业组织劳动、编制计划、确定人员编制和工作基数的依据。在定员时应确保人员的合理分工,合理安排劳动分工和协作、及时调剂和平衡企业人力资源分配、严格按标准配备人员、合理调配劳动力,妥善解决人员的余缺问题。

## 五、畜牧业劳动合同

### (一)畜牧业劳动合同的概念和特征

1.畜牧业劳动合同的概念　畜牧业劳动合同是指用人单位(包括畜牧业企业、事业单位和农牧户的雇主)同劳动者之间确定劳动关系、明确相互权利义务的协议。畜牧业劳动合同是确立劳动关系的法律依据。畜牧业劳动合同法律关系主体是畜牧业用人单位和劳动者,内容是劳动关系双方当事人的权利和义务,客体是劳动关系主体权利义务共同指向的对象,包括体现一定的经济利益和物质利益的劳动行为和财物。畜牧业劳动合同是确立畜牧业劳动关系的法律形式,是组织畜牧业生产、合理使用畜牧业劳动力、稳定劳动关系、顺利进行畜牧业建设的重要手段。劳动合同规范人们在畜牧业劳动过程中的行为,调整劳动关系,控制劳动活动,从而达到维护劳动关系双方当事人的利益、保证社会生产秩序的目的。

2.畜牧业劳动合同的法律特征　畜牧业劳动合同作为合同法律制度的一种,除具有合同的一般法律特征外,还具有区别于其他合同独特的法律特征。

(1)劳动合同的主体构成具有特殊性。劳动合同的主体是由特定的用人单位(雇主)和劳动者双方构成。劳动合同的当事人必须一方是经营畜牧业的企业、事业单位、机关、团体或雇主,另一方是劳动者本人。两个单位之间订立的有关劳动问题的协议不是劳动合同。个体农牧户雇工订立劳动合同,在形式上虽然表现为两个劳动者,但牧户雇主一方是以用人单位的身份出现的,他在劳动合同中的地位不等同于劳动者。

(2)劳动合同主体的劳动者一方具有专一性。订立劳动合同是确立劳动关系的法律行为,它要求劳动者必须具有劳动权利能力和劳动行为能力,也就是说,劳动合同关系的参加人——劳动者必须是具备法定劳动年龄、取得劳动权利资格的公民。因此,劳动合同只能由劳动者本人签订,不能由他人代替。

(3)劳动合同主体之间具有从属性。劳动合同是劳动者以实现劳动为目的同用人单位订立的,劳动合同订立后,劳动者一方必须加入到单位一方去,成为该单位的一名成员,享受和承担本单位职工的权利和义务。当事人双方在劳动过程中是一种领导与被领导、管理与被管理的从属关系。

(4)劳动合同主体权利、义务具有有偿性。现阶段,劳动仍是人们谋生的手段,这决定了劳动合同是一种有偿契约。

(5)劳动合同主体的法律关系有较多的变动性。这不仅表现在劳动合同对劳动者有试用期限的规定,而且法律规定了劳动合同主体双方有较多的单方面变更、解除劳动合同的条件。

(6)劳动合同在一定条件下往往涉及与劳动者有关的第三人的物质利益关系。这一特征是由劳动力本身再生产的特征决定的。劳动合同订立时,不仅要规定合同关系双方当事人的权利、义务,而且往往还要涉及劳动者的直系亲属在一定条件下享有的物质帮助。如用人单位有义务解决职工子女受教育问题、家属的住房问题和其他生活困难问题。

(7)劳动合同的目的在于畜牧业劳动过程的实现,而不是劳动成果的给付。劳动过程是一个相当复杂的过程,有的劳动直接创造价值,有的劳动在于实现价值,有的劳动则是间接地帮助创造或实现价值;有的劳动成果当时就能衡量,有的劳动成果则需要一定时间才能看到。因此,劳动合同的目的在于确立劳动关系,使劳动过程得以实现。当然,这并不排除劳动合同对劳动成果给付的要求。

劳动合同的这些特征把劳动合同与劳务合同、买卖合同、承包合同、租赁合同等区别开来，也把劳动法律关系同民事法律关系区别开来。掌握劳动合同的这些特征，就能正确地实施对畜牧业劳动合同的管理，指导劳动合同的签订和保证合同关系的正常运行，有效地发挥劳动合同的法律功能。这对于保证劳动合同的合法性、有效性，提高签约率和履约率，减少劳动争议的发生，都有重大意义。

### (二)劳动合同的种类和形式

1. *劳动合同的种类* 社会生产分工和劳动关系的多样性决定了劳动合同种类的多样性。劳动合同依不同的标准可以划分出以下几种类型。

(1)依据劳动合同目标，分为建立劳动关系招工用工合同、聘任合同、借用合同等；变更劳动关系的停薪留职、息工合同以及临时工、季节工、农民轮换工劳动合同等。

(2)依据劳动合同的期限，分为定期劳动合同、无固定期限的劳动合同、以完成一项工作任务为期限的劳动合同。

(3)依据劳动关系的所有制性质，分为全民所有制单位的用工合同、集体企业的用工合同、私营企业的用工合同、外商投资企业的用工合同、个体雇工合同等。

2. *劳动合同的形式* 劳动合同有书面形式和口头形式两种。

(1)书面劳动合同。书面劳动合同是指订立合同的双方当事人将协议内容以文书的形式固定下来，并由双方当事人签名盖章，报经主管机关审查、备案，在一定时期内，主管机关未提出异议，合同即可生效。国家法律、法规规定订立劳动合同一般要以书面形式签订。

(2)口头劳动合同。口头劳动合同是指订立劳动合同的双方当事人通过口头交谈协商订立的合同，只要达成协议结果，合同即告成立。口头劳动合同简便、省时、灵活性强，但是，一旦发生纠纷，调解处理缺乏法律依据。

### (三)畜牧业劳动合同的内容

畜牧业劳动合同的内容是指在合同文书中需要明确规定的劳动关系双方当事人的权利、义务及条款和合同必须载明的其他事项。劳动合同的内容可以根据当事人双方的要求和实际情况而有所不同，但一份完整的劳动合同书一般应由三部分内容组成。

1. *开始条款* 主要写明甲乙双方的有关情况，一般是要约方即畜牧业用人单位为甲方，承诺方即劳动者为乙方。有关情况包括：畜牧业用工单位的名称(全称)、所有制性质、法人资格；代理人姓名、职务、注册证件号码；劳动者的姓名、劳动手册和身份证号码。

2. *实体条款* 主要规定双方当事人的权利义务，包括双方当事人在履行劳动合同中应遵守的国家法律、法规、政策以及劳动纪律，如考勤制度、岗位责任制度、安全文明生产制度、奖励惩处办法等；劳动者在生产上应当达到的数量、质量指标或应完成的工作任务；试用期、合同期限；生产或工作条件，包括劳动安全和卫生条件；劳动报酬和社会保险福利待遇；劳动者的工种、岗位、职务和职称；变更、解除、续订劳动合同的条件及手续；违反劳动合同应承担的责任及承担责任的方式；用人单位和劳动者认为需要在合同中规定的其他事项。此外，有些立法建议在劳动合同的实体内容中，应增加劳动时间和休息时间、职工参加民主管理权利两项条款。遵守劳动时间、限制加班加点以及职工参加企业民主管理都是公民实现劳动权利的重要方面，作为劳动合同的内容，不仅有利于保障劳动者享有权利和履行义务，而且对于改善劳动关系、减少劳动争议都有重大作用。

3. 结束条款　主要规定合同争议的处理方式、生效日期、合同份数和副本保管人、双方当事人签名盖章，签证机关的签证意见及盖章。

畜牧业劳动合同的内容有的是劳动法律、法规做出明确规定的必备条款，有的则是由双方当事人自愿协商而规定的条款。这两方面的内容在合同书中的地位是不完全相同的。在订立劳动合同时，应将其分开层次、抓住重点、抓住关键。法定的合同内容必须在合同书中具体体现，不能遗漏。

### (四)畜牧业劳动合同的管理

1. 畜牧业劳动合同的订立　畜牧业劳动合同的订立，是指畜牧业用人单位和劳动者就建立劳动关系的全部问题，经过协商后意思表示一致，并以书面形式予以确定的法律行为。劳动合同的订立，是确立劳动关系的开始，是劳动法律关系产生的根据，它既关系到劳动者的切身利益，也关系到企业的生产发展和经济效益。因此，订立劳动合同应当严肃认真，遵循合法、平等自愿、协商一致和权利义务统一的原则。

2. 畜牧业劳动合同的变更　畜牧业劳动合同变更，是指劳动合同在履行过程中，因法定原因或约定条件出现变化，从而对合同的部分条款进行修改，使合同内容适应变化了的新情况，符合变化了的实际的一种法律行为。一般来说，畜牧业劳动合同变更主要反映在四个方面：①畜牧业生产或者工作任务的增加或减少；②畜牧业合同期限的延长或缩短；③劳动者工作变化或变动；④劳动报酬的增加或减少。

3. 畜牧业劳动合同的终止　畜牧业劳动合同的终止，是指劳动合同约定的期限已满，劳动关系失效，不再执行。劳动合同的终止，意味着劳动关系当事人双方原来依法确立的权利和义务已经完成。

4. 畜牧业劳动合同的解除　畜牧业劳动合同的解除，是指劳动合同签订以后，未履行完毕之前，由于某种因素导致当事人双方提前终止合同效力的法律行为。劳动合同的解除分为法定解除和协定解除两种情况。法定解除是国家法律、法规规定的可以解除的劳动合同。劳动合同的法定解除不需经合同双方一致同意，合同效力可以自然或单方提出解除。

5. 劳动合同的鉴证　劳动合同鉴证，是指劳动行政机关依法对劳动合同的签订、变更程序及其内容的合法性、真实性、完备性、可行性进行全面审查、核实、确认并给予证明的法律行为。在我国，鉴证是对劳动合同确立的劳动关系的证明，是国家对劳动合同实施有效管理的一种形式。劳动合同鉴证在法律诉讼程序中虽然具有一定的效力，但就其性质而言仍然是一种行政管理和检查监督的措施。

## 第三节　畜牧业资金

资金是市场经济的血液，也是任何生产存在与发展的前提条件和物质基础。畜牧业生产经营者拥有资金的多少和使用效果如何，直接关系到生产规模和效益。畜牧业生产经营者应根据市场供求关系的变化，合理筹集和运用资金，加强资金管理，提高资金利用效果，增加盈利。

## 一、畜牧业资金的含义与运动规律

### (一)畜牧业资金的含义与分类

1. 畜牧业资金的含义　畜牧业资金是循环周转在畜牧业生产经营活动中的以货币资金、实物资产和无形资产等形式存在的各种资产的总和。

2. 畜牧业资金的分类　畜牧业资金按不同的标准可以有不同的分类。

(1)按资金存在形态可分为货币形态的资金和实物形态的资金。货币形态的资金主要指现金、存款等;实物形态的资金主要指畜牧业生产中占用的各种生产资料、在产品和产成品等。

(2)按资金来源可分为自有资金和借入资金。自有资金指畜牧业生产经营者自身所有,不需归还别人的资金。它包括畜牧业生产经营者筹集的股本资金和自己积累的资金。国家无偿支援的资金列入公积金,也可以视同自有资金。借入资金指畜牧业生产经营者用各种方式取得的到期必须归还他人的资金,例如向信贷机构借入的资金,向社会发行债券筹集的资金,向民间借入的资金等。

(3)按资金在再生产过程中所处阶段可分为生产领域的资金和流通领域的资金。前者主要指各种生产资料和在产品所占用的资金;后者主要指各种产成品占用的资金和在流通领域中的现金、存款、应收款所占用的资金。

(4)按资金的价值转移方式可分为固定资金和流动资金。前者指房屋、设备、农牧机具、役畜、种畜禽等劳动手段,其特点是可以在生产中多次参加生产,才能将其本身的价值完全转移到新产品中去。后者指饲料、兽药、添加剂、商品畜禽等劳动对象,其特点是参加一次生产之后就被全部消耗掉,其价值完全转移到新产品中。

### (二)畜牧业资金的运动规律与运动特点

1. 畜牧业资金的运动规律　随着畜牧业生产和再生产过程的不断进行,畜牧业资金像工业生产中的资金一样,不断变换着其自身的形态和类型,进行着周而复始的循环周转运动,这种运动具有下述三个阶段的规律性。

第一阶段,即在每一个生产过程开始之前,资金处于储备阶段,其表现形态为各种生产资料和一定的现金及存款。该阶段的资金称为储备资金。

第二阶段,即生产过程开始之后,资金即进入到生产阶段,此时原处于储备形态的资金即转化为在生产中起作用的固定资金和流动资金。并借助劳动将其价值向新产品中转移,形成价值更大的在产品和产成品形态的资金。

第三阶段,即在生产过程结束之后,资金进入流通阶段或销售阶段,此时资金主要表现为两种不同的形态:一是由产品出售而变成的货币形态的资金;二是转化为企业的生产资料和生活资料的实物形态的资金。这些都将形成下一个生产周期的储备阶段的资金。

畜牧业中资金运动的快慢决定了畜牧业生产中资金利用的经济效益的高低。一般来说,资金运动得越快,其经济效益就会越高;反之,经济效益就越低。因此,加速资金周转,即尽可能缩短上述三个阶段所占用时间,就成为提高农牧业生产经济效益的主要途径。

2. 畜牧业资金的运动特点

(1)畜牧业资金的周转期长、周转速度慢。由于畜牧业生产受动物生长发育的自然规律的限制,不能像工业生产那样,可以比较容易按照人们的愿望来缩短生产周期,因而在一般情况下，畜牧业资金的周转速度要明显低于工业中资金的周转速度。

(2)畜牧业资金利用的效益有很大的不稳定性。畜牧业生产不仅受市场变化的影响，还受自然条件变化、牧草生长状况、农区农作物丰歉以及疫情的影响，畜牧业流动资金的占用不平衡，具有明显的季节性。因而畜牧业资金利用的效益与工业中资金利用的效益相比，有较大的不稳定性和风险性。

(3)畜牧业资金在循环周转过程中不完全通过流通过程。产畜和役畜作为一种活的特殊资产，其部分畜产品，例如幼畜既可作为最终产品出售，又可留作为育肥或留作种畜，重新加入再生产过程作为生产资料，并且具有生活资料和生产资料的双重用途。因此，畜牧业生产资料的相当一部分由畜牧业生产单位自身提供，无须购买。同时，畜牧产品的一部分由农牧户用作自己消费，而不经过流通转化为货币。这与工业资金的周转也有着显著差别。

## 二、畜牧业资金的筹集

筹集资金，简称筹资，是指畜牧业生产经营单位向外部有关单位和个人或从经营单位内部筹集生产经营所需资金的财务活动。资金是畜牧业经营单位生产经营活动的必要条件。畜牧业生产经营单位创建，购置设备、材料等生产要素，支付工人工资和开展日常生产经营业务，都离不开一定数量的生产经营资金。扩大生产规模，开发新产品，提高技术水平，更要追加投资。筹集资金是畜牧业生产经营单位资金运动的起点，是决定资金运动规模和生产经营发展程度的重要环节。通过一定的资金渠道，采取一定的筹资方式，组织资金的供应，保证资金的正常周转，从资金的数量和时间上保证畜牧业生产经营的合理需要。

### (一)畜牧业资金的筹集原则

*1.满足生产经营的需要*　即根据资金需要量和时间，确定筹集资金的数量和时间。确定资金需要量，应根据畜牧业生产经营特点，运用一定的核定资金方法，确定资金定额或计划限额。做到既保证合理供应，又不超过合理需求，防止发生浪费或多占资金。掌握筹集资金的时间，做好事前安排。既要防止过早地筹集资金而造成资金的闲置浪费，又要避免筹集资金过迟而造成的生产经营过程中断。

*2.在充分发掘自有资金潜力和有效使用自有资金的同时，重视借入资金*　畜牧业生产经营单位必须充分有效地发挥自有资金的潜力，特别是自身积累资金的潜力。但随着生产规模的不断扩大，资本有机构成不断提高，需要的资金将不断增多，而畜牧业生产经营单位自身的积累能力是有限的，所以客观上也需要借入资金。

*3.认真选择筹资的来源，力求降低资金成本*　畜牧业生产经营单位筹集资金的渠道多种多样，方式也有多种。不论何种渠道、何种方式，筹资都要付出一定的代价，包括资金使用费(借款利息、债券利息、股息等)和资金筹集费(股票发行费、债券注册费)，即资金成本。不同资金来源的成本各不相同，难易程度也不一样。为此要选择最经济、最方便的资金来源。

*4.掌握自有资金的适度比例，正确运用负债经营*　畜牧业生产经营单位依靠借债开展经营活动，即进行负债经营。由于借款利息可以在计算所得税前列入成本，对经营单位留利影响较少，因此既能够提高自有资金利润率，又可缓解自有资金紧张的状况。但如果负债过多，则会发生较大的财务风险，甚至由于丧失偿债能力而面临破产。因此，经营单位既要利用负债经营的积极作用，又要避免可能发生的财务风险。借债额要适度，要以一定的自有资金比例为条

件；负债要适当，借入款应该用于经济效益好的项目，避免负债投资收益低于应付的本利总额的项目；借债结构要适度，长、短期债务要合理安排；还债要及时，不应用拖欠债款的手段非法使用其他企业资金，以免造成自身信誉下降，借债无门的后果。

5. 遵守国家有关财经法规，维护投资者的权益　畜牧业生产经营单位筹资的数量和资金投向，关系着国家的建设规模和畜牧业生产结构。因此畜牧业生产经营单位筹集资金，必须接受国家宏观控制和计划指导，应遵守国家的有关财经法规。畜牧业经营单位筹集的资金，要按规定的用途使用，严格履行各类合同条款和归还资金的工作程序，维护投资者的各项权益。

### (二)畜牧业资金的筹集渠道

1. 畜牧业积累资金投入　主要有农牧户自有资金的投入；农牧民参加畜牧业合作社或公司入股资金；畜牧业企业在生产经营过程中将形成利润的一部分留归自己使用，并转化为生产经营资金部分。家庭经营是我国农牧区畜牧业生产经营的主要形式。畜牧业生产资金的来源大部分主要依靠农牧户自身的投入，随着农牧户收入的增长，农牧户投入的自有资金还会进一步增长。为了保证这部分资金来源的增加，应在增加农牧户收入的同时，引导农牧民处理好发展生产和改善生活的关系。

2. 国家财政对畜牧业的投入　这项资金来源指国家财政预算中用于农业的各项投资支出。它包括国家财政每年对农垦、农业、畜牧业、林业、农机管理、水利、水产、气象部门的各项事业费和基本建设、流动资金、科技三项费用等专项拨款；国家鼓励某种畜产品生产的直接补贴等。

3. 金融机构对畜牧业的贷款　主要包括银行、农村信用社、信托投资公司以及民间金融组织等机构向畜牧业提供的资金。畜牧业生产经营单位只能在一定期限内周转使用这部分资金，到期必须还本付息。

4. 其他企业及社会资金的投入　主要指企业通过联营、入股、发行债券以及通过各种商业信用形式，将企业或社会居民手中闲散的资金筹集起来，形成畜牧业投入资金。它是随着我国市场经济的发展逐步形成的筹资方式。随着畜牧业产业化的发展，一些企业逐步加大了对畜牧业的资金投入，企业之间、地区之间的资金联合和资金融通广泛发展起来。

5. 国外资金的投入　是指国外资金对我国畜牧业的投入。如联合国货币基金组织、世界银行、亚洲开发银行等国际金融组织提供的贷款或援助，以及国外企业的资金投入。畜牧业利用外资，不仅能够弥补资金的不足，还可以引进先进技术设备和科学管理经验。

## 三、畜牧业资金管理

### (一)畜牧业资金的循环与周转

在畜牧业生产经营活动中，从货币资金开始，经过若干阶段，又回到货币资金形态的运动过程，叫作资金循环。资金周而复始不断重复的循环，叫作资金的周转。货币资金的循环一般分为两个部分：一是使用货币资金购买原材料进行生产，生产成品和支付劳动报酬，产成品销售后又变为货币资金；二是使用货币资金购买固定资产，通过折旧，使其价值转入产品，经产品销售变为货币资金。从货币资金开始又回到货币资金所需的时间，就是生产经营周期即营业周期。

### (二)畜牧业流动资金的管理

1. 畜牧业流动资金的组成　畜牧业流动资金是由生产领域的流动资金和流通领域的流动资金构成的,它是畜牧业进行正常生产的重要条件。加强畜牧业流动资金管理的基本要求是正确地核定流动资金定额,合理组织资金供应,节约使用流动资金,在保证完成生产任务所需流动资金的前提下,不断加速资金周转,充分发挥流动资金的效能。畜牧企业的流动资金由储备资金、生产资金、成品资金、货币资金、结算资金所组成。

(1)储备资金。储备资金是指为进行生产而储备的各种材料和物资所占用的资金,包括饲料、肥料、燃料、润滑油料、修配用材料和零件、低值易耗品等。

(2)生产资金。生产资金是指占用在生产过程中的现金,包括在产品、产畜、役畜以及待摊费用等。在产品是指正在生产过程中尚未完成的产品。待摊费用是指本期已经发生,但不应一次计入本期产品成本,需要根据受益期限分期摊入各期产品成本的费用。

(3)成品资金。成品资金是指已经生产出来的产成品所占用的资金。

(4)货币资金。货币资金是指在企业生产经营过程中处于货币形态的那部分资金,按其形态和用途不同可分为库存现金、银行存款和其他货币资金。它是企业中最活跃的资金,流动性强,是企业的重要支付手段和流通手段。

(5)结算资金。结算资金是指在供应、销售和内部结算过程中发生的各种应收款和暂付款等。

2. 畜牧业流动资金利用效果的考核指标　流动资金利用效果的考核指标主要有流动资金周转率、流动资金产值率和流动资金盈利率三大类指标。通过指标的考核,有针对性地采取措施,加强对流动资金的管理。

(1)流动资金周转率。它是反映流动资金周转速度的指标。通常是指流动资金周转一次需要的时间或在一定时间内资金周转的次数。前者称为周转期,后者为周转率。流动资金周转速度快,周转期短,在生产中占用少,利用效果好,经济效果就好。因此,流动资金周转率是评价流动资金利用效果的最重要指标。计算公式如下:

$$\text{流动资金年周转次数}=\frac{\text{全年销售收入}}{\text{全年流动资金平均占用额}} \tag{6-4}$$

$$\text{流动资金年周转天数}=\frac{365\text{天}}{\text{年周转次数}} \tag{6-5}$$

$$\text{流动资金占用系数}=\frac{\text{流动资金年平均占用额}}{\text{年产品销售总额}} \tag{6-6}$$

(2)流动资金产值率。它是反映流动资金占用与生产成果之间关系的指标,通常用每百元流动资金创造的产值来表示。计算公式为:

$$\text{每百元流动资金产值}=\frac{\text{全年总产值}}{\text{全年流动资金平均占用额}}\times 100 \tag{6-7}$$

(3)流动资金盈利率。它是反映流动资金能提供多少利润的指标,流动资金占用与生产成果之间关系的指标。通常用每百元能提供多少利润的指标来表示。计算公式为:

$$\text{每百元流动资金利润率}=\frac{\text{全年营业利润总额}}{\text{全年流动资金平均占用额}}\times 100 \tag{6-8}$$

改善流动资金的使用情况，关键在于加速流动资金的周转，就是要缩短流动资金在生产和流通领域停留的时间，从而减少流动资金的占用量。流动资金周转速度越快，为完成一定的生产任务所需要的流动资金就越少，反之就越多。这些指标分别从不同的角度反映流动资金的使用效果，其中最重要的是流动资金的周转速度。要加速流动资金的周转，提高流动资金的利用效果，就要做到尽量增加产值或销售收入额，减少流动资金的占用额。具体就是要尽可能地缩短生产周期或增加生产期短的产品的生产，并尽可能合理地配置生产部门，以便均匀地使用生产资金，合理储备物资，避免积压资金；尽可能地减少不合理的生产支出，减少在产品资金占用额；及时出售产品，缩短产品滞留时间；加强信贷的计划性，减少利息的支出；及时收回积欠的资金，降低结算资金占用额等。

### (三)畜牧业固定资金的管理

固定资金是固定资产的货币表现，是畜牧业生产经营资金的重要组成部分。修建畜禽场、购买机器设备等所占用的资金都是固定资金。加强对固定资金的管理，就是要合理地使用和保管好固定资产，延长其使用寿命，充分发挥其效能，提高利用率和生产率。为了对固定资产管理做到定性和定量管理，必须实行固定资产的合理分类。

1.固定资产的分类　畜牧业生产经营单位的固定资产按照不同的标准可以有不同的分类。

(1)按照经济用途可以分为生产经营用固定资产和非生产经营用固定资产两类。两者的比重标志着经营单位的生产能力和职工生活福利的改善，应促使经营单位合理配置固定资产。这种分类有利于合理安排生产用固定资产和非生产用固定资产的比例；有利于研究固定资产的技术构成，分析各类固定资产的投资比例；有利于合理调动养殖业中各种养殖品种的固定资产的使用，提高固定资产的使用率。

(2)按照使用程度可以划分为使用中固定资产、未使用固定资产和不需用的固定资产三大类。这种分类方法能够及时反映固定资产的使用情况，有利于发掘设备潜力，处理多余固定资产，也有利于折旧的核算。

(3)按所有权可划分为自有的固定资产和租入的固定资产两种。要注意的是，虽然租入的固定资产不是企业的固定资产，但在租入的固定资产上进行的改良工程，应按实际发生的工程支出列作固定资产。

(4)按取得的渠道可以划分为外购的固定资产、自制自建的固定资产、投资者投入的固定资产、融资租入的固定资产、接受捐赠的固定资产、盘赢的固定资产、改建扩建增加的固定资产七类。

2.固定资产的计量　畜牧业生产经营单位的固定资产除按实物单位计量外，还必须按国家规定的计价原则。采取统一的货币单位进行计价。固定资产计量可根据其来源分别按以下属性来进行。

(1)按历史成本计量。指畜牧业生产经营单位在购置、建造、安装某项固定资产时，实际发生的全部货币支出，这种计价方法其用途在于对新购入的固定资产入账和计算固定资产折旧时作为基数使用。可以反映固定资产原始投资，客观性强，并且附有单据，具有可验证性。

(2)按重置成本计量。指在目前的技术水平和管理水平条件下，重新建造、购置和安装某项固定资产时所需要的全部支出。当畜牧业生产经营单位取得无法确定原始价值的固定资产时，如财产清查中发现盘赢的固定资产等，可以按照重置价值计价。

(3)按净值计量。指固定资产原值减去累计折旧后的净额。它反映固定资产的现有价值。当畜牧业生产经营单位需要计算盘赢、盘亏、毁损固定资产的盈余或损失时,可以采用净值计价,它反映企业固定资产的新旧程度。

畜牧业生产经营单位的固定资产管理、资产折旧是一个重要内容,具体的折旧计算在畜牧业经济核算原理一章介绍,正确提取折旧,是正确计算产品成本的基础,通过折旧提取折旧基金,固定资产的大修和重置就有了可靠的资金保证。同时,对固定资产的建造和购置要权衡轻重缓急,科学合理,包括购置和建造的固定资产要和生产规模适应;各项固定资产务求配套完整,并注意设备的通用性和适用性;争取资金使用在促进整体经济效益最好的项目上;建立严格的固定资产的使用、管理和保养制度,达到提高固定资产利用效果的目的。

3. 固定资产利用效果的考核指标　固定资产利用效果的考核指标包括价值指标和实物指标两类,价值指标主要是固定资产产值率、生产率和利润率,实物指标主要是设备完好率、设备时间利用率和设备生产率等。

# 第四节　畜牧业技术进步

## 一、畜牧业技术进步的内含与特点

### (一)畜牧业技术进步的内涵

畜牧业技术进步是指在畜牧业经济发展中,不断用生产效率更高的先进畜牧业技术来代替生产效率低下的落后畜牧业技术。畜牧业技术进步有广义和狭义之分。广义的畜牧业技术进步,既包括畜牧业生产技术即自然科学技术的进步,也包括畜牧业经济管理即社会科学技术的进步;狭义的畜牧业技术进步仅涉及畜牧业生产技术的进步。

按技术进步的程度不同,可分为技术进化与技术革命两类。当技术进步表现为对原有技术或技术体系的改革创新,或在原有技术原理或组织原则的范围内发展创造新技术和新的技术体系时,这种技术称为技术进化。如新品种的培育和应用、配合饲料的研制和推广、饲养方法的改进、养殖环境的改进等。当技术进步表现为技术或技术体系发生质的变革时,就称其为技术革命。广义的技术进步,除要考虑硬技术进步外,还要考虑管理水平、决策水平等软技术的进步。软技术进步包括采用新的方针政策,推行新的经济体制,改善和采用新的决策方法,采用能长期激发人的积极性的分配体制和政策,改善生产资源的合理配置,用新的理论与方法去激发人们的生产经营积极性,采用计算机等先进的管理手段等。

技术进步与科学发展有着密切的关系。科学研究是技术进步的理论基础,促进着技术的不断进步。而技术进步则是科学研究的发展和物化,并促进着科学研究的发展与完善。

### (二)畜牧业技术进步的特点

1. 渐进性　大量的技术进步是以渐进的形式出现的,即在技术原理基本不变的情况下,通过无数大小不等的改进使技术本身不断完善带来经济效益提高的技术进步。这种微小技术变化积累的效果,有时比重大的技术变化所产生的作用还要大。这要求人们在推进技术进步中,不仅要重视重大技术的进步,更要重视渐进性的技术进步。

2.系统性　畜牧业技术进步与整个科技、经济、社会、生态的协调发展、农牧区经济运行机制、多种技术的综合配套,以及其他相关投入因素的支撑有着紧密的联系。任何一项畜牧业技术进步,都不可能单独存在,都需要与其他一系列技术及相关因素相互依存,结成一个有机联系的整体系统,共同发挥作用。

3.外生性　畜牧业技术进步的压力和动力主要是外生的。如工业及城镇的不断崛起,就要求畜牧业提供更多的优质畜产品和原材料;畜牧业体系以外的大经济系统和整个社会科学技术的发展,给予畜牧业的支援和刺激越来越大,其结果就会不断促进畜牧业的技术进步。

4.复杂性　畜牧业技术的复杂性表现在:①由于经济、社会、科技和生态环境的协调发展程度难以控制、调节,不可能持续地保持畜牧业技术进步的最佳环境。因此,只能在特定的经济社会生态系统内,实现畜牧业科技进步由低级到高级的转化。②畜牧业技术进步内容的复杂性,使得只有各种畜牧业科技进步内容有效组合,才能形成较大的社会生产力。③畜牧业技术结构的复杂性,使得只有发挥畜牧业技术的综合效应,才能推动畜牧业技术进步。④各类畜牧业技术成果的推广应用,需要有与之相适应的自然条件和社会经济条件。因此,需要坚持畜牧业技术应用的生产可行性、先进实用性和经济合理性的标准,注重畜牧业技术的连锁效应,因地制宜地选择畜牧业技术进步体系。

5.周期性　畜牧业技术进步的周期性包括两个方面:其一是指一种技术体系从生成到应用,再到新技术出现而使其淘汰的时间过程;其二是指科学技术转化为生产力并产生经济效益的过程。科学技术的迅猛发展,必然促使畜牧业技术更新速度加快,推动畜牧业技术进步;畜牧业技术进步又促进畜牧业经济发展速度加快,且周而复始形成周期。

## 二、畜牧业技术进步的内容与作用

### (一)畜牧业技术进步的内容

1.畜牧业生产技术措施的进步　包括畜牧业良种选育繁育技术的进步、饲料和营养技术的进步、养殖饲养技术的进步、疫病防治技术的进步等。

2.畜牧业生产条件方面的技术进步　包括畜牧业生产设施和工具的进步、畜牧业基本设施的进步等。

3.畜牧业管理技术的进步　包括运用现代管理手段和管理方法,特别是运用计算机、网络、通信等现代信息技术,来代替传统的管理手段等。

4.畜牧业生产劳动者与管理者的技术进步　包括畜牧业生产劳动者与管理者科学技术知识的丰富、劳动技能的提高及管理技能的进步等。

畜牧业技术的发展,经历了由传统畜牧业技术的形成,到逐步向现代畜牧业技术转化的漫长历史过程。现代畜牧业技术的发展日新月异,因而畜牧业技术进步的内容也会随之而不断丰富。

### (二)畜牧业技术进步的作用

1.提供先进的畜牧业技术装备来不断提高劳动生产率　畜牧业技术进步,可不断为畜牧业提供大量先进的各类饲养机械、运输工具、建筑设施等,从而改善和提高现有畜牧业生产技术装备水平,提高劳动生产率,生产规模效益化,成本降低,提高投入产出比率。

2.提高生产效率和畜产品质量　畜牧业技术进步,既可以为畜牧业不断开发和提供高质量的生产资料，如饲料、兽药、添加剂等，提高生产效率；也可以为畜牧业培育和提供新品种，提高投入产出效率；还可以为畜牧业提供先进适用的繁育技术、饲养技术、疫病防治技术、畜产品储运加工技术等，改善和提高各种畜牧业技术水平。可大大提高畜牧业的生产效率或投入产出比率，改善和提高畜产品的质量。

3.充分合理利用资源来提高畜牧业经济效益　畜牧业技术进步，可扩大畜牧业资源的利用范围，提高畜牧业资源的质量和单位资源的利用效率，使有限的畜牧业资源能发挥更大的经济效用。

4.改善和提高宏观经济管理水平　国家通过有效的宏观调控，可正确引导畜牧业生产经营活动，减少或避免畜牧业生产经营的盲目性；采取现代化科学管理手段提高畜牧业生产单位的经营管理水平，从而保障畜牧业生产经营活动高效健康地进行。

5.改变农牧民的养殖方式和生活方式来促进农村的全面发展　畜牧业技术进步，可使农牧民的劳动条件不断改善，劳动强度不断降低，收入水平不断提高，从而调动农牧民推进技术进步的积极性，使农牧民努力学习与掌握科学文化知识和劳动技能。先进的畜牧业科学文化技术一旦被农牧民掌握运用，必将引起农牧民思想行为的一系列变化，改变传统的价值观念、生产方式和生活习惯。这种变化最终会给畜牧业以至整个农牧区带来全面发展。

## 三、畜牧业技术进步的动力

### (一)畜牧业技术进步的内在动力

畜牧业生产经营者作为市场经济条件下的利益主体，不仅要遵循自然规律，更要遵循市场经济规律，通过不断进行畜牧业技术创新与应用来提高畜产品的数量与质量，降低成本，提高其竞争力与经济效益。因此，市场机制必将是畜牧业技术进步的主要内在动力。

1.产量目标的实现需要技术进步　畜牧业生产的主要目的是要最大限度地满足国民经济发展和人民生活水平提高对畜产品的需要。随着国民经济的持续发展和人民生活水平的不断提高，对畜产品的需要也将不断增加。然而，当畜牧业生产经营者把增加产量作为追求目标时，不仅需要不断追加各种要素，更需要应用先进的科学技术。特别是畜牧业中报酬递减规律的作用，使得要素投入所带来的边际收益达到极限(边际收益等于边际成本)时，再增加产量却带来纯收益的减少。因此，只有技术变革才能使生产曲线不断扩张，即在技术变革的情况下，同样的投入才能带来更大的产量。

2.质量安全目标的实现需要技术进步　随着经济发展和人们收入增加，市场对畜产品的需求将越来越向优质化、安全化、多样化的趋势发展。只有保证畜产品的质量安全，才能实现畜产品的有效供给，确保畜产品的良好销路。然而，畜产品质量安全水平的提高，将主要依靠运用先进的良种和繁育技术、饲料和营养以及养殖和环境控制技术、产品的加工包装储藏技术等。同时，正是畜牧业技术的不断开发创新，才使得畜产品的品种不断增多，从而实现产品的多样化。

3.利润目标的实现需要技术进步　在市场经济条件下，畜产品生产经营者追求的最终目标应该是最大利润，而对畜产品的数量和质量安全等的追求，都是实现利润目标的手段。但是，由于边际报酬递减规律的作用，只有通过技术变革，才能使边际收益与边际成本的均衡点不断推移，生产要素投入规模不断扩大，从而利润水平得到提高。同时，技术改进和采用将有助于提高劳动生产率，降低单位产品成本，从而增加利润。

### (二)畜牧业技术进步的外在动力

市场经济条件下，畜牧业技术进步的主要外在动力源于国民经济发展和人民生活水平提高对畜牧业发展的需求。

1. 农村产业结构变革促进农牧业技术进步 农村产业结构变革是农牧业专业化与商品化的结果。随着农村产业结构的不断优化，农村一、二、三产业的融合发展加快，对畜产品的需求趋向多样化、优质化、高效化，必将促进农牧业技术的不断更新和推广应用。

2. 城镇化发展推动畜牧业技术进步 随着城镇化进程的加快，大量人口向城镇聚集，非农人口的增加及生活水平的提高都要求畜牧业提供更多的优质畜产品。此外，随着城市轻工业的崛起，也要求畜牧业为其提供更多的优质原材料。两方面的共同作用将不断拉动畜牧业的技术进步。

3. 畜牧业产业化发展推进畜牧业技术进步 畜牧业产业化的发展需要通过采用先进畜牧业科学技术、增加畜产品的科技含量、提高畜产品的附加值等来提高其经济效益，因而随着畜牧业产业化经营的不断发展，必将有更多的畜牧业科技成果得到广泛应用，从而大大促进畜牧业的技术进步。

4. 畜牧业对外贸易发展推动畜牧业技术进步 随着中国畜产品越来越多地面临国际市场的激烈竞争，而且畜产品国际竞争越来越表现为技术的竞争，因而随着中国畜牧业逐渐融入国际贸易的大背景下，必将推进畜牧业的技术进步。

5. 畜牧业现代化建设直接推进畜牧业技术进步 畜牧业技术进步是畜牧业现代化建设的核心内容。为保证畜牧业现代化建设目标的实现，必然要注重先进畜牧业技术的推广应用。改革开放以来，国家及地方为推动畜牧业现代化的进程，采用了财政、信贷等多方面的政策措施，特别是近些年投资建设了许多畜牧业现代高新技术园区，从而促进了畜牧业技术、高新技术的推广与应用。

# 第五节 畜牧业信息

## 一、信息、经济信息与畜牧业信息

生产要素，是经济学中的一个基本术语。通常包括资本、劳动力、技术、土地、经济信息和经济管理六种。古典经济学认为生产要素涉及劳动力、土地、资本、企业家才能四种，随着社会的进步和经济的发展，知识产权和信息也成为独立的生产要素。在现代畜牧产业发展和壮大过程之中，生产优质、廉价的各类畜产品，传统的资本、土地和劳动力等生产要素投入是必不可少的，同时也需要信息要素。

### (一)信息与经济信息

1. 信息与经济信息的概念 信息是人们对外界事物的某种了解和知识，以消除不确定的认识，是人类认识的一种成果。经济信息是人类对社会生产、交换、分配和消费等活动特征及其规律的认识，其中部分内容具有使用价值和价值，可作为商品进行交换。

2.信息商品化　由信息的生产、加工、发布、消费、运用等环节组成信息产业。从事信息的收集、加工和创造的劳动作为一种必不可少的生产性劳动，需要通过市场交换来实现补偿，这就要求将信息和经济信息进行商品化，通过市场交易实现劳动补偿及相应的利益。

3.信息特征与判别　信息是以物质介质为载体，传递和反映世界各种事物存在方式、运动状态的表征。在信息传播中携带信息的媒介，是信息赖以附载的物质基础，即用于记录、传输、积累和保存信息的实体。包括以能源和介质为特征，运用声波、光波、电波传递信息的无形载体和以实物形态记录为特征，运用纸张、胶卷、胶片、磁带、磁盘传递和贮存信息的有形载体。信息具有如下特征。

(1)可识别性。信息是可以识别的，识别又可分为直接识别和间接识别，直接识别是指通过感官的识别，间接识别是指通过各种测试手段的识别。不同的信息源有不同的识别方法。

(2)可存储性。信息是可以通过各种方法存储的。

(3)可扩充性。信息随着时间的变化，将不断扩充。

(4)可压缩性。人们对信息进行加工、整理、概括、归纳就可使之精练，从而浓缩。

(5)可传递性。信息的可传递性是信息的本质特征。

(6)可转换性。信息是可以由一种形态转换成另一种形态。

(7)特定范围有效性。信息在特定的范围内是有效的，否则是无效的。

对现代人来讲，获取信息的渠道和办法比较容易，信息的获取成本比较小，但是对各种各样信息的甄选、判断、利用较困难。甚至有时真假也难判断。现代社会，信息的来源和获取渠道越来越多，从传统的书籍、期刊、电视，再到现代媒体——网络、微博、微信等平台均成为信息收集、发布和扩散的渠道。

### (二)畜牧业信息概念与构成、分类

1.畜牧业信息的概念　畜牧业信息是指有关畜牧业产业相关信息的整理、集合、采集、传播等过程。具体讲，就是对畜禽品种资源的遗传育种、饲养管理、动物营养、疫病防治、器械设备、畜产品加工及其经济利用的有关理论和应用研究中表现出来的信息。主要包括各种畜禽遗传育种信息、饲料营养信息、畜禽经济信息、生产和经营管理信息、疾病防治信息、专家人才信息等。

2.畜牧业信息的构成　畜牧业信息资源从记录载体上看，包括图书、期刊、数据库、光盘、磁带以及网络等，它实际上是畜牧业科学技术的渠道来源；畜牧业信息资源除记录于载体的信息外，畜禽本身生物遗传信息、生产性能信息也是重要的信息资源；畜牧业从业人员贮存的信息、知识和技术也属于信息资源，而且是一种随时可以输出利用的最活跃资源；畜禽产品本身具有的价值和在交换中表现出来的交换价值等因素，都是畜牧业信息的重要组成部分。

3.畜牧业信息的分类　依据畜牧业结构和内容，可分为畜牧业自然资源信息、畜牧业生产信息、畜牧业科技信息、畜牧业经济信息、畜产品市场流通信息、畜产品加工信息、疫病防控信息、饲料与营养信息、器械设备信息等。每个信息分类又可划分为若干个子类，每个信息子类又可分为更小的子类，组成一个复杂的自然与社会、畜牧业与相关行业、畜牧业内各个子行业相互协调的信息交换总体。

4.畜牧业信息的作用　畜牧业信息既具有独立性又与其他生产要素融合在一起。在社会经济不发达的情况下，信息与物质生产要素是结合在一起。随着信息技术和社会经济的发展，很多畜牧业信息从物质生产要素当中分离开来，成为独立的生产要素。畜牧业信息对于提高

畜牧业各环节的生产效率、经济效率、产品质量以及保护和治理生态环境，起到黏合剂、催化剂和桥梁的作用，能够调整畜牧业物质流、能量流、技术流、资金流、商品流的方向、速度和效率。

## 二、畜牧业信息建设与应用

### （一）畜牧业信息建设的指导思想与原则

1. 指导思想　畜牧业信息资源建设必须有行政职能部门或者行业管理部门来通盘考虑和规划。畜牧业信息资源建设的总体指导思想是“总体规划，分步实施；政府扶持，市场运作”。总体规划是指对畜牧业信息资源的建设要有一个全国性信息建设点分布和每个信息资源建设点的信息资源建设规划。这样一方面可实现畜牧业信息资源建设的区域性合理布局，另一方面可对每个信息资源建设单位确定建设的目标，防止出现重复投资现象。分步实施是指在总体规划的指导下，有组织、有步骤、有阶段，按照由简到繁、由小到大、由易到难的步骤，系统地进行畜牧业信息资源的建设。政府扶持是指在目前的条件下，由于畜牧业信息资源建设不仅仅是某个部门、某个单位、某个行业的事情，而是关系到行业全局的工作，因此，政府一是要提供相应的启动经费；二是不仅要提供已掌握的有关信息资源，而且要整合信息资源；三是要在政策上提供相应的支持。市场运作是指信息资源是一笔巨大的财富，不但有相当大的社会价值，而且具有很大的经济价值，围绕市场来进行规划与运作，才能显示出充分的活力，才能从经济和信息建设两方面保证信息资源建设的可持续性发展。

2. 建设原则　在畜牧业信息建设总体指导思想下，还应坚持系统性、完整性、科学性、实用性原则。系统性是指畜牧业信息资源建设，不仅与畜牧业有关，而且还与国民经济的其他相关行业有关。要站在国民经济全局的立场上，置入信息建设的大系统中进行建设，才能建立起符合畜牧业发展需要的信息。此外，在畜牧业信息资源领域，也要系统地对畜牧业信息进行规划与实施，不能以偏概全，也不能只重全局而忽视细节，要做到对畜牧业信息建设既要全面、系统，又要注意各个部分的细节、局部。完整性是指对畜牧业信息资源要有一个完整的规划。不但要从横向上考虑畜牧业的每个行业、每个产品等的信息，而且要从纵向上考虑每个行业、每个产品等的发展历史、现状与未来，同时又要考虑每个因子当时历史阶段的相关因素。这样才能建立起完整的畜牧业信息资源。科学性是指在畜牧业信息资源建设过程中不但要从信息的观点出发，建立起符合信息要求和畜牧业特点的信息资源。实用性是指畜牧业信息资源的构建，是为了提高畜牧业的生产力，为生产、管理和市场服务。要从管理、科研、生产与市场等用户的不同要求视角出发，进行系统的总结与归纳，用以指导信息整合的总体规划与分步实施。

### （二）畜牧业信息的应用

畜牧业信息建设，在通过对畜牧业信息进行系统、科学、客观、实用的建设，更好地服务于畜牧业的同时，实现畜牧业信息产业化建设，创造一定的经济效益。即畜牧业信息建设不仅要做好互联网服务的提供商，而且更要做好互联网内容的提供商。因此，畜牧业信息化可以从以下几个方面加强应用。

1. 网站用户收费　随着网络技术的发展，以网站形式提供服务的畜牧业网站已进行了初步的建设。随着网站用户数量的不断增加和信息资源的充分建设，网站可以采取适当向用户收费的办法，创造一定的经济效益。

2. 为企业制作并发布网站　以网站形式提供信息服务的行业网站，可以充分利用其信息资源、信息技术、网络产品和网站在行业内的知名度等有利条件，为行业内有关企业制作并发布网站。这一方面为信息建设和网站的持续发展补充了资金和信息资源，对企业来说，也节省了相应的网站建设、维护、宣传等费用。

3. 提供信息咨询　随着畜牧业的发展和国际经济一体化的形成，对信息的掌握成为一个企业生存与发展的重要条件。经过系统、完善、科学、实用的信息建设，信息建设单位可以为国内外相关管理部门、教育科研单位、行业组织、企业提供信息咨询服务。

4. 充分利用信息资源优势，开发信息产品　经过对信息资源一定程度的建设，在系统掌握某一专题领域的信息之后，信息资源建设单位可以充分开发利用这些信息资源，出版系列图书、光盘等信息产品，还可以根据用户需要开发一系列个人数据助理(PDA)，为用户提供个性化服务。

5. 建立电子商务　信息资源建设单位可以充分利用信息资源优势，结合网络技术和信息技术，构建起行业电子商务，为企业的销售拓宽道路，节省企业产品的销售成本，同时为信息资源建设单位增加了收入。

6. 建立电子物流体系　畜牧业信息资源建设单位应充分利用自己的信息资源、信息技术和网络的优势，建立电子物流体系，在为企业提供产品流动的服务中提高信息资源建设单位的经济效益。

7. 开发畜牧业有关软件　信息资源建设单位可利用自己的优势，为科研、管理和企业开发科研数据处理、管理、疫病防控与诊断、饲料配方、企业生产管理等软件或应用程序。

## 本章小结

畜牧业生产需要很多种生产要素，传统的生产要素有劳动力、饲料、资金等，随着畜牧业现代化的推进，技术、信息及其管理变得越来越重要。劳动力是畜牧业当中最能动的生产要素，随着畜牧业的现代化，对畜牧业劳动力的要求越来越高，畜牧业的劳动力不仅要懂生产，还要会经营，并且随着畜牧业劳动生产率的提高，畜牧业所需要的劳动力会相对以至于绝对地减少。饲料是畜牧业生产的基础，饲料的数量与质量在很大程度上决定着畜牧业的规模和效率，因此，饲料的开发、利用与科学配制是提高畜牧业生产效率的关键之一。随着畜牧业现代化的推进，畜牧业的资本有机构成在不断提高，畜牧业的发展需要越来越多的资金注入，也需要越来越科学的管理。技术进步在畜牧业的发展中起到越来重要的作用，技术进步在提高畜产品数量、质量和效率等方面起到决定性的作用。互联网时代的到来，使得信息在畜牧业发展中起到媒介、黏合剂和桥梁作用，信息流决定着畜牧业中商流、物流、人流、资金流等的方向、速度和效率。

## 复习思考题

1. 饲料的分类与特点是什么?
2. 如何进行饲料的开发与可持续利用?
3. 畜牧业劳动力的概念、作用是什么?

4. 如何合理利用畜牧业劳动力?

5. 畜牧业资金的含义、运动规律是什么?

6. 如何筹集与管理畜牧业资金?

7. 畜牧业技术进步的内涵与特点是什么?

8. 畜牧业技术进步的内容与作用是什么?

9. 畜牧业信息的特征有哪些?

10. 如何开展畜牧业信息的建设与应用?

## 参考文献

[1] 李秉龙,薛兴利. 农业经济学. 3 版. 北京:中国农业大学出版社,2015.

[2] 乔娟,潘春玲. 畜牧业经济管理学. 2 版. 北京:中国农业大学出版社,2010.

[3] 王秉秀. 畜牧业经济管理学. 2 版. 北京:中国农业出版社,1997.

[4] 左祥琦. 劳动关系管理. 北京:中国发展出版社,2007.

# 第七章　畜产品加工及贮运

◆　学习要点

- 畜产品加工的概念和作用
- 国内外畜产品加工概况及发展趋势
- 畜产品贮存的概念与分类
- 畜产品运输的概念、特点及管理

## 第一节　畜产品加工的概念和作用

### 一、畜产品加工的概念

畜产品加工是以畜牧业生产中获得的畜禽初级（或新鲜）产品（包括副产品）为原料，运用物理的、化学的或生物学的方法进行加工的过程，通常把研究畜禽初级（或新鲜）产品（包括副产品）加工的科学理论知识和加工工艺技术的学科称为畜产品加工学。根据加工对象不同，畜产品加工可分以肉品加工、乳品加工、蛋品加工、毛皮加工、其他副产品加工等。由于畜产品加工对象和加工方法多而杂，不仅使畜产品加工与食品科学、畜牧学、生物化学、微生物学和机械工程学等学科密切相关，而且使畜产品加工业发展成一个包括了肉、蛋、乳、皮、毛、绒等多种畜禽初级（或新鲜）产品（包括副产品）加工的庞大产业。

### 二、畜产品加工的作用

畜牧业生产的发展，带动了整个农业和农村经济的发展，增加了农牧民收入，同时也为畜产品加工业提供了丰富的原料，推进了畜产品加工业的迅速发展。由于畜牧业生产的初级产品体积膨大、易腐败又较难长期保存，而且大部分是以鲜活产品上市，使得畜禽初级产品在市场竞争中处于劣势，需要通过畜产品加工来适应市场需求和提升畜产品的附加值。由此可见，畜产品加工是联系畜牧业生产与人民生活的最关键且必不可少的中间环节，肩负着保障与促进畜牧业发展、满足与提高人民生活水平的双重重任。具体来说，畜产品加工的作用表现在以下几个方面。

### (一)延长畜产品保存期,调节市场供应

首先,畜牧业生产的季节性特点,使得畜产品的供给也具有一定的季节性,甚至会出现季节性的集中生产和集中上市,而延长畜禽存栏或者畜产品产出时间,不仅会大大提高畜产品成本,而且技术上也面临挑战;其次,畜禽初级产品的鲜活特性使其较容易受外界细菌感染、容易腐烂变质而造成损失。通过畜产品加工使畜禽产品的保存期限延长,达到“丰能存,欠能补”的作用,从而更好地适应市场需求。例如将猪肉制成肉罐头、鲜鸭蛋制成咸鸭蛋、将牛乳中的病原微生物杀死等,这些都有助于降低运输和存储畜产品的风险,延长畜产品的货架期。

### (二)提高畜产品营养价值,改善人民膳食结构

科学合理的畜禽产品加工工艺,在提升畜产品营养价值的同时,既改变了人们以谷物为主的传统膳食结构和习惯,又使得人们的饮食结构和营养汲取更加科学合理,有助于提高人们的体质和健康水平。在中国,由于涮羊肉、涮肥牛、烤羊肉、烤鸭、烤鹅、板鸭、卤鹅等加工工艺和加工产品的发展,更好地适应了人们的膳食需求,使得牛肉、羊肉、禽肉等消费比例不断上升,打破了以猪肉为主的肉类消费结构。

### (三)增加畜产品附加值,提高畜牧业经济效益

畜禽初级产品经过加工处理不仅有助于提高畜产品的营养价值、适应膳食结构、便于贮藏运输以及延长货架期等,还有助于增加畜产品的附加值,畜产品加工业的利润率普遍高于畜禽养殖业已是众所周知的事实。因此,畜产品经过深精加工综合利用延长产业链后进入消费领域,有助于提高畜牧业的整体经济效益。发达国家畜牧业发展的经验和事实都已证明,没有畜产品加工业的畜牧业,将永远是弱质的畜牧业。

### (四)开拓畜产品市场需求,促进畜禽养殖业发展

畜禽初级产品经过加工后能更好适应市场需求,并可能开拓或适应新的市场需求,既有助于增加畜产品的附加值,也必将带动相应的畜禽初级产品生产发展。而从特定畜禽初级产品中提取或加工出满足市场需求的特定加工品,既适应了市场需求,并将促进特种畜禽养殖业的发展,提高特种养殖业的经济效益。例如乳鸽口服液、乳鸽粉胶囊等的开发投产上市,促进了肉鸽规模养殖的发展。

### (五)更好地适应国内外市场需求,提升畜牧业市场竞争力

鲜活畜产品尤其是鲜活食用畜产品的特性,使其很难进入需要较长时间运输和贮藏才能到达的国内外市场,某些国内外市场对鲜活畜产品贸易也有较严格的限制,而对畜产品加工一定程度上克服了这些限制,在更广阔的地理空间更好地适应国内外市场需求。例如,有些国家(如俄罗斯)就严格限制从中国进口鲜肉,但对加工的熟肉制品要求则相对宽松。因此,通过发展畜产品加工将有助于使中国畜产品更好拓展国内外市场,带动畜牧业的发展,从而提升产业的市场竞争力。

## 第二节　中国畜产品加工概况

畜产品加工在中国有着悠久的历史,公元前 1 000 多年,就有了“肉干”“肉脯”“奶子酒”加

工的文字记载。中国畜产品资源丰富,由于气候、地理、风俗习惯的不同,各族人民在生产和生活实践中创造了多种多样的畜产品加工方法,制成了各种美味的畜产食品。1978年改革开放以后,在政策扶持、科技进步、企业主导、市场需求等因素的共同影响下,中国畜产品加工正在步入社会化、规模化、标准化的新发展阶段,并取得了令人瞩目的成就。一方面,中国畜产品加工业已经由最初的家庭作坊、手工业生产发展到如今的机械化生产、网络化销售的现代模式;另一方面,畜产品加工业发展的主要矛盾已由加工转化能力不足转化为加工转化质量不高,并且加工转化质量已成为影响中国畜产品加工业发展、保障与促进畜牧业生产发展与改善人民生活水平的重要因素。因此,今后畜产品加工业的发展方向应由量向质转变。

## 一、肉、蛋、乳加工

### (一)肉类加工

肉类加工是畜产品加工业中最大的加工行业,包括畜禽的屠宰,肉的冷却、冷冻与冷藏,肉的分割、肉制品加工、副产品综合利用以及肉的包装等。中国具有一定规模的畜产品加工业的发展开始于20世纪80年代。1984年中国开始从肉类加工比较发达的国家引进西式肉制品的加工设备和技术,以火腿肠生产线的引进最具代表性。经过60多年的建设与发展,我国的肉类供给已经告别短缺时代,形成了以消费为主导型的买方市场格局,并且一部分肉类出口到日本、俄罗斯、东南亚等国家和地区,肉类加工也经历了从冷冻肉到热鲜肉到冷却肉的发展轨迹。速冻方便肉类食品发展迅速,成为许多肉类加工企业新的经济增长点,传统的肉制品逐渐走向现代化,西式肉制品发展势头强劲,利用肉制品腌制、干燥成熟和杀菌防腐处理等高新技术,开发出低温肉制品、保健肉制品等。随着经济的进一步发展、人民生活水平的提高以及购买力的增强,我国肉类制品的生产和消费总量将实现持续增长。肉类市场需求呈多样化发展趋势,消费结构将进一步调整优化,猪肉在肉类总量中的比重将会继续下降,牛羊肉、禽肉的比重将快速上升。

根据国家统计局的统计,2014年中国肉类产量达到8 707万吨,其中猪肉5 671万吨、牛肉689万吨、羊肉428万吨、禽蛋产量2 894万吨;2014年中国肉类屠宰加工行业规模以上的企业3 786家,比2013年增加了93家,增幅达到2.5%。肉类工业总资产达到了6 116.5亿元。2015年肉类行业具有影响力品牌企业81家,其中肉与肉制品品牌62个,肉类机械及设备品牌12个,肉类包装材料品牌及肉类添加剂品牌7个。

但是,中国肉类加工业还是一个发展中的行业。2014年我国肉类总产量稳居世界第一位,全球肉类1/3产自中国,可见中国肉类加工还有较大的发展空间。但我国生鲜肉比重过大,加工肉制品比重仍偏低;生鲜肉品符合未来发展方向的冷却肉偏低,西式肉制品中高温制品比重偏高,低温制品比重偏低,国际上发展较快的调理肉制品比重更低。因此,中国在肉类的深加工、精加工、综合利用、产品包装、质量和技术含量等方面仍存在一些问题,需要依靠科技进步,提高企业管理水平、产品档次和质量,来加快肉类加工业的发展。

### (二)蛋品加工

禽蛋具有高营养、易消化吸收等特点,与肉品、乳品一样成为人们喜爱的高档营养食品。中国蛋品加工有600余年历史,且蛋类供给以鸡蛋为主,约占84%,鸭蛋、鹅蛋分别占12%和4%,近年略有少量鹌鹑蛋、鸽蛋消费。中国禽蛋总产量自1985年以来一直雄居世界榜首,为世界第一产蛋大国，中国的鲜蛋消费占到蛋品产量的90%以上，人均蛋品占有量达20千克；而中国禽蛋加工却仅占蛋产量的0.2%，出口量占产量的2%。作为世界上最大的蛋品生产国，中国蛋品加工业和世界先进水平相比还有一定差距。蛋制品加工目前仍处于起步阶段，我国鸡蛋年产2 300万吨，用于加工的不足23万吨，占比不到1%(其中液蛋和蛋粉各占50%)，而目前发达国家蛋制品的占比已经达到30%。中国蛋品大部分企业在初级加工后就上市销售，有的甚至不加工就销售。以位于中国东北地区的黑龙江省为例，黑龙江一年能产鲜蛋80多万千克，但没有一家深加工企业，均以鲜蛋的形式销往外地，产品附加值几乎没有。从蛋类制品看，也主要是松花蛋、咸蛋、糟蛋等再制蛋及冰蛋黄、冰蛋白、蛋黄酱、溶菌酶等。禽蛋的医药和食用功能尚有很多值得研究的东西，就连蛋壳目前都已开发出多种高附加值有营养的产品来。可以说，中国的蛋品加工业，和其他农产品加工业一样，是国民经济中的朝阳产业，发展前景十分广阔。

对中国大多数消费者来说，购买和食用未加清洗、包装和分级的鲜蛋仍是人们的首选。一方面，蛋品消费总量巨大，且逐年稳定增长；另一方面，蛋品集中生产程度和产业化发展水平比较低，长期徘徊在以小农经济为主体、以分散生产为特征的经营模式上，从而影响了优质安全蛋品数量和品种的市场供给，极大地制约了中国蛋品工业的发展。

### (三)乳品加工

20世纪90年代末期以来，随着城乡居民对乳制品认识程度的提高以及政府的大力扶持与推动，中国乳制品行业迅猛发展，加工能力急剧扩张，进入了一个高速发展时期。大、中型企业在液态乳、酸乳、乳粉等的加工中，均购置了大量国外的生产设备，从工艺设计、厂房布局到关键设备，主要依赖于国外技术支持和设备进口。从外观来看，许多企业设备已达到或接近国外的先进水平。中国奶业经历了三个阶段：①1979—1996年的稳定发展期。奶牛存栏从49.3万头增加到447万头，增加了8.1倍。②1997—2007年的快速增长期。2007年的奶类产量达到3 525万吨。③2008年至今的转型升级时期。从数量扩张型向质量效益型转变，从传统奶业向现代奶业转变。主要有以下表现：国家统计局数据显示，2014年全国奶类总产量约达3 841万吨，奶牛存栏数1 470万头，液态奶产量2 400.12万吨，干乳制品产量251.70万吨。单产水平提高，2014年全国平均单产达到6吨，达到9吨以上的高产奶牛已经超过了130万头；机械化挤奶率达到90%以上；2016年我国奶牛100头以上规模养殖比重首次超50%；一些信息化、智能化的管理系统也在大型牧场得到广泛应用。此外，质量安全状况持续向好，三聚氰胺检测100%合格，营养指标提升。

中国乳品加工也存在一些问题。①乳制品结构不太合理，品种相对单一。主要表现为深加工功能性乳制品(功能性酸乳、益生菌酸乳、益生菌乳粉)、干酪、乳油、炼乳等制品少，乳中生物活性物质开发薄弱，产量低；品牌之间产品同质化严重，即目标市场同质化、销售渠道同质化，缺少特色竞争；常温长保质期的UHT乳、巴氏杀菌乳比重偏大，发酵乳比重偏小；优质奶粉和高端配方奶粉比重偏小，这一定程度上表明中国乳制品生产结构尚不合理。②乳品加工技术和设备相对落后。主要表现在乳制品加工关键设备性能相对差；乳制品消毒和品质检测等加工技术相对落后；乳与乳制品安全质量标准还不够完善，特别是产品标准指标不完全，产品标准指标及检测方法均存在不合理之处，缺乏乳与乳制品销售的管理标准等。

## 二、其他畜产品加工

### (一)皮革加工

皮革加工是中国的传统产业之一。经过新中国成立后的几十年发展,中国的皮革加工已经从简单的作坊式生产逐渐发展成为门类齐全、技术工艺比较先进、生产规模不断壮大的完整工业体系。中国是世界制革大国,也是全球皮革鞣制行业最有发展潜力的市场之一,近年来,制革业正面临由大国向强国转变。中国皮革加工的原料资源丰富,其中猪皮、羊皮居世界第一,牛皮居世界第三。皮革加工作为中国重要的优势产业,在国际市场上具有较强的竞争力,皮革及制品出口创汇多年居轻工行业第一,在全行业排名中也相对比较靠前。

据国家统计局统计,2014 年全国皮革、毛皮、羽毛及其制品和制鞋业企业共有 8 719 家,资产总计 7 013.9 亿元,年销售收入 2 000 万元以上皮革、毛皮及制品和制鞋企业销售收入 1.3 万亿元,2014 年皮革主体行业出口 889 亿美元,进口 93.7 亿美元,呈加速状态。据中国制皮革行业市场调研显示,皮革制品对增长的贡献再次超过原料进口,消费导向型的上海取代加工贸易型的广东成为我国第一进口大省,显示我国的消费结构发生变化。上海、广东各占进口总额的三成,但进口产品差异明显,上海进口以鞋、包等制品为主,占其进口总额的 87.5%;广东进口以成品革、半成品革、已鞣毛皮等原料为主,占其进口总额的 86%。中国的皮革加工经过改革开放后十几年的恢复发展,初步形成了具有一定规模的优势骨干产业。像河北的辛集镇、田家庄乡、位伯镇,集中了制革企业近 2 000 多家,河北辛集皮革商城成为全国最大的皮革交易市场。但随着市场经济的不断发展,中国的皮革加工也存在一些新问题,主要表现在皮革业户大多散布在农村,分散生产、粗放经营,严重影响了皮革业整体效益和质量的提高;行业管理滞后,皮革的精、深加工产品档次较低,缺乏市场占有率高的品牌产品。因此,发展生态皮革、绿色皮革,延长产业链、开发新品种、创优品牌、开拓市场,重点发展深加工、精加工、高附加值的产品,是今后皮革加工业发展的方向。

### (二)羽(毛)绒加工

中国羽(毛)绒工业在长期的发展过程中,不仅建立了雄厚的物质技术基础,而且产品结构发生了历史性变化,由过去的粗加工转变为精加工;由生产和出口原料毛为主,转变为生产和出口羽(毛)绒制品为主;由生产单一产品,发展为生产和出口羽(毛)绒制品系列产品,并创造了一大批名牌产品,目前已走上了稳步发展的道路。全球羊绒产量 2 万余吨,中国产约 1.8 吨,占全球总产量的 80%以上,年出口无毛绒 3 000 多吨,约占全球羊绒贸易量的 60%。我国羊绒产品种类已经由无毛绒发展到羊绒纱、羊绒衫,从针织制品发展到梭织制品和圆机一次性成衣;产品结构由粗纺、纯纺延伸到精纺和多元混纺;产品技术含量逐步提升,羊绒产品向高支精纺、轻薄型四季服装转变。羊绒制品的应用范围进一步拓宽、技术含量不断提升、产品档次稳步提高、产品出口创汇逐年增加。我国在拥有羊绒资源优势的同时已经逐步形成特色产业优势。

据 FAO 统计数据,2013 年世界绵羊存栏量为 11.73 亿只,其中,中国绵羊存栏量居世界第一,为 1.50 亿只,占世界存栏量的 12.78%。同年世界山羊存栏量为 10.06 亿只,中国山羊存栏量居世界第二,为 1.40 亿只,占世界存栏量的 13.92%。2013 年我国羊绒总产量为 1.81 万吨,约占到世界羊绒总产量的 70%。规模以上毛纺企业从 20 世纪 80 年代初期不足

10 家发展到 2012 年的 2 298 家，世界羊绒消费市场上 3/4 以上的羊绒制成品由中国生产。

### 三、畜产品加工存在的问题

改革开放以来，随着畜牧业的快速发展，中国畜产品加工业在快速发展的同时，由于起步晚且起点低，仍存在以下主要问题。

#### （一）深加工不足且产品结构不合理

随着人民生活水平的提高，畜产品消费短缺的时代已经结束，人们对畜产品的需求已发生了质的变化，由过去数量需求、生活原料需求向质量需求、制品需求的方向转变，畜产品结构不合理的问题已越来越突出。初级加工产品多，精深加工产品少；整鸭、鹅加工产品多，分割加工产品少（肉鸭产品中，分割产品仅占 35%）；高温制品多，低温制品少；大路货产品多，名特优产品少；餐桌食品多，旅游休闲制品少；加工产品的科技含量普遍偏低。在肉制品生产中，肉类加工设备利用率低，低档灌肠类制品产量过大，高档肉制品所占比例太小，低温肉制品的保存问题亟待解决，冷链建设严重不足等，都制约着肉制品的发展。在乳制品生产中，中国乳制品的生产结构亟待调整，奶粉的生产供过于求，液态奶的生产，尤其是高档乳制品、诱导消费型乳制品的生产发展已为乳制品加工行业所共识。

#### （二）畜产品质量安全问题严峻

畜产品来源于动物，受各种污染的机会很多，其污染的方式、来源及途径也是多方面的，在畜产品的生产、加工和流通环节均可能出现污染。中国畜产品质量安全问题主要表现为兽药残留超标、环境因素造成的重金属含量超标以及动物疫病的流行等。在这些方面虽然中国政府已经做了大量工作，质量安全问题仍是严重制约中国畜产食品的国际竞争力的主要因素。例如，中国禽肉出口只占生产量的 3%左右，是典型的生产的“巨人”和出口的“矮子”，绝大部分仅以初级加工品进入市场。其主要原因是中国畜产品在卫生标准和质量安全上达不到国际市场的要求。不少龙头加工企业已采用或正在研究 HACCP 体系来控制产品安全质量、或进行 ISO 9000 认证、或境内外的食品出口生产企业的“卫生注册”，呈现出良好的发展势头。但仍有相当多的中小企业卫生条件差、加工过程不规范、产品质量安全难以控制。

## 第三节　国外畜产品加工概况

国外畜牧业规模化、集约化的发展为加工产业的建设和发展奠定了重要的基础。由于饮食文化的差异，发达国家人民对畜产品的大量需求极大地推动畜产品加工业日益壮大，其畜产品加工技术随着科技的发展与工业的进步而飞速发展。在美国、澳大利亚、欧洲以及日本等国家，畜产品加工业已经成为国民经济的重要组成部分。随着市场需求结构的高度化和生产技术水平的发展，国外畜牧业发达国家在实现畜牧业和加工业区域化、专业化、社会化的基础上，大大提高了畜牧业的劳动生产率和投入产出效益。

### 一、肉类加工

在畜产品生产领域，发达国家不断加强本国畜牧业的生产力水平，在畜产品加工领域逐渐引入科技因素，使得整个畜牧业生产水平显著提高，各国肉类生产量和加工企业数量不断增加。据FAO统计，2013年世界肉类总产量31 038万吨，其中中国、美国、巴西约占55.5%。中国、美国、印度肉类生产总量居世界前三位。世界肉总产量呈现逐年上升趋势，但美国、澳大利亚、日本、英国等发达国家，1999年以来肉产量相对平稳，这说明发达国家的肉类需求量趋于稳定，并转向肉的质量要求。

由于世界各国、各地区的气候、物产、民族、宗教、经济、饮食习惯和嗜好的不同，肉制品的品种五花八门，且风味各异，至今还没有国际通用的分类方法。德国将肉制品分成香肠和火腿腌制品两大类，然后再按照生、熟状态分成小类。香肠类产品是将肉经过绞碎、斩碎、乳化等工序处理后而制得的产品；而火腿腌制类产品是用整块或者大块肉制成的产品，分类比较严谨。美国学者将香肠分为鲜香肠、干香肠和半干香肠、熟香肠、蒸煮香肠和烟熏香肠、生烟熏肠及特殊熟肉制品。日本的火腿加工企业，一般将肉制品分成火腿、培根、香肠三大类。按照加热温度来划分，世界范围内的肉制品可以分为以下几类：非加热肉制品、低温加热肉制品（68～72℃）、中温加热肉制品（温度在巴氏消毒值和沸点之间）和高温加热的肉制品（加热温度高于沸点，如121℃），低温肉制品将是发展的趋势。

## 二、乳品加工

世界乳品市场竞争激烈，乳制品国际贸易极不平衡。20世纪80年代以来，世界乳品市场一直处于供过于求的状态，大多数乳制品出口价格增长缓慢甚至下降。在乳制品国际贸易中出口国主要是发达国家，进口国主要是发展中国家。以奶粉为例，从进口来看，中国是世界最大的进口国，进口量占全球总量的40%以上，其他重要的进口国分别是阿尔及利亚、巴西、俄罗斯、印度尼西亚等；从出口来看，新西兰是全球最大的全脂奶粉出国口，其出口量占世界的55%，其次是欧盟，其出口量占21.9%，阿根廷和澳大利亚合计占世界总量的近20%。

国际上一些大的乳品企业资本实力雄厚，规模庞大，拥有强大的生产经营能力和资本运作能力。日产1 000吨的加工厂较普遍，个别工厂可达3 000吨以上，并且对加工中的水源、热能、乳清等产物回收利用率高，因而工厂的规模效益和综合利用的效益较高。国外乳业发展中大多采用农业合作社的方式，形成了产、加、销经济一体化，产业协调发展，同舟共济，共同抵御经济、市场风险。据荷兰合作银行的数据，2015年世界乳业20强公司主要集中在瑞士、美国、法国、丹麦、瑞典、荷兰、新西兰等发达国家，其中美国占有5席，中国占有2席，蒙牛2014年销售额81亿美元，排名第11位，蒙牛已连续7年入围此榜单。但全球乳业销售额最大的仍是瑞士的雀巢公司，2014年销售额高达278亿美元。由于这些国家的畜牧业高度发达以及对乳品的需求量极大，世界乳业的这种格局将会在很长一段时间存在。

近年来国外乳制品市场有如下变化：消毒鲜乳的生产呈下降趋势；由于发展中国家的需求，全脂乳粉产量出现上升的势头；脱脂乳粉的产量保持上升趋势；发酵乳制品及乳酸菌饮料新品种不断出现，产量迅猛增加；干酪的生产呈现出美好的前景，产量逐年持续上升，花色品种日益增多，使得干酪总产量稳居乳制品首位；奶油的产量呈持续下降的趋势。

## 三、蛋品加工

据FAO统计数据，2010年禽蛋产量排在前十位的国家分别为中国、美国、印度、日本、墨西哥、俄罗斯、巴西、印度尼西亚、乌克兰、泰国。2013年，禽蛋产量排在前三位的国家分别是中国、美国、印度。另外，在1970年有6个欧洲国家排在产量前10位，但目前只剩下俄罗斯、乌克兰，替代这些欧洲国家的是印度、墨西哥、巴西、印度尼西亚和泰国。进一步说明禽蛋生产区域从欧洲向亚洲转移，2013年亚洲国家和地区禽蛋产量约占全球的59.7%。世界主要蛋品进口国家和地区集中在欧洲和亚洲，分别是德国、荷兰、法国、中国香港和英国。世界主要蛋品出口国集中在欧洲、北美洲和亚洲，荷兰是世界蛋品出口第一大国，2006年出口禽蛋36.4万吨，占全球禽蛋类出口总量的1/4。

据国际蛋品会议提供的资料，16个发达国家人均占有量呈下降趋势，而另一方面蛋制品贸易量和消费量逐年增加。蛋制品贸易量与食品工业的发展有着紧密的关系，欧洲、北美和亚洲的日本之所以成为蛋制品消费的主要市场，与其有发达的食品加工业有很大关系。

世界蛋品工业的发展已有百年的历史，随着蛋品深加工科技水平的不断提高，逐步形成了专业化、机械化、规模化、集约化的生产模式。尤其是美国、日本、加拿大、意大利、澳大利亚、德国等发达国家的养禽业和蛋品加工业已形成现代化的大工业生产体系。在北美、日本和欧洲有300多家蛋品加工厂，把世界30%的禽蛋加工成禽蛋制品。很多企业的禽蛋处理量可达到1.5万～12万枚/小时。蛋制品深加工量占到其鲜蛋总量的15%～25%，其品种有清洗消毒分级洁蛋、液体蛋、分离蛋、专用蛋粉和其他生化制品等系列深加工产品。纵观世界各国养禽业和蛋品加工业，在生产水平不断提高，向专业化、集约化、机械化和自动化方向发展的同时，禽蛋投放市场的方式也有很大改变，以鲜蛋直接投放市场的量正在逐年减少，大多是各种蛋的半成品、熟制品、腌制品。日本为了促进鸡蛋的销售，将鲜蛋进行加工或利用液蛋、蛋粉添加香料、食用酒精、果汁等制成各种饮料；将蛋粉与牛乳混合制成乳蛋冰淇淋；将蛋液添加乳酸菌发酵剂和糖制成酸蛋酪；将蛋清同其他营养成分制成5种必需营养成分的超级营养液，供只进流食的病人食用，也用作饮料。美国开发了小包装液体全蛋，其加工工艺是将全蛋液经特殊的巴氏消毒，然后装入复合纸的盒子中密封，产品的冷藏货架期为6周。另外，还开发了一种去除蛋黄中胆固醇(可除去90%～92%)的全蛋粉；加拿大开发了速冻全蛋液产品，该产品在6秒钟内速冻而成为直径5～6毫米的金黄色球，颗粒之间不粘连，且有很好的溶解性。澳大利亚开发出很像酸牛奶的蛋饮料，其特点是低热量、蛋白质含量高；法国开发成功硬蛋三明治，呈立方体，由三层构成，上、下两层是蛋清，中间一层是蛋黄，三层的厚度相同，还可在每层中添加蔬菜等，在3～8℃条件下可保存21天。英国在鸡蛋中提取卵磷脂、水溶性蛋白质、免疫球蛋白抗体活性，用作医药和食品强化添加剂。

## 四、发达国家畜产品加工发展趋势

1.畜产品安全质量控制放在首要位置　畜产品质量安全问题是一个综合问题，不仅仅局限于微生物污染、化学物质残留及物理危害，还包括如营养、食品质量、标签及安全教育等问题。在世界范围内，为控制二噁英、疯牛病、口蹄疫等各类疾病对肉类食品质量安全的影响，许多国家在生产、加工、销售以及进出口上采取更加严格的安全管理措施，进一步完善相关法律法规和卫生技术标准。

2.从源头起系统、全面地提高畜产品与加工制品的质量　20世纪末，欧美发达国家畜产品加工业科学技术研究除加工工艺本身外，已经拓展到畜牧业生产、畜产品物流等领域，促进了畜产加工产品质量的提高。

3.功能性产品开发技术得到广泛应用　20世纪在发达国家消费者原料型加工产品消费

饱和的基础上，方便、快捷的半成品与方便美味的制品生产在促进发达国家消费者畜产品消费量增长方面起到了巨大作用。同时，多不饱和脂肪酸、卵磷脂、糖苷、膳食纤维、天然抗癌成分等被发现，为功能产品开发奠定了基础。

4. 新技术将成为主要加工手段　低温制品、微生物发酵、微波加热、辐照保鲜、冰温气调保鲜等新技术，将广泛用于畜产品加工，实现低能耗、低成本和清洁生产的畜产品加工业，提高畜产品的附加值。

## 第四节　畜产品贮存与运输

随着中国经济的快速发展和人民生活水平的不断提高，人们对肉、蛋、奶、毛的需求量也不断增加，对畜产品的贮存和运输也提出了更高的要求。畜产品属于鲜活易腐商品，具有价值低、易变质、生产周期长、季节性和地区性强、技术要求高等特点。因此，只有通过畜产品的加工，对贮存和运输过程进行组织和协调，才能保证畜产品质量完好，创造畜产品需求，拓宽畜产品市场。

### 一、畜产品贮存

#### (一)畜产品贮存的概念

畜产品贮存是指畜产品在离开生产领域之后，尚未进入消费领域之前，在流通过程中形成的一种停滞。简单地说，就是将畜产品保存在仓库等待运输、加工或销售。只要存在畜产品流通，就将不断有畜产品进入流通过程形成畜产品贮存，又不断由畜产品贮存变成畜产品供应，这既是畜产品流通正常进行的必要条件，也是畜产品流通的重要环节。可以说没有商品贮存，就没有商品流通。因为通过畜产品贮存，能起到“蓄水池”的作用，既能保证畜产品流通正常进行，又能发挥畜产品流通支持生产、满足消费的作用。

#### (二)畜产品贮存的分类

1. 根据畜产品贮存的作用，可划分为季节性贮存、周转性贮存、调节性贮存、专用性贮存、寄养性贮存等

(1)季节性贮存。商业企业根据不同季节和畜产品生产周期的变化，贮存畜产品以保障全年均衡销售，其贮存量主要取决于畜产品生产的季节性以及周期变化。

(2)周转性贮存。亦称经常性贮存，是商业企业正常经营所需要的商品库存，其贮存量主要取决于畜产品的购销周期，具体决定因素包括：不同畜禽再生产的周期、可供商品量及调运时间、日平均销售量以及不同季节销售量变化等。

(3)调节性贮存。国家为调节生产和消费所进行的贮存。主要有两种情况：一是为了保证市场节日供应和其他特殊需求（如特供商品、灾区救济性的收购贮存等）；二是在某种畜产品供大于求时，为保护生产者利益而进行的收购贮存。

(4)专用性贮存。商业企业根据用货单位的专门需求，在签订合同之后，按照规定的数量、品种、质量、规格、时间而进行的贮存。

(5)寄养性贮存。商业部门在库容量已经饱和或为了降低流通费用，对农牧民生产的畜禽

采取的先收购后交货的办法。但在寄养期间，按照合同规定商业部门要付给寄养者一定费用。

2.根据贮存的基本原理可分为两大类　一类是全部或部分杀灭微生物和破坏酶活性，如高温贮存、辐射贮存、化学杀菌贮存等；另一类是抑制微生物生长和酶活性，如低温贮存、干燥贮存等。

(1)低温贮存。低温贮存是畜产品贮存的最好方法之一。这种方法不会引起动物组织的根本变化，却能抑制微生物的生命活动，延缓由组织酶、氧和光的作用而产生的化学的和生物化学的变化过程，可以较长时间完好保持畜产品的品质。低温贮存根据温度的高低又可分为冷藏贮存和冷冻贮存。①冷藏贮存是预冷后的畜产品在稍高于冰点温度(0℃)中进行贮存的方法。常用冷藏温度在4～8℃，贮存期一般为几天至几周；这种方法适用于鲜蛋、鲜肉等畜产品；经过冷却的肉，表面形成一层干膜，有助于阻止细菌生长，并减缓水分蒸发，延长保存时间。②冷冻贮存是先将畜产品冻结，而后在能保持冻结状态的温度下贮存的方法。常用冻藏温度为－23～－12℃，贮存期可达数日至数年；肉的冷冻，一般采用－23℃以下的温度，并在－18℃左右贮存；为保障冷冻肉的质量，使其在解冻后恢复原有的滋味和营养价值，多数冷库均采用速冻法，即将肉放入－40℃的速冻间，使肉温很快降低到－18℃以下，然后再移入冷藏库。

(2)高温贮存。高温贮存是利用高温杀死畜产品中微生物和破坏畜产品中酶的活性，以达到长期贮存畜产品的目的。热处理后的食品美味可口、丰富多彩，可提高食品的吸收利用率，降低生物性病原的威胁，延长食品贮存期限。常用的方法有巴氏消毒、高温杀菌和超高温灭菌。巴氏杀菌是将肉在低于100℃的水或蒸汽中处理、使肉的中心温度达到65～75℃、保持10～30分钟的杀菌方法；高温灭菌是将肉在100～121℃的温度下处理的灭菌方法，主要用于生产罐装的肉制品；超高温灭菌是经过超高温瞬时灭菌(135～150℃，4～15秒)的瞬间灭菌处理，完全破坏其中可生长的微生物和芽孢。

(3)干燥贮存。干燥贮藏是通过干燥处理降低畜产品中水分含量，使水分活度降低，抑制微生物和酶的活性。畜产品干燥方法有自然干燥和人工干燥两种。自然干燥法主要利用日晒、阴凉、风吹等实现；人工干燥法包括热风干燥、喷雾干燥、真空干燥和冷冻干燥等。为了达到贮存的目的，奶粉中水分含量应在8%以下，全蛋粉在10%以下，脱脂奶粉在15%以下。

(4)腌渍贮存。腌渍贮存是利用腌渍时加入的食盐、糖等提供高的渗透压以及发酵产酸抑制微生物活动。常用方法有盐腌法、糖制法、酸渍法和发酵法。食盐是肉品中常用的一种腌制剂，它不仅是重要的调味料，且具有防腐作用。食盐可以使微生物脱水、对微生物有生理毒害作用、影响蛋白质分解酶的活性、降低微生物所处环境的水分活度，使微生物生长受到抑制。食盐抑制微生物生长繁殖，但不能杀死微生物，因而要防腐必须配合使用其他方法。在肉品腌制剂中，硝酸盐、亚硝酸盐也是其重要的组成成分，它们不仅有发色作用、使肉制品光泽鲜艳，而且具有很强的抑菌作用，特别是对肉品中可能存在的肉毒梭菌具有特殊的抑制效果。

(5)烟熏贮存。将盐腌食品用植物性燃料烟熏或液熏而成。熏烟或熏液中虽有少量防腐物，但主要还是靠食盐、脱水及肠衣防污染起到防腐贮存作用。熏烟的成分很复杂，有200多种，主要是一些酸类、醛类和酚类物质，这些物质具有抑菌防腐和防止肉品氧化的作用。经过烟熏的肉类制品均有较好的耐贮存性。烟熏还可使肉制品表面形成稳定的腌肉色泽。由于熏烟中含有许多有害成分，有使人体致癌的危险性。因此，人们将熏烟中的大部分多环烃类化合物除去，仅保留能赋予熏烟制品特殊风味、有贮存作用的酸、酚、醇、碳类化合物，研制成熏烟水溶液，对肉制品进行烟熏，取得了很好的效果。

(6)其他贮存法。①气调贮存。通过改变环境的气体组成控制鲜活食品的呼吸强度,抑制微生物的生长繁殖和化学成分的变化,以达到贮存目的。②辐照贮存。将放射线用于食品灭菌、杀虫、抑制发芽等,以延长食品的贮存期限。③化学贮存。利用化学防腐剂抑制畜产品中的微生物,来实现贮存。④冰温贮存。冰温贮存是一种新的食品贮存保鲜技术,在−3～−1℃的冰温贮存条件下,研究鸡肉中微生物的生长状况,发现冰温贮存在短期内抑制微生物生长的效果优于冷冻贮存,长期贮存则与冷冻贮存保持同等水平。

## 二、畜产品运输

### (一)畜产品运输的概念和特点

畜产品运输是指畜产品借助于各种运力在空间上的移动。畜产品从生产领域转移到消费领域存在着空间的隔离,必须经过运输商品的使用价值才能实现,畜牧业的再生产过程才能继续。因此,运输是沟通畜牧业生产与畜产品销售的桥梁,是畜产品流通的一个重要环节。研究畜产品运输,就是要根据畜产品运输特点,合理组织运力,减少流通环节,缩短运输距离,降低运输费用,减少运输损失,按照"及时、准确、安全、经济"的原则,把畜产品从生产者运到市场,达到实现价值,满足消费的目的。

畜产品运输的特点主要表现在以下几方面。

1. 畜产品运输难度大　据报道,发达国家的畜产品加工量约占生产总量的70%,由于中国长期形成的饮食习惯,肉类加工比重目前还不到5%,深加工蛋品只占禽蛋总量的0.5%～1%,而美国、法国等国家鲜蛋加工为15%～30%。加工畜产品比例小,鲜活畜禽产品所占比例大,这无疑增加了畜产品的保管难度,再加上畜产品本地生产的不均衡性,也增加了运输的难度。

2. 需要专门的运输工具　活畜禽运输容易掉膘、应激或死亡;禽蛋产品容易破碎;皮毛、羽绒产品容易受湿和虫蛀;加工产品容易腐败变质。因此,畜产品运输前要加工处理和包装,运输过程中,对冷冻产品要使用冷藏设备。而中国冷藏保温汽车不超过5万辆,占货运汽车的比例仅为0.3%左右。而在销售环节,集贸市场拆零散卖远远大于超市,这使畜产品冷链存在中断现象。畜产品冷链体系的不健全,必将影响畜产品的质量安全,增加畜产品在物流过程中的损耗,提高畜产品的物流成本。目前,中国畜产品的物流费用占总成本的70%,而按照国际标准,此类费用最高不超过50%。

3. 畜产品生产的区域性　按照畜牧业区域布局,中国畜禽生产分为不同的产业带,畜产品的生产具有明显的区域优势和特点,因而决定了运输的多样性。运输工具、运力结构已经从由人驱赶发展到现代化的空运、船运和车运,形成了畜产品多层次多样化的运输网络。畜产品运输的特点,要求运输过程时间快、路程短、环节少、产品流向合理,尽可能实行产销联营和牧工商经营一体化。

### (二)畜产品运输管理

畜产品种类繁多,性质各异,且多属鲜活易腐产品。因此,针对畜产品的运输特点,加强畜产品运输管理非常必要。

1. 完善相关畜产品运输法律法规,充分学习和借鉴发达国家和地区畜产品运输法律法规方面的经验　结合中国畜产品运输的实际,尽快制定畜产品运输的市场准入、资格认证等方面的法律法规。

2.加大畜产品的冷链建设步伐,扶持专业物流企业的发展 政府可采取低息或无息贷款的形式,帮助大型专业物流企业购置畜产品的专用物流设备,提高其现代化水平,并逐渐改善渠道上游、渠道下游的冷链延伸。

3.建立畜产品的绿色通道,完善畜产品物流的市场环境 畜产品绿色通道是指不分品种、季节、路型,统一在收费口设立"绿色通道"标志,一律免收畜产品的过路费,尽量减免畜牧业生产企业的税费;有关管理部门应加大监管力度,积极治理畜产品运输中存在的不规范行为,完善畜产品物流的市场环境,实现物流企业的跨区经营。

4.充分发挥畜产品专业协会的行业管理职能 中国畜产品流通协会应发挥协会的管理职能。一方面,为政府相关政策的制定出谋划策;另一方面,做好企业的服务工作和行业管理工作。同时,协会应积极与高等院校、科研机构密切合作,加强科学研究,努力探索畜产品物流的新方法、新技术。此外,应充分发挥畜产品专业协会职能作用,逐步减少活畜禽在终端市场的流通,减少畜产品在集贸市场的销售,增加连锁超市在销售环节所占的比重。

## 本章小结

畜产品加工及贮运是畜牧业产业链中的重要环节。畜产品加工是以畜牧业生产中获得的畜禽初级产品为原料,运用物理的、化学的或生物学的方法进行加工的过程。畜产品加工是由肉、蛋、奶、皮、毛、绒等多项产品加工形成的庞大产业,是联系畜牧生产与人民生活的关键性中间环节;畜产品加工有助于延长畜产品保存期,提高畜产品营养价值,增加畜产品附加值,开拓并更好地适应畜产品市场需求。中国畜产品加工业取得了令人瞩目的成就,但也存在一定问题,发展方向应由量向质转变;发达国家畜产品加工技术随着科技发展与工业进步而飞速发展,成为国民经济的重要组成部分,发展趋势是将畜产品安全的质量控制放在首位。畜产品贮存是将畜产品保存在仓库等待运输、加工或销售,是畜产品流通正常进行的必要条件;根据贮存作用不同可分为季节性、周转性、调节性、专用性和寄养性贮存等,根据贮存原理不同可分为高温、辐射、化学杀菌贮存与低温、干燥贮存等;畜产品运输是沟通畜牧业生产与畜产品销售的桥梁;畜产品运输的特点是难度大、需要专门运输工具、畜产品生产区域性,因而加强畜产品运输管理非常必要。

## 复习思考题

1.何谓畜产品加工?畜产品加工的主要作用有哪些?

2.简述中国畜产品加工存在的主要问题。

3.简述发达国家畜产品加工的发展趋势。

4.简述畜产品贮存的主要类别以及主要方法。

5.畜产品运输的特点有哪些?应如何加强畜产品的运输管理?

# 参考文献


[1] 安克思. 畜牧渔业管理与执法全书. 北京：中国盲文出版社，1999.

[2] 陈小珂，刘鹏杰，邵立军. 中国皮革业的 2014：期待涅槃重生. 中国皮革，2015(1)：46-53.

[3] 范小建. 农产品加工重大关键技术筛选研究报告. 北京：中国农业出版社，2006.

[4] 郭利亚，王加启，李发第. 2015 年我国奶业发展的挑战与机遇. 中国畜牧杂志，2015，51(8)：24-27.

[5] 李胜利，曹志军，刘玉满，等. 2014 年中国奶业回顾与展望. 中国畜牧杂志，2015，51(2)：22-28.

[6] 李旭. 中国基层畜牧兽医工作指导全书. 北京：中国农业科学技术出版社，2006.

[7] 李增光，Chris Harris. 欧洲十大顶尖级禽肉食品企业概况. 家禽科学，2006(9)：3-4.

[8] 吕玲，吴荣富. 国内外蛋品产业发展现状及消费趋势. 中国家禽，2015，37(1)：46-50.

[9] 乔娟，潘春玲. 畜牧业经济管理学. 2 版. 北京：中国农业大学出版社，2010.

[10] 杨宁. 2014 年我国蛋鸡产业状况及发展趋势. 中国畜牧杂志，2015，51(2)：32-37.

[11] 张帆，陈建勇，李华平，等. 肉类保鲜技术的研究进展. 中国动物检疫，2007，24(6)：15-16.

[12] 张莹，肖海峰. 世界羊毛羊绒生产与贸易状况分析. 中国草食动物科学，2014 专辑：427-430.

[13] 中华人民共和国农业部畜牧兽医司. 畜牧业经济管理手册. 北京：中国农业出版社，1993.

[14] 周光宏. 畜产品加工现状与趋势. 中国食品学报，2011，11(9)：231-240.

# 第三篇

# 畜牧业微观经济管理

畜牧业微观经济组织

畜牧企业营销管理

畜牧业项目投资评估

畜牧业经济核算

# 第八章　畜牧业微观经济组织

◆　学习要点

- 畜牧业家庭经营和现代畜牧业家庭经营的特点及演变
- 畜牧业合作经济组织的特性、产生原因与运行特征
- 不同畜牧企业的组织形式与特征
- 畜牧业产业化经营的概念、成因与运行机制

## 第一节　畜牧业的家庭经营

### 一、畜牧业家庭经营概述

#### (一)畜牧业家庭经营的概念与演变

1. 畜牧业家庭经营的概念　所谓畜牧业家庭经营指以农牧民家庭为单位独立或相对独立地从事畜牧业生产经营活动的经营形式。家庭经营是一种弹性很大的经营形式,可以与不同的所有制、不同的物质技术条件和不同的生产力水平相适应。它既可以作为全民所有制或集体所有制的一个经营层次而成为社会主义公有制的畜牧业,也可以作为公有经济成员的自营畜牧业或非公有经济成员的个体畜牧业而成为个体经济形式的畜牧业,还可以是不同所有制联合经济形式的畜牧业。

2. 畜牧业家庭经营的分类　按照畜牧业在家庭经营中所占的比重由低到高来划分,畜牧业家庭经营主要有副业养殖户、兼业养殖户和专业养殖户等形式。①副业养殖户指在农牧民家庭经营条件下,除了从事其他主要生产活动以外,还饲养少量畜禽的农牧户。这种副业养殖户长期大量存在,反映了我国农牧业商品生产不发达的实际。②兼业养殖户是在农牧民家庭经营条件下,既饲养较多的畜禽,又经营种植业或加工业等其他生产活动的农牧户。这些农牧民正处于由副业养殖户向较大规模专业户过渡的阶段。与副业养殖户相比,兼业养殖户的劳动生产率和畜产品商品率显著提高,所生产的畜禽产品商品量已占较大比重。③专业养殖户是在农牧民家庭经营条件下,专门或主要从事畜禽饲养的农牧户。牧区的专业养殖户,虽然专门从事畜牧业生产,但大部分牧户是牛、马、羊等各种牲畜都有,并非专门经营某种牲畜。④畜禽专业养殖户是在专业分工的基础上专门从事某种畜禽的生产,如养鸡专业户、养猪专业户、

养牛专业户等。饲养畜禽专业户一般饲养规模较大,采用较先进的科学技术和经营管理,具有较高的劳动生产率和商品率,并能取得较好的规模经济效益。

3. 畜牧业家庭经营的演变　作为社会经济单位的家庭,在漫长的历史中经历了许多变化。畜牧业家庭经营也在各个历史阶段多次改变其发展条件和经营内容,并表现出不同特点。

在原始社会末期,父权制时代出现了夫妻制小家庭经营,开始从属于氏族公社的公有制,以氏族公社经济为主,小家庭经营为辅。随着私有财产的增多,小家庭经营活动也逐渐增多,成为相对独立的经营单位。

在奴隶社会,起初是家长奴隶制,家庭生产经营首先表现为作为奴隶主的家长支配着全部家产,支配着妻子、儿女和奴隶,家长自己也参加生产劳动。随后是社会范围内的奴隶制,奴隶主大规模地使用奴隶进行生产劳动成为占统治地位的组织,但畜牧业家庭经营仍普遍存在。

进入封建社会以后,以个体家庭为单位成为社会范围内普遍的生产经营形式,但由于封建生产方式的统治,所谓劳动者自己的家庭经济和经营权仍然十分有限。此外,多数农牧民的家庭经营并不是完全占有生产资料,耕种地和饲养的家畜大部分不属于自己。农牧民和地主之间除了单纯的租佃关系之外,还保留着宗法式的主仆关系。总的来说,这时的畜牧业家庭经营是自给自足式的。

进入资本主义社会以后,畜牧业家庭经营的高级形式——家庭畜牧场开始在欧美出现。家庭畜牧场是以家庭为单位经营,是一种农牧民拥有生产资料的所有权或使用权,能自行决策、人身上不依附于地主的独立经营农场的经济组织。它是独立自营的农牧民所经营的农场,农场主既是所有者、经营者,又是劳动者,主要依靠家庭劳动力。随着家庭畜牧场分化,以雇工为主的家庭畜牧场发展起来,逐渐在畜牧业生产中占据主要份额。时至今日,家庭畜牧场在西方发达国家的农场构成中仍占有绝对优势。

社会主义制度在苏联诞生以后,苏联首先在农村普遍建立了集体农庄,中国等其他社会主义国家也纷纷效仿。但在畜牧业合作化的过程中,采取单一的模式来组织合作社,取消了农牧民家庭经营,结果却不甚理想,畜产品的供给难以满足社会日益增长的需要。于是,各国纷纷进行改革,以寻求畜牧业发展的新出路。20 世纪 70 年代末中国开始在农村实行家庭联产承包责任制,即在土地集体所有的前提下,使农牧户获得土地的使用权,使土地的所有权和使用权分离,采取集体统一经营与农牧民家庭分散经营相结合的双层经营体制。由于农牧民有了经营自主权,家庭经营在中国农村有了长足的发展,畜产品的产量、质量迅速提高,品种不断增多。就全国来说,畜产品从总体上来说已经从供给不足转变为供给有余。这说明家庭经营在畜牧业中具有巨大的潜力、广泛的适应性和旺盛的生命力。

### (二)畜牧业家庭经营大量存在的根源

1. 畜牧业生产是自然再生产与经济再生产相交织,这一特性决定了畜牧业生产与家庭经营必须密切结合　相对于现代化的工业生产来说,畜牧业的劳动对象——动物的生长发育规律,决定了畜牧业生产的季节性、周期性、有序性,决定了畜牧业生产只能按自然界的时间,即按动物的自然生长过程依次进行各种作业。它一般与种植业密切结合,从而受制于草地和耕地,不能像工业生产那样把非常大量的生产条件进行集结,采取多品种和大量作业同步并进的办法;这就决定了畜牧业生产过程中,同一时期的作业比较单一,不同时期的不同作业多数又可以由同一劳动者连续完成。这样,畜牧业生产过程中的协作多是简单协作。简单协作在许多人手同时共同完成同一不可分割的操作时优于独立劳动,但在管理水平不高的情况下,往往还不如单个劳动者力量的机械总和。因为这既要增加监督成本,又可能产生偷懒行为。畜牧业生产的自然再生产和经济再生产的相交织,畜牧业劳动过程显著的季节性和突击性,决定了畜牧业的家庭经营成为一种较为合适的形式。

2.畜牧业自然环境的复杂多变性和不可控制性以及劳动成果的最后决定性,决定了家庭经营是更为合适的组织形式　畜牧业生产所处自然条件千差万别,其劳动很少有中间产品,成果大多表现在最终产品上,劳动者在生产过程各环节的劳动支出状况,只能在最终产品上表现出来。这决定了在畜牧业劳动中,各个劳动者在每时每地的劳动支出对最终产品的有效作用程度是难以计量的。只有将畜牧业生产者在生产过程中的各项劳动与最终的劳动成果及其分配直接挂钩,才能充分调动劳动者的生产积极性,而这只有在家庭经营的条件下才能更好地实现与完成。畜牧业自然环境的复杂多变性和不可控性,要求畜牧业的经营管理要具有灵活性、及时性和具体性。饲料种植决策、动物饲养决策、市场营销决策都要因时、因地、因条件制宜,要准、快、活。要做到这些,只有将畜牧业生产经营管理的决策权分散到直接生产者,即将劳动者和经营管理者结合起来,才能取得好的效益。在某种意义上说,畜牧业劳动和经营管理有较强的分散性,其成果有很大的差异性。农牧民的劳动成果在很大程度上需要各个农牧民对生产进行合理安排,依赖其对全过程细心地作业和管理以及对市场的预测。这些特点决定了家庭经营是畜牧业生产的一种较为合适的组织形式。

3.家庭成员具有利益目标的认同感,使得畜牧业家庭经营的管理成本最小,劳动激励多样

家庭既不是单纯的经济组织,也不是单纯的文化或政治组织,维系家庭存在的绝不限于经济利益这一纽带,而且还有血缘、感情、心理、伦理和文化等一系列超经济的纽带。这一特点使得家庭成员可以从许多方面来对组织的整体目标和利益认同,即把家庭其他成员的要求、利益和价值取向,比较自愿地当成自己的要求、利益和价值取向。正是由于这种互补机制的存在,大多数家庭无须靠纯经济利益的激励就能保持对其自身的目标和利益的基本一致性。由于家庭的婚姻、血缘关系,家庭经营组织具有较持久的稳定性,上一代对下一代的多方面的寄托所形成的继承机制使得家庭经营一般具有较长的预期,并能为实现这种预期而长时间地自愿协作。这使得畜牧业家庭经营表现出其他经济组织都不具有的激励规则。家庭成员努力工作,无须以内部精密的劳动计量并同报酬挂钩激励。因此,畜牧业的家庭经营,一般无须监督,管理成本几乎总是最小的。

4.家庭成员在性别、年龄、体质、技能上的差别也可实行分工和劳动力的充分利用　实行家庭经营,家庭劳动者及其全体成员可以进行家庭内部分工,使劳动力得到较充分利用。传统社会的"男耕女织"使家庭成为一个"小而全"的生产单位。在当代家庭分工协作的功能仍然存在。在劳动安排上,平时一人为主,忙时全家都上,必要时还可雇工,农闲时除照管人员以外,其余均可外出兼业。在劳动时间被分割得相当细碎的畜牧业活动中,一些闲散和辅助劳动力也得到了充分利用。这在严格分工的组织中往往难以做到,而家庭的自然分工却能较好地满足这种要求。

基于上述原因,畜牧业家庭经营可以适应不同的生产力水平、不同的所有制形式以及不同的社会制度。但传统畜牧业条件下的家庭经营与现代畜牧业条件下的家庭经营却有着天壤之别。传统畜牧业条件下的家庭经营是以自给自足、小而全、使用手工工具、物质和能源封闭性循环为基本特征的。现代畜牧业条件下的家庭经营已经走向了商品化、企业化、规模化、社会化,把畜牧业生产建立在现代科学的基础之上,从畜牧业以外投入大量的物质与能源。

### (三)现代畜牧业家庭经营的特征

1.畜牧业家庭经营的商品化　畜牧业家庭经营起始于自给自足的自然经济,随着社会分工的发展和社会生产力水平的提高,畜牧业的家庭经营必然逐渐走向商品化,农牧户从为自己而生产转向为社会而生产。畜牧业家庭经营的商品化指农牧户的经济活动由自然经济、半自然经济或自给半自给经济向商品生产、商品交换的商品经济转化。农牧户只有实现畜牧业生产的商品化,才能打破自给自足和小而全的畜牧业生产模式,使畜牧业生产走上专业化的道路和获得专业化的好处;才能打破畜牧业生产的自我封闭状态,获得外界各种生产要素的支援;才能促使农牧民在生产中讲求效率和节约成本,才能提高经济效益和增加收入。

2.畜牧业家庭经营的企业化　畜牧业家庭经营起源于满足自身对畜产品的需要,这是一种自然经济。在这种条件下,农牧户虽然是一个生产单位,但却不是一个企业。畜牧业家庭经营的企业化,是反映农牧户从自给自足、不进行经济核算的生产单位向提供商品畜产品、追求利润最大化、实行自主经营和独立经济核算、具有法人资格的基本经济单位的转变过程。这个过程是一个长期的渐进过程,也是必须经历的过程。农牧户只有实现企业化经营,根据市场需要生产适销对路的商品畜产品,通过严格的经济核算,来优化配置本家的各种生产要素,提高畜牧业生产的经济效益,最终才能够实现利润最大化目标,才能在市场经济条件下生存和发展。

3.畜牧业家庭经营的专业化　它指农牧户之间实行明显的社会分工,各农牧户逐步摆脱小而全的生产结构,生产项目由多到少,由分散到集中,由自给自足转变为专门为市场生产某种畜产品,其他生产项目或者降为次要的地位,或者成为从属的、辅助的生产部门,甚至完全消失。家庭经营的专业化有利于充分发挥农牧户的自然经济条件的优势,可以最大限度地利用这些优势集中生产某项畜产品,从而提高农牧户的盈利水平;有利于劳动者劳动熟练程度、技术水平的提高;有利于畜牧业机械和畜牧业技术的运用;有利于畜产品的贮藏、加工、包装、运输和销售;有利于整个社会畜产品供给数量的增加、品种的增多和质量的改善。

4.畜牧业家庭经营的规模化　由于畜牧业经营不像种植业那样严格受土地规模限制,现代的农牧民通过采用现代化的生产技术,进行集约经营,规模会逐渐扩大,劳动生产率会越来越高,一个农牧民所生产的畜产品可以供给越来越多的人消费,这也是我们发展畜牧业的主要目标之一。

5.畜牧业家庭经营的社会化　它指农牧户由孤立的、封闭型的自给性生产,转变为分工细密、协作广泛、开放型的社会化畜牧业生产的过程。其主要特点是各个农牧户都建立在社会分工和商品交换的基础之上,其再生产过程只有依靠在市场上的商品交换和与其他企业之间的密切协作才能完成。这个转变过程主要是通过畜牧业企业专业化、畜牧业作业过程专业化、畜牧业区域化、畜牧业商品化以及畜牧业社会化服务体系的发展与完善来实现的。畜牧业家庭经营社会化有利于充分发挥分工协作的优势,使各个农牧户、各个地区可以根据各自生产力要素的特点,发挥自己的优势,获得更大的经济效益;有利于打破农牧户和畜牧业部门本身的限制,从畜牧业外部输入更多的物质和能量;有利于农牧户打破自给、半自给的传统畜牧业经营模式所难以克服的狭隘、保守、缺乏进取精神和不讲求经济效益的落后状况,使农牧户在市场竞争的压力下,按照市场的需求进行畜产品的生产。

由于畜牧业家庭经营发生了上述变化,现代畜牧业家庭经营已与传统畜牧业家庭经营发生了质的区别,它保留了家庭经营的好处,又克服了传统的弱点,使其能与现代畜牧业生产力相适应。

## 二、我国畜牧业中的家庭经营

### (一)我国畜牧业家庭经营的特点

现阶段我国畜牧业中的家庭经营是我国畜牧业社会主义发展道路上的一种组织制度的创新。这种家庭经营既具有与以往一切家庭经营的共性,既保持了家庭经济所具有的好处,又具有中国特色。其主要特点包括以下几方面。

(1)畜牧业家庭经营是集体经济内部的承包经营,畜牧业家庭经营是集体经济内部的一个相对独立的经营单位,因而不同于集体经济内部的一般分工,它直接构成市场的经营主体。

(2)畜牧业家庭经营的最重要生产资料——土地是公有的,农牧户是承包者,土地所有权与使用权是分离的,农牧户拥有土地使用权。同时,在生产经营中还拥有自己所有、自己使用的生产资料。因而拥有充分的经营自主权,可以主动根据市场需求做出经营抉择,具有很大的灵活性。

(3)农牧户享有家庭经营的收益分配权。除了依法或依据合同向国家和集体进行交纳外,均归农牧户所有。农牧户的收入直接取决于家庭经营的成果。农牧户自己决定所得收入使用权,决定农牧户收入的消费与积累的比例与用途。这有力地调动了农牧民的积极性,推动了生产力发展。

(4)家庭经营是集体经济的一个经营层次。集体经济还有统一经营的层次,而且两个经营层次是密切结合在一起的。统一经营层次在各方面为承包户家庭经营服务,这就意味着家庭经营已经通过这一渠道,逐步纳入社会化生产体系,不再是孤立的、个体生产方式。

(5)我国农牧民家庭经营还具有另一方面的特点,并且反映了当前农牧民家庭经营的弱点。主要表现为:经营规模小;商品化程度和对市场适应程度还不高;大多缺乏现代技术装备;农牧民的文化、科技水平不高;家庭经营的社会化程度不高。但是,这些弱点不是家庭经营制度的必然产物,也就是说解决这些弱点,并不要改变这种制度,相反可以通过完善这种制度来解决。

### (二)我国畜牧业双层经营体制的发展

在我国畜牧业中,实行统分结合,宜统则统,宜分则分的双层经营,既可以发挥家庭经营调动劳动积极性的作用,又可以发挥集体统一经营规模优势的作用。不仅如此,集体统一经营还可以承担家庭办不了、办不好的事,成为将社会化服务引入家庭经营畜牧业的桥梁。适于统一经营的项目,主要是一家一户不能单独决策和经营的环节。主要有公有土地的统一安排、较大项目的建设,大型设备的购置和使用,新技术的推广,重大动物疫病的防控,动物废弃物无害化处理,产供销协调等。这些环节只有联合起来实行统一规划、统一决策和统一组织实施,才能发挥协作经营的优越性。适于分散经营的项目,则由家庭独立决策和实施,发挥家庭经营的主动性和灵活性。实行统分结合的双层经营体制,把统一经营与分散经营密切结合起来,互补长短,才能适于生产力的发展现状,充分发挥社会主义市场经济体制的优越性。

目前的问题是,双层经营体制中集体经济组织"统"的作用发挥得不好,没有切实发挥出集体经济组织的经济功能,只是作为政府部门的一个基层管理单位对广大农牧民进行管理,没有一定的经济实力为农牧民的生产提供社会化服务。集体经济组织的经济功能薄弱,使双层经营体制的两个经营层次不能协调发展。为了弥补集体经济组织经济功能薄弱的缺陷,引导农牧民发挥其聪明才智,可以利用各种新型合作经济组织把农牧民联合起来,发挥"统"的经济功能，适应市场经济的客观要求。

稳定家庭承包经营制，需要在生产力发展的基础上予以完善。完善的方向就是要不断克服传统农牧户经营的弱点，逐步向现代农牧户经营过渡。农牧户要进一步从自然经济、半自然经济向商品经济转化；农牧户要以市场为导向，逐步转化为企业经营；农牧户要进行产业调整和技术改革；农牧户要实行集约经营、实行专业化和适度规模经营；农牧户要进一步纳入畜牧业社会化生产体系，从而使农牧民家庭经营与现代畜牧业生产力发展相适应。

## 第二节　畜牧业合作经济组织与企业组织

### 一、畜牧业合作经济组织的概念与产生原因

#### (一)畜牧业合作经济组织的概念与特征

畜牧业合作经济组织，也称作畜牧业合作制，他是指以家庭经营为主的畜牧业小生产者为了维护和改善各自的生产以至生活条件，在自愿互助和平等互利的基础上，联合从事特定经济活动所组成的企业化组织形式。畜牧业合作经济组织的本质特征是劳动者在经济上的联合，一般具有以下几个特征。

(1)合作经济组织的成员是具有独立财产所有权的劳动者，并按自愿的原则组织起来，对合作经济组织的盈亏负有限责任。

(2)合作经济组织成员之间是平等与互利的关系，组织内部实行民主管理，合作经济组织内的工作人员可以在其成员中聘任，也可以聘请非成员担任。

(3)合作经济组织是独立财产的经济实体，并实行合作占有，其独立的财产包括成员入股的财产和经营积累的财产，在社会主义条件下还有部分公有化的基本生产资料。

(4)实行合作积累制，即有资产积累职能，将经营收入的一部分留作不可分配的属全体成员共有的积累基金，用于扩大和改善合作事业，不断增加全体成员的利益。

(5)合作经济组织的盈利分配以成员与合作经济组织的交易额为主。

#### (二)畜牧业合作经济组织产生的原因

1.社会分工与生产专业化需要畜牧业合作制　社会分工是商品生产存在的基本前提之一，畜牧业生产越专业化、商品化，就越要求进行各种形式的合作与联合。如果畜牧业生产是建立在自给自足的自然经济的基础之上，各个农牧户生产出来的畜产品，除了满足自给性需要以外，几乎没有什么剩余，那么他们之间就没有实行合作的必要。如果利用非经济手段强行地把不同的农牧户捏合到一起，就会阻碍生产力的发展。只有在各个农牧户之间，出现了相当的社会分工和专业化，生产的各个不同环节、阶段由不同的生产组织去完成的情况下，彼此之间才有进行合作的必要。

2.为了抗御市场风险和自然风险，畜牧业需要合作制　市场经济的发展，把众多的农牧户推向市场，分散的农牧户面对变化莫测的市场，风险陡增；畜牧业还是受自然灾害影响最严重的产业，单家独户几乎无力抗御自然灾害。为了减少和避免市场与自然所带来的风险，农牧民迫切需要合作制。

3. 在激烈的市场竞争中，小规模经营的农牧户需要合作制　一般来说，农牧户的经营规模狭小，单独采购生产资料难以获得价格优惠，单独出售畜产品也难以卖上好价钱，在生产中单独使用某种大型的机械或采用某项先进的生产技术措施就可能变得不经济。农牧户在激烈的市场竞争中，为了降低成本，提高盈利，就需要通过合作制联合起来，借助外部交易规模的扩大来节约交易成本，提高在市场竞争中的谈判地位，提高产品的售价，通过扩大经营规模提高机械设备等的利用率，寻求规模经济。

4. 畜牧业合作制与市场经济相伴而生　市场经济的发展是畜牧业合作制发展的基础和社会条件，市场经济的扩张是畜牧业合作制不断发展的土壤，并为他的进一步协调发展起推动作用。畜牧业合作制作为连接农牧民与市场的中介，对于推动市场经济的发展，维持畜产品市场和畜牧业要素市场的稳定与均衡，改善农牧民的社会与经济地位起到了极其重要的作用。

## 二、畜牧业合作经济组织的类型与运行

### (一)畜牧业合作经济组织的类型

畜牧业合作经济的具体组织，在世界上是多样化的，但其基本类型主要有生产合作、供销合作、信贷合作和产后合作(加工、运输等)。我国畜牧业合作经济组织有以下几种主要类型。

1. 区域性合作经济组织　即在废除人民公社制时，建立起来的以家庭联产承包为基础的、统分结合的双层经营集体经济组织，多数是以村为单位建立。主要特点是家庭经营与集体统一经营相结合，既能发挥农牧民家庭经营的积极性，又拥有合作经济的优越性。

2. 专业性合作经济组织　这是改革开放以来，发展起来的新型合作经济组织。主要特点是在不改变农牧民家庭经营的基础上，自愿地在某特定生产领域实行联合的合作组织。或者是在同一产业领域内(如养鸡合作、养猪合作等)，或者在某个生产环节合作(如畜牧业机械合作、运输合作、饲料合作、加工合作等)。同样起到既有家庭经营，又有合作经营的好处。这类合作社可以是跨地区的，一个农牧户也可以参加一个以上的专业合作组织。一般的是在专业户发展的基础上联合而成。

3. 供销合作经济组织　这是农牧民自愿联合起来的商业合作组织，入社的农牧民原有生产经营不变，而在购买和销售两个方面实行联合。我国供销社产生很早，1950 年时就已在全国范围内形成了一个强大的供销社组织系统。除了自营购销业务外，接受国家委托，从事代购、代销业务。供销社的发展对畜牧业的发展起了很大作用。但受左的干扰，供销社曾几次错误地过渡到国营商业。十一届三中全会之后，从 1982 年起对供销合作社体制进行改革，核心是恢复供销社社员集体所有的合作商业性质，恢复和加强供销社组织上的群众性、管理上的民主性和经营上的灵活性。供销社的改革取得了一定成效，现仍在不断深化与完善之中。此外，有些地方农牧民在自愿基础上也自行建立了一些从事供销活动的商业合作组织。

4. 农村信用合作经济组织　这是农牧民自愿联合起来的金融合作组织。它的宗旨是广泛吸收农村闲散资金，帮助社员解决生产上和生活上的资金困难。早在 20 世纪 50 年代，农村信用社已在我国普遍建立。但也受左的干扰，曾被并入中国农业银行。在改革开放以后，正逐步地恢复和加强信用社组织上的群众性、管理上的民主性和经营上的灵活性，把信用社真正办成群众性的合作金融组织。

### (二)畜牧业合作经济组织运行的基本原则

自世界上第一个合作社——罗奇代尔公平先锋社于1844年在英国诞生以来,合作制的发展已有170多年的历史。尽管世界各国合作制产生的背景、理论、发展的环境及发展的类型各不相同,但就合作制作为市场经济发展的产物,合作制作为一种国际运动,各国合作制的发展都有一定的共性。国际合作运动中有不同的合作学派、不同的理论观点,对合作制有不同的定义,因而不同的合作经济组织所遵循的基本原则也有所差别。但当前大多数合作经济组织及合作学者们仍信奉传统原则,即1966年国际合作社联盟提出的如下6项原则。

1.入社自由　任何人只要能从合作社的服务中获益并履行社员的义务、承担社员的责任都可入社,不得有任何人为的限制及社会、政治和宗教上的歧视。

2.民主管理　管理人员由社员选举产生或以社员同意的方式指派,他们对社员负责。基层合作社的社员有平等的投票权——一人一票,并参与决策。其他层次的合作社应在民主的基础上以适当方式进行管理。

3.资金报酬适度　股金只能获利息,不能分红,股金的利率必须受到严格限制,不能超过市面上通行的普通利率。

4.盈余返还　合作社活动的盈余有以下几种使用方式:用于合作社的发展,用于公共服务事业,按社员与合作社交易额的比例在社员中分配。

5.合作社教育　所有的合作社都应向其社员、雇员及一般公众进行教育,使他们了解合作社在经济及民主方面的原则和活动方式。

6.合作社之间的合作　为了更好地为社员及社区的利益服务,所有的合作社应以各种切实可行的方式与地方性的、全国性的或国际性的合作社组织加强合作。

以上6项原则在1984年国际合作社联盟第28届代表大会上又得到确认,也为世界上大多数国家的合作组织所接受并采用。中国所实行的社会主义市场经济是一种开放型的经济,中国畜牧业合作经济组织运行的基本原则也应该认真吸纳国际合作运动的成功经验,但又要结合中国的具体国情,形成具有中国特色的合作经济。

### (三)畜牧业合作经济组织运行的特征

1.合作目标的双重性,即合作经济组织的服务性和盈利性　畜牧业合作经济组织一方面要向各个成员提供生产经营服务,是一种互利关系;另一方面,又要最大限度地追求利润,是一种互竞关系。在以家庭经营为主的商品经济不断发展的情况下,急需提供产前、产中、产后等诸环节的优质服务。合作经济组织正是适应减小生产经营风险,扩大生产经营规模,提高劳动生产率的需要而建立起来的。合作经济组织与其成员发生经济往来时,不是以追求利润最大化为目标,但与外部发生经济往来时,必须以追求利润最大化为目标。只有如此,才能生存并更好地为其成员提供优质的服务。

2.合作经营结构的双层次性,即约定统一经营与分散经营相结合　以合作占有为核心,在个体制基础上形成合作制,主要是指在以家庭为基本生产经营单位的前提下,整个生产过程的某些环节由这些家庭共同组成的合作经济组织来统一完成,其合作关系即通过完成这些环节经营的经济组织迂回地体现出来。在这些合作环节上,家庭经营为合作经营所代替,而其他环节还基本保持家庭经营的特性。凡适宜于合作经营的生产、加工、储藏、营销和服务项目,都由合作经济组织统一经营,对某些生产要素的使用和某些生产环节的协调,也由合作经济组织统一安排。当然，合作经济组织不是对家庭经营的否定，而是构筑在家庭经营之上，并为其提高效益服务。在非合作的项目上，家庭经营仍保持其独立性。

3.合作经济组织的民主性，即自愿基础上的有效组合 合作经济组织按照自愿的原则，通过民主协商制订一系列切实可行的章程和制度，将有关问题以文字形式确定下来，具有一定的法律效力。合作经济组织是完全建立在自愿组合的基础上，在没有外界干预的条件下农牧民所做出的自主选择，联合各方彼此信任，需求一致。自愿避免了由于人为组合或行政撮合所带来的消极逆反心理，使全体成员始终保持应有的责任感和生产热情，这是合作经济组织具有旺盛生命力的重要原因。农牧民既可以离开原有的合作经济组织，又可以是几个合作经济组织的成员。这样自愿组合与自愿分离两种机制的交互作用，既催发了新企业的诞生，又加速了旧企业的强大或瓦解，从而形成经济发展的强大推动力。

## 三、畜牧业的主要企业组织

畜牧业的企业组织多种多样，按产权特性、组织方式、分配制度、决策模式等标准，可将畜牧业的企业组织划分为独资企业、合伙制企业、公司制企业等几种主要类型。

### (一)独资企业

独资企业，即为个人出资经营、归个人所有和控制、由个人承担经营风险和享有全部经营收益、投资人以其个人财产对企业债务承担无限责任的企业。

1.独资企业的特点

(1)企业的建立与解散程序简单。

(2)经营管理灵活自由。企业主可以完全根据个人的意志确定经营策略，进行管理决策。

(3)业主对企业的债务负无限责任。当企业的资产不足以清偿其债务时，业主以其个人财产偿付企业债务。有利于保护债权人利益，但独资企业不适宜风险大的行业。

(4)企业的规模有限。独资企业有限的经营所得、企业主有限的个人财产、企业主一人有限的工作精力和管理水平等都制约着企业经营规模的扩大。

(5)企业的存在缺乏可靠性。独资企业的存续完全取决于企业主个人的得失安危，企业的寿命有限。

2.独资企业的优点

(1)企业资产所有权、控制权、经营权、收益权高度统一。这有利于保守与企业经营和发展有关的秘密，有利于业主个人创业精神的发扬。

(2)企业业主自负盈亏和对企业的债务负无限责任成为了强硬的预算约束。企业经营好坏同业主个人的经济利益乃至身家性命紧密相连，因而，业主会尽心竭力地把企业经营好。

(3)企业的外部法律法规等对企业的经营管理、决策、进入与退出、设立与破产的制约较小。

3.独资企业的缺点

(1)难以筹集大量资金。因为一个人的资金终归有限，以个人名义借贷款难度也较大。因此，独资企业限制了企业的扩展和大规模经营。

(2)投资者风险巨大。企业业主对企业负无限责任，在硬化了企业预算约束的同时，也带来了业主承担风险过大的问题，从而限制了业主向风险较大的部门或领域进行投资的活动。

这对新兴产业的形成和发展极为不利。

(3)企业连续性差。企业所有权和经营权高度统一的产权结构，虽然使企业拥有充分的自主权，但这也意味着企业是自然人的企业，业主的病、死，他个人及家属知识和能力的缺乏，都可能导致企业破产。

(4)企业内部的基本关系是雇佣劳动关系，劳资双方利益目标的差异，构成企业内部组织效率的潜在危险。

### (二)合伙企业

合伙企业，是指自然人、法人和其他组织依照合伙企业法在中国境内设立的普通合伙企业和有限合伙企业。普通合伙企业由普通合伙人组成，合伙人对合伙企业债务承担无限连带责任。有限合伙企业由普通合伙人和有限合伙人组成，普通合伙人对合伙企业债务承担无限连带责任，有限合伙人以其认缴的出资额为限对合伙企业债务承担责任。

1. 合伙企业的优点

(1)可以从众多的合伙人处筹集资本，一定程度突破企业资金受单个人所拥有的量的限制，并使得企业从外部获得贷款的信用增强，扩大了资金来源。

(2)风险分散在众多所有者身上，合伙人承担共同偿还责任，使合伙企业的抗风险能力较之单一业主制企业大大提高。企业可以向风险较大的行业领域拓展，拓宽企业发展空间。

(3)普通合伙人对企业盈亏负有完全责任，这意味着所有普通合伙人都以自己的全部家当为企业担保，因而有助于提高企业信誉。

(4)经营者即出资者人数的增加，突破了单个人在知识、阅历、经验等方面的限制。众多经营者在共同利益驱动下，集思广益，各显所长，从不同的方面进行企业的经营管理，必然有助于企业经营管理水平的提高。

2. 合伙企业的缺点

(1)法律形式的复杂性。合伙制企业是根据合伙人之间的契约建立的，每当一位原有合伙人离开或者接纳一位新的合伙人，都必须重新确立一种新的合伙关系，从而造成法律上的复杂性，通过接纳新的合伙人，增加资金的能力也就受到了限制。

(2)决策时滞性。由于所有合伙人都有权代表企业从事经营活动，重大决策都需得到所有合伙人同意。因而很容易造成决策上的延误与差错。

(3)非经营合伙人承担风险较大。所有普通合伙人对于企业债务都负有连带无限清偿责任，这就使那些并不能控制企业的合伙人面临很大风险。

(4)合伙企业容易变动。合伙人之间在产权转让和经营决策上，容易产生意见分歧，而合伙制需要合伙人的共同意见才能决定。

### (三)公司制企业

公司制企业，简称为公司制，即具有独立的法律主体地位，可以对也仅对自己的行为负有限责任并冠以公司名称的现代企业组织形式。公司制经历了家族公司、家族控股、股份外部分散化、法人持股公司四个发展阶段。从其包含的具体内容形式上看，公司制又包括了无限责任公司、有限责任公司、股份有限公司、两合公司以及股份两合公司五种形式。其中有限责任公司和股份有限公司最为重要，也较为常见。因而，我国的公司法中只规定了有限责任公司和股份有限公司两种形式。

1. 有限责任公司　有限责任公司，简称为有限公司。我国《公司法》所称的有限责任公司是指在中国境内设立的，股东以其认缴的出资额为限对公司承担责任，公司以全部资产为限对公司的债务承担责任的企业法人。根据公司法的规定，必须在公司名称中标明“有限责任公司”或者“有限公司”字样。有限责任公司(有限公司)是我国企业实行公司制最重要的一种组织形式。其优点是设立程序比较简单，不必发布公告，也不必公布账目，尤其是公司的资产负债表一般不予公开，公司内部机构设置灵活。其缺点是由于不能公开发行股票，筹集资金范围和规模一般都比较小，难以适应大规模生产经营活动的需要。因此，有限责任公司这种形式一般适合于中、小企业。

有限责任公司具有以下几个特征。①有限责任公司的股东，仅以其出资额为限对公司承担责任。②有限责任公司的股东人数，有最高人数的限制，我国《公司法》规定，有限责任公司由 1 个以上 50 个以下股东共同出资设立。③有限责任公司不能公开募集股份，不能发行股票。④有限责任公司是将人合公司与合资公司的优点综合起来的公司形式。有限责任公司是享有法人权利的经营公司，由参加者投入的所有权(即资本份额)组成固定资本份额给予参加者参与公司管理的权利，并按份额得到公司的部分利润，即分得红利，在公司破产时，得到破产份额，及依法享有其他权利。

2. 股份有限公司　股份有限公司是指公司资本为股份所组成的公司，股东以其认购的股份为限对公司承担责任的企业法人。设立股份有限公司，应当有 2 人以上 200 人以下为发起人。股份有限公司的资本总额平分为金额相等的股份；公司可以向社会公开发行股票筹资，股票可以依法转让；法律对公司股东人数只有最低限度，无最高额规定；股东以其所认购股份对公司承担有限责任，公司以其全部资产对公司债务承担责任；每一股有一表决权，股东以其所认购持有的股份，享受权利，承担义务；公司应当将经注册会计师审查验证过的会计报告公开。

股份有限公司具有以下几个特征：①股份有限公司是独立的经济法人。②股份有限公司的股东人数不得少于法律规定的数目。③股份有限公司的股东对公司债务负有限责任，其限度是股东应交付的股金额。④股份有限公司的全部资本划分为等额的股份，通过向社会公开发行的办法筹集资金，任何人在缴纳了股款之后，都可以成为公司股东，没有资格限制。⑤公司股份可以自由转让，但不能退股。⑥公司账目须向社会公开，以便于投资人了解公司情况，进行选择。⑦公司设立和解散有严格的法律程序，手续复杂。

3. 有限责任公司与股份有限公司的异同

(1)相同点。①实行了“资本三原则”。一是资本确定原则。在公司设立时，必须在公司章程中确定公司固定的资本总额，并全部认足，即使增加资本额，也必须全部加以认购。二是资本维持原则。公司在其存续期间，必须维持与其资本额相当的财产，以防止资本的实质性减少，确保债权人的利益，同时，也防止股东对盈利分配的过高要求，使公司确保正常的业务运行。三是资本不变原则。公司的资本一经确定，除按严格的法定程序，不得随意改变，否则，就会使股东和债权人利益受到损害。作为股东拥有转让股权的权利和自由，但不得抽回股本，公司实行增资或减资，必须严格按法定条件和程序进行。②实行了“两个所有权分离原则”。即实行了公司法人财产权和股东投资财产权的分离。第一，依据我国《公司法》的规定：“在公司登记注册后，股东不得抽回投资，不再直接控制和支配这部分财产”；第二，“两权分离”不是两者的互相否定。因为股东的财产一旦投入公司，即构成公司的法人财产，并且股东该财产的所有权即转化成为公司中的股权。但是，股东不会因此丧失自己投资的财产权，其仍依法享有所有者的资产受益权、收益权、处分权和重大事项决策表决权以及管理者的选择权，同时可以依法自由转让股权，在公司终止时，依法享有行使分配剩余财产的终极所有权。③实行了“有限责任原则”。有限责任公司以其出资额为限对公司承担有限责任，公司以其全部资产对公司的债务承担有限责任。股份有限公司的股东则以其所持股份为限对公司承担有限责任。④公司都具有法人地位。依照法律或企业章程的规定，代表企业法人行使职权称之为法定代表。企业法人是指取得法人资格，自主经营，自负盈亏的经济实体，法人是具有民事权和主体的社会组织。

(2)不同点。①股东的数量不同。有限责任公司的股东1～50人，而股份有限公司的股东只有最低数量限制而没有最高数量限制。股份有限责任公司必须设立股东大会，股东大会是公司的最高权力机构。②注册的资本不同。有限责任公司要求的最低资本额较少，公司依据生产经营性质与范围不同，其注册资本数额标准也不尽相同。而股份有限公司注册资本的最低额，我国《公司法》规定为1 000万元，对允许由其他法律或行政法规定某些股份有限公司的注册资本限额可以高于1 000万元，如批准上市公司的股本总额不少于人民币5 000万元。③股本的划分方式不同。有限责任公司的股份不必划为等额股份，其资本按股东各自所认缴的出资额划分。股份有限公司的股票必须是等额的，其股本的划分，数额较小，每一股金额相等。④发起人筹集资金的方式不同。有限责任公司只能由发起人集资，不能向社会公开募集资金，其股票不可以公开发行，更不可能上市交易。而股份有限公司可以通过发起或募集设立向社会筹集资金，其股票可以公开发行并上市交易。⑤股权转让的条件限制不同。有限责任公司的股东可以依法自由转让其全部或部分股本；股东依法向公司以外人员转让股本时，必须有过半数股东同意方可实行；在转让股本的同等条件下，公司其他股东享有优先权。股份有限公司的股东所拥有股票可以交易和转让，但不能退股。⑥公司组织机构的权限不同。有限责任公司股东人数少，组织机构比较简单，可只设立董事会而不设股东会或不设监事会，因此，董事会往往由股东个人兼任，机动性权限较大。股份有限公司设立程序和组织复杂，股东人数较多而相对分散，因此，股东会使用的权限受到一定限制，董事会的权限较集中。⑦股权的证明形式不同。有限责任公司的股权证明是公司签发的出资证明书；股份有限公司的股权证明是公司签发的股票。⑧财务状况公开程度不同。有限责任公司不用向社会公开披露财务、生产、经营管理的信息，而股份有限公司的股东人数多，流动频繁，需要向社会公开其财务状况。

## 第三节 畜牧业产业化经营

### 一、畜牧业产业化经营的概念、成因与类型

#### (一)畜牧业产业化经营的概念与成因

1.畜牧业产业化经营的概念与特征 畜牧业产业化经营是指以国内外市场为导向，以提高经济效益为中心，依托龙头组织带动和科技进步，对畜牧业实行区域化布局、专业化生产、企业化管理、社会化服务、一体化经营，把产供销、贸工农紧密结合起来的经营体制。畜牧业产业化经营有以下基本特征。

(1)产业一体化。畜牧业产业化是从经营方式上把畜牧业生产的产前、产中、产后诸环节有机地结合起来,实行商品贸易、畜产品加工和畜牧业生产的一体化经营。

(2)生产专业化。实施畜牧业产业化经营,就是要从大而全的畜牧业向小而专的畜牧业转化,逐步走向专业化生产,可以专业到一个产品(如肉猪、肉鸡、蛋鸡)、一个生产环节(如猪的配合料、母猪、仔猪、育肥猪)上来。

(3)产品商品化。生产是为了交换和使用,只有在市场上才能实现生产的价值。产品只有经过市场的交换才能实现商品化。如果生产的产品中,相当部分仅供自家消费,则称不上产品商品化。

(4)管理企业化。就是用管理工业、企业的办法经营和管理畜牧业,以市场为导向,科学制订生产经营计划,把畜牧业生产当作产业链的某一环节或车间来组织和管理,从种猪等生产资料的组织供应,到育肥猪屠宰、储存保鲜、加工包装、运输销售等各个环节做到统筹计划、合理安排,实现全程社会化、规范化、标准化,从而降低生产成本,提高产品质量,扩大销售范围,实现优质、高产、高效的目标。

(5)服务社会化。通过一体化组织和企业、科技、教育机构及各种中介组织、经济组织,为畜牧业提供产前、产中、产后的信息,以及技术、资金、经营、管理、产品营销等各环节全方位的服务,促进各生产要素直接、紧密、高效地结合,实现畜牧业资源配置的最优化、效益最大化。

2. 畜牧业产业化经营的成因 畜牧业产业化经营组织的产生,是市场经济条件下经济发展的内在需要所发生的诱致性制度变迁。这种制度创新具有消除畜牧业企业进入市场的体制障碍、形成规模优势、生长新的发展机制、降低交易成本等功能,是经济利益驱动的产物。其主要原因如下。

(1)追求生产规模经济效益。畜牧业企业、特别是企业化的农牧户,在市场竞争中,都力求获得平均利润,甚至是超额利润,但在实际中往往不能实现。由于单个企业、单个农牧户的生产规模较小,在市场竞争中往往处于不利地位,而且企业和农牧户本身经营规模的扩大是有限的,从而产生了联合生产经营的必要性,以获取规模经济效益。

(2)追求产业链综合经营效益。由于畜禽饲养是初级产品生产,经营分散,组织化程度低,难以分享市场交易利益,往往不能得到平均利润,畜牧业生产中的增值流向了工业和商业部门。特别是随着畜牧业生产流程专业化的发展,畜牧业形成产前、产中、产后部门的社会分工,就更刺激了使这些环节组成完整的产业链条,实行供应、生产、加工、运销的联合经营体,从而提高畜牧业的综合经营效益,并使畜牧业生产能分享工商业领域里的一部分利润。

### (二)畜牧业产业化经营组织的类型

畜牧业产业化经营组织形式,各地区会因历史、自然、社会条件差异和生产力发展水平的不同而有所不同。通常可从以下两个角度来划分畜牧业产业化经营组织的类型。

1. 按产业化组织之间联系的程度划分

(1)松散型。即产业链中企业与农牧户的联系较为松散。企业与农牧民经营仍是独立的,在某一时期、某个环节、某个过程实行联合;其联合的形式、期限、内容、经济结算、双方的权利和义务都通过合同做出明确规定。如工商采购一方,通过与农牧民一方签订合同,稳定地获得所需要的商品畜产品(包括数量和质量),农牧民由此获得市场信息,进行有可靠销路的、有合理价格的商品生产,并获得技术和物资的支持。企业同农牧民之间的关系主要是简单的商品销售合同关系,企业按市场价收购农牧民的产品,农牧民独立组织生产和承担风险。这也就是通常所说的合同畜牧业,或叫订单畜牧业。

(2)半紧密型。即产业链中的龙头组织与农牧民之间有一定合作关系。由企业和农牧民共同建立生产基地,企业负责种畜禽、技术、加工、销售,农牧民负责生产管理。企业按保护价(高于平均生产成本)收购畜产品,主要承担市场风险,而农牧民主要承担生产风险。

(3)紧密型。即产业链中参加联合的各方,组成一个经济利益共同体。各参加方虽然仍是自负盈亏的经营单位,但他们自愿地组织在一起,他们之间已不是一般的市场关系,而是利益共同体与市场关系相结合的关系,是共同体内非市场安排与共同体外市场机制相结合的特殊利益关系。他们要有组织、机构、章程,明确各自在共同体的分工、职责、权利义务和利益分配,并以一个联合的经营主体参与市场竞争,从而获得较好的利益,并能共同承担经营风险。

2.按带动产业链的主要动力和生产结构划分

(1)龙头企业带动型。即以实力较强的企业为龙头,与畜产品生产基地和养殖户结成紧密的产、加、销一体化生产体系。其主要方式是合同契约或股份制,签约双方规定责、权、利。企业对基地和养殖户具有明确的扶持政策,提供全过程服务,设立畜产品最低保护价,并保证优先收购。养殖户按合同规定定时、定量向企业交售畜产品,由龙头企业加工、出售制成品。这在外向型畜牧业中较为流行。

(2)市场带动型。即以专业畜产品市场或专业畜产品交易中心为依托,拓宽畜产品流通渠道,带动区域畜产品专业化生产,实行产、加、销一体化经营。市场带动型具有集散畜产品、实现价值、汇集信息、引导生产等功能。

(3)中介组织带动型。中介组织有养殖专业合作社、供销社、技术协会、销售协会、畜牧兽医站等。充分发挥中介组织在信息、资金、技术、销售等方面的优势,不仅为农牧民的产、供、销提供各种服务,而且也为加工、销售企业提供服务,实现各类生产要素的优化组合和资源的合理配置。同时,协会还反映养殖者的呼声,保护农牧民的利益。

(4)主导产业带动型。从利用当地资源和开发特色畜产品入手,逐步扩大经营规模,提高畜产品档次,组织产业群、产业链,形成区域性主导畜牧业和拳头畜产品,走产业化道路。

(5)企业集团型。以畜产品养殖为基地,以加工、销售企业为主体,以综合技术服务为保障,把养殖、加工、销售、科研和生产资料供应等环节纳入统一经营体内,成为比较紧密的企业集团。

## 二、畜牧业产业化经营的运行机制

加快畜牧业产业化,关键是依据市场经济条件下畜牧业发展规律的内在要求和畜牧业产业化体系的基本特征,建立完善的畜牧业产业化经营的运行机制。畜牧业产业化经营的运行机制是指参与畜牧业产业化的各个主体——农牧户、合作社、龙头企业等在生产、加工、销售等环节中相互联系、相互约束,形成风险共担、利益均沾的自我运行的机能和系统。在畜牧业产业化经营的运行机制中,运转约束机制是前提,规模经营机制是基础,利益分配机制是核心,宏观调控机制是保证。

### (一)运转约束机制

畜牧业产业化经营要得以健康正常运行,首先需要良好地运转约束机制作为前提。畜牧业产业化经营至关重要的是各参与主体从一开始就界定产权,使参与主体真正成为产权明晰、自主经营、自负盈亏、自我发展的经济主体；使畜牧业产业化系统真正成为风险共担、利益均沾的经济共同体。同时按照现代企业制度的要求，畜牧业产业化的龙头组织应该实行以公司制或合作制，以法人身份在社会上出现，与其他市场主体做生意、打交道。从龙头组织与农牧户的连接关系及其要素组合的方式来看，畜牧业产业化的运行约束机制有以下三种。

1. 市场约束机制　由市场中的供求关系、市场主体之间的竞争、价格的变动及其相互转化、互为因果而形成的约束机制。在市场约束机制作用下，龙头组织凭靠自身的信誉和传统的产销关系，与农牧户和原料产地通过市场进行交易，价格随行就市。依靠市场约束机制，龙头组织定期到产地按市价向农牧户一次性买断收购。由于龙头组织和农牧户之间没有契约关系，没有利益纽带和风险责任，农牧户可能由于龙头组织到期不去收购，造成畜产品积压，从而遭受损失；或者龙头组织可能因农牧户惜售，不能及时购进畜产品，造成原料短缺，进而停机、停工而遭受损失。因此，仅凭市场约束机制，畜牧业产业化的模式只是松散的，只能是畜牧业产业化经营初级形式的一种约束机制。

2. 系统内非市场安排　通过系统内非市场安排，畜牧业产业化各主体之间原本在外部市场上进行交易的原料、半成品和制成品交易内部化，从而减少流通环节，降低交易成本，增加各主体的收入。从经济学角度看，无论是外部市场交易，还是系统内非市场安排都需要支付成本，但是否采取系统内非市场交易，则取决于内部化交易成本与外部市场交易成本的比较，若前者小于后者则可采取。

3. 合同约束机制　这是畜牧业产业化经营普遍采取的主要运转约束机制。龙头组织与基地和农牧户在自愿、平等、互利的前提下签订具有法律效力的产销合同、资金扶持合同和科技成果引进开发合同。在合同中明确规定各方的责、权、利。合同一经签订，就具有法律效力，任何当事方不得借口违约，一切依法按合同规定办事。即基地、农牧户按合同要求接受龙头组织的指导，搞好畜产品的生产，按合同规定向龙头组织出售畜产品；龙头组织则为基地、农牧户提供各种服务，按合同规定价格、期限收购畜产品。

### （二）规模经营机制

规模是效益的基础，有了适度规模，在正常状态下经营，就可以获得较大的经济效益。规模经营的最终目的是追求规模效益，实现效益最大化。畜牧业规模经营最显著的特征是占用较大的场地和饲养较多的家畜，并带来相应的规模效益。

从理论上讲，充分利用规模经济主要有两条途径：一是量上的延伸，即不断扩大经营主体的规模；二是质上的拓展，即依靠产业群体由各经济体的联合来实现。量的外延有限，而质的内涵无限。因此，从质的方面看，畜牧业规模经营可以通过集中化、一体化的形式，把众多的农牧户连接起来，形成规模基地，然后由龙头组织带动基地的办法，使各经营主体或利益主体形成资源、产品、技术、资金、服务等关系紧密的生产体系。这样，尽管单个农牧户的规模小，由于他们参与了整个生产经营体系或这个体系中的某个环节，便和这个体系共同进入市场，从而使整个体系获得规模优势和规模效益。畜牧业产业化要求畜牧业生产经营实行区域化布局、专业化生产、一体化经营、社会化服务和企业化管理，这在客观上就实现了畜牧业规模的扩大。

### （三）利益分配机制

利益分配机制是畜牧业产业化系统中的核心问题。从经济学观点来看，各参与主体通过对畜牧业产业化系统投入劳动、资金、产品、知识和技术，获得明晰的产权，得到可以接受的回报，是畜牧业产业化经营的根本。畜牧业产业化的利益机制必须通过分配方式来实现，由于畜牧业产业化的模式不同，在各种龙头组织和农牧户之间形成了多种利益分配方式。

1. 保护价格　保护价格是畜牧业产业化经营的经济利益共同体中的一种非市场安排，是根据市场行情以合同的形式订立的最低保护价格，为调动农牧民生产、出售畜产品的积极性，一般还规定当保护价格高于市场价格时，龙头组织按保护价格收购，当保护价格低于市场价格时，按市场价格收购。保护价格保障了农牧民的利益，使他们能够获得比较稳定的合理收益；同时，也保证了龙头组织有较稳定的原料来源，使得保护价格的制定受到龙头组织和农牧民的共同欢迎。在多种利益分配机制中，这种方式采用的较为普遍。

2. 利润分成　这种方式多用于多主体产加销一体化经营多品种或单品种产品的畜牧业产业化经营的股份制企业。农牧民和其他自然人或企业法人组建合伙企业或股份制企业，共同进行诸如饲草料种植加工、畜禽饲养、屠宰加工、畜产品储运经销，所得利润按所占股份分配。

3. 按交易额分配为主　这种利益分配方式存在于合作制企业即合作社当中。农牧户成为畜牧业合作社的社员，合作社可能生产经营饲草料、畜禽饲养、屠宰加工、产品运销等，合作社与社员形成一定的专业分工与合作，合作社为社员提供一定的专业化服务，社员从合作社购买一定的生产资料，或者向合作社销售自己的畜禽及产品，最终按交易额所占比例分配为主。

4. 补偿贸易　一些大型企业集团，为了得到价格稳定且质量及数量都有保证的畜产品供应，与畜产品生产企业以签订协议的形式结成利益共同体，发展畜牧业产业化经营。由集团提供资金、技术，由畜产品生产企业提供土地、劳动力以及基础设施和必要设备。投产后，大部分畜产品按当地市场价格或协商价格供应集团，并以畜产品货款抵付集团投入资金。集团与畜产品生产企业既是买卖关系，又是合作关系，双方都各自承担向对方购买商品的义务，并各自承担经营上的盈亏责任。

5. 免费扶持　在一些龙头企业与农牧户较为紧密的合作中，免费扶持较为常用。免费扶持的目的在于能够获得优质、及时的原材料供应，免费扶持的主要形式是免费服务，这种免费服务可以看作是龙头企业的经营策略或手段。

6. 预付定金　龙头组织向畜产品生产者预付一部分定金，以期提前得到原料产品的获取权，更好地安排生产。

7. 反租倒包　这种形式多是由龙头组织或实力较强的单位，为发展新兴产业，如发展特种养殖等，租用农牧民土地的使用权，然后再倒包给农牧民，进行统一规划、统一种养、统一管理，成为企业的一个车间。

### (四)宏观调控机制

宏观调控机制是由国家规划、经济政策和法律法规等宏观调控手段有机组成的调节和控制畜牧业产业化运行的体系。建立健全科学的畜牧业产业化宏观调控机制，是推进畜牧业产业化的根本保证。

1. 高起点搞好畜牧业产业化的总体规划　中央政府和各级政府根据畜牧业和农村经济发展的总体目标与发展战略，制定全国和区域性主导畜牧业、商品基地发展规划及具体的产业政策，按照市场导向、因地制宜、合理布局、结构重组、突出特色、形成基地的思路，制定出符合本地实际的长远发展规划，形成产业体系。

2. 制定优惠的经济政策，集中倾斜扶持畜牧业产业化发展　在金融方面，要加大政策性金融力度，把握支持重点，增加信贷投入，大力推进畜牧业产业化要素载体建设。政府可通过贴息、担保等方式鼓励各行各业，尤其是鼓励畜牧业产前、产后企业直接和农牧户签订信贷合同，以贷款、补贴和付货款等方式把资金投入畜牧业。在税收方面，对畜产品加工企业实行优惠的税收政策。在财政方面，以国家财政资金为导向，加大支持畜牧业产业化的资金投入力度。在用地方面，将畜牧业养殖用地纳入政府用地总体规划。

3. 完善畜牧业产业化法制建设　政府为推进畜牧业产业化经营，要严格合同签订，明确各方的权利和义务，并经公证部门公证，使产、加、销各环节的经济行为受法律约束。对畜牧业产业化经营的扶持、组织、协调、监督和保护，要制定相应的法规和条例，将保护畜牧业产业化发展纳入法制化管理轨道。

4. 加强协调，理顺管理体制，消除旧体制障碍　畜牧业产业化不仅涉及一、二、三产业，而且涉及立法、计划、体制、财政、金融、工商、税收、供销等部门。政府各部门之间要密切配合，共同研究制定产业化规范，有关政策法规，协调解决畜牧业产业化经营中遇到的在项目选择、部门沟通等方面存在的盲目性大、较分散、障碍多、效率低、不规范等问题。政府在体制上应强化综合服务职能，弱化部门分割和管理职责，打破行业界限和条块分割。在项目审批、工商登记、征用土地、物资供应、产品购销、交通运输、税收等方面实行优惠和倾斜。

## 本章小结

农牧户是畜牧业的基本经营单位，畜牧业家庭经营是一种弹性很大的经营形式，可以与不同的所有制、不同的物质技术条件相适应，可以与不同的生产力水平相适应，在各个历史阶段中多次改变其发展条件和经营内容。传统畜牧业条件下的家庭经营是以自给自足、小而全、使用手工工具、物质和能源封闭性循环为基本特征的。现代畜牧业条件下的家庭经营已经走向了商品化、企业化、规模化、社会化，把畜牧业生产建立在现代科学技术的基础之上，从畜牧业以外投入大量的物质与能源。我国畜牧业家庭经营是建立在双层经营体制下，应重视发挥集体经济组织的作用。畜牧业合作经济组织指畜牧业小生产者为维护和改善各自的生产以至生活条件，在自愿互助和平等互利的基础上，联合从事特定经济活动所组成的企业化组织形式；畜牧业合作经济组织运行的基本原则是入社自由、民主管理、资金报酬适度、盈余返还、合作社教育、合作社之间的合作；畜牧业合作经济组织具有合作目标的双重性、经营结构的双层次性、政治上的民主性等特点；畜牧业合作经济组织的类型主要有区域性合作、专业性合作、供销合作和农村信用合作等。畜牧业的企业组织多种多样，按产权特性、组织方式、分配制度、决策模式等标准，可将畜牧业的企业组织划分为独资企业、合伙企业、公司制企业等几种主要类型。畜牧业产业化经营指在龙头组织带动下，把产供销、贸工农紧密结合起来的经营体制。按产业化组织之间联系的程度和带动产业链的主要动力等，可将畜牧业产业化经营组织形式划分为不同的类型。在畜牧业产业化经营的运行机制中，运转约束机制是前提，规模经营机制是基础，利益分配机制是核心，宏观调控机制是保证。

## 复习思考题

1. 什么是畜牧业家庭经营？畜牧业家庭经营大量存在的根源是什么？
2. 现代畜牧业家庭经营有哪些主要特征？我国畜牧业家庭经营有哪些主要特点？

3.畜牧业合作经济组织产生的原因是什么？

4.简述畜牧业合作经济组织运行的基本原则。

5.简述我国畜牧业合作经济组织的主要类型及特点。

6.简述畜牧业企业组织的主要类型及特点。

7.什么是畜牧业产业化经营？其主要特点是什么？

8.简述畜牧业产业化经营的运行机制。

## 参考文献

[1] 邓效慧，韩立民.农业产业化经营的运行机制.山东农业大学学报：社会科学版，2001(9)：71-73.

[2] 韩俊文，丁森林.畜牧业经济管理.北京：中国农业出版社，2003.

[3] 李秉龙，薛兴利.农业经济学.3版.北京：中国农业大学出版社，2015.

[4] 李明哲，张光辉，王钟建.中国畜牧业经济学导论.北京：农村读物出版社，1993.

[5] 刘强，乔永信.农业经营与管理.2版.北京：高等教育出版社，2007.

[6] 牛若峰，夏英.农业产业化经营的组织方式和运行机制.北京：北京大学出版社，2001.

[7] 乔娟，潘春玲.畜牧业经济管理学.2版.北京：中国农业大学出版社，2010.

[8] 谭静，陈文宽.农业产业化新论.成都：四川科学技术出版社，2006.

[9] 王秉秀.畜牧业经济管理学.2版.北京：中国农业出版社，1997.

[10] 张绍焱，梅德平.中国农业产业化问题研究.北京：中国经济出版社，1999.

[11] 赵保佑，张成智.农业产业化经营理论与实践.郑州：黄河水利出版社，1999.

# 第九章 畜牧企业营销管理

◆ 学习要点

- 畜牧企业营销计划的概念及作用
- 企业营销计划的一般内容及分类
- 畜牧企业营销机会分析和评价的方法
- 畜牧企业的主要营销策略

## 第一节 畜牧企业营销计划

### 一、畜牧企业营销计划的概念及作用

畜牧企业营销计划是指畜牧企业针对畜牧业的特点，通过对自身的内部和外部营销环境分析，发现顾客对畜产品的需求，从而确定企业的目标市场和自身的竞争优势，并制定有效的营销方案和控制措施，以达到预期的市场目标的过程。该过程能够为畜牧企业提供一种考虑问题的思路，使得畜牧企业能在比较复杂的市场环境中获得一种高水平的技巧，可以为畜牧企业一系列营销活动提供指导性框架，使畜牧企业营销活动达到预期的效果。

畜牧企业制订营销计划的目的就是要决定目前企业应该做些什么，增加将来实现目标的机会。面对买方市场和变化的环境，畜牧企业为了生存和发展，必须制订灵活、有效、持续和创造性的营销计划，这样才能帮助企业管理者在激烈的市场竞争中获取竞争优势，提高管理能力和市场营销绩效。

### 二、畜牧企业营销计划的内容与分类

#### （一）畜牧企业营销计划的内容

一般来说，生产多种产品的企业通常进行 3 个层次的计划：①企业层次计划，即制订出通常所说的企业战略计划；②经营单位层次计划，即制订出战略性营销计划等；③产品市场层次计划，也称为经营性营销计划。一些大、中型企业可能将长期战略计划在企业层次计划中进行，而营销计划和产品营销计划则分别制订；一些小型企业可能同时制订三个层次的计划。

作为畜牧企业的市场营销管理者，在制订营销计划时必须考虑以下问题：本企业将会为哪

些顾客服务？在为目标顾客服务过程中可以在哪些方面获得竞争优势？如何实现市场营销的职能？由谁来实现？最终的销售额会有多大？这些营销活动对顾客和社会的短期和长期影响是什么？所有这些问题都要通过一份认真考虑、精心编写的营销计划表述出来。因此，一份优秀的营销计划书应包括以下 4 个部分。

1. 形势分析　主要包括：①市场分析：国内畜产品供求情况、进出口情况、法规与政策变化等；②顾客分析：人口变化、收入变化、消费观念和消费方式变化等；③竞争性分析：同行业竞争企业的市场占有率、营销策略、潜在产品竞争情况等；④机会分析：新市场开拓、新产品开发、品牌塑造等。

2. 目标制定　主要包括：①企业的长期与短期销售目标等；②企业不同发展阶段、不同市场、不同品牌产品的利率目标等；③企业的核心顾客群、潜在顾客群等。

3. 营销战略　主要包括：①以企业总体发展战略为指导，制定营销人员奖励制度、广告宣传策略等；②制定产品、价格、渠道、促销等策略的整合；③制定分年度、分产品、分地区的营销活动开支预算。

4. 监测和控制　主要包括：①实施效果分析：建立营销计划执行监测组织，定期和不定期进行考评分析实施效果；②建立产品售后服务制度，收集、整理顾客反馈信息。

### （二）畜牧企业营销计划的分类

1. 按营销计划的重要性和所处地位可分为　①战略营销计划，即为整个企业营销的纲领和基本策略；②地区营销计划，即针对不同地区市场的特点所制定的营销方案，如国内畜牧企业所制定的本地市场营销方案和外地市场营销方案，跨国畜牧企业所制定的国内市场营销方案和国外市场营销方案；③产品营销计划，即针对不同产品的特点所制定的营销方案，如饲料加工厂制定的猪的配合饲料营销方案、鸡的配合饲料营销方案等。

2. 按时间长短可分为　①长期营销计划（一般为 5 年以上）；②中期营销计划（一般为 2～5 年）；③年度营销计划（一个经营年度）；④短期营销计划（一个季度或一个月）。一般来说，年度营销计划是畜牧企业最常用的营销计划，它的内容包括：产品销售量或销售额、利润额、销售人员配置、销售策略和销售预算等。

3. 按目标顾客的收入差异可分为　高收入者市场的营销计划（开发高档品牌畜产品市场，如开发微型猪、山地放养鸡等）、低收入者市场的营销计划。

4. 按目标顾客的年龄差异可分为　老年人市场的营销计划、青年人市场的营销计划等。

5. 按销售渠道的不同可分为　连锁超市的营销计划、农贸市场的营销计划等。

# 第二节　畜牧企业营销目标决策

## 一、畜牧企业营销机会分析

市场机会是指由环境变化造成的对企业营销活动富有吸引力和利润空间的领域。在这些领域，企业拥有竞争优势。畜牧企业的机会分析就是要帮助畜牧企业找到这些能使其获得竞争优势的领域。通过市场机会分析，畜牧企业不仅要发现市场中是否存在着机会，还要从那些存在着的市场机会中发现属于企业的机会——也就是能够与畜牧企业目标和资源相结合。机会分析是一个复杂的过程，需要综合所有的分析活动，帮助企业进行选择。在这一过程中，需要对企业外部环境和内部因素进行分析，考虑市场机会潜在的吸引力和成功的可能性大小，从而为企业进行目标市场选择提供决策参考。

### （一）畜牧企业的外部环境分析

畜牧企业的外部环境对于企业营销而言，是作为不可控制的因素和变量而存在，这些因素和变量是影响畜牧企业营销活动及其目标实现的外部条件。任何企业都是生存在一定的环境之中，企业的营销活动不可能脱离周围的环境而孤立进行。畜牧企业也是如此，他们的营销活动必须要以外部环境为依据，主动地去适应外部环境。同时，通过企业自身的营销努力去影响外部环境，使外部环境有利于企业的生存和发展，提高企业营销活动的有效性。畜牧企业的外部环境包括宏观环境和微观环境两大方面。

1.宏观环境分析　畜牧企业的宏观环境是指那些给企业造成市场机会和环境威胁的主要社会力量。

(1)人口环境。人口是构成市场的第一因素，因为市场是由那些想购买商品同时又具有购买力的人构成的。人口环境主要包括：人口的数量、年龄结构、地理分布、婚姻状况、出生率、死亡率、密度、流动性及其文化教育和家庭规模等。

(2)经济环境。它主要指购买力水平，既是市场形成并影响其规模大小的决定因素，也是影响企业营销活动的直接经济环境。购买力是实际收入、价格、储蓄和信贷等一系列经济变量的函数，具体包括：消费者收入水平（个人总收入、个人可支配收入、个人可任意支配收入）、消费者支出模式和消费结构、消费者的储蓄和信贷等。经济环境还包括影响营销活动的间接经济环境因素、经济发展水平、经济体制、地区与行业发展状况、城市化水平等。

(3)自然环境。自然资源是指自然界提供给人类各种形式的物质财富，如矿产资源、森林资源、土地资源、水力资源等。企业的营销活动要受自然环境的影响，同时也对自然环境产生影响。因此，畜牧企业在生产过程中既要考虑企业的生产成本，还要考虑到自然环境等方面因素，注意节约水资源，保护好生态环境，处理好畜禽养殖废弃物，避免污染环境等。

(4)技术环境。科学技术是社会生产力新的和最活跃的因素，作为营销环境的一部分，科技环境不仅直接影响企业内部的生产和经营，还同时与其他环境因素互相依赖、相互作用，与经济环境、文化环境的关系更紧密，尤其是新技术革命，既给企业造就了机会，又带来了威胁。随着我国加入WTO以及畜牧业不断地全面向世界开放，国外很多畜牧企业已进入我国市场，畜牧业生产技术、产品质量等方面的竞争日趋激烈，国内的畜牧企业必须重视技术环境的改变对市场变化的影响。

(5)政治与法律环境。政治与法律是影响企业营销的重要宏观环境因素。政治因素像一只有形之手，调节着企业营销活动的方向，法律则为企业规定商贸活动行为准则。政治与法律相互联系，共同对企业的市场营销活动发挥影响和作用。畜牧业和种植业一样是国家基础性产业，对稳定民生和经济都有很大作用，各个国家对其管制的力度都比较大，制定了很多法律和规章制度，如关于生猪、奶牛等养殖标准、畜产品质量安全标准等。因此，畜牧企业在进行营销活动时必须考虑到国家的有关政策法规。

(6)社会与文化环境。社会文化主要是指一个国家、地区的民族特征、价值观念、生活方式、风俗习惯、宗教信仰、伦理道德、教育水平、语言文字等的总和。对于畜牧企业来说，不同的宗教信仰对畜产品可能有不同的需求，例如我国的回族就禁食猪肉，这是回族最重要的禁忌，甚至有些地方的回民不仅忌食猪肉，而且对其他民族盛过、做过猪肉的炊具、碗筷、器皿也不用、不接触。印度禁食牛肉，日本很多人禁食狗肉。因此，畜牧企业的营销人员在从事企业营销活动的时候，要特别注意这些特殊的宗教信仰、价值观念、消费习俗等，这对企业来讲可能是一次机会，也可能是一种威胁。企业必须要清楚地识别它们，才能采取行之有效的方案应对它们。

2.微观环境分析　畜牧企业的微观环境是指那些直接影响企业经营活动的市场组织和社会力量。

(1)供应商。供应商是向企业及其竞争者提供生产产品和服务所需资源的企业或个人。他们所提供的资源主要包括原材料、设备、能源、劳务、资金等。畜牧企业过分依赖一家或少数几家供货商，受到供应变化的影响和打击的可能性就大。为了减少供应商对企业的影响和制约，就要尽可能多地联系供货商，向多个供应商采购，尽量注意避免过于依靠单一的供应商，以免与供应商的关系发生变化时企业陷入困境。

(2)营销中间机构。营销中间机构是指那些能协助畜牧企业推广、销售和分配产品给最终买主的企业。主要包括：①协助企业寻找顾客或直接与顾客进行交易的商业企业，即代理商或者经销商。②协助生产企业储存产品和把产品从原产地运往销售目的地的仓储企业、运输企业等。③市场调研公司、广告公司、各种广告媒介及市场营销咨询公司等帮助企业正确地定位和促销产品的市场营销服务机构。④主要负责为货物的购销提供资金和保险服务的银行、信贷公司、保险公司等金融机构。

(3)目标顾客。企业与供应商和中间商保持密切关系的目的，是为了有效地向目标市场提供商品与劳务。畜牧企业的目标市场可以是国内外下列几种顾客市场中的一种或几种：消费者市场、生产者市场、转卖者市场、政府市场。这些不同类型的市场，都有自己的特点，营销部门和营销人员必须认真加以分析。

(4)竞争者。企业要想在市场竞争中获得成功，就必须能够比竞争者更有效地满足消费者的需要和欲望，使企业产品与竞争者产品在消费者心中形成明显差异，从而取得竞争优势。从市场需求的角度划分，竞争者可分为四种类型：①提供不同的商品或服务满足消费者不同需要的欲望竞争者。对动物食品生产商来说，生产经营非动物食品、服装、家居用品乃至交通工具等的企业都可能是其愿望竞争者。②提供不同类别的产品去满足消费者同一种欲望的类别竞争者。若消费者想获得蛋白质和脂肪类食物，他既可以选择动物类的畜产食品和水产食品，也可以选择植物类的食品等。③提供不同形式的产品去满足消费者同一种欲望的产品形式竞争者。若消费者想吃动物性食品，畜牧企业可选择生产猪、鸡、牛、羊、兔等不同类别的畜产品，都能满足消费者想吃动物性食品的欲望。④提供满足消费者同一需求产品的不同品牌的厂商之间的品牌竞争者。当消费者决定要购买鲜牛奶后，他可以选择伊利、蒙牛、光明、三元等不同的品牌。

(5)社会公众。公众就是对企业实现其市场营销目标有着实际或潜在影响的群体。公众可能有助于增强一个企业实现自己目标的能力，也可能妨碍这种能力。每个企业的周围有七类公众：金融公众、媒介公众、政府机构、公民行动团体、地方公众、一般公众和内部公众。

### (二)畜牧企业的内部因素分析

为了能够评价企业所面对的市场机会是否是企业的机会，必须将企业的外部环境分析与内部因素分析相结合。内部因素主要是指企业对市场机会做出反应的能力，包括企业的宗旨（或任务），企业的营销资源、生产资源、资金资源、管理资源等。

1. 企业的宗旨　出现市场机会是企业采取行动的必要条件，但不是充分条件。管理者必须决定是否打算利用现有的机会，判断本企业是否具有充足的资源可以成功地发掘利用机会。市场上总是不断地出现机会，但并不是所有的企业都进行了充分的准备，能够利用机会。企业的宗旨与企业将选择哪一个市场机会有直接联系。企业应该利用自己的宗旨说明或任务说明来评价市场机会。企业的市场行动与自己的宗旨之间必须紧密结合。企业只能寻找那些帮助自己实现总体任务的机遇，应该放弃那些对实现总体任务毫无帮助的机会。例如，一家提供畜产品的企业将自己定位在提供高品质的产品上，然而市场上存在着需求低质低价产品的细分市场，虽然这个细分市场的市场潜力很大，而且竞争并不激烈，非常具有吸引力，但这个细分市场不能被看作是该企业的机会。如果企业试图满足这一细分市场的需求，那么将直接背离自己制订的任务，因而企业必须放弃这种机会。

2. 企业的营销资源　一个企业要能够利用机会，则要求他的员工具备开发和实施有效的营销战略所必需的营销技巧。许多在创业初期获得成功的企业，在新的经营环境下由于缺乏营销创新，不能有效地开展营销活动，从而使企业成长受阻。如果一个企业仅仅依靠自己的组织机构，无法取得充足的营销技巧，那么它或者必须具有雄厚的资金，招募营销员；或者必须找到一家成功的企业兼并自己，这家成功企业应该在市场占有一席之地，具有强大的营销能力。

3. 企业的生产资源　几个具有显著差别的生产资源要素是：生产能力、协同效应、成本结构、技术以及员工技能。企业的生产能力要受企业以前的生产装备水平的影响。从短期来看企业的生产能力通常是固定不变的，但在一段较长的时间内，企业会因为新的战略机会而改变生产能力。短期内企业员工的生产技能也被认为是固定不变的。因此，企业必须既要具有一定的生产能力，又要具有熟练的员工，否则企业必须具有雄厚的融资实力，能够扩大生产能力和吸引熟练的员工。一个企业能否拥有低成本生产能力，常常决定了该企业是否能够利用市场上的某些机会。当企业生产新的产品时，如果能够充分利用现有的生产工艺、技术、资源和副产品等，就有可能出现生产的协同效应。如果企业不能以合理的费用获得要求的技术，就不得不放弃某些市场机会。

4. 企业的资金资源　企业可以利用的各种资金资源以及从这些渠道所可能筹集的资金总额，将影响企业有效进入一个市场的能力。有许多的机会存在着不可逾越的资金障碍，这些机会不但需要大量的资金，而且需要高额的营销费用。此外，市场上常常存在着似乎很有吸引力的机会，但这些机会的投资回报率太低。企业为了保证自己具有足够的生产能力和营销能力，必须获得充分的资金资源，或者在开始寻找机会之前，企业必须能够容易地进入金融市场。

5. 企业的管理资源　企业的管理资源也是影响企业捕捉市场机会的重要因素。管理资源包括管理者的能力、组织制度、对市场变化的反应机制等。例如，当企业为抓住与当前业务截然不同的机会时，可以利用资金资源来弥补目前在人员方面的不足，即企业可以聘用新的管理者，利用其管理技术特长，补充完善现有管理者的技术。

## 二、畜牧企业营销目标选择

对于一个企业来讲，营销计划中的目标一般有 3 个，即销售目标、利润目标、顾客目标。销售目标与企业对该行业的影响密切相关，并且是企业行为的基本衡量标准之一，它与企业提供的产品、生产活动、资金预算等活动紧密相连。销售目标可以采用具体数字的形式表示，也可用总额的百分比形式表示。如果销售目标使用百分比的形式，在资金预算和评价财务影响时需要转化成数字的形式。利润目标要求计划者既从销售额的角度估计实现企业目标需要的资源，又从成本的角度进行评价。对于新产品，应该在推出该产品之前分析产品的盈利能力。对于已有的产品，为了预测将来的利润水平，可以进行销售分析和成本分析。销售预测与营销战略实施中的成本估算相结合，提供了制定利润目标的基础。顾客目标通常是企业的目标市场，在这个目标市场中，企业将以自身资源最大可能地满足该市场中顾客的需求，同时通过市场定位取得差异化优势。

但是，要完成这些目标的制定，企业营销者不仅要完成企业的机会分析，还必须要发现这些机会的价值。不同的市场机会可为企业带来大小不同的利益，即不同市场机会的价值具有差异性。为了在千变万化的营销环境中找出价值最大的市场机会，企业需要对市场机会的价值进行更为详细具体的分析。

### (一)市场机会的价值因素

1. *市场机会的吸引力*　市场机会对企业的吸引力是指企业利用该市场机会可能创造的最大利益，表明企业在理想条件下充分利用该市场机会的最大极限。反映市场机会吸引力的指标主要有以下几项。

(1)市场需求规模。表明当前市场机会所提供的待满足的市场需求总量的大小，通常用产品销售数量或销售金额来表示。事实上，由于市场机会的公开性，市场机会提供的需求总量往往由多个企业共享，特定企业只能拥有该市场需求规模的一部分。因此，这一指标可以由企业在该市场需求规模中当前可能达到的最大市场份额代替。尽管如此，若提供的市场需求规模大，则该市场机会使每个企业获得更大需求份额的可能性也大一些。

(2)利润率。不同经营现状的企业其利润率是不一样的。利润率反映了市场机会所提供的市场需求在利益方面的特性，与市场需求规模一起决定企业当前利用该市场机会可创造的最高利益。

(3)发展潜力。它反映的是市场机会为企业提供的市场需求规模、利润率的发展趋势及其速度情况。发展潜力同样也是确定市场机会吸引力大小的重要依据，即使企业当前面临的某一市场机会所提供的市场需求规模很小或利润率很低时，由于整个市场规模或该企业的市场份额抑或利润率有迅速增大的趋势，则该市场机会对企业来说仍可能具有相当大的吸引力。

2. *市场机会的可行性*　它是指企业把握住市场机会并将其转化为具体利益的可能性。从特定企业角度来讲，只有吸引力的市场机会并不一定能成为本企业实际上的发展良机，具有大吸引力的市场机会必须同时具有强可行性才会是企业高价值的市场机会。例如，某公司在准备进入养猪业市场时，意识到尽管该市场潜力很大(吸引力大)，但公司缺乏必要的技术能力(可行性差，市场机会对该公司的价值不大)，所以开始并未进入该市场；后来，该公司通过收购另一家养猪场具备了应有的技术(此时可行性已增强，市场机会价值已增大)，这时公司才正式进入该市场。市场机会的可行性是由企业内部环境条件、外部环境状况两方面决定的。

(1)内部环境条件。企业内部环境条件对市场机会可行性的决定作用表现在以下三方面。①市场机会只有适合企业的经营目标、经营规模与资源状况，才会具有较大的可行性。例如，一个具有很大吸引力的生猪需求市场的出现，对主营方向为乳品的企业来说，可行性就不如对肉类动物饲养企业的可行性大；同时，即使是同一行业的企业，该市场机会对经营规模大、实力强的企业与对经营规模小、实力弱的企业的可行性也不一样。②市场机会必须有利于企业内部差别优势的发挥才会具有较大的可行性。所谓企业的内部差别优势是指该企业比市场中其他企业具有更优越的内部条件，通常是先进的工艺技术、强大的生产力、良好的企业声誉等。企业应当对自身的优势和劣势进行正确分析，了解自身的内部差别优势所在，并据此弄清市场机会的可行性大小。此外，企业还可以有针对性地改进自身的内部条件，创造出新的差别优势。③企业内部的协调程度也影响着市场机会可行性的大小。市场机会的把握程度是由企业的整体能力决定的。针对某一市场机会，只有企业的组织结构及所有各部门的经营能力都与之相匹配时，该市场机会对企业才会有较大的可行性。

(2)外部环境条件。企业的外部环境从客观上决定着市场机会对企业可行性的大小。外部环境中每一个宏观、微观环境要素的变化都可能使市场机会的可行性发生很大变化。例如，某企业已进入一个吸引力很大的乳品市场，但由于三聚氰胺事件的发生，国家对该行业采取了严厉措施，有关食品质量标准、环保标准等大大提高，加之外国乳品企业逐渐进入该市场，同时环保组织在近期的活动中已经把该企业排放废弃物列为造成地区污染的因素之一，并呼吁社会各界予以关注；从而使得该企业产品成本上升，利润率大幅度下降。针对上述情况，该企业决定逐步将一部分生产能力和资金转投其他产品，即部分撤出该产品市场。这表明，尽管企业的内部条件即决定市场机会可行性的主观因素没变，但由于决定可行性的一些外部因素发生重要变化，也使该市场机会对企业的可行性大为降低。同时，利润率的下降又导致市场吸引力的下降。吸引力与可行性的减弱最终使原市场机会的价值大为减小，以至于企业部分放弃了当前市场。

### (二)市场机会价值的评估

确定了市场机会的吸引力与可行性，就可以综合这两个方面对市场机会进行评估。按吸引力大小和可行性大小组合可构成市场机会的价值评估矩阵(图 9-1)。

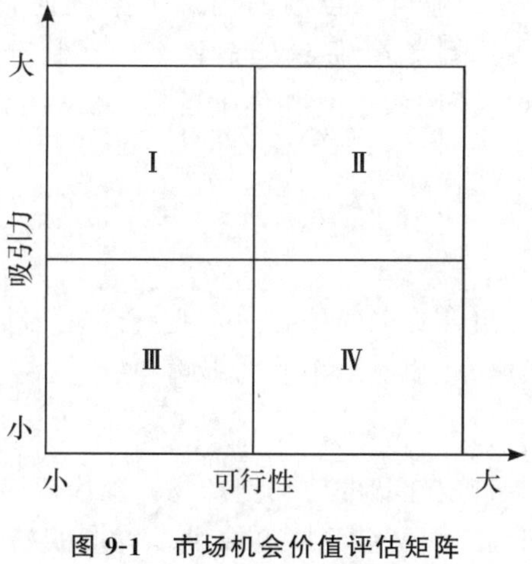


**图 9-1　市场机会价值评估矩阵**

区域Ⅰ为吸引力大、可行性小的市场机会。一般来说，该种市场机会的价值不会很大。除少数风险偏好型企业，一般企业不会将主要精力放在此类市场机会上。但是，企业应时刻注意决定其可行性大小的内、外环境条件的变动情况，并做好当其可行性变大进入区域Ⅱ迅速反应的准备。

区域Ⅱ为吸引力、可行性俱佳的市场机会，该类市场机会的价值最大。通常，此类市场机会既稀缺又不稳定。企业营销人员的一个重要任务就是要及时、准确地发现有哪些市场机会进入或退出了该区域。该区域的市场机会是企业营销活动最理想的经营内容。

区域Ⅲ为吸引力、可行性皆差的市场机会。通常企业不会去注意该类价值最低的市场机会。该类市场机会不大可能直接跃居到区域Ⅱ中，它们通常需经由区域Ⅰ、Ⅳ才能向区域Ⅱ转变。当然，有可能在极特殊的情况下，该区域的市场机会的可行性、吸引力突然同时大幅度增加。企业对这种现象的发生也应有一定的准备。

区域Ⅳ为吸引力小、可行性大的市场机会。该类市场机会的风险低，获利能力也小，通常稳定型企业、实力薄弱的企业以该类市场机会作为其常规营销活动的主要目标。对该区域的市场机会，企业应注意其市场需求规模、发展速度、利润率等方面的变化情况，以便在该类市场机会进入区域Ⅱ时可以立即有效地予以把握。

需要注意的是，该矩阵是针对特定企业的。同一市场机会在不同企业的矩阵中出现的位置是不一样的。这是因为对不同经营环境条件的企业，市场机会的利润率，发展潜力等影响吸引力大小的因素状况以及可行性均会有所不同。在上述矩阵中，市场机会的吸引力与可行性大小的具体确定方法一般采用加权平均估算法。该方法将决定市场机会的吸引力(或可行性)的各项因素设定权值，再对当前企业这些因素的具体情况确定一个分数值，最后加权平均之和即从数量上反映了该市场机会对企业的吸引力(或可行性)的大小。

# 第三节　畜牧企业营销策略

畜牧企业营销活动受多种因素的影响，这些因素总体上可以分为两大类：一类是企业无法控制的外部环境因素；另一类是企业可以控制的内部因素。企业可以控制的营销因素通常归纳为 4 个方面：产品、价格、分销渠道、促销。畜牧企业在制定营销方案过程中，既要对这 4 个因素分别考虑，也要对这 4 个因素进行整体上的考虑，从而作出最适合企业的营销组合决策。

## 一、产品策略

产品策略是畜牧企业营销组合决策的核心。企业只有把能够真正满足顾客需要的产品和服务提供给顾客，才能赢得顾客，才能提高企业的影响和效益。

### (一)产品整体概念

传统观念认为产品就是有特定性状的劳动生产物。现代营销学认为产品不仅仅是指各种具有特定性状的有形物品，而且还包括满足顾客多种非物资的精神上的需要。菲利普·科特勒等营销学者认为，产品整体概念应该包含有 5 个层次的内容(图 9-2)。

1. *核心产品——产品的基本效用，即向顾客提供的产品的基本效用或利益*　消费者购买某种产品不是为了占有产品或获得产品本身，而是为了获得能满足自身某种需要的效用或利益。如消费者购买牛肉是为了能够消除饥饿满足其对食物的需求。核心产品是产品整体概念中最基本和最实质的层次内容。

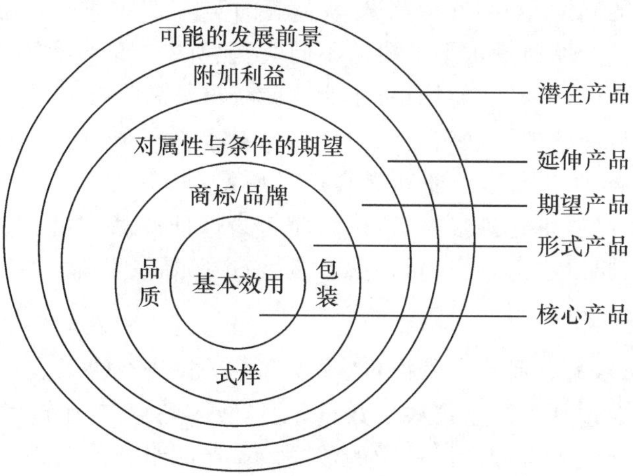


**图 9-2　产品整体概念的 5 个层次**

2. 形式产品——核心产品所展示的全部外部特征　包括产品的款式、外观特色、质量、品牌、包装等。消费者购买某种产品，除了要求该产品能提供某些核心利益外，还要考虑产品的品质、造型、款式、颜色以及品牌声誉等多种因素。因此，企业在进行产品设计时，应努力寻求更加完善的产品外在形式以满足目标顾客的需要。

3. 期望产品——购买该产品时期望得到的与产品密切相关的一整套属性和条件　如对于购买牛肉的消费者来说，期望该产品能够是安全的，而且味道鲜美等。

4. 延伸产品——为消费者提供的各项服务和利益　包括运送、安装、调试、维修、产品保证、零部件供应，技术人员培训等。附加产品来源于对消费者需求的综合性和多层次性认识。随着科学技术的发展和企业生产与经营管理水平的提高，不同企业提供的同类产品在核心产品和形式产品层次上越来越接近，而延伸产品逐步成为决定企业竞争能力高低的一个重要因素。

5. 潜在产品——包括所有延伸产品在内的，可能发展成为未来最终产品的潜在状态的产品　在产品核心功能趋同的情况下，谁能更快、更多、更好地满足消费者的潜在需要，谁就能取得竞争优势。潜在产品指出了现有产品的可能演变趋势和前景，对于企业及时开发新产品有重要意义。

### （二）产品质量策略

产品质量是顾客所需要的核心利益，畜产品质量的优劣对企业的形象、产品的市场竞争力和企业的经营效益具有决定性的影响。畜牧企业只有加强质量管理，不断改善和提高畜产品质量，才能在顾客中建立良好信誉，保证本企业畜产品市场占有份额不断增加。

1. 产品质量标准和质量水平决策　中国加入 WTO 后，畜牧业生产和贸易将在有关农业协议的框架下运行。畜牧企业将面对国际、国内两个市场更加激烈的竞争，其畜产品的竞争力如何，关键在于畜产品品质。畜牧企业必须适应市场需求的变化，确定自己产品的质量标准。针对不同的目标市场，并根据本企业产品的特点，规定一些主要的质量指标用于对产品质量进行监督和控制。一般来说，企业内部确定的质量标准应高于政府部门颁布的质量标准。如果是出口产品，则应高于进口国家或地区的质量标准，以确保产品顺利进入市场。

畜产品质量水平的确定，必须充分考虑本企业的实际条件和市场对畜产品的需求情况。不同层次的消费者对畜产品质量水平的要求不同，企业所生产的各种畜产品的质量水平，只有与企业的目标市场相适应，产品才能畅销，企业才能获得最高收益。

2. *畜产品质量的监督管理* 确定企业的产品质量水平后，还应采取措施加强产品质量的监督管理。首先要不断改进产品功能和提高产品质量，以不断提高市场占有率，创造名牌产品。其次，当本企业产品质量达到顾客满意后，应努力保证产品质量长期稳定；切不可为追求短期利益而偷工减料、粗制滥造，或盲目扩大产量，使产品质量下降。

### (三)产品组合策略

根据企业的目标，对畜产品组合的广度、深度和相关性进行决策。畜产品组合的广度是指一个企业的畜产品组合包括产品生产线的数量，生产线多则宽广、生产线少则狭窄。畜产品组合的深度是指企业生产线中含有产品种类的数量。畜产品组合的相关性是指各种产品线在最终使用、生产条件、分销渠道或其他方面的关联程度。畜牧企业可以根据自身条件选择采用以下几种产品组合策略。

1. *扩大产品组合策略* 也叫产品多样化策略，是指增加畜产品的种类和各种不同产品的品种数量，扩大经营范围。如畜产品加工厂进行多种畜产品加工，包括牛肉产品、猪肉产品、蛋类产品等；在猪肉产品的加工中，又可分不同部位采用不同的加工方法，如猪排骨、猪腿、猪蹄等。这样就扩大了畜产品组合的广度和深度。

2. *缩小产品组合策略* 是指收缩、消减产品线或畜产品项目。即从畜产品组合中取消那些获利少的畜产品种类和品种，保留几种获利多的产品，力求从较少的产品中获得更多的利润。

3. *产品线延伸策略* 指改变企业原来所生产经营的畜产品档次的范围，将产品线加长。产品线延伸策略有三种：向下延伸，即原来生产高档产品的企业，在原有生产高档产品线中增加低档产品项目；向上延伸，即原来生产低档产品的企业，在原有生产低档产品线中增加高档产品项目；双向延伸。即原来生产中档产品的企业，在原有生产中档产品线中增加高档产品和低档产品项目，向高档和低档两个方向延伸。

4. *产品差异化策略* 指企业为了突出本企业的产品与竞争对手的产品有不同的特点，通过采用不同的设计、包装，或在包装内附上新奇的标志，以示与竞争对手的区别。

5. *产品定位策略* 指企业根据消费者对某种产品属性的重视情况，给本企业产品确定一个适当的市场地位，也就是创造和培养出本企业产品的特色，以满足消费者的某种偏好和特定的需求。

### (四)产品生产周期各阶段的营销策略

产品生产周期的各阶段具有不同的特征，产品所处的市场地位和竞争状态不同，畜牧企业要根据自己产品所处的不同生命周期而采取不同的营销策略。在不同的生命周期企业可以考虑以下策略。

1. *投入期营销策略* 此阶段由于产品刚投入市场，顾客不了解该产品，购买者很少，销售量增长缓慢。企业需要采取一系列促销措施，大力宣传产品，扩大产品知名度。企业投入的促销费用很大，盈利很少，甚至亏损。在此阶段，可采取以下几种营销策略：①快速撇脂策略，即采用高价格和高促销费用手段促销产品，尽快扩大产品知名度，以期尽可能在短期内收回投资;②缓慢撇脂策略,即采用高价格和低促销费用手段促销产品,推行高价格和推行低水平促销是为了让企业以尽可能低的费用支出获取大量利润;③快速渗透策略,即采用低价格和高促销费用手段向市场推出产品,以求迅速占领市场,获得尽可能大的市场份额;④缓慢渗透策略,即采用低价格和低促销费用手段向市场推出产品,这样既能够扩大销售,又能够降低销售成本,从而为企业增加利润。

2. 成长期营销策略　此阶段顾客逐渐接受该种产品,并开始大量购买。产品的产销量迅速增长,企业收益逐步提高,新的竞争者开始进入市场。企业可采取如下营销策略:①努力保持和提高产品质量和服务质量,切忌急功近利、粗制滥造;②随着产品产销量的增长和利润额的增加,可适当降低产品价格,以吸引更多的消费者,并抑制竞争者进入速度;③广告宣传的重点应从扩大产品知名度转向树立品牌形象、培育顾客品牌偏好;④努力增加新的分销渠道,开拓新的市场。

3. 成熟期营销策略　此阶段产品产销量达到最大,单位产品的成本降到最低,企业生产加工该产品的利润额达到最高;众多竞争者进入市场,竞争日益加剧。企业应采取如下营销策略:①增加产品新的特色、新的品种,开拓新的市场;②综合采用多种促销措施,如改变分销渠道,降低产品售价、开展有奖销售等,促使现有顾客增加消费量。

4. 衰退期营销策略　此阶段顾客对该产品的购买量锐减,产品的销售量和企业的利润迅速下降,生产同类产品的企业相继退出该产品市场。企业应采取如下营销策略:①为产品重新定位,寻找新的细分市场;②利用大多数竞争者退出市场的机会,保持或扩大经营规模,占领竞争对手所放弃的市场;③放弃该产品的经营,从市场上逐渐或立即退出。

### (五)商标和包装策略

1. 商标(或品牌)策略　商标是商品的特定标志,一般由文字、图案、符号和标记等要素组成。注册商标受法律保护,有利于维护买卖双方的利益,便于顾客购买商品,促使企业不断提高产品质量。但商标也使产品成本增大,进而增加消费者负担。一般来说,商标策略有以下几种可供选择:①个别产品商标,即一个企业所生产的多种产品,采用完全不同的商标,每一种产品使用一个商标;②统一商标,即企业所生产的各种产品都使用同一商标;③分类的产品商标,即企业所生产的各种产品使用不同的商标,一类产品使用一种商标;④不使用商标,企业所生产的产品,如果销售范围主要是满足普通居民的日常使用,并且不容易与其他同类产品相区别,可以不使用商标。

2. 包装策略　包装不仅具有保护商品、便于运输和贮存的作用,而且已成为促销和提高产品竞争力的重要手段。对于畜产品来说,精美的包装往往能刺激消费者的购买欲望。包装策略主要有以下几种:①类似包装,即企业将其生产经营的各种产品,在包装上采用相同或类似的图案、色彩或其他共同的特征,使顾客一看便知是同一企业的产品;②等级包装,即按照产品的质量、价格的高低,将产品分为若干等级,优质产品采用高档包装,一般产品采用普通包装;③附赠品包装策略,即在包装物内附有赠品或奖券,使顾客在购买产品的同时,拥有获得额外奖品的机会,刺激顾客重复购买。

## 二、价格策略

产品价格对企业整个经营活动具有重要的影响作用,它直接影响产品需求量的大小,影响企业产品在市场上的竞争力和企业的盈利水平。因此,企业管理者必须对产品的定价予以高度重视。

### (一)影响价格的因素和主要定价方法

1.影响价格的因素

(1)定价目标。任何企业制定价格,都必须按照企业的目标市场战略及市场定位战略的要求来进行,不同企业可能有不同的定价目标,同一企业不同时期也可能有不同的定价目标。一般而言企业定价目标有以下几种:维持企业生存、当期利润最大化、市场占有率最大化和产品质量最优化等。

(2)产品成本。产品的价格由成本、税金和利润构成,如果说某种产品的最高价格取决于市场需求,那么最低价格则取决于这种产品的成本。从长远看,任何产品的销售价格都必须高于成本费用,只有这样才能以销售收入来抵偿生产成本和经营费用,否则就无法继续经营。因此,企业确定价格时必须估算成本。在研究成本因素时,企业要考虑生产过程中的固定成本、变动成本、总成本、平均成本、边际成本、制造成本、使用成本和机会成本等。

(3)市场需求。产品的最低价格取决于该产品的成本费用,而产品的最高价格则取决于该产品的市场需求。在最高价格和最低价格的幅度内,企业能把产品价格定多高,则取决于竞争者的同种产品的价格水平。可见,市场需求、成本费用、竞争产品价格对企业定价有着重要影响,而需求又受价格和收入变动的影响。因价格与收入等因素而引起需求的变动率叫作需求弹性,企业决策者在考虑市场需求时,要分别考察这些需求弹性的大小,为制定合理的价格提供参考。

(4)竞争者的产品和价格。企业必须采取适当方式,了解竞争者所提供的产品质量和价格。企业获得这方面的信息后,就可以与竞争产品比质比价,更准确地制定本企业产品价格。企业还应看到,竞争者也可能随机应变,针对其他企业的产品价格而调整其价格;也可能不调整价格,而调整市场营销组合的其他变量,与企业争夺顾客。

2.主要的定价方法　由于产品定价受到多种因素的影响,企业在制定产品价格时可采用的方法很多。畜产品定价方法主要有以下几种:①成本加成率定价法,指按照畜产品单位成本加上一定比例的利润制定畜产品的销售价格;②认知价值定价法,即根据消费者在观念上对某种畜产品的价值理解和对畜产品的需求强度来制定销售价格,而不是以产品的实际价值或卖方的成本为基础定价;③随行就市定价法,指企业以本行业主要竞争者同类畜产品的价格作为参照,并充分考虑自己产品的竞争能力来制定产品价格的方法。

### (二)制定价格的策略

企业在不同情况下采取灵活的定价策略,有助于提高企业产品的销售量。畜产品定价策略主要有以下几种。

1.折扣定价策略　指卖方在正常价格的基础上,给予买主一定的价格优惠,以鼓励买方购买更多本企业的产品。常用的折扣定价法有以下几种:①数量折扣,即根据客户购买的数量给予一定的折扣优惠;②现金折扣,企业对客户按约定日期或提前付款而给予的折扣;③商业职能折扣,指生产企业根据中间商在产品销售过程中所负担的职能不同而给予的不同让价形式。

2.心理定价策略　指根据顾客在购买商品时接受价格的心理状态来制定价格的策略。常用的心理定价法有以下几种:①尾数定价策略,是一种“取零不取整”的标价技巧;②声望定价策略，是利用顾客对某些产品、某些企业的信任心理而适当抬高价格的定价策略；③习惯定价策略，根据某种商品在市场上长期销售所形成的比较稳定的、人们习惯的价格而定价的策略；④招徕定价策略，利用人们求廉的购买心理，选择几种商品以大幅度低于市价的价格销售，以吸引顾客购物，顺便以正常价格推销企业的其他商品，达到扩大企业总销售额和总利润的目的。

3. *差别定价策略*　指对同一种畜产品根据不同顾客群、不同的部位、不同的时间、不同的地点制定不同的价格，而不是按照产品成本的差异来定价。主要包括：①根据不同顾客群制定不同价格；②按畜禽不同部位的产品制定不同的价格；③不同的时间制定不同的价格；④不同的地点制定不同价格。

## 三、分销渠道策略

分销渠道是指某种产品或服务从生产者向消费者转移过程中，取得这种商品或服务的所有权或帮助所有权转移的组织和个人。企业的分销渠道一般包括中间商和代理中间商，还包括作为分销渠道起点和终点的生产者和消费者等。分销渠道决策是企业营销组合决策中的重要组成部分，它能够有效地解决生产者和消费者在产品供需上所存在的时间和空间方面的矛盾，使企业生产得以持续和稳定地发展。

### （一）影响企业分销渠道选择的因素

企业的分销渠道选择应以企业所要达到的目标市场为起点，有利的市场加上有利的分销渠道，才能使企业获得理想的利润，因而在选择分销渠道时应充分考虑以下因素的影响。

1. *产品因素*　畜产品的种类、价格、寿命周期等都对分销渠道的选择有影响。因此，针对不同特点的畜产品应选择不同的分销渠道。

2. *耐储性*　对于经过加工、耐储、保存期长的畜产品，分销渠道可以长一些，如羊毛、皮革等。而对于鲜活易腐的畜产品如鲜肉、鲜蛋等，则要尽可能地选择最短、最宽的销售渠道，可以由生产者自销或直接卖给零售商，避免因延误时间而造成重大损失。

3. *产品的生命周期*　产品处于生命周期的不同阶段对分销渠道的要求不同。刚投放市场的新产品，由于还没有打开销路，中间商一般不愿意经销，往往需要生产企业自己派人到各地宣传产品、推销产品；产品进入成熟期后，需要大批量投放市场，以满足消费者需要，则需要通过中间商，扩大市场覆盖面。

4. *产品的价格*　单价高的特色畜产品如种畜，要选短渠道，可由生产者自销或只通过零售商，以降低销售费用，避免产品加价太高。单价低的耐储藏的一般畜产品，可采用长渠道。

5. *市场因素*　多种市场因素直接影响着畜产品的销售，因此在不同的市场因素影响下应选择不同的分销渠道。

6. *市场覆盖程度*　如果产品销售的市场范围很大，就必须借助于中间商，采用宽渠道和长渠道的分销策略；相反，如果产品销售的市场范围较窄，就可以选择短渠道或自产自销。

7. *顾客的购买频率*　如果消费者购买频率较高，日常生活中随时需要购买，为方便消费者购买，应该选择长渠道；而对于消费者在特殊的情况下才需要的畜产品，则可选择短渠道。

8. *市场竞争情况*　适应竞争的需要，企业有时选择与竞争者相同的分销渠道，与竞争者进行产品抗衡。有时则有意避开竞争者使用的分销渠道，以特殊的经销方式吸引消费者。

9.企业因素　企业的生产情况、规模、能力等对分销渠道的选择也有重要影响。因此，企业在选择分销渠道时必须考虑自身的情况，例如企业的生产规模、集中程度、经营管理能力等。

### (二)分销渠道设计

分销渠道有不同类型，不需要中间商的分销渠道称为直接分销渠道，而需要中间商的称为间接分销渠道；利用中间商数量多和环节多的称为长渠道，而只利用一个中间商或不利用中间商的称为短渠道。分销渠道决策是一种综合性的决策，不仅包括确定分销渠道类型的决策，还包括分销渠道内具体中间商的选择决策。

1.分销渠道种类的选择　选择分销渠道种类并确定分销渠道模式，主要包括以下几个阶段：①确定是直接销售还是间接销售，即生产者选择分销渠道首先要确定需不需要中间商；②长渠道与短渠道的选择，即如果企业采用间接销售的策略，第二步面临着进一步选择渠道的长度，即经过多少个中间环节的问题；③宽渠道与窄渠道的选择，即企业在确定了分销渠道的长度后，还要选择分销渠道的各个层次中使用同种类型中间商数目的多少。

2.中间商的选择　确定了分销渠道模式，生产企业还必须选择分销渠道内(不包括直接渠道)具体的中间商。中间商的不同性质及质量的高低，直接关系到生产企业产品的销路和经济效益。一般情况下，生产企业选择中间商应考虑以下一些因素：能够选择的类型与数目、销售对象、商业信誉、经营能力和竞争情况。生产企业只有通过深入细致的市场调研工作，才能掌握中间商的准确情况，通过对中间商各方面情况的综合分析与比较，企业可以选择到自己满意的中间商，从而建立自己的商品分销系统。

## 四、促销策略

促销是企业通过人员和非人员的推销方式，向广大客户介绍商品，促使客户对商品产生好感和购买兴趣，继而进行购买的活动。畜牧企业的促销活动主要有人员推销、广告、公共关系和营业推广4种形式。畜牧企业要根据自身的条件和外部环境变化，确定不同的促销组合。

### (一)人员推销策略

人员推销长盛不衰，原因在于其具有其他促销方式不可比拟的优点。推销人员必须从各个方面满足顾客的需求，帮助顾客发现问题、解决问题，提供具有价值的产品和服务，并且积极与顾客沟通感情，努力保持长期的合作关系。

1.人员推销的基本程序　推销工作应讲究科学性和规范性，其一般程序如下：①寻找顾客阶段；②推销准备阶段；③面谈与成交阶段；④售后服务与建立关系阶段。

2.人员推销的方法和技巧　①推销接近的方法。指推销人员正式与顾客进行第一次面对面的交流和接触，以顺利进入推销洽谈阶段的活动过程。推销人员成功地接近顾客成为交易能否顺利达成的关键所在。针对不同的顾客，推销接近的重要性各有差异。一般来说，新顾客的推销接近比老顾客的推销接近更重要。因此，推销人员在接近潜在顾客以前，必须对顾客的情况进行充分调查，并设计推销接近和推销洽谈的计划过程。②提示成交的技巧。推销成交是推销人员帮助顾客做出购买决策的行动过程。推销成交是整个推销活动的目标和出发点，也是顾客对推销员及推销品的积极肯定和响应，是推销洽谈的最终成果。因此，推销人员把握时机，运用恰当的提示成交的技巧，促成顾客做出购买决策，采取实际行动显得尤为关键。推销人员必须培养敏锐的职业触觉和高度自信心，加强成交技巧训练，采取一切办法使交易成功。

### (二)广告策略

广告是借助大众传播媒体的营销宣传术,其最基本、最直接的功能是广泛地传播有关商品、服务和企业形象的信息,起到促购促销的作用。广告已经渗透到经济社会的方方面面,融入消费者的生活当中,在传递商业信息的同时,改变着人们的价值观念和生活方式。值得注意的是,广告是一把双刃剑,有正面作用也有负面影响。虚假的、不良的广告会对消费者的利益和社会的精神文明建设造成一定的损害。

1.主要广告媒体　广告媒体很多,各种媒体在技术特征、传播特征、及时性、可保存性、信息量、选择对象能力、成本费用等方面各有长短。了解不同媒体的优点和局限性,有利于制定合理的媒体策略。常用的广告媒体有:报纸、杂志、广播、电视、互联网以及其他媒体(包括邮寄广告、户外广告、POP广告、交通广告、包装等)。

2.选择广告媒体应考虑的因素　①企业的广告目标。即由企业的营销目标、促销目标而决定的对广告传播频次、传播范围和传播效果的要求;②目标受众的特点。广告是广告主委托广告代理公司,通过广告媒体向目标受众传递信息的有偿性经济活动,因而对目标受众的年龄、收入、社会地位、心理特征、消费偏好、生活习惯等方面进行观察和研究,有助于选择有效的广告媒体;③产品特点。产品的种类和特点不同,选择的媒体也应不同;④竞争对手广告策略。在同一广告媒体上刊登广告,容易受到相关商品广告信息的干扰,为了避免"广告噪声"对广告传播效果的负面影响,要密切关注竞争对手的广告投放频率、广告预算大小、广告诉求方式等,从而制定出有效避免竞争的广告媒体组合;⑤广告预算。广告活动是一项促销费用支出,因而广告活动要量入为出,结合企业的销售收入和利润的大小而制定合适的广告预算。

### (三)营业推广策略

营业推广又称销售促进,指企业针对特定的目标市场,为迅速刺激需求而实施短期的鼓励消费者购买或中间商销售企业产品或服务的刺激性手段。美国市场营销协会定义销售促进是指除了人员推销、广告、宣传以外的、刺激消费者购买和经销商效益提高的各种市场营销活动,例如陈列、演出、展览会、示范表演以及其他推销努力。美国零售业将销售促进理解为零售商店采取的"刺激顾客购买的一切方法"。

1.针对最终消费者的营业推广　新产品上市之初,或者产品处于成熟期阶段,希望在销售额方面有所突破时,生产商或零售商以最终消费者为对象,通常可采取以下的营业推广方式,激发消费者的购买欲望,鼓励大批量的购买。具体包括:赠送样品、购买奖酬、捆绑销售、现场试用试尝、以旧换新、交易印花以及竞赛、游戏与抽奖等。

2.针对中间商的营业推广　企业为了取得批发商和零售商的合作,可在订货、广告、商品陈列、促销费用等方面给予批发商和零售商一定的支持和酬谢。具体包括:免费提供陈列样品、订货折扣、推广资助、销售竞赛和指导经营等。

由生产商在众多的批发商和零售商当中发起销售本企业产品的竞赛,对优胜者给予奖金或奖励。该方法有利于中间商展开横向竞争,从而提高其销售商品的积极性。

3.针对推销人员的营业推广　推销人员包括生产商自有的推销人员和中间商的推销人员。推销人员将许多不同品牌的商品推荐给消费者使用,因而需要企业经常运用销售竞赛、销售红利、奖金和奖品等方式直接刺激推销员积极推销。

4.营业推广的实施步骤　确定营业推广的总体目标、选择恰当的营业推广工具、试行营业推广方案、实施和控制营业推广方案、评估营业推广方案。

### (四)公共关系策略

企业的生存和发展离不开市场营销环境，企业在为社会创造产品和服务赢取利润的同时，必须在企业利润和社会公众利益之间取得平衡。作为一种促销手段，公共关系是通过策划各类活动，加强企业的外部宣传，塑造良好的企业形象，与各相关群体建立并保持良好的关系，最终赢得公众对企业的好感和信任，从而为企业的长期发展创造有利的外部市场营销环境。

*1. 公共关系的活动对象* 在促销组合因素当中，公共关系属于非人员推销，是促销组合的辅助性因素。公共关系是企业的一项长期投资，其效果具有滞后性的特点，对公众的影响是间接的、潜移默化的。公共关系活动一般以各类公众作为主要的活动对象，通过一系列的事件以提高企业在公众心目中的知名度和美誉度。一般而言，企业公共关系活动的对象涉及以下几个方面：①个体公众，主要由消费者个体组成。②社团公众，是组织公众的组成部分之一，包括各种行业的协会、中介组织机构，如工会、学会、联合会以及企业所在地的环境保护组织、消费者委员会、爱好者协会等。③媒体公众，指掌握报纸、杂志、电台、电视、互联网等信息传播中介的机构、部门以及从属于这些机构和部门的工作人员。④政府公众，是政策、法律、法规的制定者和执行者，其对市场经济的运作起着调控的作用。⑤相关企业，指与企业生产经营活动密切相关的利益攸关者，如供应商、中间商、竞争者、营销中介服务机构。

*2. 公共关系活动的主要形式* 公关促销是通过提高企业形象，实现与公众有效沟通来促进产品的销售。公共关系的目标和功能是通过有计划的、具体的公共关系活动来实现的。但是，与其他促销手段相比，公共关系在短期内很难取得直接的、明显的效果，它是通过长期的努力来影响和引导公众的态度和行为。企业进行公共关系活动时通常采取以下的形式：①主题活动，即围绕某一个主题，通过一些特殊的事件来吸引公众对企业的注意；②公益活动，即通过赞助或者向公益事业捐赠的方式，来提高其在公众中的美誉度；③媒体报道，即新闻工作者撰写的有关企业的公共关系材料，以一定的形式，如新闻、专题报道、现场采访、记事等，通过报纸、杂志、电台、电视、网络等大众传播媒体向公众发布；④编辑出版物，即企业编辑出版的视听材料，如各种印刷品、音像资料等，包括企业刊物、企业简报、内部通信、新产品介绍、年度报告、专题文章、生产过程展示、新技术推广等；⑤外联活动，即企业在进行专题活动和公益活动以后，为答谢各方协作者和来访客人，而举行的宴请活动和参观游览活动等；⑥其他日常活动，即企业宣传资料的编写、制作、礼仪接待、企业的内部沟通，以及一些临时性活动的组织和安排。

### (五)促销组合策略

促销组合是指企业根据营销沟通的实际需要，对广告、营业推广、公共关系和人员推销等各种营销传播方式进行选择和搭配，形成一套合理的、有效的、相互配合的与目标顾客进行有效沟通的方式和方法。现代市场营销活动必须运用促销组合来与中间商、消费者及各种公众进行营销沟通。促销组合分为人员和非人员两大类，前者指人员推销，后者指广告、营业推广和公共关系。促销组合实际上是企业在各种可利用的营销传播工具之间合理分配营销传播预算。企业一般是根据产品类型、产品生命周期、促销动力模式以及营销传播预算等因素来决定运用合适的促销组合策略。

*1. 产品类型* 按照使用用途不一样，产品可分为生活消费品和产业用品两大类。简单而言，生活消费品是满足消费者个人或家庭消费的产品，而产业用品则是满足组织机构的再生

产、再消费或组织机构运作需要的产品。一般来说，生活消费品的促销组合应该以广告为主，其他促销手段为辅，而产业用品的促销组合则以人员推销为主，其他手段为辅。

2. 产品生命周期阶段　在产品生命周期各个不同阶段，随着消费者对商品和企业认识的不断深入，企业的促销预算和促销组合策略应该及时调整。在引入期，消费者对新产品不认识不了解，应该以报道式的广告为主，传播产品的性能特点，同时运用营业推广鼓励消费者尝试使用新产品。在成长期，消费者对商品的认知水平大大提高，企业应该加强广告和营业推广等促销手段，使消费者的潜在需求转变为现实购买。在成熟期，企业的广告诉求重点转为提醒老顾客的重复购买，此时营业推广和人员推销等促销手段比广告更为有效。最后，在衰退期，销售额和利润额大幅度下降，企业尽量削减促销开支以降低成本，公关和人员推销活动应该严格控制。

3. 促销动力模式　按照促销动力传导方向，可以把企业的促销活动分为推式策略和拉式策略两种。推式策略是指企业通过一系列促销努力，借助推销人员和分销渠道，把商品由生产商转向批发商，由批发商转向零售商，最后由零售商将商品销售给消费者。在推式策略中，人员推销是主要的促销手段，而广告、公关和营业推广都作为辅助手段。拉式策略是指通过树立良好的企业形象使消费者产生购买欲望，使消费者面向零售商的购买需求逐层向上传递给批发商和生产商，其中广告和营业推广作为拉式策略的主力。可见，在推式策略和拉式策略中企业的促销组合有着较大的差别。

4. 促销预算　促销组合策略还要充分考虑到企业销售额及利润额的变动趋势，各种促销工具所花费的成本不一致，所取得的效果也存在较大的差别，因而企业要使有限的促销预算发挥最理想的效果。一般来说，广告的创意和制作费用较高，媒体投放费用也很高；而营业推广则见效较快，有利于刺激消费；人员推销有利于新产品的推广和保持顾客关系，但其时效性较差；公共关系则是企业的一项长期营销传播投资，成本和收益的关系较难衡量。因此，企业要根据营销传播目标及营销传播预算，决定具体的促销组合方案。

## 本章小结

畜牧企业营销计划指畜牧企业针对畜牧业的特点，通过对自身的内部和外部营销环境分析，发现顾客对畜产品的需求，从而确定企业的目标市场和自身的竞争优势，并制定有效的营销方案和控制措施，从而达到畜牧企业预期的市场目标的过程；一份优秀的营销计划书应包括对总体经济和行业发展状况、目标顾客和市场机会分析，制定一系列合适的目标，找出自己的竞争优势并制定有效的营销战略，通过结果反馈来监督和控制计划过程等。分析市场机会，并根据畜牧企业目标和资源状况选择市场机会是营销决策的重点；畜牧企业需要对所处的外部环境包括宏观环境和微观环境进行分析，还要深入分析企业内部环境包括企业的宗旨、营销网络、生产能力、资金供应、管理水平等，根据内外环境条件，评价和选择最有利的机会，制定最可行的营销目标。畜牧企业可以控制的营销因素主要是产品、价格、分销渠道和促销措施；在营销活动中应树立产品整体概念，产品策略包括产品质量，产品组合的广度、深度和相关性，产品所处生产周期的不同阶段，商标和包装等方面策略；制定畜产品价格应考虑企业的定价目标、生产成本、市场需求、竞争者等因素；分销渠道策略不仅包括确定分销渠道类型，还包括分销渠道内中间商的选择；畜牧企业的促销方式主要有人员推销、广告、公共关系和营业推广等，要根据自身的条件和外部环境变化，确定不同的促销组合。

## 复习思考题

1. 什么是畜牧企业营销计划？畜牧企业营销计划包括哪些内容？
2. 畜牧企业的宏观环境、微观环境和内部环境包括哪些因素？
3. 如何评估畜牧企业市场机会的价值？
4. 什么是产品整体概念？畜牧企业应该如何运用产品整体概念？
5. 常用的产品组合策略有哪些？
6. 产品生命周期各阶段的主要特点是什么？畜牧企业营销决策应该如何利用这些特点？
7. 畜牧企业应如何进行产品价格决策？
8. 影响畜牧企业分销渠道选择的因素有哪些？畜牧企业应如何选择分销渠道？
7. 促销方式有哪些？畜牧企业应如何进行促销组合决策？

## 参考文献

[1] 安玉发，臧日宏. 农产品市场营销理论与实践. 北京：中国轻工业出版社，2005.
[2] 韩俊文，丁森林. 畜牧业经济管理. 北京：中国农业出版社，2003.
[3] 纪宝成. 市场营销学教程. 5 版. 北京：中国人民大学出版社，2014.
[4] 吕一林. 现代市场营销学. 5 版. 北京：清华大学出版社，2012.
[5] 乔娟，潘春玲. 畜牧业经济管理学. 2 版. 北京：中国农业大学出版社，2010.
[6] 乔娟，乔颖丽，李小北. 市场营销学. 2 版. 北京：中国农业大学出版社，2013.
[7] 王秉秀. 畜牧业经济管理学. 2 版. 北京：中国农业出版社，1997.
[8] 吴健安. 市场营销学. 4 版. 北京：高等教育出版社，2011.
[9] 张光辉. 市场营销学. 北京：中国农业出版社，2009.

# 第十章　畜牧业项目投资评估

◈　学习要点

- 畜牧业项目投资以及可行性研究的概念、特点及作用
- 畜牧业项目投资可行性研究的程序、要求及内容
- 畜牧业项目投资评估的内容以及与可行性研究的区别
- 畜牧业项目投资的经济评价方法

## 第一节　畜牧业项目投资与可行性研究

### 一、畜牧业项目投资的概念与特点

#### （一）畜牧业项目投资的概念

畜牧业项目投资是指在畜牧业生产中，投资主体通过对各种经济要素的投入，改善畜牧业生产条件，增加畜牧业生产手段，按预定的规划方案，在规定期限内形成新增固定资产和新增生产（服务）能力，以获得预期收益的畜牧业扩大再生产的投资活动。

#### （二）畜牧业项目投资的特点

1.对自然环境的依赖性强　任何社会生产活动都是自然因素与社会因素的统一，不可避免地受自然条件影响和自然规律的制约。但是，不同生产部门受自然力影响程度不同。畜牧业生产除了受水土资源、气候、水文、地质和自然灾害等自然因素的影响和制约外，还受植物生产丰裕、畜禽疫病和畜禽生长发育的影响。这就使得畜牧业与自然界的关系变得更为密切。为此，畜牧业项目投资需要遵循动物生产的自然规律和一般经济规律。

2.投资时间短且发挥效益早　与种植业、林业等项目相比，畜牧业项目投资具有投资时间短、发挥效益早的特点。畜牧业项目投资的周期是由畜禽的生长发育周期决定的，通常家禽项目发挥效益较早，其他畜禽项目一般要在投资的第二年开始收益，奶牛的饲养周期比较长，但也不超过三年。

3.综合价值大　畜牧业项目投资是通过投资，实现人工饲养、繁殖各种畜禽，利用其生理机能，将植物性产品转化成动物性产品，包括肉、蛋、奶、皮、丝、蜜等。这些产品不仅是人们衣食所需，也是轻工业原料和我国重要的国际贸易商品。

4. 具有社会性　畜牧业项目投资的社会性主要表现在:第一,畜牧业项目投资的产出物是社会所需的各种畜产品,其产量与质量直接影响畜牧业的发展和人们生活水平的提高;第二,畜牧业项目投资所带来的效益,可以影响国家和地方政府、企业、农牧民之间的利益分配关系;第三,畜牧业技术推广与培训对于提升农牧民自身科学文化素质和发展畜牧业科技水平具有重要意义。鉴于这些特征,为保证畜牧业项目投资的顺利进行,需要获得多方支持。

5. 具有复杂性　相对其他农业项目,畜牧业生产是两次投入、一次产出的过程,具有较强的复杂性。要进行畜牧业生产,首先需要进行牧草、玉米、大豆等植物性生产,即第一性生产,根据各种畜禽生产与生活的需要,以保证其必要的营养摄取。其次,还要注重动物性生产,即第二性生产。植物生产与动物生产是整个生态循环中的两个重要环节,两者需要有机结合。

## 二、畜牧业项目投资可行性研究的概念与作用

### (一)畜牧业项目投资可行性研究的概念

畜牧业项目投资可行性研究是畜牧业项目周期管理中前期准备阶段的核心工作,它是在畜牧业项目投资决策前,通过对畜牧业项目进行全面的技术、经济和社会分析,采用科学的方法对畜牧业项目进行评价,判断畜牧业项目投资的技术可行性、经济可行性和社会可行性。畜牧业项目投资可行性研究既是畜牧业项目立项以后实施过程中进行管理工作的重要指导文件,又是畜牧业项目竣工时验收的主要依据。因此,在明确畜牧业项目投资管理整体框架之后、进入具体的财务估算之前,需要对畜牧业项目投资可行性研究与评估的有关内容进行学习和了解。

### (二)畜牧业项目投资可行性研究的作用

畜牧业项目投资可行性研究是根据国民经济长期规划、地区发展规划和畜牧业行业规划等要求,对拟建项目进行投资方案规划、技术论证、经济与社会效果预测和组织管理剖析,并经过多方面的计算、分析、论证和评价,为畜牧业项目投资决策提供可靠的依据和建议,其作用主要包括以下几个方面。

1. 申报立项和获得批准的依据　可行性研究报告需要向各级相关主管部门进行申报,主管部门根据畜牧业发展规划和对畜牧业项目投资可行性研究进行评估,得出审批立项的决策之后,才可获得批准实施。

2. 向银行申请贷款的依据　畜牧业项目向世界银行等国际金融机构,或者是从国内外银行机构申请贷款时都将可行性研究报告作为依据,对申请贷款的项目进行全面、细致的分析与评估,经济效益好、偿债能力强的畜牧业项目才能给予贷款。

3. 为项目初步设计提供依据　在项目投资可行性研究报告获得批准之后,可根据项目投资规模、产品方案、厂址、生产工艺、设备选型等具体内容进行初步设计。

4. 为各项谈判和签订有关合同或协议提供依据　畜牧业项目投资可能需要引进技术设备,在与外界谈判时要以可行性研究为依据;畜牧业项目投资在实施时,需要供水、供电、供气和原材料等部门协作配合。因此,要根据可行性研究报告有关内容订立协议或者合同,以确保项目投资顺利实施,并按预期投入运行。

# 第二节　畜牧业项目投资可行性研究的程序和内容

## 一、畜牧业项目投资可行性研究的程序与要求

### (一)畜牧业项目投资可行性研究的工作程序

由于畜牧业已经转变为农业和农村经济中最具有活力的主导产业,结合畜牧业项目投资可行性研究的作用,为了更好地规划项目,使得畜牧业项目能更好地发挥效益,需要设定项目投资可行性研究的工作程序,使研究过程具有科学性。

1. 筹划准备　项目建议书批准后,项目单位即可筹划准备进行可行性研究。其方式有两种:其一,委托有资质的咨询设计单位,双方签订合同,由咨询设计单位承包可行性研究任务;其二,由项目单位组织有关专家组成工作小组进行此项工作。承担可行性研究的单位或专家组,应获得项目建议书、有关项目背景资料、批示文件,以了解项目单位的意图和要求,制订详细的工作计划,保证可行性研究工作顺利进行。

2. 收集资料　按照工作计划进行可行性研究工作,首先是收集与项目有关的各种资料,包括项目建设的有关方针政策、项目地的历史、文化、风俗习惯、自然资源条件、社会经济状况、国内外市场情况、有关项目技术经济指标和信息等。可以通过两个途径取得这些资料:一是从项目建议书中取得,二是通过调查收集。对收集来的数据资料,要查证核实,加工整理,汇总归类,使之真实、准确、系统、完整,以便同项目建议书比较分析。

3. 分析研究　在收集资料和各种数据的基础上,应按照项目可行性研究要求的内容进行科学分类与整理、计算加工、分析研究,结合项目的具体情况,对项目建设涉及的技术方案、产品方案、组织管理、社会条件、市场条件、实施进度、投资估算、效益评价等方面进行比较分析,选择最优方案。

4. 编制畜牧业项目投资可行性研究报告　通过对收集的资料进行整理和分析,得出有关项目的一系列经济分析数据和财务分析指标,综合项目的自然条件、社会经济条件,承担可行性研究任务的单位或者专家组应根据分析研究所得出的结论性意见,编制项目投资的可行性研究报告,以便进行项目评估。

### (二)畜牧业项目投资可行性研究报告的编制要求

作为可行性研究的正式文件,它是科学决策的依据,是银行审核贷款的依据,是政府立项审批的依据,是工程建设的依据。因此,可行性研究报告应该有规范的格式和一定的深度,这样才具有准确性和可比性,才能对其进行正确评价。编写报告一般要注意如下事项。

1. 报告应具有科学性和严肃性　可行性研究报告必须从实际出发,坚持实事求是、客观公正的原则;报告的编制依据要可靠,结构内容要完整,图表文件要齐全,信息数据要准确,分析论据要充分;报告文本格式要规范,表达形式尽可能数字化、图表化,研究深度要达到国家规定的标准,并能满足投资决策、确定项目方案和编制项目初步设计等要求。

2. 表现手法和题材的选择要注意读者对象　可行性研究报告是供决策者参考并做出决策而服务的,因此最重要的就是要为决策者所接受和理解。报告不仅要针对项目提出存在的问

题、给出结论，还应指明报告中不足的部分及其原因。

3. 要有专人审稿　可行性研究是一项多学科知识的融合，为使报告内容协调、充实，常常需要专门有人把各方面的情况有机地联系起来。要求审稿人不仅要熟悉调查内容，还要熟悉报告要领以及报告中所采用的分析方法和经济效益计算方法。

4. 可行性研究报告的承担单位应具备必要的技术条件，并具有经国家有关部门审批、登记的资质等级证明　编写人员应具有与所从事工作相关的知识技能和工作经历，并应坚持独立、公正、科学、可靠的原则，对可行性研究报告质量要负全部责任。

## 二、畜牧业项目投资可行性研究的主要内容

畜牧业项目投资的可行性研究是组织有关专家从技术、组织管理、社会、市场营销、财务、经济等方面对拟建项目进行调查研究，分析各种方案是否可行，并对它们进行比较，从中选出最优方案的全部活动。可行性研究应从以下 6 个方面进行。

### (一)技术分析

由于每个项目都具有建设的独特性和技术的创新性，因而需要项目投资之前就和各个方面的条件相结合，进而才能得出科学的建设技术规划，包括对项目规模、地点、时间安排、技术措施、资源需求做出计划，同时还涉及项目的各方面资源的合理统筹以及投入与产出的合理分配等。畜牧业项目投资在技术方面的可行性研究除了考虑畜牧业生产现状外，还应特别考虑以下问题。

1. 项目目标明确　技术方案设计要围绕项目目标进行，一定要有利于农村社会经济的发展、农民收入的提高和生态环境建设。

2. 项目采用的关键技术　项目采用的关键技术应符合当地实际，而且要在项目区做必要的小范围的实地试验和推广示范，以确定正确可靠的技术参数，保证技术可行性分析的准确度，便于技术推广和农牧民采用。

3. 不同技术方案的对比选择　由于畜牧业生产过程十分复杂，因而要有不同的可供选择的技术方案进行对比分析。

4. 配套技术的可行性　除畜牧业技术科学性分析外，还要注意分析相关配套技术是否可行，并综合考虑项目有效经营所必须的销售、储存、运输、加工等系统的技术问题。

5. 项目产业关联性　畜牧业生产的产前、产中、产后的产业链各环节在技术方案设计中也要有明确体现。

### (二)组织管理分析

畜牧业项目的弱质性决定其组织管理方面可能存在许多问题，如缺乏有经验的管理人员、服务体系不健全、服务设施落后、工作水平低、数据资料及信息严重不足等。这些问题使得畜牧业项目组织管理的可行性分析显得重要和复杂。具体而言，分析要突出以下主要内容。

(1)畜牧业项目投资管理机构本身是否科学合理。

(2)项目组织管理机构与国家或地方政府的相关职能部门的关系是否协调。

(3)组织方案中各方面的权、责、利是否明确，是否保护了农牧民的利益，是否说明了有效组织农牧民积极参与项目建设的政策措施。

### (三)社会与生态环境分析

由于畜牧业项目存在着经济再生产和自然再生产的交织,在可行性分析研究中,必须充分注意社会生态方面的建设。

(1)是否有利于提高农牧民的收入水平,缩小贫富差距,并在发展生产的同时保护生态环境,促进畜牧业可持续发展。

(2)是否能有效地创造就业机会,吸纳和转移农村剩余劳动力。

(3)是否能够提高人们的生活质量,尤其应把发展畜牧业项目与改善农村文化教育事业、改善农村交通运输及通信网络条件、改善农村弱势群体的利益等结合起来。

(4)是否有利于生态环境的保护和治理。草原畜牧业的过度发展会带来草原退化等问题,动物废弃物处理不当,会造成土壤、水、空气、农畜产品的污染,甚至会造成疫病的传播。

### (四)产品市场营销分析

在市场经济条件下,畜牧业项目的产出品能否适销对路决定着项目投资是否必要。由于初级畜产品不耐贮存的特点,畜牧业项目的市场营销可行性分析变得尤为重要。因此,在编制畜牧业项目投资可行性研究报告时要注意以下三点。

(1)项目产品的市场竞争能力及市场前景如何。

(2)项目建设所需的投入资源能否以合理的价格得到。

(3)政府对畜产品销售、尤其是一些土特名优产品有什么优惠政策,对项目会发生什么影响。

### (五)财务分析

从项目投资者的立场出发,围绕投资者的利益而进行项目成本与效益的分析,称之为项目投资财务分析。畜牧业项目投资者首先是独立经营的农牧户,另外还有金融企业、农村合作经济组织、畜产品加工企业等。这就要求在财务分析中要为所有投资者分别编制财务预算,判定项目对投资者带来的收益状况,项目有无足够的周转资金来满足业务开展,项目偿债能力如何等。畜牧业项目投资财务可行性分析在回答上述问题时,应特别考虑以下几个方面。

(1)要考虑让参与项目的农牧民有利可图,以调动农牧民参加项目建设的积极性。

(2)要在农牧户预算的基础上对项目发生的贷款作进一步的分析。

(3)政府为鼓励农牧户参加项目所采取的刺激手段的效果分析。

(4)综合考虑各方面的基础上,为项目编制一份"项目投资现金流量表",分析计算项目的财务增量净效益和财务净现值、财务内部收益率。

### (六)经济分析

畜牧业项目投资能否对整个国民经济的发展作出贡献,以及它的贡献能否与所消耗的有限资源相称,是决定畜牧业项目投资是否可行的一个重要因素。对项目是否能给国民经济带来利益的分析称之为项目投资的国民经济分析(简称为经济分析)。对畜牧业项目投资进行经济分析,应主要考虑以下几方面内容。

(1)拟建项目对国民经济效益的增加起什么作用以及给国家增加了多少优质高效的畜产品。

(2)有限的资源是否得到了最有效的利用。

(3)要在以上分析的基础上,剔除转移支付事项,调整价格失真,编制"国民经济效益费用流量表”，并分析计算项目的经济净现值和经济内部收益率，判断畜牧业项目投资的经济可行性。

## 第三节　项目投资评估与畜牧业项目投资评估

### 一、项目投资评估的含义与原则

#### (一)项目投资评估的含义

项目投资评估作为科学决策的方法于20世纪70年代末引入中国。项目投资评估的主要含义是在项目投资可行性研究准备完成以后，组织有关专家对项目进行实地考察，并着重从国家宏观经济的角度全面系统地检查项目涉及的各个方面，对项目投资可行性研究报告的可靠性作出评价。相关技术专家注重项目采用的技术方案和工艺流程是否合理等问题，经济管理专家更加注重投资的财务与经济合理性。对于畜牧业项目投资来说不仅应提高农牧民的收入，而且必须给国民经济带来更大利益，这是判断畜牧业项目投资是否具有经济合理性的标准，更是投资决策首先需要考虑的问题。

#### (二)项目投资评估的原则

1.评估的客观、公正、科学性原则　坚持评估的客观公正性主要是指在项目投资评估中要尊重客观规律，保证评估过程的科学性以及客观指导性。要想如实反映和评价项目，首先要求选择那些思想品德好、专业水平高、纵向把握能力强的专家作为评估组成员；其次要选择科学的评估方法。

2.效益性原则　效益性原则是指在项目投资评估中要以投资效益的好坏作为鉴别项目优劣和取舍的标准。首先，要明确项目建设和开展的核心目标就是经济效益，这是判断项目可行与否的先决条件。其次，要考虑社会效益，即考察项目对社会发展目标作出的贡献、项目建设对劳动力就业和当地产业发展的带动作用。第三，要考虑生态效益。随着人们对生态环境要求的提高，项目建设要使有限资源发挥最大效用，并且保护好生态环境。

3.系统性原则　系统性原则是将拟建项目作为一个开放的系统来看待，对项目在技术、经济、社会、生态等各个方面进行深入细致的评估工作。为使项目投资评估结果更具有政策指导和准确的判断，需要建立系统的指标体系，运用现代的科学分析方法，使项目投资评估结论更具有科学性。

4.资金的时间价值原则　资金的时间价值是指等额资金在不同时点上具有不等的价值。在项目投资评估中要贯彻资金的时间价值原则。首先，为有关评价指标规定最低取舍标准，即评价基准。其次，采用动态分析方法，依据项目投资现金流量表，对计算期各年的净现金流量进行折现，计算相关动态分析评价指标。

### 二、项目投资评估与可行性研究的区别与联系

项目投资评估与可行性研究都是以分析和论证项目投资可行与否为目的的工作，两者既有联系，又有区别。

### (一)项目投资评估与可行性研究的联系

1. 两者均处于项目投资的前期　可行性研究是在项目建议书批准以后对项目可行与否进行的全面分析论证,项目投资评估则是对项目的可行性研究进行审查与分析,以判断项目是否可行。两者都是重要的前期准备工作。

2. 工作的内容基本相同　项目投资评估与可行性研究无论从经济评价指标计算的基本原理、分析对象、分析依据,还是分析内容都是相同的。从评价指标的基本原理来看,都是通过比较计算期的所费与所得,计算一系列技术经济指标得出可行与否的结论;两者分析的依据是相同的,都是国家的有关规定和有关部门为拟建项目下达的批复文件等;两者所分析的内容均包括建设必要性、市场条件、资源条件、工程计算、经济效益等部分。

3. 最终工作目标及要求相同　为拟建项目进行评估和开展可行性研究的最终工作目标都是一致的,即通过分析论证判断项目的可行与否,实现投资决策的科学化、程序化和民主化,提高投资效益,使资源得到最佳配置。另外,两者的要求也是相同的,都是在调查研究的基础上进行分析和预测,得出公正客观的结论。

### (二)项目投资评估与可行性研究的区别

1. 行为主体不同　可行性研究工作是由建设单位(即投资者)负责委托的,而项目投资评估则是由有关部门或贷款银行负责委托的。一般来说,这两项活动均须委托有关工程咨询机构进行,但其所代表的仍是不同的行为主体,即咨询机构要对不同的行为主体负责。

2. 立足点不同　可行性研究是站在投资者的角度来考察项目,而项目投资评估则是站在贷款银行或有关部门的角度来考察项目。由于角度不同,可能导致对同一问题的看法不同,结论也可能有差异。

3. 侧重点不同　可行性研究侧重于项目必要性与技术方面的论证,而项目投资评估则主要侧重于考察项目建设的可能性与借款的偿还能力。

4. 作用不同　可行性研究是投资主体进行投资决策的重要依据,而项目投资评估则是计划部门审批项目和银行确定贷款与否的重要依据。两者无法相互替代。

5. 所处阶段不同　尽管两者同处于项目周期中的建设前期,但在此时期内,可行性研究在先,项目投资评估在后。可行性研究是投资决策的首要环节,但仅有这一环节还不够,必须在此基础上进行项目投资评估。

## 三、畜牧业项目投资评估的内容

畜牧业项目投资的特点决定了对畜牧业项目投资的评估要与畜牧业生产的实际情况相结合,这样才具有指导意义。畜牧业项目投资评估是对可行性研究报告的各项内容进行逐项评估,最终得出综合性结论。

### (一)建设必要性评估

项目投资必要性评估是指对拟建项目生产的产品或所提供的服务是否能满足市场需求和得到社会承认所进行的审查、分析和评价。这是项目投资能否实施的先决条件,是保证项目投资正确性、合理性的前提。项目投资必要性评估的主要内容包括以下 4 点。

(1)对项目背景及项目发展概况的审查、分析与评估。

(2)对项目产品市场供求的竞争能力的审查、分析与评估。

(3)对项目建设规模的审查、分析与评估。

(4)对项目产品在国民经济和社会发展中的地位的审查、分析与评估。

## (二)市场条件评估

由于市场是项目投资与发展赖以依存的环境,所以在项目投资之前还应该对项目所处的市场条件和竞争环境进行评估。首先,需要对市场环境进行分析。在市场调查和市场预测的基础上,根据项目产品的竞争能力、市场规模、特点等分析项目投产后所生产畜产品的市场前景。其次,需要对项目所处行业的竞争形势进行分析,判断项目竞争力。根据分析结果,进一步优化项目的技术经济方案,扬长避短,发挥自身的竞争优势。通过对项目市场条件进行评估,能够充分把握项目开展所处的市场环境如何,以及项目建设的竞争优势如何,进而为更好地开展项目建设奠定基础。

## (三)生产技术评估

1.饲料、饲草供应可行性评估　饲草料是畜牧业的物质基础。畜牧业项目投资的规模与发展速度在很大程度上取决于饲草料供给的数量、质量与价格。在进行技术评估时,首先必须考虑到项目能否得到充足的饲草料供应,维持畜禽的基本新陈代谢的需要。其次,必须考虑到饲草料的质量对畜禽的健康状况、生产力及产品质量的重大影响。另外,还必须重视饲草料的成本。

2.良种繁育可行性评估　良种繁育技术对于发展畜牧业项目有着十分重要的意义。畜禽良种的选择直接决定着畜产品在国内外市场的竞争力及养殖效益。因此,畜牧业项目投资要根据本地区种畜禽服务体系发展情况、设备条件、技术力量,因地制宜地利用良种畜禽饲养管理技术、杂交技术、人工授精技术、家畜胚胎移植技术、体外受精等生物高新技术,使优质种畜品种尽快普及,促进畜牧业的发展。

3.畜禽饲养方式可行性评估　畜禽饲养方式主要有放牧、舍饲、半舍饲半放牧、补饲四种。放牧是指牲畜在牧民的管理下,在草场采食牧草和运动的饲养方式;舍饲是在圈舍条件下饲养畜禽的饲养方式;半舍饲半放牧是舍饲与放牧相结合的畜禽饲养方式;补饲是指为促进畜禽的快速生长,对畜禽添加饲草与饲料的饲养方式。项目究竟采用哪种饲养方式主要取决于项目的畜禽种类、资源条件、设备条件、现代化程度以及项目的发展目标等。项目单位应充分了解各种饲养方式的特点,根据自身饲养畜禽的种类和各种现实条件,正确选择饲养方式,以求获得最优的经济效益与社会效益。

4.防疫、检疫措施可行性评估　做好畜禽的防疫是实现畜牧业项目投资计划目标的基础与保证。因此,防疫是畜牧业项目投资评估的重要内容。要坚持“预防为主、全面防疫”的方针,健全畜禽防疫机制,创新动物防疫方略,促进畜牧业的持续、快速、健康发展。为此,必须健全保障机制,增强畜禽防疫实效;健全责任落实机制,开展群防群治;建立兽医网点和疫病报告制度,对畜禽疫情实施动态监测。具体的疫病防治工作主要包括对畜禽的检查、畜禽舍的清扫与消毒,对畜禽进行重大疫病净化,定期对畜禽注射各种疫苗等。

## (四)组织管理评估

项目组织管理评估的主要内容是针对项目建设所需的劳动定员以及各劳动力职能分配的管理进行评估。此外,还包括有关经营管理各项措施的制定与规范的设计、工作人员的技术培训以及劳动卫生保护福利实施等。由于畜牧企业的劳动有其独有的特点,加之畜牧行业的特殊性，畜牧业项目投资的组织管理评估主要体现在畜牧业经营形式管理的评估方面。评估时主要从投资主体与执行主体之间结合的有效性进行考察，具体包括监督机制是否健全并切实可行、风险分担及收益分配格局是否合理、能否最大限度地调动各主体的生产积极性、主动性与创造性、建立的劳动组织是否与生产任务的性质相适应、各主体之间的劳动分工是否科学合理、各部门及协作单位之间的关系是否融洽、建立劳动组织是否与企业生产规模相适应等。

### (五)财务效益评估

项目财务效益评估是在国家现行财税制度和有关法律法规的基础上，鉴定、分析项目可行性研究报告提出的投资、成本、收入、税金和利润等财务费用和效益，测算项目建成投产后的获利能力、清偿能力等，评价和判断项目财务上的可行性。财务效益评估的基本思路就是在基础投资数据已知的前提下，编制基本财务报表，计算财务评价指标的一种评估形式。项目财务效益评估的主要内容包括以下两个方面。

1. *考察拟建项目的财务盈利能力* 在市场经济条件下，项目单位是一个自主经营、自负盈亏、自我发展、自我约束的独立经济实体。因此，评价一个项目首先要考察项目建成投产后盈利状况，这也关系到项目单位能否在市场竞争中发展。

2. *评估拟建项目的清偿能力* 在分析项目盈利能力的基础上，必须根据投入产出原理，对项目的清偿能力进行分析，为贷款提供决策依据。

### (六)环境评估

畜牧业是排污型产业，养殖过程中产生大量的动物粪便以及病死畜禽、屠宰加工环节的病害畜禽以及毛和血的处理、饲草料加工的粉尘污染等都可能对周围环境产生不良影响。因此，在畜牧业项目投资实施之前，应该对其进行环境影响评价，充分调查项目涉及的各种环境因素，据此预测和评价该项目可能对环境带来的影响程度，并按照社会经济发展与环境保护相协调的原则，提出预防或降低不良影响的具体措施。

### (七)社会经济评估

对畜牧业项目投资而言，其效益不仅体现在经济效益上，而且还体现在社会效益上，项目的社会经济评价是项目评估中必不可少的工作环节。社会经济评估的主要内容如下。

1. *社会影响分析* 项目的社会影响分析旨在分析预测项目可能产生的正面影响和负面影响。评价内容主要有：①项目对所在地居民收入、生活水平和生活质量的影响；②项目对所在地区弱势群体利益的影响；③项目对所在地区文化教育、卫生事业的影响；④项目对当地基础设施、社会服务容量和城市化进程等的影响；⑤项目对所在地区少数民族风俗习惯和宗教的影响。

2. *社会适应性分析* 主要是分析预测项目能否为当地的社会环境、人文条件所接纳，分析当地政府、居民对项目存在与发展的态度，考察项目与当地社会环境的相互适应关系，具体包括：①分析预测与项目直接相关的不同利益群体对项目建设和运营的态度以及参与程度；②分析预测项目所在地区的各类组织对项目建设和运营的态度；③分析预测项目所在地区现有技术、文化状况能否适应项目的建设和发展。

3. *社会风险分析* 主要是对可能影响项目的各种社会因素进行识别和排序，对影响面大、持续时间长，并容易导致较大矛盾的社会因素进行预测，分析可能出现风险的社会环境与条件。特别要重点分析可能诱发民族矛盾、宗教矛盾的项目，并提出相应的防范措施。

# 第四节　畜牧业项目投资经济评估方法

## 一、畜牧业项目投资财务基础数据预测分析

财务基础数据预测是评估项目财务效益好坏的基础数据，是各项经济评估指标的计算基础。对其要认真地审查分析，保证准确性、科学性、合理性和可靠性。基础财务数据预测主要是对项目投资额、成本费用、营业收入、营业税金及附加、利润等进行测算和预估。

### (一)总投资额的测算

畜牧业项目总投资额包括建设投资、无形资产投资、其他资产投资、建设期利息以及项目建成投产后所垫付的流动资金。总投资额是固定资产折旧、无形及其他资产摊销、贷款还本付息的计算基础，也是编制项目投资现金流量表、利润及利润分配表、资产负债表等财务报表的基础。

### (二)成本费用测算

成本费用的经济实质是指生产经营过程中所耗费的生产资料转移的价值和劳动者报酬的货币体现，也就是项目在生产经营中所耗费的资金总和。畜牧业项目投资的成本费用是指项目进入营运期后发生的各项成本费用，包括生产成本、管理费用、财务费用、销售费用。

项目财务分析中成本费用的划分方法主要有项目成本法和要素成本法两种。项目成本法是按生产费用的经济用途和发生地点划分为生产成本和期间费用。要素成本法是按生产费用的经济性质划分为各种费用要素，即按制造产品时所耗用的原始形态划分。企业成本要素一般包括原材料及主要材料、辅助材料、燃料、动力、工资、修理费、利息支出、折旧与摊销和其他费用。要素成本反映企业在生产过程中的各种消耗，便于分析、计划、控制各项费用的支出。

要素成本估算法计算方便，易于掌握，且这种方法把折旧、摊销等非当期支出单独归类，有助于项目投资现金流量表的编制，因此在项目的成本费用估算中一般采用此法。

### (三)营业收入测算

营业收入是指项目建成投产后在一定时间里(通常一年)销售产品或者提供劳务所取得的收入。营业收入估算的基础数据包括产品或服务的数量和价格。由于两者都与市场预测密切相关，因此在估算营业收入时应对市场预测的相关结果进行确认，特别是对采用价格的合理性进行说明。营业收入的计算公式见式(10-1)。

$$\text{年营业收入}=\text{产品销售单价}\times\text{产品年销售量} \tag{10-1}$$

需要指出的是，在具体评估过程中不考虑库存，假定产品年销售量等于年生产量，而项目生产量取决于项目的出栏率、出肉率和出毛率、胴体重等一系列技术指标。

1. 畜禽出栏头数及出栏率　这两个指标是衡量肉用或肉用为主畜禽的生产水平与畜群周转速度的一项指标。畜禽出栏头数是出售头数和自食头数的总和(不包括死亡头数)。出栏率是本年内畜禽出栏头数占年初畜禽头数的百分比。

2. 胴体重，亦称屠宰体重　一般指畜禽屠宰后，去掉头、蹄、毛(皮)、内脏后的躯体和四肢

的重量。各种畜禽的胴体重所包括的部分有所不同。例如，猪指去掉头、蹄、尾、毛和内脏；牛指去掉头、蹄、皮毛和内脏；家禽指去掉毛和内脏。

3.净肉率　衡量肉用畜禽产肉能力和屠宰质量的指标，是指净肉重占胴体重的百分比，净肉重是指胴体除去骨骼之后的净肉和脂肪重量。计算公式见式(10-2)。

$$净肉率=\frac{净肉重}{胴体重}\times 100\% \qquad (10\text{-}2)$$

同类肉用畜禽在饲养条件相同的情况下，净肉率越高，经济效益越大。

4.瘦肉率　评定肉用畜禽生产性能的一项指标，计算公式见式(10-3)。

$$瘦肉率=\frac{瘦肉重}{胴体重}\times 100\% \qquad (10\text{-}3)$$

一般来说，牛、羊、禽、兔的瘦肉率比猪肉瘦肉率高，因而通常比较重视发展瘦肉型猪，并将猪的瘦肉率高低列为评定猪品种优劣的一项重要指标。

5.全年产蛋量　衡量母禽产蛋能力的一项指标，是母禽在一年中产蛋总量。全年产蛋量的多少取决于企业饲养母禽的规模、方向、品种、饲料质量、饲养管理条件和自然环境。母禽产蛋的多少与其品种相关，与是否采用经济杂交的优良家禽品种也有极大关系。

### (四)营业税金及附加测算

1.营业税金及附加　营业税金及附加是指项目因销售产品而发生的营业税、消费税、资源税、城市维护建设税及教育费附加。营业税是对在中国境内提供应税劳务、转让无形资产或销售不动产的单位和个人，就其所取得的营业额征收的一种税；消费税是以特定消费品为对象征收的一种税；资源税是对在我国境内从事开采应税资源的矿产品或者生产盐的行为所课征的税收；城市维护建设税是国家向缴纳增值税、营业税、消费税的单位和个人征收的专用于城市维护建设的一种附加税；教育费附加是国家向缴纳增值税、营业税、消费税的单位和个人征收的用于改善各地教学设施和办学条件的一种费用。

2.增值税的处理与估算　增值税是以商品生产和流通中各环节的新增价值或商品附加值为征税对象的一种流转税。按照现行税法规定，增值税作为价外税不包括在营业税金及附加中。须注意的是，当采用含(增值)税价格计算销售收入和原材料、燃料动力成本时，利润及利润分配表、项目投资现金流量表中应单列增值税科目。采用不含(增值)税价格计算时，利润及利润分配表、项目投资现金流量表中不包括增值税科目。

在计算项目税后收益时，应先根据产品加工增值及营业收入计算出项目应缴营业税金及附加和企业所得税，再用总收益减去缴纳税额即可。目前我国畜牧业项目大多享受减免税政策，在进行项目评估时可以忽略或进行简便处理。

## 二、畜牧业项目投资财务效益评估

财务效益评估是在测算财务基础数据的基础上，按国家现行财税制度、价格和有关法规规定，分析评价项目的费用和效益，从而考察项目的盈利能力、清偿能力，以判断项目财务的可行性。

进行财务效益评估的基本原理就是利用基本财务数据，编制基本财务报表，进而计算财务评价指标。项目投资的财务指标是为评价项目财务效益而设定的。财务评价从其评价内容上可分为财务盈利能力评估和财务清偿能力评估。

### (一)财务盈利能力评估

项目财务盈利能力评估主要是考察项目投资的盈利水平,是项目财务分析评估的主要内容之一。实践中,通常计算财务内部收益率、财务净现值等主要动态指标与总投资收益率、资本金净利润率以及投资回收期等静态指标。

1.财务盈利动态分析指标

(1)财务内部收益率($FIRR$)。财务内部收益率是指在项目整个寿命期内各年累计净现金流量现值等于零时的折现率。它反映项目整个寿命期内(即计算期内)总投资所能获得的实际最大报酬收益率,即为项目内部潜在的最大盈利能力。这是项目接受贷款利率的最高临界点,是评价项目盈利能力的主要动态指标。可根据项目投资财务现金流量表,按公式(10-4)计算。

$$\sum_{t=1}^{n}(CI-CO)_t(1+FIRR)^{-t}=0 \tag{10-4}$$

式中:$CI$ 为现金流入量;$CO$ 为现金流出量;$(CI-CO)_t$ 为第 $t$ 期的净现金流量,$n$ 为计算期年数。

在财务评价中,可以将计算的 $FIRR$ 与行业基准收益率或最低期望盈利率 $i$ 相比较,如果 $FIRR$ 大于 $i$,项目可行;$FIRR$ 小于 $i$,则项目不可行。对于 $FIRR$ 等于 $i$,项目可行与否视具体情况而定。实践中,一般认为只要 $FIRR$ 大于等于 $i$,项目都是可以接受的。

(2)财务净现值($FNPV$)。财务净现值是反映项目在整个寿命期内总获利能力的动态评价指标,它是指项目按部门或行业的基准收益率($i_c$)或设定的折现率,将各年的净现金流量折现到建设年(基准年)的现值总和,即项目逐年净现金流量的现值代数和。其判别标准为:财务净现值大于或等于零,表明项目的盈利能力超过或达到部门或行业规定的基准收益率或设定的折现率计算的盈利水平,项目在财务收益上是可以接受的。财务净现值计算方法见公式(10-5)。

$$FNPV=\sum_{t=1}^{n}\frac{(CI-CO)_t}{(1+i_c)^t}=\sum_{t=1}^{n}\frac{CF_t}{(1+i_c)^t}\geqslant 0 \tag{10-5}$$

式中:$CF_t$ 为第 $t$ 期的净现金流量,$i_c$ 为设定的折现率。

2.财务盈利能力静态分析指标

(1)投资回收期($P_t$)。它是反映投资回收能力的重要指标,反映的是通过项目的净收益来回收项目投资所需要的时间,一般以年为单位。项目投资回收期一般从项目建设开始年算起,若从项目投产开始年计算,应予以特别注明。其计算方法见公式(10-6)。

$$\sum_{t=1}^{P_t}(CI-CO)_t=0 \tag{10-6}$$

实践中,项目投资回收期可根据财务现金流量表累计净现金流量求得,具体计算方法见公式(10-7)。

$$P_t=T-1+\frac{\sum_{i=1}^{t-1}(CI-CO)^i}{(CI-CO)^T} \tag{10-7}$$

式中：$T$ 为各年累计净现金流量首次为正值或零的年数。将求出的 $P_t$ 与部门和行业的基准全部投资回收期 $P_c$ 比较。如 $P_t$ 小于 $P_c$ 时，可以接受该项目。

(2)总投资收益率($ROI$)。它反映的是总投资的盈利水平，指项目达到设计能力后正常年份的年息税前利润或运营期内年平均息税前利润($EBIT$)与项目总投资($TI$)的比率。计算方法见公式(10-8)。

$$ROI=\frac{EBIT}{TI}\times 100\% \tag{10-8}$$

式中：$EBIT$ 为项目正常年份的年息税前利润或运营期内年平均息税前利润，$TI$ 为项目总投资。若总投资收益率高于同行业的收益率参考值，表明用总投资收益率表示的盈利能力满足要求。

(3)资本金净利润率($ROE$)。资本金净利润率是指在项目达到设计能力后正常年份的年净利润或运营期内年平均净利润($NP$)与项目资本金($EC$)的比率。资本金净利润率高于同行业的净利润率参考值，表明用资本金净利润率表示的盈利能力满足要求。计算公式见式(10-9)。

$$ROE=\frac{NP}{EC}\times 100\% \tag{10-9}$$

式中：$NP$ 为项目正常年份的年净利润或运营期内年平均净利润，$EC$ 为项目资本金。

### (二)财务清偿能力评估

财务清偿能力评估主要是考察分析项目的财务情况及偿债能力，对企业和银行均具有重要的意义。对企业来说，通过项目清偿能力分析可以把握项目未来的财务状况；对银行来说，项目清偿能力的强弱是贷款决策的主要依据。项目清偿能力指标主要有利息备付率、偿债备付率、资产负债率、流动比率和速动比率。

1.利息备付率($ICR$)　利息备付率是在借款偿还期已知的前提下，在借款偿还期内的息税前利润($EBIT$)与应付利息($PI$)的比率，是从付息资金来源的充裕性角度来反映项目偿付债务利息的保障程度。计算公式见式(10-10)。

$$ICR=\frac{EBIT}{PI}\times 100\% \tag{10-10}$$

式中：$EBIT$ 为息税前利润，$PI$ 为计入总成本的应付利息；利息备付率应分年计算，利息备付率高，表明利息偿付的保障程度高。

2.偿债备付率($DSCR$)　偿债备付率是在借款偿还期已知的前提下，在借款偿还期内，用于还本付息的资金来源($EBITDA-TAX$)与应还本付息金额($PD$)的比率，反映的是可用于还本付息的资金偿还借款本息的保障程度。计算公式见式(10-11)。

$$DSCR=\frac{EBITDA-TAX}{PD}\times 100\% \tag{10-11}$$

式中：$EBITDA$ 为息税前利润加折旧和摊销，$TAX$ 为企业所得税，$PD$ 为应还本付息金额(包括还本金额和计入总成本费用的全部利息)。融资租赁费用可视为同借款偿还，运营期内的短期借款本息也应纳入计算。如果项目在运行期内有维持运营的投资，可用于还本付息的资金扣除维持运营的投资，偿债备付率应分年计算。

3. 资产负债率($LOAR$)　资产负债率是反映项目各年所面临的财务风险程度及偿还能力的指标，是企业负债总额($TL$)与资产总额($TA$)的比率。适度的资产负债率，表明企业经营安全、稳健，具有较强的筹资能力，也表明企业和债权人的风险较小。其计算公式见式(10-12)。

$$LOAR=\frac{TL}{TA}\times 100\% \qquad (10\text{-}12)$$

式中：$TL$ 为期末负债总额，$TA$ 为期末资产总额。

4. 流动比率　流动比率是反映项目各年偿付流动负债能力的指标，是企业流动资产与流动负债的比率。这个比率越高，说明企业偿还流动负债能力越强。其计算公式见式(10-13)，结果在 1.2～2.0 较为合适。

$$\text{流动比率}=\frac{\text{流动资产总额}}{\text{流动负债总额}}\times 100\% \qquad (10\text{-}13)$$

式中：流动资产包括：现金、应收账款、存货等，流动负债包括：短期借款、应付账款、预收账款等。

5. 速动比率　速动比率是反映项目快速偿付流动负债能力的指标，其计算公式见式(10-14)。

$$\text{速动比率}=\frac{\text{流动资产}-\text{存货}}{\text{流动负债}}\times 100\% \qquad (10\text{-}14)$$

由于在评估企业短期偿债能力时，流动比率存在着一定的局限性。如果存货滞销，则其变现就成问题，偿债也难兑现。而速动比率恰巧弥补了流动比率的这一缺陷，在流动资产中扣除了存货，能真实反映企业快速偿付流动负债的能力。其值一般在 1.0～1.2 为合适。

## 本章小结

畜牧业项目投资是投资主体通过对各种经济要素投入，改善生产条件，增加生产手段，按预定规划方案，在规定期限内形成新增固定资产和新增生产(服务)能力，以获得预期效益的畜牧业扩大再生产的投资活动；具有对自然环境依赖性强、价值大、投资时间短、发挥效益早、具有社会性等特点。可行性研究是畜牧业项目投资前期工作的重要内容，即在项目投资决策前，通过全面的技术、经济和社会分析与评价，判断项目投资的技术、经济和社会可行性。可行性研究完成后要组织专家对项目投资可行性研究报告的可靠性作出评估，项目投资评估与可行性研究都以分析和论证项目投资可行与否为目的，两者虽有区别但紧密联系。畜牧业项目投资评估的主要内容包括：建设必要性、市场条件、生产技术、组织管理、财务效益、环境和社会经济。经济评估是畜牧业项目投资评估的重要内容，主要包括财务基础数据预测分析(对投资额、成本费用、营业收入、营业税金及附加等进行测算和预估)和财务效益评估(通过财务盈利能力评估和财务清偿能力评估来考察项目投资的盈利水平)。

## 复习思考题

1.什么是畜牧业项目投资？畜牧业项目投资的特点有哪些？

2.为什么畜牧业项目投资要进行可行性研究？

3.简述畜牧业项目投资可行性研究的工作程序和编制要求。

3.畜牧业项目投资可行性研究的主要内容有哪些？

4.什么是项目投资评估？简述项目投资评估与项目投资可行性研究的区别。

5.简述畜牧业项目投资评估的主要内容。

6.试述畜牧业项目投资经济评估的主要方法及内容。

## 参考文献

[1] 成其谦.投资项目评价.2版.北京：中国人民大学出版社，2007.

[2] 国家发展改革委，建设部.建设项目经济评价方法与参数.3版.北京：中国计划出版社，2006.

[3] 马立强，温国锋.投资项目评价与决策.西安：西安交通大学出版社，2014.

[4] 乔娟，潘春玲.畜牧业经济管理学.2版.北京：中国农业大学出版社，2010.

[5] 王勇.投资项目可行性分析：理论精要与案例解析.2版.北京：电子工业出版社，2012.

[6] 徐强.投资项目评估.南京：东南大学出版社，2010.

[7] 杨秋林.农业项目投资评估.4版.北京：中国农业出版社，2008.

# 第十一章　畜牧业经济核算

◆　学习要点

- 畜牧业经济核算的概念、方法与内容
- 畜牧业资产核算
- 畜牧业成本费用的核算
- 畜牧业营业收入、利润及分配核算
- 家庭畜牧业核算

## 第一节　畜牧业经济核算原理

### 一、畜牧业经济核算的含义与作用

#### (一)畜牧业经济核算的含义

经济核算是对企业生产经营过程中所发生的一切活劳动消耗和物化劳动消耗以及一切经营成果进行记载、计算、考查和对比分析的一种经济管理方法。

#### (二)畜牧业经济核算的作用

经济核算是商品生产的客观要求。畜牧企业只有根据市场需求,生产适销对路的畜产品,并通过严格的经济核算,优化配置各种生产要素,提高畜牧业生产的经济效益,才能实现利润最大化,推动畜牧企业的发展。因此,加强畜牧业经济核算具有十分重要的作用。

1. 实行经济核算有利于畜牧企业提高管理水平　它能使其自觉地认识和运用价格、成本、利润等经济手段进行企业管理,调动人们的生产积极性,使企业员工从切身的物质利益上关心企业经营状况,努力降低生产消耗,从而使企业改善经营管理,提高经济效益。

2. 实行经济核算有利于企业运用和学习科学技术　通过经济核算,可以不断发现企业在生产经营中的薄弱环节,分析消耗高、产出低、质量差的关键问题,学习和运用先进的科学技术,把科学技术直接转变为生产力,从而达到低耗、高产、优质、高效的目的。

3. 实行经济核算有利于维护企业和国家的财经秩序　通过经济核算,可以防止和打击经济领域的各种违法犯罪活动,维护财经纪律和财税制度。因此,畜牧企业都应实行全面的经济核算。

## 二、畜牧业经济核算的方法

常用的经济核算方法有统计核算、业务核算和会计核算，每种核算方法各有特点和范围，并在核算中相互补充构成一个统一的核算体系。

### (一)统计核算

统计核算就是通过对企业生产经营活动所产生的数据资料，进行整理归纳，运用综合统计指标，从质和量的联系中研究、分析、揭示事物发展变化的数量表现及规律。通过统计核算可以监测畜牧业生产经营活动运行状况、计划完成程度及存在问题，起到预警与监督作用。统计核算的特点是：运用不同的调查方式（统计报表、普查、抽样调查、重点调查和典型调查等），获得重要的数量和质量指标（产品产量与质量、设备利用情况、企业发展速度与增长速度等）。

### (二)业务核算

业务核算也叫业务技术核算。指运用个别业务资料发生的情况，从技术角度来观察和反映企业经济活动的一种核算方法。主要包括供应阶段业务核算、生产阶段业务核算和销售阶段业务核算。

供应阶段企业的主要业务是用货币资金购买材料，并验收材料入库等。与此相关的业务还包括材料的分类与计价及制定材料储备定额等。

生产阶段生产者要借助于劳动资料对劳动对象进行加工，创造出符合消费者需求的产品。因此，在生产阶段业务核算的主要内容是有关劳动投入、劳动对象的消耗和产品产出的记录和核算。与此相关的业务还包括材料消耗与工时定额的核算等。

销售阶段一方面要向购货单位发出商品或提供劳务，另一方面要按照销售价格与购货单位办理款项结算，以实现其销售收入。

### (三)会计核算

会计核算指将企业日常大量的经济业务加以记录、分类、汇总，形成反映畜牧企业经营成果和财务状况报表的过程。通过会计核算，可以反映资金来源和运用、资金消耗、费用与成本、收入、盈亏等水平，全面分析生产经营活动及其成果。会计核算在三种核算方法中居于首位。

1.会计核算的主要内容　会计核算主要包括填制和审核会计凭证、设置会计科目和账户、复式记账、登记会计账簿、成本计算、财产清查、编制财务会计报表等。

(1)填制和审核会计凭证。会计凭证是记录经济业务、明确经济责任的书面证明。填制和审核会计凭证指对于已经发生或已经完成的经济业务，都要由经办人员或有关单位填制凭证，签名盖章，并要经过会计部门和有关部门的审核，使之具有法律效力。只有经过审核并确认正确无误的凭证，才能作为记账的依据。因此填制和审核会计凭证是会计核算工作的起点，也是实行会计管理，保证会计核算质量的主要手段。

(2)设置会计科目和账户。设置会计科目和账户是对会计要素的具体内容进行分类核算的一种方法。也就是根据会计对象的具体内容和经济管理的要求，按照经济特征进行归纳分类的项目，以便在账簿中开设账户，通过分门别类地记录和计算取得经济管理所需要的核算指标。

(3)复式记账。复式记账是记录经济业务的一种方法，是将一笔经济业务以相等金额同时记入两个或两个以上相关科目，用来反映经济业务资金运动过程的一种记录方法。《企业会计准则》规定各类企业一律使用国际通行的复式记账法，即借贷记账法。通过账户的平衡关系，可以了解和掌握经济业务的内容，检查会计记录的正确性。

(4)登记账簿。登记账簿是将所发生的经济业务，以审核无误的会计凭证为依据按照一定的方法和程序，序时、分类地在账簿中进行登记，并要定期地进行对账和结账，以便为编制会计报表提供完整而又系统的会计数据。

(5)成本计算。成本计算指对生产经营所发生的各种生产费用，按照一定核算对象和标准进行归集和分配，进而计算各核算对象的总成本和单位成本的工作。通过成本计算，可以确定材料的采购成本、产品的生产成本和销售成本，考核企业经济活动过程中物化劳动和必要活劳动的耗费，正确计算盈亏。

(6)财产清查。财产清查指通过盘点实物，核对账目，查明各项财产物资、货币资金账实是否相符的一种专门方法。通过财产清查，能够发现账实不符的情况，并可分析原因，查明责任；可以了解财产物资的储备和利用情况，以挖掘物资潜力，加速资金周转；可以及时清理债权债务，改善财务状况；可以确保财产物资安全、完整，为编制会计报表提供准确可靠的资料。

(7)编制会计报表。编制会计报表是指在以上各项工作的基础上，按照一定报表格式，对账簿记录内容加以汇总的工作，会计报表是会计核算工作的最终成果，是为经济管理提供会计信息的基本工具。

2.会计核算形式　会计核算形式又称财务处理程序，指以账簿体系为中心，将凭证、账簿、记账程序和方法有机结合的方式。会计核算形式主要有记账凭证核算形式、汇总记账凭证核算形式、科目汇总表核算形式等，其中科目汇总表核算形式在会计核算形式中居于重要地位。

(1)记账凭证核算形式。记账凭证核算形式是直接依据记账凭证逐笔登记总分类账的一种会计核算形式。其程序如下：①根据原始凭证或原始凭证汇总表编制记账凭证；②根据收、付款凭证逐笔登记现金日记账和银行存款日记账；③根据原始凭证、汇总原始凭证或记账凭证登记各种明细账；④根据记账凭证逐笔登记总分类账；⑤在账目核对的基础上，依据总账和明细账的资料编制期末会计报表。

(2)汇总记账凭证核算形式。汇总记账凭证核算形式是根据记账凭证先定期编制汇总记账凭证，然后根据汇总记账凭证登记总分类账的一种核算形式。其程序如下：①根据原始凭证或原始凭证汇总表编制记账凭证；②根据收、付款凭证逐笔登记现金日记账和银行存款日记账；③根据原始凭证、汇总原始凭证或记账凭证登记各种明细账；④根据记账凭证定期编制汇总收款凭证、汇总付款凭证、汇总转账凭证；⑤根据各汇总记账凭证登记总分类账；⑥在账目核对的基础上，依据总账和明细账的资料编制期末会计报表。

(3)科目汇总表核算形式。科目汇总表核算形式是先根据记账凭证定期编制科目汇总表，然后根据科目汇总表登记总分类账的一种核算形式。其程序如下：①根据原始凭证或原始凭证汇总表编制记账凭证；②根据收、付款凭证逐笔登记现金日记账和银行存款日记账；③根据原始凭证、汇总原始凭证或记账凭证登记各种明细账；④根据记账凭证定期编制科目汇总表；⑤根据科目汇总表登记总分类账；⑥在账目核对的基础上，依据总账和明细账的资料编制期末会计报表。

3.会计报表　会计报表是根据会计账簿记录和有关资料，按照规定的报表格式，总括反映一定时期财务状况、经营成果和现金流量等信息的总结性报告文件。会计报表主要包括资产负债表、利润表和现金流量表。

(1)资产负债表。资产负债表也称财务状况表,是总括反映企业在某一特定日期的资产、负债和所有者权益状况的会计报表,也是企业对外报送的最基本的会计报表。它可向各个利益关系人提供企业在某一特定日期的财务状况,有助于他们了解企业拥有或控制的资产以及这些资产的分布和结构情况,分析和评价企业的偿债能力、支付能力以及获利能力;同时有助于他们了解企业权益的大小以及所有者权益结构等。

(2)利润表。利润表又称收益表或损益表,是总括地反映企业在一定会计期间内经营成果的会计报表。通过利润表可以了解企业一定时期内收入的实现情况和费用耗费情况,并通过配比可计算出某一会计期间的净利润。因此,通过利润表可据以分析和评价企业经营的好坏、投资效率的高低、盈利能力的大小以及一定时期的盈利趋势。

(3)现金流量表。现金流量表是以现金为基础编制的反映企业一定期间内现金流入与流出及现金收支净额的报表。通过现金流量表可以分析和评判企业未来获得现金的能力,企业的偿债能力,支付股利的能力,分析了解企业本期净收益与经营活动所产生的现金净流量之间存在差异的原因,以及企业投资和筹资活动对经营成果和财务状况的影响。

### 三、畜牧业经济核算的内容

畜牧企业的经济核算,包括基本建设中的经济核算和生产经营活动中的经济核算。

#### (一)基本建设经济核算

基本建设经济核算包括生产性建设核算内容和非生产性建设核算内容。生产性建设核算内容主要指畜禽圈舍设计、修造,生产设备购置、改造、维修,饲料基地开发,水利设施的水源开发、灌溉用渠修建和维护等。非生产性建设核算内容主要指房屋的建造、维修,道路的修建、维护,场内外绿化、美化,交通工具购置、维修等。

#### (二)生产经营活动经济核算

生产经营活动中的经济核算具体包括资产的核算、成本和费用的核算及营业收入、利润及其分配的核算等内容。

经济核算的内容是一个有机整体,每一项都是其中不可缺少的组成部分,通过经济核算,能够达到以较少的劳动消耗取得较多劳动成果的目的。

## 第二节 畜牧企业核算

### 一、畜牧业资产核算

畜牧业资产指畜牧企业拥有或者控制的能以货币计量的经济资源,包括各种财产、债权和其他权利。它们是企业从事生产经营活动的物质基础,资产按其流动性分为流动资产和非流动资产。流动资产是指可以在一年或超过一年的一个营业周期内变现或者耗用的资产。包括货币资金、短期投资、应收票据、应收账款和存货等。非流动资产是指流动资产以外的资产,主要包括长期股权投资、固定资产、在建工程、工程物资、无形资产、研发支出等。根据畜牧业生产的特点,下面主要介绍固定资产、生产性生物资产、无形资产、流动资产核算。

### (一)固定资产的核算

1. 固定资产的概念及特点　固定资产指使用期限超过一年的房屋、建筑物、机器、机械、运输工具、产畜和役畜、使用的土地、公路、桥梁、堤坝、水库、干渠、支渠、机井、水泥晒场、经济林和防护林、养殖场以及其他与生产经营有关的设备、器具、工具等。不属于生产经营主要设备的物品，单位价值在 2 000 元以上，并且使用期限超过两年的，也应作为固定资产。固定资产的特点是：使用年限较长，单项价值高，以其完整的实物形态参加多次生产过程，在生产过程中保持其固有的物质形态，而随着它本身的磨损，其价值逐渐转移到新的产品中去。企业应根据实际情况制定固定资产目录，加强对固定资产的管理，建立健全固定资产的使用、保管、维修和保养制度，使其经常处于良好的运行状态，以提高利用率和延长使用年限。

2. 固定资产折旧的核算　企业的固定资产长时间参与生产活动，且不改变其实物形态。但是，随着时间的推移，会不断地发生损耗，功能随之减退，其使用寿命有限，因而必须在使用中将购建固定资产的资本性支出，以计提折旧费的形式，逐步合理地计入产品成本或期间费用中去。一方面可以使固定资产在报废时有能力重置，以维持简单再生产；另一方面可以使企业各期收入与成本、费用正确配比。

(1)固定资产折旧的概念。固定资产折旧是指固定资产在使用过程中，由于损耗而逐渐转移到产品中去的那部分价值。其损耗分为有形损耗和无形损耗，有形损耗指固定资产在使用过程中由于使用和自然力的作用而引起使用价值和价值的损耗，无形损耗指由于科学技术进步和劳动生产率的提高而引起固定资产在价值上的贬值。企业通过提取折旧来补偿这两种损耗，每年提取的折旧费，随之在销售收入中得到补偿，并且能转化为货币资金。所以，固定资产折旧是企业内部积累资金的主要来源，同时也是回收投资的重要方法。

(2)固定资产折旧的范围。应计提折旧的固定资产有：房屋和建筑物；在用的固定资产（如机器机械、仪器仪表、运输工具、产畜和役畜等）；季节性停用、大修理停用和车间内替换使用的机器设备；以经营租赁方式出租的固定资产；以融资租赁方式租入的固定资产。不计提折旧的固定资产有：单独计价作为固定资产入账的土地；已提足折旧仍继续使用的固定资产。

(3)固定资产折旧的方法。固定资产折旧方法包括年限平均法和加速折旧法。折旧方法的选用将直接影响应提折旧总额在固定资产各使用年限之间的分配结果，从而影响各年的净收益和所得税。因此，企业应该根据固定资产的性质，受有形损耗和无形损耗影响的方式及程度，结合科技发展、环境及其他因素，合理选择固定资产的折旧方法。

①平均折旧法就是根据固定资产的损耗程度均衡地计提折旧的方法。包括平均年限法和工作量法。平均年限法指按照固定资产的使用年限平均计算固定资产折旧。对一些价值很大，而又不经常使用的大型设备，以及汽车等运输设备，可以按工作量计提折旧。平均年限法的折旧率和折旧额的计算公式如式(11-1)至式(11-3)。

$$\text{年折旧率}=\frac{(1-\text{预计净残值率})}{\text{预计折旧年限}}\times 100\% \tag{11-1}$$

$$\text{月折旧率}=\frac{\text{年折旧率}}{12} \tag{11-2}$$

$$\text{月折旧额}=\text{固定资产原值}\times\text{月折旧率} \tag{11-3}$$

预计净残值率按照原值的 3%～5%确定，预计净残值率低于 3%或高于 5%的，由企业自行确定，并报主管财政机关备案。

采用工作量法的折旧额计算公式如式(11-4)和式(11-5)。

$$\text{单位工作量折旧额}=\frac{\text{固定资产原值}\times(1-\text{预计净残值率})}{\text{预计总工作量}} \tag{11-4}$$

$$\text{月折旧额}=\text{月份内完成工作量}\times\text{单位工作量折旧额} \tag{11-5}$$

这里的工作量指机车或机器设备的行驶里程和工作小时等。

②加速折旧法又称递减折旧费用法，指固定资产预计计提折旧年限内，前期相对多提折旧，后期相对少提折旧的方法。主要有双倍余额递减法和年数总和法。

双倍余额递减法的折旧率和折旧额的计算公式如式(11-6)至式(11-8)。

$$\text{月折旧率}=\frac{2/\text{预计折旧年限}}{12}\times 100\% \tag{11-6}$$

$$\text{月折旧额}=\text{固定资产期初账面净值}\times\text{月折旧率} \tag{11-7}$$

$$\text{固定资产期初账面净值}=\text{固定资产原值}-\text{累计折旧} \tag{11-8}$$

实行双倍余额递减法的固定资产，应在其折旧年限到期前两年内，将固定资产净值扣除预计净残值后的净额平均摊销。

用年数总和法的折旧率和折旧额的计算公式如式(11-9)和式(11-10)。

$$\text{年折旧率}=\frac{\text{尚可使用年限}}{\text{预计使用年限的年数总和}}\times 100\% \tag{11-9}$$

$$\text{月折旧额}=\frac{(\text{固定资产原值}\quad\text{预计净残值})}{12}\times\text{年折旧率} \tag{11-10}$$

折旧方法和折旧年限一经确定，不得随意更改。需要变动更改的，应按规定的程序报经批准后备案，并在财务报表附注中予以说明。

总之，企业固定资产折旧，应按月计提。月份内开始使用的固定资产当月不提折旧，从下月起计提；月份内减少或停用的固定资产，当月仍计提折旧，从下月起停止计提；固定资产提足折旧后，无论能否继续使用，均不再计提折旧。提前报废的固定资产，也不再补提折旧。企业应按规定提取折旧，计入有关成本费用，不得冲减资本金。

3. 固定资产修理费的核算　为了使固定资产经常处于良好的状态，维护其原有效能，保持其生产能力，必须有计划地及时对其进行检查维修，因而固定资产修理费的核算也是其核算的重要内容之一。与固定资产有关的修理费用等后续支出，不符合固定资产确认条件的，应当根据不同情况分别在发生时计入当期管理费用或销售费用。

## (二)生产性生物资产核算

生产性生物资产是指为产出农产品、提供劳务或出租等目的而持有的生物资产，包括经济林、薪炭林、产畜和役畜等。生产性生物资产按照直线法计算的折旧，准予扣除。企业应从生产性生物资产投入使用月份的次月起计算折旧；停止使用的生产性生物资产，应从停止使用月份的次月起停止计算折旧。企业应根据生产性生物资产的性质和使用情况，合理确定生产性生物资产的预计净残值，预计净残值一经确定不得随意变更。畜类生产性生物资产折旧年限为3年。

1.生产性生物资产与消耗性生物资产的区别　生产性生物资产具有能够在生产经营中长期、反复使用，从而不断产出农产品或者是长期役用的特征，生产性生物资产产出农产品之后，该资产仍然保留，并可以在未来期间继续产出农产品。消耗性生物资产收获农产品之后，该资产就不复存在。因此，通常认为生产性生物资产在一定程度上具有固定资产的特性，例如奶牛每年产奶。

2.生产性生物资产的初始计量　生物资产准则规定，生物资产应当按照成本进行初始计量。

(1)外购生产性生物资产。外购生产性生物资产的成本包括购买价款、相关税费、运输费、保险费以及可直接归属于购买该资产的其他支出。其中，可直接归属于购买该资产的其他支出包括场地整理费、装卸费、栽植费、养殖费、专业人员服务费等。

(2)自行繁殖、营造的生物资产。对自行繁殖、营造的生产性生物资产而言，其成本确定的一般原则是按照其达到预定生产经营目的前发生的必要支出确定，包括达到预定生产经营目的(成龄)前发生的饲料费、人工费和应分摊的间接费用等必要支出。

3.生产性生物资产的后续计量　在我国，处于不同生长阶段的各类生产性生物资产的公允价值一般难以取得，因此，生物资产准则规定通常应当采用历史成本对生物资产进行后续计量，但有确凿证据表明其公允价值能够持续可靠取得的除外。

### (三)无形资产核算

无形资产指企业长期使用(一般为一年以上)但没有实物形态的可辨认非货币性资产，包括专利权、商标权、著作权、土地使用权、非专利技术、特许权及其他无形资产。

1.无形资产的初始计量　无形资产通常是按实际成本计量，即以取得无形资产并使之达到预定用途而发生的全部支出作为无形资产的成本。

(1)外购的无形资产。外购的无形资产，其成本包括购买价款、相关税费以及直接归属于使该项资产达到预定用途所发生的其他支出。

(2)投资者投入的无形资产成本。投资者投入的无形资产的成本，应当按照投资合同或协议约定的价值确定，在投资合同或协议约定价值不公允的情况下，应按无形资产的公允价值入账。

2.无形资产的后续计量　无形资产初始确认和计量后，在其后使用该项无形资产期间内应以成本减去累计摊销额和累计减值损失后的余额计量。需要强调的是，确定无形资产在使用过程中的累计摊销额，基础是估计其使用寿命，只有使用寿命有限的无形资产才需要在估计的使用寿命内采用系统合理的方法进行摊销，对于使用寿命不确定的无形资产，每年进行减值测试。

(1)无形资产摊销期限确定。无形资产的摊销期限，按下列原则确定：①法律、合同或企业申请书中规定有法定有效期限和受益年限的，按法定有效期限与合同或企业申请书规定的受益年限孰短的原则确定；②法律没有规定有效期限的，企业合同或申请书中规定有受益年限的，按合同或申请书中的规定确定；③法律、合同或企业申请书都没有规定有效期限与受益年限的，按预计受益期确定。

(2)无形资产的摊销方法。在无形资产的使用寿命内系统地分摊其应摊销金额，存在多种方法。这些方法包括直线法、生产总量法等。对某项无形资产摊销所使用的方法应依据从资产中获取的预期未来经济利益的预计消耗方式来选择，并一致地运用于不同会计期间，例如，受技术陈旧因素影响较大的专利权和专有技术等无形资产，可采用类似固定资产加速折旧的方法进行摊销；有特定产量限制的特许经营权或专利权，应采用产量法进行摊销。

(3)使用寿命不确定的无形资产。根据可获得的情况判断，有确凿证据表明无法合理估计其使用寿命的无形资产，才能作为使用寿命不确定的无形资产。企业不得随意判断使用寿命不确定的无形资产。按照无形资产准则规定，对于使用寿命不确定的无形资产，在持有期间内不需要摊销，如果期末重新复核后仍为不确定的，应当在每个会计期间进行减值测试，需要计提减值准备的，相应计提有关的减值准备。

### (四)流动资产核算

流动资产指可以在一年或超过一年的一个营业周期内变现或耗用的资产，包括现金、各种存款、存货和应收及预付款项等。它的特点是：只参加一次生产过程就被消耗，在生产过程中完全改变了原来的物质形态；一般把全部价值一次转入新的产品成本中去。畜牧企业的应收及预付款项包括应收票据、应收账款、其他应收款、预付货款等。其中，应收票据应当按照面值计价，贴现应收票据的实得款项与其面值的差额，计入财务费用。

1.*应收账款周转率* 应收账款周转率是用于反映企业应收账款流动程度的指标，计算公式如式(11-11)至式(11-13)。

$$\text{应收账款周转率}=\frac{\text{赊销收入净额}}{\text{平均应收账款余额}}\times 100\% \tag{11-11}$$

$$\text{赊销收入净额}=\text{销售收入}-\text{现售收入}-\text{销售退回、折让与折扣} \tag{11-12}$$

$$\text{平均应收账款余额}=\frac{\text{期初应收账款}+\text{期末应收账款}}{2} \tag{11-13}$$

存货包括各种原材料、农用材料(如饲料等)、低值易耗品、在产品、幼畜和育肥畜、产成品等。存货按照实际成本计价。购入的材料，按照买价加运输费、装卸费、保险费、途中合理损耗、入库前的加工整理及挑选费用和缴纳的税等计价；自制的材料按照制作过程中的各项实际支出计价；委托外单位加工的材料，按其实际耗用的原材料或半成品的实际成本加上运输费、装卸费、保险费和加工费用等计价；购入的幼畜和育肥畜按实际购入价格计价；投资者投入的存货，按评估确认或合同、协议约定的价值计价；盘盈的存货按照同类存货的实际成本计价；接受捐赠的存货，按照发票账单所列金额，加上企业负担的运输费，保险费和缴纳的税金等计价；无发票账单的按其同类存货的市价计价。企业领用的低值易耗品，指周转使用的包装物及其材料工具等，可以一次摊销或分期摊销。存货应定期或不定期地进行盘点，年度终了前必须进行一次全面的盘点清查。盘盈的存货价值冲减管理费；盘亏、毁损和报废的存货、扣除过失人或者保险公司赔款和残料价值之后，属于管理不善的部分应计入管理费用，属于非正常损失的部分应计入营业外支出。

2.*存货周转率* 存货周转率是衡量企业销售能力和存货是否过量的经济指标。计算公式如式(11-14)和式(11-15)。

$$\text{存货周转率}=\frac{\text{销货成本}}{\text{平均存货}}\times 100\% \tag{11-14}$$

$$平均存货=\frac{期初存货+期末存货}{2} \tag{11-15}$$

## 二、畜牧业成本费用核算

畜牧业生产发生的各项生产费用，应按成本核算对象和成本项目分别归集。实行分群核算的，要按不同畜龄组，归集生产费用，分群计算成本。如养猪划分为基本猪群、2～4个月幼猪群、4个月以上猪群等。实行混群核算的，混群饲养可分为养猪、养牛、养马、养羊、养禽等，不分畜龄，只按畜禽种类归集生产费用，畜禽本身的价值及其饲养费用，均在“畜牧业生产”账户中核算。并按不同畜龄和固定价格计算收入、同实际成本对比计算盈亏。

### (一)成本费用核算内容

畜产品成本费用指畜牧企业在一定时期的生产经营活动中为生产和销售产品而花费的全部成本和费用，也称总成本费用。畜产品成本费用核算是经济核算的中心内容，是畜牧企业实行经济核算不可缺少的基础工作。从微观上讲，通过成本费用核算，查明企业各项生产费用的情况，考核成本高低，分析成本增减变化的原因，以便找出降低成本的途径，提高经营管理水平，指导生产者进行生产，以获得最佳收益；从宏观上讲，畜产品成本核算是制订畜产品价格的重要依据，是国家采取经济手段进行宏观调控的重要内容，也是畜牧业进行结构调整的重要参考资料。畜牧企业的成本费用由生产成本和期间费用组成。

1. 生产成本　生产成本指企业为生产产品而发生的各项直接费用和制造费用。直接费用包括直接材料、直接人工及其他直接支出，直接计入生产成本中；制造费用亦称间接费用，按其核算对象，分别计入生产成本。

(1)直接材料。包括直接耗用的原材料、种畜、饲料、辅助材料、企业生产备品配件、燃料动力以及其他直接材料。

(2)直接人工。包括直接从事生产经营人员的工资、奖金、津贴和补贴，以及按规定比例计提的职工福利费。

(3)制造费用。指企业各生产单位为组织和管理生产所发生的各项费用，包括生产车间管理人员工资、职工福利费、折旧费、修理费、无形资产摊销、水电费、取暖费、办公费、差旅费、劳保费以及其他制造费用。

(4)其他直接支出。指除直接材料、直接工资以外的其他直接费，包括设备折旧费与修理费、产畜摊销、畜牧医疗费等。

2. 期间费用　期间费用指在一定会计期间发生的与生产经营没有直接关系和关系不密切的管理费用、销售费用和财务费用。

(1)管理费用。管理费用指企业管理部门为管理和组织经营活动而发生的各项费用，包括企业经费、工会经费、职工教育费、土地使用费、土地损失补偿费、无形及递延资产摊销以及其他管理费用。企业经费包括管理人员工资及福利费、差旅费、折旧费、修理费、物料消耗、低值易耗品摊销以及其他企业经费，工会经费指按职工工资总额一定比例计提拨给工会的活动经费，职工教育经费指为职工学习先进技术和提高文化水平而支付的费用；其他管理费主要包括劳动保护费、咨询费、技术转让费、业务招待费等。

(2)销售费用。销售费用指为销售产品或提供劳务而发生的各项销售支出，包括由企业负担的运输费、装卸费、整理费、包装费、保险费、商品损失和销售服务费;销售部门人员工资、职工福利、差旅费、办公费、折旧费、修理费、物料消耗、低值易耗品摊销以及其他经费。

(3)财务费用。财务费用指为筹集资金而发生的各项费用,包括企业生产经营期间发生的利息净支出、汇兑净支出、调剂外汇手续费、金融机构手续费以及筹资过程中发生的其他财务费用。

企业的下列支出不得列入成本费用:①为购置和建造固定资产、无形资产和其他资产的支出;②对外投资的支出;③被没收物的财物;④支付的滞纳金、罚款、违约金、赔偿金以及企业赞助捐赠支出;⑤国家法律法规规定以外的各种付费,不得列入成本费用的其他支出。

### (二)降低畜产品成本的途径

通过成本费用计算可以看出,影响畜产品成本高低的因素是多方面的。有企业内部的因素,也有外部的因素。就企业内部来说,主要是畜产品产量和各项费用。产量高,费用低,畜产品的单位成本就低,反之亦然。因此,降低畜产品成本的主要途径,一是在保证质量的前提下提高产出水平;二是尽可能节约开支,减少不必要的浪费,力争以较少的投入取得较多的产出。仅就从节约费用的角度讲,降低畜产品成本的主要途径在以下几个方面。

1.提高劳动生产率　充分利用劳动力资源,提高工作效率,采取一些激励机制,调动人员的积极性,提高劳动生产率。

2.提高物质利用率　科学管理,合理使用各种原材料,提高饲料转化率,降低单位产品中饲料、燃料、兽药以及各种原材料的消耗。

3.提高机械设备利用率　充分利用各种机具、畜舍等固定设备,提高固定资产利用率,减少单位产品中分摊的折旧费。

4.提高经营管理水平　严格控制间接费用,节约非生产性开支,减少不必要的管理人员,改进和提高经营管理水平。

## 三、畜牧业营业收入、利润及分配核算

### (一)营业收入和税费的核算

1.营业收入　营业收入指企业销售产品,提供劳务,让渡资产使用权等日常经营业务过程中所形成的经济利益的总流入,分为主营业务收入和其他业务收入。主营业务收入是指企业经常性的、主要业务所产生的收入。其他业务收入,包括材料销售、固定资产出租、无形资产转让(不包括对国家划拨的土地实行有偿转让的土地使用权),以及技术转让和包装物出租等取得的收入。营业收入的核算可以补偿总成本费用,上缴税金,偿还债务,保证企业再生产顺利进行。

销售净利润率是反映公司盈利能力的一项重要指标,计算公式为式(11-16)。

$$销售净利润率=\frac{净利润}{销售收入净额}\times 100\% \qquad (11\text{-}16)$$

2.税费　根据我国现行税法,国家向企业征收的税金包括企业销售产品或提供劳务应负担的各种流转税金和对经营所得和其他所得征收的所得税,主要有增值税、消费税、营业税、城市建设维护税、教育费附加、土地增值税、关税、资源税、企业所得税、城镇土地使用税、房产税、

车船使用税等。其中在营业收入中扣除的营业税金及附加包括营业税、消费税、资源税、城市维护建设税、教育费附加等。企业收到出口产品退税及减免流转税退回的税金，作为减少“营业税金及附加”处理。当然，对一般企业来说，以上各种税收并不是全部都要缴纳，而只是缴纳与自身经营有关的若干种税收。

### (二)利润的核算

利润是考核企业经营成果的重要指标，任何企业都力争取得较多的利润。企业的利润总额按照下列公式计算(式 11-17 至式 11-21)。

$$利润总额=营业利润+营业外收入-营业外支出 \tag{11-17}$$

$$\begin{aligned}营业利润=&营业收入-营业成本-营业税金及附加-销售费用-管理费用-\\&财务费用-资产减值损失+公允价值变动收益(-公允价值变动损失)+\\&投资收益(-投资损失)\end{aligned} \tag{11-18}$$

$$营业收入=主营业务收入+其他业务收入 \tag{11-19}$$

$$营业成本=主营业务成本+其他业务成本 \tag{11-20}$$

$$净利润=利润总额-所得税费用 \tag{11-21}$$

其他业务收入指材料销售、技术转让、代购代销业务收取的手续费，固定资产出租，包装物出租等取得的收入；其他业务支出指材料销售成本、出租固定资产应计提的折旧费、出租包装物摊销费，以及有关的营业税金及附加等。

营业外收入和营业外支出指与企业日常生产经营活动没有直接关系的各项利得和损失。营业外收入主要包括非流动资产处置利得、非货币性资产交换利得、债务重组利得、罚没利得、政府补助利得、无法支付的应付款项、捐赠利得、盘盈利得等；营业外支出主要包括非流动资产处置损失、非货币性资产交换损失、债务重组损失、罚没支出、捐赠支出、非常损失、盘亏损失等。

### (三)利润分配核算

利润分配是企业实现的利润按照国家规定或投资人的决议进行分配的活动。企业必须正确组织利润分配，以维护国家、企业和投资者的权益。对实现的利润，首先应先弥补以前年度亏损，依法交纳企业所得税，缴纳企业所得税后的利润应按规定提取盈余公积金，并向投资者分配利润。按照现行财税制度的规定，企业利润分配程序和原则如下。

1. 弥补以前年度的亏损　缴纳所得税的企业，其发生的年度亏损，可以用下一年度的税前利润弥补，下一年度不足以弥补的，可以在五年内延续弥补，五年内不足弥补的，用税后利润弥补。

2. 缴纳所得税　我国现行企业所得税税率为 25%，特殊情况按国家规定，可以适当减免。

3. 按规定提取法定盈余公积金　盈余公积金是企业从税后利润中提取的积累资金。包括法定盈余公积金和任意盈余公积金。按现行财务制度规定，企业至少提取净利润的 10%作为公司法定盈余公积金，当法定盈余公积金累计额超过公司注册资金的 50%时，可不再提取。任意公积金指企业为了适应经营管理、控制利润分配水平以及调整各年利润分配波动等方面的需要，在向投资者分配利润时，按照公司章程或董事会决议，从税后利润(减弥补亏损)中按一定比例提取的一种准备金。

4.应付现金股利或利润　即向投资者分配的利润，是企业税后可供分配的利润减去盈余公积金后的余额。向投资者分配利润应按有关合同、协议或决定执行。

5.转作股本的股利　是指企业按照利润分配方案分配给股东的股票股利，也包括非股份有限公司以利润转增的资本。

## 第三节　家庭畜牧业核算

随着农村经济发展和家庭经营进一步向专业化方向的迈进，家庭畜牧业经济核算显得越来越重要。就全局来看，目前我国家庭畜牧业正经历着从自给半自给向专业化、社会化、商品化生产的转化，由传统畜牧业向现代畜牧业的转化。在这两个转化过程中，积极改善和提高经营管理水平，加强经济核算，提高经济收益，是发展家庭经营畜牧业的关键。

### 一、家庭畜牧业核算的一般原则

1.把各个经营项目结合起来　由于家庭的人力、水平及核算工作量的关系，目前只需建立一个包括养殖项目的详细记账。对家庭实行专业化规模养殖的可仿照以上各节所讲的内容设立账户并进行单独核算。

2.可采用单式记账法　以一年为核算周期，不设会计科目而设三账，即生产收入账、生产费用账、经济往来账。

3.要划清核算范围和明确核算对象　注意做到三分开，即要把生产经营的收支和生活消费的收支分开、把生产经营用的财产物资和生活用的财产物资分开、把生产经营的投资和生活用的资金分开。这样有利于集中做好生产经营核算。

4.财务核算与统计口径相一致　生产经营的收入、支出和分配的核算内容与口径，要与有关统计口径相一致。

5.简化日常核算工作　根据财产户管户用，资金自收自支的特点，可以用加强管理方法，尽量简化日常核算工作。有原始单据的按单据记账，没有单据的就按实收实付记账。

6.注意培养核算人才　为了开展农户家庭经济核算工作，国家有关部门除应办好农牧区会计服务组织外，同时还应举办经营管理人员培训班、财务会计培训班，积极为农户培养出满足需要的会计人才。

### 二、家庭经营核算的内容与方法

#### （一）核算内容

家庭经营核算的内容主要是核算生产经营过程中，各项生产经营收入和各项生产费用开支，从而进一步计算各项生产成本和利润。寻求进一步增加产量、降低成本、获取更大利润的途径，以提高经济效益，增加农牧民家庭收入。家庭拥有的大、中型固定资产，应登记入账、计提折旧；家庭的流动资产和其他资产也应入账管理。

### (二)记账方法

根据家庭经营的特点,本着简明、适用、易记的原则,采取以现金为主体,收入金额记账,支出只记生产费用的单式记账法。家庭所得的一切生产收入均利用价值形式、货币计量进行记账;凡生产过程中的一切费用支出,包括自产自用部分也以价值形式、货币计量进行记账,收入记“生产收入账”的有关收入栏目,支付记“生产费用账”有关支出栏目,一笔收支只在收支账簿上记一笔,凡家庭生活费用一律不计入本账。家庭记账需要遵循以下原则:分账户、按类目、及时性、准确性、连续性。可考虑设置经营、消费两本账,分别对各自内容予以核算,再将经营账中的纯收入转移到生活消费账中。

### (三)账簿设置

农户可通过记录以下三种账簿对家庭畜牧业经营的收支、成本和利润进行核算。

1. 生产收入账　这是用来记录和反映生产经营过程中所取得的各种粮食、经济作物、畜禽等产品及收入金额以及从事其他工副业生产和服务业的收入。其账簿设计如表 11-1 所示。

**表 11-1　生产收入账**

| 年 | | 摘要 | 农业收入 | | | | | | 畜牧业收入 | | | 其他收入(金额) | | | 合计金额 |
|---|---|---|---|---|---|---|---|---|---|---|---|---|---|---|---|
| 月 | 日 | | 粮食 | | | 经济作物 | | | 品名 | 数量 | 金额 | 林业 | 副业 | 其他 | |
| | | | 品名 | 数量 | 金额 | 品名 | 数量 | 金额 | | | | | | | |
| | | | | | | | | | | | | | | | |

2. 生产费用账　这是用来记录和反映生产过程中为进行作物种植、饲养畜禽和从事副业生产所发生的种子、化肥、种畜、饲料、农药兽药、农牧机具等生产性费用开支。其账簿设计如表 11-2 所示。

**表 11-2　生产费用账**

| 年 | | 摘要 | 农业支出 | | | | | | 畜牧业支出 | | | | | | 林业支出 | 副业支出 | 其他支出 | 费用合计 |
|---|---|---|---|---|---|---|---|---|---|---|---|---|---|---|---|---|---|---|
| 月 | 日 | | 种子 | 化肥农药 | 机耕水电 | 小农具购置 | 折旧维修 | 其他 | 饲草饲料 | 种畜 | 兽药 | 畜牧药成本 | 折旧维修 | 其他 | | | | |
| | | | | | | | | | | | | | | | | | | |

3. 经济往来账　这是用来记录和反映农户与村民小组、信用社或营业所、个人之间经济往来款项。其账簿设计如表 11-3 所示。

**表 11-3　经济往来账**

| 年 | | 摘要 | 借入或收回金额 | 偿还或借出金额 | 久入或久欠 | 金额 |
|---|---|---|---|---|---|---|
| 月 | 日 | | | | | |
| | | | | | | |

## 本章小结

经济核算是商品生产的客观要求,是对企业生产经营过程中所发生的所有消耗和全部成果进行记载、计算、考查和对比分析的一种经济管理方法。畜牧业经济核算可以提高畜牧企业管理水平，优化配置各种生产要素，提高畜牧业生产的经济效益，推动畜牧企业的发展。基本建设和经营活动中的经济核算是畜牧企业经济核算的主要内容，具体包括资产的核算、成本和费用的核算、营业收入和利润及分配的核算。随着农村经济发展和家庭经营进一步向专业化方向迈进，家庭畜牧业经济核算显得越来越重要。畜牧业家庭经营核算的主要内容包括各项生产经营收入和各种生产费用开支，以及生产成本和利润。常用的经济核算方法有统计核算、业务核算和会计核算，每种核算方法各有特点和范围，并在核算中相互补充构成一个统一的核算体系。

## 复习思考题

1. 简述畜牧业经济核算的概念、内容及方法。
2. 固定资产折旧的方法有哪些？
3. 如何进行流动资产、无形资产和其他资产的核算？
4. 畜牧企业成本核算的方法有哪些？
5. 简述企业利润分配的程序。
6. 简述家庭畜牧业核算的原则及方法。
7. 降低畜产品成本的途径有哪些？

## 参考文献

[1] 陈娆. 农业经济管理. 北京：高等教育出版社，2012.
[2] 方天堃. 农业经济管理. 北京：中国农业大学出版社，2012.
[3] 刘永泽. 中级财务会计. 大连：东北财经大学出版社，2011.
[4] 乔娟，潘春玲. 畜牧业经济管理学. 2 版. 北京：中国农业大学出版社，2010.
[5] 臧红文，于红. 中级财务会计. 修订版. 北京：高等教育出版社，2015.
[6] 张志宏. 财务管理. 北京：中国财政经济出版社，2009.
[7] 赵德武. 会计学. 6 版. 成都：西南财经大学出版社，2014.

# 第四篇

# 畜牧业宏观经济管理

畜牧业产业结构与布局

畜产食品安全与监管

畜牧业宏观调控

畜牧业可持续发展

# 第十二章　畜牧业产业结构与布局

◆　学习要点

- 畜牧业产业结构的概念与影响因素
- 畜牧业产业结构优化的原则与目标
- 畜牧业合理布局的概念、依据与原则
- 我国畜牧业布局概况与优化

## 第一节　畜牧业产业结构

### 一、畜牧业产业结构的概念与影响因素

#### (一)产业结构与畜牧业产业结构的概念

1.产业结构　产业结构亦称国民经济的部门结构，是指一定时空中国民经济各产业部门之间以及各产业部门内部的构成。产业结构由国民经济不同部门间质的联系和量的比例得以呈现。质的联系是产业之间发生经济联系的方式、途径以及它们之间相互影响的方向和内容。从质的联系看，产业结构可分为生产资料和生活资料两大部类之间的关系，还可分为农业、轻工业、重工业、建筑业、商业服务业等部门之间的关系，以及各产业部门的内部关系。以质的联系为核心，产生了不同部类和部门间的比例关系，这就是量的比例。量的比例是质的联系的数量体现，即各部门在社会总资源分配中和社会总产品供给中所占的比例。国际通用的产业结构分类方法是将社会生产活动划分为三次产业：产品直接取自自然界的部门称为第一产业，对初级产品进行再加工的部门称为第二产业，为生产和消费提供各种服务的部门称为第三产业。据此，产业结构指一个国家、一个地区或一个企业的各产业部门和各产业部门内部的组成及其相互之间的比例关系。

2.农业产业结构　农业属于第一产业，农业产业结构指一个国家、一个地区或一个企业的农业产业各部门和各部门内部的组成及其相互之间的比例关系。在广义的农业产业结构中，农(种植业)、林、牧、渔等属于农业产业的一级结构。在各业内部又包含着产品性质和生产特点不同的各种产业类别，例如种植业内部包括粮食作物、经济作物、油料作物和饲料作物等，林业内部包括用材林、经济林、防护林等；畜牧业内部包括养猪、养牛、养禽等，渔业内部包括养

殖、捕捞等。这些产业的比例关系与结合形式,构成了农业产业的二级结构;随着产业分工的发展和产业的不断细化,又出现了农业产业的三级、四级结构。

3.畜牧业产业结构　畜牧业产业结构通常称为畜牧业生产结构,但由于畜牧业各生产部门正在迅速转变为产业部门,故此采用产业结构的概念。畜牧业产业结构指一个国家、一个地区或一个企业的各种畜禽和各种畜禽内部的组成及其相互之间的比例关系。畜牧业产业结构可从不同角度,按不同标准进行分类,因而有多种不同层次的畜牧业产业结构,并且各有其特定的意义和作用。比较常见的畜牧业产业结构是依据畜禽的类别、用途、品种及其畜群进行分类,并分成4个层次的畜牧业产业结构。

第一层次称为畜类结构。依据畜禽成员形态上的相似性和种群繁殖的可延续性,可从生物学的角度将畜禽划分为不同的生物分类单元。在各个分类单元中,所有成员的形态极为相似,可认为是一些变异非常小的相同有机体,是生物繁殖的基本单元。这一分类单元中的各个成员可以通过正常的繁殖行为,繁育出有生殖能力的后代,维系种群生生不息的繁衍过程,保持种群的存在。这实质上是生物学分类中物种的概念。与人类的生产活动和生活资料需求相联系,长期以来的畜类结构的主要组成单元,如猪、牛、羊、马、驴、骡、鸡、鸭、鹅、兔、蜂、驼等。随着畜牧业经济的发展,可能有更多野生动物驯化为畜禽而增添新的畜类,从而改变畜牧业的畜类结构。由于每一种畜禽各有其在食性、产品及饲养要求等方面的经济特点,因而畜类结构成为决定畜牧业经济的重要因素。畜牧业受制于生物特点,新畜类的增加主要来自原有野生动物的驯化,并且较难上升为主要畜类,使得畜类结构变动非常有限。但在某一特定地区的畜类结构在短期内则可能发生较大的变动。

第二层次称为畜种结构。畜种结构是依据畜禽主产品的不同,在同一种畜类内部所做的进一步划分。例如,牛可再细分为肉牛、奶牛、肉奶兼用牛等;鸡可进一步划分为肉鸡、蛋鸡、肉蛋兼用鸡等。同一畜类可用于生产不同的产品,特别是不同的主产品,因而畜种结构是决定畜产品结构的重要环节。随着社会生产力水平不断提高,机械替代畜力成为现代化进程的主要特征,一些原来主要作为生产工具的畜种不再有用,如役肉兼用家畜;随着人口增长和生活水平的不断提高,对动物蛋白的需求量和质都要求一些原来兼用型的品种向专用型发展。专用型品种的生产力高于兼用型品种。因此,兼用畜种向专用化方向发展是很多发展中国家改进畜牧业产业结构的重要内容,也是提高畜牧业生产力水平的重要措施。

第三层次称为品种结构。品种结构是同一畜种内品质特征显著区别于其他群体的独特畜禽群体。同一品种有以下几点特点:共同稳定的遗传特征、共有的一致性状、具有较高的经济价值、足够的数量。简言之,品种是具有相同品质的畜禽群体,是同一畜种中的亚畜种。一个畜种也是一个基因库。例如,猪可进一步划分为长白、大白、约克夏、杜洛克、汉普夏等,肉牛可进一步划分为荷斯坦、西门塔尔、夏洛来、利木赞等。同一畜种包含多个品种,各品种之间在产品率、产品品质、产品规格及环境适应性、饲养要求等方面均存在差异,因而对畜牧业经济效益有重要影响。通常畜类、畜种的增加是有限的,但品种的增加是无限的,因为人工选育促进着有特质的品种迅速产生。所以畜产品的种类虽然基本固定,而畜产品的质量、品质、规格却可以适应人们不断变化的需求。这说明品种结构是畜牧业产业结构中人力最能发挥作用的环节。

第四层次称为畜群结构。畜群结构是依据畜禽的性别、年龄、生产性能和差异化饲养管理的要求等所做的划分,如基础母畜、公畜、仔畜、青年畜、育肥畜等。畜群结构决定了一个畜产品生产经营企业的畜产品产量及其对饲料、畜舍、人力等方面的需要，因而控制畜群结构是畜牧业企业经营管理的重要内容。

除此之外，畜牧业产业结构还可依据产品种类将畜禽分为肉用、奶用、蛋用、毛用等，依据食草与否分成食草畜禽与非食草畜禽，依据对谷物饲料转化率分为节粮型和耗粮型，依据食用饲料的种类分为肉食、草食和杂食等，依据饲养周期分为速效型、中效型和迟效型等各种不同的产业结构类型。

### (二)畜牧业产业结构的影响因素

畜牧业产业结构不是一成不变的。随着条件的改变，畜牧业产业结构将处在不断变化之中。影响畜牧业产业结构变化的因素很多，包括自然资源条件(耕地、草地等)、社会经济发展水平、人口的变化、交通运输及通信等基础设施、饲料、加工、防疫等相关产业的发展、历史上已经形成的产业结构及其特点、科学技术的发展和应用情况以及企业的经营策略和政府的产业和贸易政策等。上述各项因素的变化，都会在不同程度上引起对畜牧业产业结构调整的要求，并且这些要求将综合地通过市场供求状况反映出来。因此，影响畜牧业产业结构变化的因素基本可以归纳为畜产品需求和畜牧业生产条件两个主要方面。

1. 畜产品需求　畜产品需求变化是促进畜牧业发展与畜牧业产业结构变化的重要因素。畜产品需求变化不仅会影响畜类结构而且会影响畜种结构，乃至品种结构和畜群结构的变化。例如，中国奶牛业、肉牛业和肉鸡业的产生和发展就主要是由于人们对牛奶、牛肉和鸡肉需求的推动。中国虽然养牛很多，历史也较久，但商品奶牛直到 19 世纪由于外国侨民需求的推动才产生，并随着需求的增加而不断发展，尤其是 20 世纪 90 年代以来，由于国内需求的迅速增长而快速发展；中国肉牛业的真正产生和发展也是从 20 世纪 80 年代(尤其是 90 年代)后随着需求的推动而迅速发展起来；20 世纪 80 年代后迅速发展起来的中国肉鸡业更是需求推动的结果。因此，畜产品需求的变化，促进中国畜牧业的畜类结构由以猪为主向以猪、鸡和牛为主的方向发展，而且鸡和牛的内部畜种结构也发生了较大变化。毛纺产品需求的增长和变化不仅促进了毛用畜种的发展，而且推动了品种结构的变化；随着人们生活水平提高，对肉类产品消费从喜肥厌瘦转向喜瘦厌肥，使猪的品种结构从脂肪型向脂肉兼顾型、以至于进一步向瘦肉型转化；乳猪、仔鸡等消费需求的增加，促使母畜比重增大，从而改变了畜群结构。

导致畜产品需求变化的主要原因是人口增长与购买力或消费水平的提高。通常人口增长只是影响畜产品产量增长的重要原因之一，而购买力或消费水平的提高则是影响畜牧业产业结构变化的重要因素。但购买力或消费水平提高对畜牧业产业结构的影响与经济发展水平密切相关。当经济发展处于较低水平时，随着人们购买力或消费水平的提高，将主要影响畜产品需求总量的变化，导致畜产品总量的增长，而对畜牧业产业结构影响不大；当经济发展处于较高水平时，随着人们购买力或消费水平的提高，不仅会导致畜产品需求总量的增加，而且因为对不同种类、不同品种和不同质量畜产品需求增长的幅度不同，甚至有的是负增长，从而影响畜牧业产业结构的变化；当经济发展处于更高水平，并且人们的购买力或消费水平达到一定高度之后，畜产品需求总量因受生理限制而不再继续增长，但对畜产品质量安全方面的要求会不断提高，选择性增强，因而将主要影响畜牧业产业结构，并使之不断趋于多样化。因此，经济发展水平较低时，需求变化对畜产品数量增长的影响较大，而对畜牧业产业结构变化的影响较小；而当经济发展水平较高时，需求变化对畜产品数量增长的影响较小，对畜牧业产业结构变化的影响较大。

此外,影响畜产品需求变化的因素还包括畜产品替代品的变化、文化教育水平的提高、消费时尚的改变和进出口状况的改变等。所有这些因素的变化都可能导致畜产品需求结构的变化,从而引起畜牧业产业结构的变化。

2.畜牧业生产条件　畜牧业生产条件的改变将对各种畜类、畜种以及畜产品产生不同的影响,从而引发畜牧业产业结构的变化。

影响畜牧业的重要生产条件之一是饲草料,尤其是谷物饲料。特别是像中国这样人多地少、粮食供求关系一直比较紧张的发展中国家,粮食增产、有效供给增加是促使畜牧业产业结构发生变化的重要条件。当然粮食以外饲草料资源的开发和利用也是改变畜牧业产业结构的条件,但其作用与粮食增产有所不同。因此,畜牧业产业结构的变化不仅受饲草料数量变化的影响,而且受饲草料结构变化的影响。

影响畜牧业的另一重要生产条件是生产技术发展及其应用情况。畜牧业生产技术发展的作用将集中体现为畜产品成本和比较效益的变化。由于各种畜禽生产技术的发展是不平衡的,这使得生产技术发展较快的畜禽在畜牧业产业结构中的比重趋向增大。世界范围的养鸡业之所以快速发展,主要是因为近代畜牧科学技术在养鸡业发展较快,如多元杂交技术在提高鸡的生产性能方面取得的成效最为显著,产生了很多高产杂交组合,现代化的工厂化养殖技术大幅度提高了养鸡业的劳动生产率,配合饲料也以提高鸡的饲料转化率的作用最为突出。广泛应用人工授精技术使得公畜群大量减少,也是技术影响畜牧业产业结构的表现。技术发展还可能使原来不能饲养或饲养不利的野生动物和外地畜禽转变为适宜饲养,从而改变畜类结构。

3.各种畜禽间的关系　一种畜禽的发展不仅直接引起畜牧业产业结构的变化,而且因为可能对另一种畜禽的产品需求或生产条件产生影响,从而又间接带动畜牧业产业结构的变化。例如,奶牛的发展对畜牧业产业结构的间接影响表现在可以促进肉牛的发展,因为奶牛所产牛犊的一半是公犊,还有一定数量的淘汰母牛犊,产奶牛也要被淘汰一部分,这些都是肉牛的重要来源。与奶牛和肉牛之间关系相似,发展奶羊、绒毛羊可以促进肉羊的发展,蛋鸡的发展可以增产肉用成年鸡。

畜禽之间的关系对畜牧业产业结构的影响,还表现在一种畜禽可以向另一种畜禽提供饲料,从而可促进另一种畜禽的发展。例如用羊奶喂公牛犊的经验表明,奶羊可以为发展肉牛业提供饲料条件,有助于实现奶羊、奶牛促进肉牛的作用。用羊奶喂猪使奶羊具有促进养猪发展的作用,利用鸡粪喂猪使养鸡产生了带动养猪的作用。

不同畜禽的产品有的是相似的,甚至是完全可以替代的,这就产生了互相竞争的关系。因而在畜产品需求总量不变的情况下,一种畜禽数量的变化可能导致另一种可替代畜禽数量的反方向变化。牛奶和羊奶在很大程度上是可以互相替代的,在奶源不足的情况下两者互相补充。但随着奶产量的增多,竞争关系就会出现。多种可食用畜产品之间可以说都有一定的替代关系,只是程度不同而已,随着畜产品从供不应求转向供给丰富都将逐渐表现出来。

## 二、中国畜牧业产业结构的演变

### (一)农牧业结构

新中国成立前,由于生产力水平落后,加之人口众多,中国形成了以种植业为主,畜牧业比较落后的局面。新中国成立后，种植业和畜牧业生产发展都较快，但农牧业结构变化很小。20世纪80年代后畜牧业生产发展速度开始大大快于种植业，使农牧业结构发生了较大变化。但由于种种复杂原因，历史上遗留下来的种植业比重较大、畜牧业比重较小的状况仍未得到根本改变（表12-1）。

**表12-1　中国农业总产值构成及变动**　%

| 项目 | 年份 | | | | | | | | | |
|---|---|---|---|---|---|---|---|---|---|---|
| | 1970 | 1980 | 1990 | 2000 | 2005 | 2010 | 2011 | 2012 | 2013 | 2014 |
| 种植业 | 82.1 | 75.6 | 64.7 | 55.7 | 49.7 | 53.1 | 51.6 | 52.5 | 53.1 | 53.6 |
| 畜牧业 | 13.4 | 18.4 | 25.7 | 29.7 | 33.7 | 30.0 | 30.4 | 30.4 | 29.3 | 28.3 |
| 其他 | 4.5 | 5.9 | 9.7 | 14.6 | 16.6 | 16.7 | 16.7 | 17.1 | 17.6 | 18.1 |

资料来源：历年《中国统计年鉴》，按当年价格计算。

## （二）畜种结构

新中国成立前长期落后的经济条件，加之多年战乱，形成了以大牲畜占首位的特定的畜种结构。新中国成立后，随着经济发展和需求变化，以及生产关系变革的影响，使各畜种的发展速度不同，尤其是20世纪80年代后各畜种的发展速度差异更大，使畜种结构发生很大变化。具体来说，中国牲畜存栏增长缓慢，使其占畜禽存栏总量的比例不断下降，从20世纪60年代的30%多下降到20世纪末的16%。在牲畜内部是各种大牲畜存栏量增长缓慢，并且役畜所占的比例在逐渐下降；猪的存栏量在牲畜中不仅最大而且在20世纪70年代快速增长，使其占牲畜存栏总量的比例上升至50%以上。禽类内部结构变化不大，总体上看是鸡的存栏占绝对多数，鸭存栏所占比例也较大，鹅存栏比例相对较小，火鸡存栏所占比例更小。总体来讲，我国畜种结构变化特征可概括为：养猪业发展迅速，养牛业和养羊业发展缓慢。随着养禽业的发展，猪在牲畜中所占比重逐渐下降，但仍是我国最主要的牲畜种类。从表12-2可以看到1985—2014年我国主要畜种结构的变化。

**表12-2　1985—2014年中国猪、牛、羊存栏量与结构变化**

| 年份 | 猪、牛、羊总存栏量 | 猪、牛、羊存栏量占比（%） | | | |
|---|---|---|---|---|---|
| | （万头/只） | 牛 | 猪 | 山羊 | 绵羊 |
| 1985 | 57 410.0 | 15.1 | 57.7 | 10.7 | 16.4 |
| 1990 | 67 531.3 | 15.2 | 53.7 | 14.4 | 16.7 |
| 1995 | 85 060.8 | 15.5 | 51.9 | 17.6 | 15.0 |
| 2000 | 81 935.0 | 15.1 | 50.8 | 18.2 | 15.9 |
| 2005 | 84 102.6 | 13.1 | 51.5 | 17.4 | 18.0 |
| 2010 | 85 174.3 | 12.5 | 54.5 | 16.7 | 16.3 |
| 2011 | 85 458.9 | 12.1 | 54.8 | 16.7 | 16.3 |
| 2012 | 86 439.7 | 12.0 | 55.1 | 16.4 | 16.6 |
| 2013 | 86 832.6 | 12.0 | 54.6 | 16.2 | 17.3 |
| 2014 | 87 475.6 | 12.1 | 53.3 | 16.5 | 18.1 |

资料来源：历年《中国统计年鉴》。

### (三)畜产品结构

畜产品结构是指各种不同畜产品在畜产品总量中的构成情况,它是畜种结构、畜群结构、品种结构的最终表现。中国畜产品主要包括肉、蛋、奶、毛、皮、蚕茧和蜂蜜等,其中产量较多的主要有肉、蛋、奶等。改革开放以来,我国肉、蛋、奶、绒等主要畜产品产量都有大幅度的增长(表 12-3)。但总体来看,奶类比重较低,肉类比重较大。从肉类产业结构来看,20 世纪 80 年代以来,猪肉占肉类产品的比重总体呈下降趋势,由 1985 年的 85.9%下降到 2014 年的 65.1%;同期牛、羊、禽肉的比重则由 2.4%、3.1%、8.3%上升为 7.9%、4.9%、20.1%。禽肉的 70%左右是鸡肉,其余 30%是鸭肉和鹅肉,并且鸭肉的比重逐渐下降,鹅肉的比重逐渐上升,但 20 世纪 90 年代后逐渐趋于稳定。猪肉、牛肉、羊肉和禽肉以外的肉类产品主要是马肉、驴肉和兔肉;禽蛋的 80%以上是鸡蛋,并逐渐呈上升趋势,其他禽蛋的比重逐渐下降;奶产量主要由全脂鲜奶、水牛奶和绵羊奶构成,全脂鲜奶的比重不断上升,水牛奶和绵羊奶的比重不断下降。皮的产量主要是牛皮和羊皮,其中牛皮的比重不断上升,羊皮和水牛皮的比重都呈下降趋势。

**表 12-3 1985—2014 年中国主要畜产品产量变化情况**

| 年份 | 肉类产量(万吨) | 占肉类产量的比重(%) | | | | 产量(万吨) | | | | |
|---|---|---|---|---|---|---|---|---|---|---|
| | | 猪肉 | 牛肉 | 羊肉 | 禽肉 | 禽蛋 | 奶类 | 羊毛 | 羊绒 | 蜂蜜 |
| 1985 | 1 926.5 | 85.9 | 2.4 | 3.1 | 8.3 | 534.7 | 289.4 | 18.8 | 0.3 | 15.5 |
| 1990 | 2 857 | 79.8 | 4.4 | 3.7 | 11.3 | 794.6 | 475.1 | 25.6 | 0.6 | 19.3 |
| 1995 | 5 260 | 69.4 | 7.9 | 3.8 | 17.8 | 1 677 | 672.8 | 30.7 | 0.8 | 17.8 |
| 2000 | 6 013.9 | 65.9 | 8.5 | 4.4 | 20.1 | 2 182 | 919.1 | 32.6 | 1.1 | 24.6 |
| 2005 | 7 925.8 | 65.6 | 8.2 | 5 | 21.1 | 2 438.1 | 2 864.8 | 39.3 | 1.1 | 29.3 |
| 2010 | 7 925 | 64 | 8.2 | 5 | 20.9 | 2 762.7 | 3 748 | 38.7 | 1.5 | 40.1 |
| 2011 | 7 957 | 63.5 | 8.1 | 4.9 | 21.5 | 2 811.4 | 3 810.7 | 39.3 | 1.9 | 43.1 |
| 2012 | 8 384 | 63.7 | 7.9 | 4.8 | 21.7 | 2 861.2 | 3 875.4 | 40 | 1.8 | 44.8 |
| 2013 | 8 536 | 64.4 | 7.9 | 4.8 | 21.1 | 2 876.1 | 3 649.5 | 41.1 | 1.8 | 45 |
| 2014 | 8 707 | 65.1 | 7.9 | 4.9 | 20.1 | 2 893.9 | 3 841.2 | 42 | 1.7 | 46.8 |

资料来源:《中国统计年鉴》、《中国农业发展报告》、中国农业信息网(http://www.agri.gov.cn)和中国肉禽网(http://www.chinafowl.cn)。

## 三、畜牧业产业结构优化的原则和目标

### (一)畜牧业产业结构优化的原则

畜牧业产业结构是否合理是一个相对的、发展的概念,并不存在一个普遍适用和一成不变的标准。任何一个国家(地区)的畜牧业产业结构是否合理,都需要根据其具体的自然条件、社会经济条件和技术条件的特点来判断。在市场经济条件下,结构是否合理则主要根据市场供求情况来判断。因此,在某一个国家(地区),畜牧业产业结构是合理的,在另一个国家(地区)就不一定是合理的。就同一个国家(地区)而言,某一时期畜牧业产业结构是合理的,在另一时期就不一定是合理的。此外,畜牧业产业结构在全国是合理的,在其中某些地区就不一定合理

的。因此，建立合理的畜牧业产业结构，应该从各个国家、各个地区的具体情况出发，因地、因时制宜。所以准确地说，畜牧业产业结构的调整就是一个不断优化结构的过程。

畜牧业产业结构既然没有永久的合理标准，优化的任务就在于要根据变化了的条件，寻找优化结构的方案，使畜牧业产业结构不断优化。通常认为畜牧业产业结构优化调整应遵循以下原则。

1. 统筹兼顾　畜牧业产业结构调整不仅应放在整个国民经济结构调整的大框架中给予考虑和规划，而且应该对畜牧业生产的各个环节进行统筹考虑，与实施畜牧业产业化经营相结合。此外还要与小城镇建设和城市化发展相适应。

2. 市场导向　在整个宏观经济不太景气的形势下，主要畜产品会受到需求不足的影响，但同时要注意造成需求不足的另一个重要原因就是原有的畜产品结构越来越不适应需求的新变化，并且造成价格持续下跌，产品大量积压。因此，在需求不断变化情况下调整畜牧业产业结构，应特别重视增加优质产品和稀缺产品的产量来最大限度满足不同层次的需求。

3. 依靠科技进步　畜牧业产业结构的调整和优化就是要发展优质、高产和高效畜牧业，而实现优质、高产和高效的目标应该依靠科技进步。要充分发挥科学研究和技术推广部门的潜力，加强畜牧业科学研究和实用技术推广工作，尤其应重视优良品种、节本增效和畜产品加工与储藏技术的研究和推广。

4. 发挥地区比较优势　发挥地区比较优势是市场经济条件下配置畜牧业资源的一项基本原则。无论全国还是国内各地区，畜牧业产业结构的调整都要坚持因地制宜，充分发挥全国和各个地区的自然资源和经济、社会、技术、市场、区位等方面的地区比较优势，发展具有地区优势的畜产品，逐步形成主导产品和支柱产业，提高畜产品在国内外市场的竞争能力，以获得较多的比较利益。

5. 坚持可持续发展战略　畜牧业产业结构调整应该坚持把调整结构与改善生态环境、实现畜牧业可持续发展结合起来，处理好畜牧业生产与改善生态环境的关系，努力实现经济、社会和生态效益的统一。

### (二)畜牧业产业结构调整的目标

1. 提高质量　畜产品质量方面存在的问题对经济、社会和生态方面都造成了巨大的负面影响，例如低劣质量的畜产品将严重影响消费者的利益，造成资源浪费和环境污染，增加社会成本，从而将严重影响农牧民的利益。

2. 提高效益　提高畜牧业效益除了通过提高科技水平、实行专业化生产、扩大生产规模等措施以降低成本，以及政府提供直接支持以提高收益外，调整结构也是一个重要方面。严格地讲，所谓结构就是各种因素之间的比例关系。通过调整结构，会产生一种“结构效应”，即不需要增加任何要素的投入，而只是调整其配置的方向，就会产生比原来更多的产出。

3. 提高收入　虽然随着农村非农产业的发展和农牧民外出打工机会的增多，农牧民经营性收入中非农产业收入和劳务报酬不断增加，但到目前为止畜牧业收入仍然是农牧民收入的重要来源之一。调整畜牧业产业结构就是要充分发挥各地区的比较优势，选择对每种畜产品最适宜生产区优先发展，这样就势必有一些非适宜区的生产要被调减，因而应该建立相应的补偿机制，特别是这些地区在开始调整到重新确立新的比较优势的过渡期内。

4. 提升国际竞争力　加入 WTO 后，我国应该调整畜牧业发展的思路，提高经济效益。随着农业的对外开放，我国畜牧业如果能在更大的范围内配置资源，就可以使我国畜牧业的比较优势更好地发挥出来。提高我国畜牧业国际竞争力的策略,一是出口竞争,二是进口替代。但在我国,畜产品在分级、包装、促销以及深加工等方面比较落后,影响了产品的国际竞争力,应加以改进。

## 第二节　畜牧业合理布局

### 一、畜牧业合理布局的概念和原则

#### (一)畜牧业合理布局的概念和意义

1.畜牧业合理布局的概念　畜牧业布局是指畜牧业生产的地域分布,亦称畜牧业生产配置。实质上是指畜牧业生产在一个国家或地区范围内的空间分布与组合。畜牧业布局的内容包括两方面:一方面是指畜牧业各部门在地域之间的分工关系,即生产格局的安排;另一方面是指畜牧业各部门在一定地区内部的比例关系、协调状况和分布特点,即结构的安排。生产格局安排和结构的安排两者相互联系、互为因果。

畜牧业布局或者是根据一定的自然经济条件在长期历史过程中综合作用而自发形成,或者是人们遵循自然经济规律有计划地自觉加以配置的。也就是说,畜牧业布局既不是凝固和一成不变的,也不可能一蹴而就,它将随着生产力发展、科学技术进步以及人类社会需要的变化而不断改变、调整和发展。显然,畜牧业布局是历史的范畴,在不同的历史时期、不同的生产条件下,具有不同的特点和规律性。

合理的畜牧业布局,应该符合各个不同地区的自然规律和经济规律,合理利用各地区的自然资源和经济资源,保持各种自然资源的协调和生态平衡,保证自然资源的不断更新和永续利用。同时,合理的畜牧业布局,能够充分利用各地区特有的自然条件、社会经济条件和技术条件,尽可能多地发展对本地区最有力的部门,并各自做到扬长避短、因地制宜地充分发挥其生产潜力,用最少的人力、物力、财力获得最大的经济效果。因此,所谓畜牧业合理布局是指合理利用各地区的自然资源和经济资源,使不同地区根据经济发展的要求和本地区的特点,重点发展某些畜禽,生产某几种畜产品,实现地区的专业化和综合发展相结合,从而使整个社会的畜牧业生产获得最好的经济效果。

2.畜牧业合理布局的意义　实现畜牧业合理布局是充分合理利用各地区特有的自然条件、经济条件和技术条件,保护和改善地区生态平衡的前提;是发掘生产潜力,发挥生产优势,从而以较少的人力、物力和财力取得较大经济效果的手段;可以使各地区因地制宜地建立起各具特点又密切联系、相互协调的畜牧业产业结构,并促使畜牧业逐步向区域化和专业化方向发展;可以促进以畜产品为原料的轻工业以及商业、交通运输业的合理布局,使有关部门避免计划工作和投资的盲目性。

#### (二)畜牧业合理布局的依据和原则

1.畜牧业合理布局的依据　畜牧业所从事的动物产品的生产经营过程,是自然再生产和经济再生产相互交织、相互作用的过程,必将受到自然条件、社会经济条件和技术条件的作用和影响。因此,有必要分析和评价各种条件的作用和影响,并以此为依据,进行畜牧业的合理布局。

(1)自然条件。自然条件与畜牧业关系极为密切,其对畜牧业生产的影响主要表现在:一方面,限制牲畜品种的地理分布。不同的畜禽品种对自然条件的适应能力不同,使得不同品种的牲畜在地理分布上各有其特定的区域。例如,水牛不适于干燥、寒冷的自然环境,牦牛则是栖息于海拔 3 000～6 000 米的高山草甸地带的主要畜种。另一方面,决定并影响天然草场类型的形成与分布,从而影响畜牧业布局。由于气候和海拔高度等的影响,不同地区呈现出不同的草场类型,因其牧草成分、营养价值和产草量等不同,适宜的牲畜品种各不相同,并且会随着气候的季节性变化而发生改变。热带和亚热带地区的草场四季常青,终年可以放牧;而温带地区四季分明,草场也随之有枯有荣。

(2)社会经济条件。社会经济条件包括畜产品的市场供求与价格、贸易和加工条件、交通和运输条件、经济地理位置、消费市场的容量和趋势、已有生产基础和水平等。在一定的生产方式下,这些条件综合作用于畜牧业生产和布局,其影响力往往大大超过自然条件的作用。例如,交通运输条件的发展和改善,不论是开辟新的交通运输网络,改善原有交通运输线路的分布,还是采用新的运输工具,都会增加运输量、缩短运输时间,从而扩大畜产品的商品产地范围,加速畜牧业专业化的发展,使畜牧业布局更加合理。

(3)技术条件。技术条件包括畜牧业生产过程中使用的生产工具、饲养技术、生产技能及其技术熟练程度等,技术条件对畜牧业布局的影响有其独特的特点,它主要通过技术条件的变化,来加强或者减弱自然条件和社会经济条件对畜牧业布局的影响,从而改变畜牧业布局。

2. 畜牧业合理布局应遵循的主要原则　依据生产布局的一般原则,结合畜牧业特点,畜牧业合理布局应遵循以下主要原则。

(1)充分合理利用各地的自然资源,发挥地区自然优势,注意维护生态平衡。这是因为,一方面畜禽对自然条件和自然环境有依赖性和选择性,畜牧业布局应该符合生态适宜性;另一方面中国的自然条件和自然资源复杂多样,同种畜禽在不同地区饲养经济效果差别很大,应该充分利用各地区有利的自然资源,扬长避短,将畜禽安排在最适宜饲养的地区,以发挥本地优势。又因为自然条件是可以改造的,所以在安排畜牧业合理布局时,一方面要适应自然环境,充分合理地利用各地的自然条件;另一方面也要考虑科学技术发展,人们控制与改造自然能力的增强,有可能对局部自然条件进行改造,或培育出新品种,使其适合人们的需要。但要注意无论是利用、适应还是改造,都要建立在维护生态平衡,保障可持续发展的基础之上。

(2)充分考虑并适当安排各地区的社会经济条件。充分考虑并适当安排各地区的社会经济条件,是指在安排畜牧业布局时,要充分考虑各地区的劳动力状况、历史生产经验和传统习惯、生产技术状况、交通运输等基础设施情况,以及需求和价格等因素。充分考虑并适当安排各地区的社会经济条件的主要目的,在于保证那些投资效率高、见效快的地区或畜牧业基地优先发展,从而带动全国畜牧业的发展;同时根据自然经济条件,有计划地扶持经济不发达的山区、牧区建立新的畜牧业基地,使地区间的布局逐步趋向合理。

(3)因地制宜,适当集中,实行地区专业化与综合发展相结合。所谓地区专业化就是充分利用各地区的自然资源优势和社会经济条件的特长,优先建立投资效果好、见效快的各种畜产品商品基地。专业化的好处是,有利于提高生产技术水平和产品质量,有利于加强国家的宏观调控和支持措施,有利于提高劳动生产率,增加畜产品产量,提高畜产品的商品率,也有利于组织物质供应和畜产品销售。所谓综合发展就是要在实行地区专业化的同时,实行多种经营综合发展,防止过分集中而造成的片面专业化。因为每个地区发展畜牧业的资源都是多种多样的,单一地发展某种畜禽,不能充分合理利用各种资源,市场风险也相对较大,而且往往一种畜禽的发展需要其他一些畜禽的配合,才能更好地发展。例如一些适宜发展绵羊的牧区,往往需要配合适当数量的牛,这样牛群先采食较高的牧草后,仍不影响羊群利用,并且可以利用牛奶给羔羊补喂。畜牧业生产本身不能孤立存在,需要农林牧结合以及牧工商综合发展。综合经营不仅有利于资源综合利用,而且可以调节季节供求差异,提高市场应变能力,减少经营风险;此外也有利于满足本地区多种多样的生产和生活需要。

(4)合理组织和管理畜牧业生产,使生产前与生产后的全过程密切结合。遵循便于畜牧业生产全过程合理组织与管理的原则,不仅要使畜牧业布局与工业化和城市发展等的需要相适应,而且要注意使其他相关产业(饲料和屠宰加工等)布局适应畜牧业布局的要求。例如,发展奶牛和肉牛饲养,不仅要考虑奶牛和肉牛的生产环节,也要考虑产前各种饲草料的生产与加工,以及产后鲜奶收购、肉牛屠宰、加工、储藏、运输等环节的配套。

## 二、中国畜牧业布局概况

中国地域辽阔,各地自然条件、经济条件、民族习惯和历史发展存在显著的差异,使得各地畜牧业的畜种分布、畜种类型、畜牧产品数量、质量及其畜产品生产水平都表现出极大的不平衡性,从而形成了牧区畜牧业、农区畜牧业、半农半牧区畜牧业和城市郊区畜牧业等不同类型地区。在各个地区还形成了许多优良畜禽的传统分布区域。

### (一)牧区畜牧业

中国有12个省、区的119个县(旗)是牧业地区,其中面积较大的有:内蒙古、新疆、青海、西藏、四川5个省区。中国牧区面积约占国土面积的37%,以上5个省区的天然草场面积占中国草场面积的75%以上。中国大部分牧区地处边疆,多数是少数民族聚居地区。牧区经营的牲畜以绵山羊、牛(包括黄牛、牦牛)、马和骆驼为主。依据牧区畜禽生态环境与畜牧业生产条件和布局等特点可进一步划分为以下类型。

1.蒙新高原干旱牧区　位于中国西部和北部边境,包括内蒙古北部、南部和新疆的全部以及甘肃的部分地区。该区为蒙古族、哈萨克族等民族聚集区,牧业历史悠久,形成了以放牧为主要形式的畜牧业经济。主要放牧绵羊、山羊、牛、马、骆驼等,在全国具有举足轻重的地位。全区土地辽阔,地形多样,以开阔的高原和巨大的内陆盆地所占面积最大。全区绝大部分处于温带,半干旱、干旱的大陆性气候显著——气候寒冷,干旱少雨,温差大,日照充足,蒸发强。与此相适应,草场呈多种多样类型,对牧业发展较为有利,但由于气候干旱,天然草场中荒漠和半荒漠草场占有较大比重,大大限制草场载畜量;同时中国所有的著名的大戈壁、大沙漠几乎都集中在此,风沙危害较普遍,对牧业发展影响很大。因此,应从本区实际出发,考虑自然条件差异大的特点,因地制宜地合理布局畜牧业。

2.青藏高原高寒牧区　位于中国西南边境,包括西藏自治区全部、青海大部分和四川西部甘孜、阿坝、云南西北部的迪庆以及甘肃南部的甘南等藏族自治州。全区气温偏低,降水稀少,空气稀薄,日照充足,辐射强烈,无绝对无霜期,各类作物难以成熟。草场类型多样,利用高山草场放牧是高原土地利用的主要形式。其畜种主要有适应高寒能力较强的牦牛、藏绵羊、藏山羊等。该区天然草场资源丰富,人口稀少,目前畜牧业经营比较粗放,生产水平低,潜力较大;

但因该区气候寒冷，牧草生长缓慢，一旦破坏引起退化，难以恢复。因此，应该高度重视天然草场的合理利用、有效保护和建设。

### （二）农区畜牧业

农区是指中国牧区、半农半牧区以外的以农作物栽培为主的地区，拥有全国95%以上的农业人口和90%以上的耕地，尤其以东北、华北、长江中下游平原、四川盆地和珠江三角洲最为集中。主要畜禽种类有猪、牛、羊和各种家禽，以舍饲为主，是中国畜产品的主要来源地。以秦岭、淮河为界，农区畜牧业又可分为南北两类。

1. 北方农区畜牧业　北方农区位于秦岭、淮河以北，大致包括东北三省、山东、山西的全部、河北、陕西、甘肃、河南的大部分、内蒙古的河套平原、江苏、安徽两省淮河以北地区。属于温带、寒温带，湿润、半湿润气候，种植业以旱作为主，可为畜牧业提供大量饲料，同时区内还有部分天然草场。畜种以猪、牛、羊和家禽较多。

2. 南方农区畜牧业　南方农区位于秦岭、淮河以南和青藏高寒牧区以东，包括湖南、湖北、广东、广西、江西、浙江、福建、贵州、台湾的全部、安徽、江苏、云南、四川的大部分以及河南、陕西南部的一部分地区。全区地处亚热带和热带，尤其以亚热带的分布范围最广。农作物种类较多，生长季节长，一年可两熟或三熟，饲料来源丰富且充足，区内河湖水网密布，有利于水生饲料植物繁殖和水禽放养。畜禽种类较多，但也以猪、牛、羊和家禽为主。

### （三）半农半牧区畜牧业

半农半牧区介于农区和牧区之间，自然形成一个农区和牧区的过渡地带，它从大兴安岭斜向蒙古高原的南侧，连接黄土高原，再斜向康藏高原的东侧。包括内蒙古的呼仑贝尔盟南部、赤峰北部和东南部、锡林郭勒盟南部、乌兰察布市阴山北麓和鄂尔多斯市、河北坝上地区、陕北长城沿线的风沙滩地区以及宁夏盐池、同心等县。区内地貌形态多样，年降雨量多在300～450毫米，发展牧业的条件较北方牧区优越，草场条件较南方农区好。这一地区兼有农区和牧区的某些特点，既有一定的天然草场，又有相当数量的耕地；既放牧较多的牛、羊等牲畜，又饲养一定数量的猪、禽；在收入上种植业和畜牧业都占有相当比重；是汉族和少数民族杂居的地区。

### （四）城市郊区畜牧业

城市郊区畜牧业，是伴随城市经济发展，从农区畜牧业分化出来，而集约化程度较高的畜牧业。城市郊区畜牧业主要是为城市提供新鲜的乳、蛋、肉等畜产品。根据这类地区的经济特点和饲料供应，以及城市居民的消费需求，一般以饲养奶牛、养鸡或养猪为主。城市郊区畜牧业具有靠近消费者市场、运输方便和科学技术力量雄厚等有利条件。

上述划分虽然具有很强的科学性，但由于已有统计资料只以省（而不是县）为基础公布，并且县和省级数据收集采用了不同的统计内容，特别是县级公布的统计资料不全面，而且比省级资料种类少，使得上述划分在实践中较难运用。因此，研究中不得不以省界线划分，通常将甘肃、宁夏、内蒙古、新疆、青海和西藏划为放牧区，其余的省区市划为农业区。

## 三、中国畜牧业布局优化

### （一）中国畜牧业布局优化总体思路

中国畜牧业布局的优化应充分发挥区域比较优势，在各地形成各具特色的畜产品集中生产区，加速全国畜牧业区域化进程。因此，各地畜牧业发展应确立因地制宜的发展道路，尽量避免畜牧业产业结构的趋同性。所谓因地制宜就是要根据各地自然条件和经济条件的特点以及畜牧业发展对自然条件和经济条件的不同要求，把动植物配置在最适宜生长发育的地区，充分合理地利用各地区的自然资源和经济资源，用较少的消耗取得更好的经济效果。发展畜牧业生产之所以要因地制宜，不仅因为畜禽对自然条件和生态环境有较大的依赖性和选择性，而且因为中国不同地区自然条件差异很大，只有坚持因地制宜，才能合理布局畜牧业生产，充分发挥各地自然资源优势，促进畜牧业的合理发展。

1.根据区域资源特点，建立不同类型的畜牧业专业化生产区　东部发达地区和大城市郊区，应突出发展集约化程度高的现代化养殖，重点发展产品科技含量高、品质好、市场竞争力强的外向型和进口替代型畜牧业；中西部欠发达的传统农区，应重点发展饲料工业和开发非粮食饲料资源，在发挥传统养殖优势的同时，积极采用现代先进科学技术，实现饲养品种和养殖方式的突破，建成中国畜产品的生产基地和主要产区；中西部欠发达的牧区及半农半牧区，应大力改良草场和改革落后的养殖方式，全面提高草地生产力，重点发展特色优势畜产品和生态型畜牧业。

2.大力发展畜牧业的后向和前向产业　后向产业重点是要调整饲料工业布局，促进饲料基地与养殖基地的协调布局；优化饲料产业结构，合理开发利用各种饲料资源。前向产业要针对畜产品加工业发展滞后的突出问题，加快畜产品加工业的发展，推进畜牧业的产业化经营，实现畜产品的多次转化增值，提高畜牧业的综合效益。

3.合理规划主要畜禽品种的区域发展　生猪生产要稳定东部，发展中西部，重点放在东北等玉米主产省区。集约化程度较高的肉鸡生产要逐步从发达地区向粮食主产区转移，提高粮食就地转化的能力。以中原肉牛带为中心向东北和华南地区扩展，扩大肉牛生产规模。加快改良肉羊品种，大力发展优质细毛羊生产。稳定绒山羊数量，改进羊绒品质。在长江流域及其以南地区发展水禽生产。在黄河流域及其以北地区大力发展蛋鸡生产，减少大城市郊区的饲养量，农村应积极发展适度规模养殖。大力发展东北以及华北地区的奶牛业，稳定城市郊区奶类生产。

4.综合实施配套措施促进畜牧业合理布局　制定能够宏观指导中国畜牧业发展的规划和产业政策；充分发挥区域比较优势，形成合理的畜牧业生产布局；积极借鉴国际检验和制定质量安全标准体系，加强对畜产品质量安全的控制；加强良种繁育、饲料安全、疫病防治等基础设施建设和草原建设，重点抓好疫病防治和畜禽良种工程；大力推进畜牧业科技进步，充分发挥科技在畜牧业发展中的作用，促进畜牧业经济增长方式的根本转变；发展畜牧业的产业化经营，提高畜牧业的综合效益；加快畜牧业法制建设，保障畜牧业依法健康发展；加快畜产品市场和信息体系建设，促进畜产品流通；积极发展生态型畜牧业，把草地资源保护和合理利用结合起来。

### (二)中国不同区域畜牧业布局优化思路

1.农区畜牧业　农区畜牧业的发展方向应是：在稳定和提高生猪生产水平的同时，大力发展饲料转化率高的肉鸡生产和以生产乳、肉为主的草食畜禽。也就是说，要重点发展养猪、养禽和节粮型草食畜禽。适应农区畜牧业发展的要求，目前应重点做好以下工作。

(1)继续调整和优化农区的畜种结构。即在不断稳定和提高生猪生产水平的基础上，大力发展饲料转化率比较高的禽类和牛、羊、兔、鹅等草食畜禽。这是减少饲料消耗，提高饲料转化率，合理利用农区的作物秸秆、各种木本植物的枝叶、水生植物、草山、草坡等各种资源，从而增加畜产品供给的一个重要途径。

(2)合理调整农区的农牧用地结构和畜禽的地区分布。虽然中国人多地少，保障粮食安全供给非常重要，但随着农业的发展，必将使越来越多的种植业产品要用于满足养殖业的饲料需求。因此，农区应改革种植制度，改善农区饲料资源的利用状况，解决农牧争地的矛盾。这就要求农区应尽快把饲料作为一项重要的独立产业加以发展，建立起粮食作物、经济作物和饲料作物相结合、农牧业相促进的三元种植结构，并不断优化饲料作物种植结构。此外，农区还应该尽快解决畜禽地区分布与饲料资源分布不协调的矛盾，使畜牧业与种植业同步发展。

(3)调整结构，种草养畜，合理开发利用草山草坡。根据南北方不同的自然条件，确定不同的工作重点。南方草山草坡水热条件较好，牧草丰茂，产草量高，但由于成片分布区人烟比较稀少，加之草质较差，目前开发利用尚不充分，因此南方草山草坡保护和建设的重点应是加大天然草原改良的力度，合理开发利用。北方的草山草坡地区气候比较干旱，无霜期短，牧草生长较差，退化比较严重，要重点实施好退耕还草工程，加大人工种草力度，推广舍饲为主的养畜方式，加强对天然草原保护，搞好天然草原的恢复和建设工作。

2.牧区畜牧业　牧区畜牧业生产发展方向应是：继续以牧为主，农、林、牧结合，发展多种经营，加强畜牧业基本建设，稳定优质高产地发展畜牧业，使之成为中国高商品率畜产品的生产基地。但是，牧区畜牧业的发展要不断改善草地生态环境，并实施以增草带动增畜的可持续发展道路。适应牧区畜牧业发展要求，当前的工作重心应当是加强草原建设，增强发展后劲。牧区草原建设的工作重点应利用法制和行政的手段，强化管理，在全面保护的基础上抓好重点建设。

(1)针对开垦及破坏严重，保护不力，建设速度赶不上退化速度，以及草原基础设施薄弱，监测手段落后等实际问题，在全面完成草原家庭承包经营责任制的基础上，集中抓好已垦草地的恢复和牧区综合配套建设，从根本上改变牧区长期沿袭的逐水草而居、靠天养畜的落后生产生活方式，实现定居放牧。

(2)通过草地围栏、人工种草、天然草地改良、牧草收储、灭鼠治虫和以草定畜等综合配套措施，达到缓解草畜矛盾，增强抗灾能力的目的，在保护草原生态的同时，推动牧区畜牧业经济的可持续发展。

(3)根据实际情况因地制宜地采取限牧、休牧、禁牧和生态移民等措施，促进草原生态环境尽快恢复。在自然条件极其恶劣、草原生态极度脆弱的牧区草原，重点是采取禁牧和生态移民等措施，搞好天然草原的保护。

3.半农半牧区畜牧业　半农半牧区畜牧业发展的方向应是以牧为主，农牧结合。为此，种植业生产要推行草粮轮作制。这样既能提供粮食和饲料，又能充分合理地利用和保护土地资源，做到以农养牧、以牧促农。当前退耕还草，是半农半牧区工作的重点。半农半牧区是遏制荒漠化、沙化东移和南下的最后一道绿色生态屏障。过去由于片面强调粮食生产，把大面积草原开垦成农田，造成农牧比例严重失调，加上其他的人为破坏，半农半牧区已成为草原退化和面积减少最快的地区。

(1)应把退耕还草和引草入田作为半农半牧区工作的关键措施和恢复草原生态的突破口。因此，要认真贯彻落实国家对退耕还草的有关政策措施，坚持宜乔则乔、宜灌则灌、宜草则草的原则，以科学态度确定林、灌、草的比例、范围和面积，充分发挥草原在生态治理中的作用。

(2)应把退耕还草与建设高产优质人工草地紧密结合起来,并坚持高标准、高起点,建设商品草生产和加工基地,不断提高草地的产出水平和生态保护功能。在建设优质人工草地的同时,还应推广舍饲半舍饲和易地育肥。这不仅可以大大减轻超载过牧对草原的压力,促进草原植被的恢复,还能加快传统畜牧业生产方式的转变。

(3)重点抓好退耕还草的同时,在半农半牧区还要做好群众思想工作,组织他们积极稳妥地实施休牧禁牧、舍饲圈养、草田轮作、异地育肥等,大力提倡种植业的"三元结构",提高秸秆资源的利用率,努力减轻草原压力。

4.城市郊区畜牧业　改革开放后,随着东南沿海地区和大中城市经济发展和人们生活水平提高以及对畜产品需求的日益增长,使得畜禽养殖场不断向规模化方向发展。规模化畜禽场也大多分布于大中城市和人口稠密地区。但是,规模化畜禽场的发展在解决了畜产品供给和带动农村经济发展的同时也带来了日益严重的环境污染问题。主要原因在于畜牧业的大规模集约化养殖及畜禽养殖区的城市化,使农牧脱节,畜禽粪便不能及时为农业利用,也难以进行有效处理;加之农业由传统使用有机肥转向大量使用化学肥料,使畜禽粪便造成的环境污染问题日益严峻。

目前东南沿海地区和大、中城市郊区畜禽粪便造成的环境污染,已经成为农村环境污染的主要原因,并且养殖场在污染周围环境的同时,也污染了自身发展的环境,严重地影响了畜禽养殖业的自身发展。这使得在发展城市郊区畜牧业满足人们对畜产品需求的同时,防止环境污染成为人们普遍关注的问题,并成为政府干预畜牧业发展的重要内容之一。因此,城市郊区畜牧业发展过程中应该注意以下问题。

(1)合理规划畜禽饲养场地。即选择畜禽饲养场地时,不仅要求不能污染周围环境,也要防止受周围环境的污染。在交通便利、用水条件良好的情况下,不仅要尽可能将畜禽饲养场建在远离城市、远离工矿区和远离人口密集的地方,还应远离江河及地下水源,并要充分考虑畜禽饲养场的规模数量、粪尿和污水排放以及循环利用等问题。

(2)建立生态型畜禽饲养场。即根据生态学和生态经济学原理组织畜禽饲养场生产,充分利用当地的自然资源和动物、植物、微生物之间的相互依存关系,采用现代技术对动物废弃物进行无害化处理。

## 本章小结

畜牧业产业结构是指一个国家、一个地区或一个企业的各种畜禽和各种畜禽内部的组成及其相互之间的比例关系。影响畜牧业产业结构变化的因素包括自然资源条件(耕地、草地等),社会经济发展水平,人口的变化,交通运输、通信等基础设施,饲料、加工、防疫等相关产业的发展,历史上已经形成的产业结构及其特点,科学技术的发展和应用情况,企业的经营策略,政府的产业和贸易政策等。畜牧业产业结构是否合理是一个相对的和发展的概念,因而畜牧业产业结构调整的任务就是要根据变化了的条件,寻找优化结构的方案。中国畜牧业产业结构调整,要走市场化之路,坚持以质量、效益为中心,并实施可持续发展战略。

畜牧业布局是指畜牧业生产在一个国家或地区范围内的空间分布与组合。畜牧业合理布局是指合理利用各地区的自然资源和经济资源,使不同地区根据经济发展的要求和本地区的特点,重点发展某些畜禽,生产某几种畜产品,实现地区的专业化和综合发展相结合,从而使整个社会的畜牧业生产获得最好的经济效果。畜牧业生产经营过程是自然再生产和经济再生产相交织的过程,因而应该分析和评价自然条件、社会经济条件和技术条件的作用和影响,并以此为依据,进行畜牧业的合理布局。中国畜牧业布局优化,应该充分发挥区域比较优势,在各地形成各具特色的畜产品集中生产区,加速全国畜牧业区域化进程。

## 复习思考题

1. 什么是产业结构和畜牧业产业结构?
2. 影响畜牧业结构变化的因素有哪些?
3. 畜牧业结构优化调整应遵循哪些原则?畜牧业结构调整的主要目标有哪些?
4. 什么是畜牧业合理布局?畜牧业合理布局的意义是什么?
5. 试述畜牧业合理布局的依据和原则。

## 参考文献

[1] 乔娟,潘春玲.畜牧业经济管理学.2版.北京:中国农业大学出版社,2010.
[2] 李秉龙,薛兴利.农业经济学.3版.北京:中国农业大学出版社,2015.
[3] 李明哲,张光辉,王钟建.中国畜牧业经济学导论.北京:农村读物出版社,1993.

# 第十三章　畜产食品安全与监管

◈　学习要点

- 食品安全的概念及特点
- 畜产食品安全问题的原因与政府监管
- 畜产食品安全监管体系及其认证

## 第一节　食品安全的概念及特点

### 一、食品安全及其相关概念

#### (一)食品安全的概念与其相对性

1.食品安全的概念　1996 年世界卫生组织在其发表的《加强国家级食品安全性计划指南》中将食品安全界定为“对食品按其原定用途进行制作和食用不会使人们受害的一种担保”。食品安全涉及那些可能使食品对消费者健康构成危害(无论是长期的还是马上出现的危害)的所有因素,这些因素是毫无疑问必须消除的。具体来说食品安全包括四个重要部分:①成分安全,即不包含危害人体健康的成分。②功能安全,即食用后不影响人体的正常新陈代谢。③免疫安全,即不能带有导致人体发病的动物、微生物和病毒。④遗传安全,即不改变人类基因和人类的遗传功能。

2.食品安全的相对性　食品的安全性可分为绝对安全性与相对安全性两个不同的概念。绝对安全性是指不能因食用某种食品而危及健康或造成伤害的一种承诺,即食品应绝对没有风险;相对安全性则是指一种食物或成分在合理食用方式和正常食用的情况下不会导致对健康损害的实际确定性。食品是否安全,既取决于制作、食用方式是否合理,食用数量是否适当,也取决于食用者自身的一些内在条件,因而相对安全性的定义更符合生活实际。

对食品绝对安全性与相对安全性的区分,反映了消费者与生产者和监管者在食品安全性认识上的差异。消费者要求生产者和监管者提供没有风险的食品,而把近年发生的不安全食品问题归因于生产、技术和监管的不当;生产者和监管者则从食品组成及食品科技的现实出发,认为食品安全性并不是零风险,而是应在提供最丰富的营养和最佳品质的同时,力求把风险降到最低限度。这两种不同的认识,既对立又统一,是人类从需要与可能、现实与长远的不同侧面对食品安全性认识逐渐发展与深化的表现。

### (二)食品安全与相关概念的区别

1.食品安全与食品卫生和食品质量　食品卫生指为确保食品安全性和适合性在食物链所有阶段必须采取的一切条件和措施；食品卫生具有食品安全的基本特征，包括结果安全(无毒无害，符合应有的营养等)和过程安全，即保障结果安全的条件、环境等安全。食品质量是满足消费者明确的或者隐含需要的特性，即包括可影响食品消费价值的其他特性；食品质量包括一些不利的品质特性，例如腐烂、赃物污染、变色、变味等，以及一些有利的特性，例如食品的产地、颜色、香味、质地以及加工方法。

食品安全与食品卫生的主要区别有：①范围不同。食品安全包括食品(食物)的种植、养殖、加工、包装、储藏、运输、销售、消费等环节的安全，而食品卫生通常并不包含种植养殖环节的安全。②侧重点不同。食品安全是结果安全和过程安全的完整统一。食品卫生虽然也包含上述两项内容，但更侧重于过程安全。所以，《食品工业基本术语》给食品卫生的定义是：为防止食品在生产、收获、加工、运输、储藏、销售等各个环节被有害物质污染，使食品有益于人体健康所采取的各项措施。由此可见，食品安全是种概念，食品卫生是属概念。

食品安全和食品质量都是一种保证形式。食品安全是指食用安全并避免伤害的担保；食品质量是指满足人们的某种需求。因此，食品安全、食品卫生、食品质量的关系，并不是相互平行的，食品安全与食品质量有一定的交叉，而食品安全涵盖了食品卫生的概念。

2.食品安全与粮食安全　粮食安全是指保证任何人在任何时候都能得到为了生存与健康所需要的足够食品，是数量供给或者供需保障上的安全。食品安全与粮食安全的主要区别有：①粮食与食品的内涵不同。粮食是指稻谷、小麦、玉米、高粱、谷子及其他杂粮，还包括薯类和豆类。而食品的内涵要比粮食更为广泛，包括谷物类、块根和块茎作物类、油料作物类、蔬菜和瓜类、糖料作物类、水果和浆果类、家畜和家禽类、水产品类等。②粮食与食品的产业范围不同。粮食的生产主要是种植业，而食品的生产则面向整个国土资源，包括种植业、养殖业、林业等。③发展战略和评价指标不同。粮食安全主要是供需平衡，评价指标主要有产量水平、库存水平、贫困人口温饱水平等。食品安全主要是无毒无害，健康营养，评价指标主要是理化指标、生物指标、营养指标等。

3.食品安全与生物安全　生物安全是指现代生物技术的研究、开发、应用以及转基因等生物产品的跨国、跨境转移，不存在可能损害或威胁生物多样性、生态环境以及人体健康和生命安全的物质。或者说，生物安全就是控制粮食与农业，包括林业和水产有关的所有生物和环境风险(包括从转基因作物、外来品种和传入的动植物病害虫，到生物多样性侵蚀、跨界牲畜疾病的扩散、战争中的有毒武器等)，也就是说，生物安全涉及粮食安全以及动植物生命与卫生领域。联合国粮农组织农业委员会认为，食品安全本身就是生物安全的组成部分，生物安全包含所有的解决食品和农业危机的政策和规制框架，即生物安全包括三个部分：食品安全、植物生命和健康、动物生命和健康。由此可见，生物安全与食品安全、环境保护(包括生物多样性)和农业可持续发展具有直接关系。因此，食品安全与生物安全属于交叉的关系，其中与生物产品消费相关的安全属于食品安全的范畴，而其他与生物种群、生态环境影响相关的安全则不属于食品安全的范畴。

4.食品安全与营养安全　营养安全是指人们食用的食品在营养和成分等方面不对人体健康和长期生存繁衍构成威胁的确定程度。营养安全事关每个社会成员的身体健康，与食品安全密切相关。营养安全主要包括食品营养种类安全、营养成分含量和质量安全等方面。

食品营养种类安全指各种食品提供的营养在种类上是齐全的,不存在营养成分的缺失,也不存在人体所不需要的营养种类。由于供人类食用的食品种类很多,任何一种食品都不能单独提供人体所需要的各种营养成分,所以食品营养种类安全,还与人们的饮食习惯等因素密切相关。营养成分含量安全指各种食品提供的营养在含量上符合食品的质量要求,不存在营养成分含量不达标或超标情况,不存在营养成分含量影响人体代谢和身体健康的情况。同样,营养成分含量安全也与人们的消费行为有关,取决于人们的饮食习惯和食物消费方式。由此可见,食品安全与营养安全有相当部分交叉,广义上讲,食品安全似乎应该包括营养安全,发达国家一般把有关营养安全的内容纳入到食品安全规制范围之内,成为食品安全规制的新趋势。但并不是所有的营养安全问题都需要规制,因为这与人们自身的饮食习惯有很大关系。

### (三)食品安全的内涵

从已有的研究成果来看,在食品安全概念的理解上,国际社会已经基本形成如下共识。

1.食品安全是一个综合概念　作为种概念的食品安全包括食品卫生、食品质量、食品营养等相关方面的内容和食品(食物)种植、养殖、加工、包装、贮藏、运输、销售、消费等环节。作为属概念的食品卫生、食品质量、食品营养等(通常被理解为部门概念或者行业概念)均无法涵盖上述全部内容和全部环节。食品卫生、食品质量、食品营养等在内涵和外延上存在许多交叉,由此造成食品安全的重复监管。

2.食品安全是一个社会概念　与卫生学、营养学、质量学等学科概念不同,食品安全是个社会治理概念。不同国家以及不同时期,食品安全所面临的突出问题和治理要求有所不同。在发达国家,食品安全所关注的主要是因科学技术发展所引发的问题,如转基因食品对人类健康的影响;而在发展中国家,食品安全所侧重的则是市场经济发育不成熟所引发的问题,如假冒伪劣、有毒有害食品的非法生产经营。中国的食品安全问题则包括上述全部内容。

3.食品安全是一个政治概念　无论是发达国家,还是发展中国家,食品安全都是企业和政府对社会最基本的责任和必须做出的承诺。食品安全与生存权紧密相连,具有唯一性和强制性,通常属于政府保障或者政府强制的范畴。而食品质量等往往与发展权有关,具有层次性和选择性,通常属于商业选择或者政府倡导的范畴。近年来,国际社会逐步以食品安全的概念替代食品卫生、食品质量的概念,更加凸显了食品安全的政治责任。

4.食品安全是一个法律概念　20 世纪 80 年代以来,一些国家以及有关国际组织从社会系统工程建设的角度出发,逐步以食品安全的综合立法替代卫生、质量、营养等要素立法。1990 年英国颁布《食品安全法》,2000 年欧盟发表具有指导意义的《食品安全白皮书》,2003 年日本制定《食品安全基本法》。部分发展中国家也制定《食品安全法》,《中华人民共和国食品安全法》于 2009 年 7 月 1 日正式生效。综合型的《食品安全法》逐步替代要素型的《食品卫生法》《食品质量法》《食品营养法》等,反映了时代发展的要求。

基于以上认识,食品安全的概念可以表述为:食品(食物)的种植、养殖、加工、包装、贮藏、运输、销售、消费等活动符合国家强制标准和要求,不存在可能损害或威胁人体健康的有毒有害物质以导致消费者病亡或者危及消费者及其后代的隐患。食品安全的这一概念表明,食品安全既包括生产安全,也包括经营安全;既包括结果安全,也包括过程安全;既包括现实安全,也包括未来安全。

## 二、食品安全的特点与影响因素

### (一)食品安全的基本特点与主要影响因素

1. 食品安全的基本特征　①危害的直接性。受物理性、化学性和生物性污染的食品均可能直接对人体健康和生命安全产生危害。②危害的隐蔽性。仅凭感官往往难以辨别食品安全的水平或程度,需要通过仪器设备进行检验检测,有些甚至还需要进行人体或动物实验。由于受科技发展水平等条件的制约,部分参数或指标的检测难度大、检测时间长,食品安全状况难以及时准确判断,危害具有较强的隐蔽性。③危害的累积性。不安全食品对人体危害的表现,往往经过较长时间的积累,如食品中的农药、兽药等有害物质残留在人体内积累到一定程度后才导致疾病的发生并恶化。④危害产生的多环节性。食品生产的产地环境、投入品、生产过程、加工、流通、消费等各环节,都有可能对食品产生污染,引发食品安全问题。⑤管理的复杂性。食品生产周期长,产业链条复杂,区域跨度大,使得食品安全管理涉及多学科、多领域、多环节、多部门,而且控制技术相对复杂。

2. 影响食品安全的主要因素　①物理性污染。指由物理性因素对食品安全产生的危害,如通过人工或机械混杂在食品中的杂质,食品因辐照导致放射性污染等。②化学性污染。指在生产加工过程中使用化学合成物质而对食品安全产生的危害,如使用农药、兽药、添加剂等造成的残留。③生物性污染。指自然界中各类生物性污染对食品安全产生的危害,如致病性细菌、病毒以及某些毒素等。

### (二)影响食品安全水平的主要因素

1. 社会经济发展水平　食品数量安全是保证人类生存的基本条件,随着经济发展和社会进步,当食品数量安全得到保障后,追求食品质量安全也就逐渐成为必然。农业是弱质产业,并且承担着为国家工业化提供资本原始积累的重任,只有当国家工业化基本实现以后,国家财力增强,才有可能对农业经济的发展、特别是对食品质量安全水平的提高给予有力的支撑。国际农业发展的历史轨迹表明,食品质量安全水平往往是随着社会经济发展水平的提高而提升。中国食品生产大体经历了追求数量增长、强调数量与质量安全并重、在保证数量安全的基础上突出质量安全及效益三个阶段,这三个阶段与中国国民经济发展阶段也是密切对应的。

2. 科学技术发展水平　解决食品安全问题需要多个学科和专业技术的知识。随着现代工业和农业的发展,化肥、农药、兽药等农业投入品在农业生产中大量使用,造成农产品污染。食品工业的发展需要使用各种添加剂和包装材料等,进而产生一系列的食品安全问题。在解决工业“三废”污染、净化农业生产环境、降低农业投入品和食品添加剂等污染的过程中,科学技术具有关键的作用。特别是现代科学技术成果的运用,使得食品检测技术得到迅速发展,大幅度提高了检测精度和准确度,对食品中的物理性污染、化学性污染已经基本能够做到及时发现并进行有效监控。近年来,二噁英、疯牛病、禽流感等事件接连发生,食品安全问题不断出现,对食品安全管理和技术提出了更高要求。随着科技的创新与发展,也必将逐步解决食品安全的一系列难题,为人类造福。

3. 人们总体生活水平　经济发展的基本规律表明,有效供给必须满足不断变化的市场需求。随着收入的增加和消费水平的提高,人们的健康意识和食品安全要求将不断增强,纵观当今世界各国,越是经济发达、人均收入水平较高的国家,消费者的健康意识越强烈,人们对食品安全水平的要求也越高。一般来说，当恩格尔系数在50%以上时，人们主要关注的是食品的数量安全；当恩格尔系数在40%～50%时，人们逐步关注食品质量安全；当恩格尔系数降到40%以下时，人们对食品营养和安全卫生水平的要求更高。

## 第二节　畜产食品安全问题的原因和政府监管

### 一、畜产食品安全的突出问题

#### （一）兽药残留超标

兽药是畜产食品安全中最常见和最重要的污染源，畜产食品兽药残留对人体健康和公共卫生存在潜在的危害。人们长期摄入含兽药的畜产食品后，药物不断在人体内蓄积，当积累到一定程度时，就会对人体产生毒性作用，导致人们的过敏反应、致畸、致突变和激素样作用等诸多方面的不利影响。

#### （二）有害化学物质污染

有害化学物质是导致食源性疾病的重要因素，畜产食品受各种有害物质污染的机会很多，其污染的方式、来源及途径也是多方面的。环境对畜产食品安全的影响主要是化学性污染，各种有毒有害物质（包括各种有毒的金属、非金属、有机化合物和无机化合物）直接污染水源、饲料、饲草等，并通过畜产食品的富集作用，严重危害人们的健康和生命安全。畜禽饲养和畜产食品加工、运输及包装过程中环境安排不当、投入品种类选择不当或者投入过量、生产管理不当等都是畜产食品安全的重要影响因素。

#### （三）微生物污染

微生物污染是畜产食品的首要危险因素，包括细菌污染、病毒和真菌及其毒素的污染，微生物污染可以引起食物中毒、肠道传染病、人兽共患传染病等食源性疾病。畜产食品的微生物污染来源很多，除来自畜禽本身外，其他来源包括加工、储存、运输和销售过程中，由于原料受到环境污染，杀菌不彻底，贮运方法不当以及不注意卫生操作等都是造成微生物污染的主要原因。

#### （四）畜禽疫源性人畜共患病

人畜共患病是影响畜产食品安全的最重要因素之一，据世界卫生组织报道，普遍存在的人畜共患病包括细菌病、病毒病、原虫病、真菌病、寄生虫病等，人畜共患病大多数是通过家畜传染给人的，例如近年来人类遭遇的几次大规模疾病（禽流感、口蹄疫、疯牛病等）的病毒都是由于家畜的传播引起。

### 二、中国畜产食品安全问题频发的直接原因

中国畜产食品安全问题频繁发生的直接原因是多方面的，但主要可归纳为以下3方面。

#### （一）畜产食品生产和加工的原料不合格

原料安全水平高低与最终食品安全水平息息相关。虽然原料的某些品质差异可以在后来

的食品加工过程中进行弥补，但绝大多数安全方面的品质差异是后来的食品加工根本没法改变的。因此，缺少符合食品安全要求的合格原材料，食品加工企业很难生产出优质、安全的食品。造成中国畜产食品原料安全问题的主要原因是环境污染、违禁药品的使用和饲料添加剂的不安全使用等所导致的有害物质残留等。

大气、水和土壤等环境污染，不但影响畜禽的正常生长，导致畜产品减产或者物理质量下降等，而且由环境污染导致的有害物质、违禁药品和添加剂等一旦进入动物体内，便成为动物体的组成部分，并在动物体内进一步富集。大量富集了有害物质的畜禽初级食品或食品原料，可能已经不具有食用或者加工食品的基本安全卫生要求。

虽然近年来中国的环境污染问题已经引起社会各界的广泛关注，但并没有根本改观。同时，在畜产品生产过程中，仍大量存在过量或者违规使用抗生素、违禁兽药、有害添加剂等行为。例如，为满足人们对畜产食品日益增长的多方面需求，各种饲料添加剂已经被广泛应用，但某些饲料添加剂的不正当使用或者有害添加剂的使用，已经成为导致畜产食品原料安全问题的重要原因之一。

### （二）畜产食品生产经营企业缺乏积极性

市场经济条件下，企业经营的最终目标是获取利润，而获取利润最直接和最简单的办法就是提高价格或者压缩成本。但是，目前的状况是相对于同类畜产食品而言，生产安全畜产食品的成本不但远远高于不安全或者劣质畜产食品，而且安全畜产食品并不一定能获得相应的高价格。因此，由于缺少必要的正向激励，企业生产优质安全畜产食品的积极性不高。

虽然国家三令五申狠抓食品安全问题，但由于处罚力度不够等原因，违法违规生产的现象屡禁不止。面对生产不安全或者劣质畜产食品的高额利润和相对微薄的罚金而言，更多企业选择缴纳罚金之后，开足马力继续生产。反向约束不足，不但没有起到对违规生产企业的制约，反而增长了嚣张气焰。

### （三）畜产食品安全监管体系存在缺陷

食品安全问题给消费者所带来的伤害具有直接性、广泛性和不可逆性，使得各国对食品安全方面的管制都非常系统严格，中国在以市场经济要求转变政府职能的同时，也加强了对食品质量安全的管制，但其监管体系与保障食品安全的要求还有一定差距。尤其表现在管理体制和运行机制上存在缺陷，例如畜产食品安全管理的权限分属农业、经贸、供销、外贸、卫生、质检、工商、环保等多部门，各部门权责不清、职能交叉与分散、政出多门、很难形成合力，责任大而难办的事情容易相互推诿扯皮、造成监管真空、降低行政效率，重复监管、权力寻租等导致监管成本偏高，而且存在着标准不同、甚至有的相互冲突的问题。因此，分段与多头监管的制度缺陷难以适应食品安全全程监管的要求。监管体系存在缺陷的主要客观原因是：目前中国食品生产经营者或企业还是以小规模分散经营的家庭小作坊为主，尤其畜产食品的小规模、分散经营格局还将长期存在。

## 三、畜产食品安全问题产生的经济理论分析

畜产食品的经验品和信任品特征，使得畜产食品市场上的生产者、经营者、消费者乃至政府之间存在着食品安全信息的不对称，其具体表现为：①畜产食品安全品质为内在品质，消费者很难从外观辨识出来，使得消费者和生产经营者之间存在食品安全信息的不对称；②由于长

期以来缺乏健全有效的食品安全监管制度与手段，导致政府等监管者与生产经营者之间的食品安全信息不对称；③政府等监管者的畜产食品安全信息不能迅速、有效地传递到消费者，导致政府与消费者之间的食品安全信息不对称，使得消费者缺乏做出抉择的信息；④上层监管者和下层监管者因掌握的畜产食品安全信息情况不同，且不能实现信息完全共享和沟通，将导致上下层监管者之间的食品安全信息不对称。生产者、经营者、消费者乃至政府之间信息不对称的具体表现是畜产食品安全信息不易获取以及传递不畅等。

### (一)生产经营者的信息获取与传递

1.信息获取　畜产食品产业链较长，也比较复杂，其中包括众多的生产经营者和消费者。即便是同一个畜产食品加工者往往也同时扮演着多个不同的角色，既是某种畜产食品的生产者，又是某种原料的购买者。因此，对某一特定畜产食品而言，上游生产经营者相对于下游生产经营者或者消费者处于信息优势地位，而下游生产经营者或者消费者则处于信息相对劣势地位。

一方面，以畜产食品为直接加工原料的食品加工企业，由于缺少相应的畜产食品原料安全信息，不能严格控制原料安全水平，而可能导致其所加工畜产食品的安全问题。中国畜产品的小规模分散经营特点，决定了以畜产品为原料的生产经营企业很难了解一家一户是如何生产畜产品的，有无使用违禁兽药和违规使用抗生素等。虽然企业可以通过细致的检验来确定原料是否合格，但因企业的生产量相对于农户的小规模要大得多，检验成本高昂，而且详细检验需要花费较长时间，企业花费大量时间和金钱之后，很可能查出了问题，但找不到责任人，最终还要自己付费。由于信息缺乏，企业不确定自己获取的原料、半成品是否合格，这在一定程度上影响了最终畜产食品的安全水平。

另一方面，畜产食品生产和消费在时间和空间上的差别进一步加剧了信息不对称，使得消费者很难确切了解生产经营企业的加工过程。因此，多数生产经营企业往往热衷于在加工过程中，添加芳香剂、增稠剂等化学制剂，来改变畜产食品的外观和消费者可以体验到的品质，而不会花费太多的精力致力于营养、安全等方面的改进。为了获取高额利润，违规操作也在所不惜。此外，畜产食品产业链较长而且复杂，出了问题各层级之间容易相互推诿扯皮，由于缺乏有效、详细的信息，具体责任往往很难落实，在查处上也比较困难，给许多不法生产经营企业留下了可乘之机。

2.信息传递　生产经营者的信息传递能力也受到多方面的限制。当市场上充斥着各类不同安全水平的畜产食品时，如果企业能够把自己产品的高安全信息传递给消费者，消费者通过某种途径确认之后，愿意支付较高的价格，并增加重复性购买，也许会使得消费者和生产经营者之间达成双赢。然而，生产经营者通常主要通过商业渠道传递信息，信息的公正性容易引起消费者的质疑，尤其是广告市场的混乱，虚假广告的大肆泛滥，消费者对广告信息已经产生戒备心理，而大大降低了商业信息传递的有效性。消费者比较信任的第三方信息供给不足，虽然已经有一些认证机构通过畜产食品安全认证并发布有关信息，但信息量非常有限，而且由于认证机构的违规事件时有发生，认证信息的权威性也经常受到质疑。

### (二)消费者的信息获取与传递

1.信息获取　消费者获取畜产食品安全信息的渠道非常有限，而且信息质量较差，有效信息严重不足。消费者比较信任的食品安全信息主要来自：消费者对产品外观品质的感知、对产品部分内在品质的体验和对产品标识认知，来自政府、公众媒体和相关专业机构发布的食品安全信息以及消费者之间的信息共享。

产品的外观品质主要指颜色、光泽、大小、肥瘦、伤迹、纤维粗细、新鲜度等外在的一目了然的信息。这些信息消费者在购买之前就可以获得，但各种化学制剂的使用很容易改变产品的外观品质。因此，仅凭产品外观品质提供的信息远不足以判定畜产食品的安全水平。

产品的部分内在品质是指鲜嫩程度、汁的多少、味道浓淡、口感风味、烹饪特征、对健康有无直接损害等，消费者通过亲身体验之后得到的进一步的产品安全信息。相对于外观品质，这些内在品质具有较大的可信度，但诸如抗生素、激素、沙门氏菌、重金属、兽药残留、各种营养素的含量及比例等畜产食品安全特征，消费者仅凭自己的体验，根本无法获得。

产品标识明确列出了食品的生产日期、保质期、组成成分、营养素含量和所使用的添加剂等，可以在一定程度上弥补亲身体验的不足。但是，企业出于逐利的考虑，往往不会主动且准确地标识出畜产食品安全信息，加上各种化学制剂和添加剂等的广泛使用，以及消费者的专业知识与识别能力有限，消费者很难确切地知道特定畜产食品所使用的辅料是否会对或者可能会对自身的健康造成威胁。

政府、公众媒体和相关专业机构发布的信息，对消费者来说是至关重要的，但这类信息也存在着公开发布的信息太少而且通常滞后的问题。消费者还可能通过群体之间的交流间接获取部分信息。但这部分信息存在的问题是：由于信息来自于消费者的主观感受，只能在一定程度上反映问题，因而缺乏客观性和精确度；信息发布滞后且获得困难，通常消费者自身发现问题往往需要较长的时间，而在此期间问题已经比较严重。例如安徽阜阳劣质奶粉案中，直到消费者将问题反映出来时，已经有多名儿童因为食用劣质奶粉而死亡。

2. 信息传递　目前，消费者不但不能有效获取畜产食品安全信息，而且消费者发现的畜产食品安全信息也很难有效地传递出去。其主要原因是消费者维权意识差，而且缺乏表达机制。消费者在购买到不合格的低质食品之后，因缺乏有效的呼吁手段和途径，往往咒骂几句，扔掉产品，以后停止购买。消费者表达、传递信息的途径较少且效率不高。消费者正当权益被侵犯或者发现畜产食品安全问题后，投诉常常得不到受理，或者诉讼程序拖拉，使得消费者很难将自己获取的食品安全信息及时传递出去，引起政府和社会的关注，控制事态的进一步恶化。此外，某些消费者愿意为高安全水平的食品支付更高的价格，但却很难让生产经营者明白自己的需求，并把自己和别的消费者区分开来。

### (三)政府的信息获取与传递

1. 信息获取　食品安全信息和消费者反馈信息匮乏，给政府的监管带来了许多的难题。一方面，政府监管面对的是一家一户的小规模、分散生产的农户和多、小、散、乱的食品加工和流通企业，为充分了解产业链上每个生产经营者的行为，需要花费大量的人力、物力和财力，监管成本相当高昂。另一方面，大多数消费者被动地选择“用脚投票”，政府很难获得有关产品安全方面的负面反馈信息，一定程度上减少了政府的信息来源。此外，各级政府利益不一致，相互隐瞒信息时有发生。例如，中央政府严打不良食品企业，而地方政府出于经济、税收等利益考虑，不检查或者查出之后不公布、不上报等。同级政府职能部门之间各自为政，信息封闭，使得监管很难顺畅执行。有限的信息被分割、隐藏，进一步加剧了信息不对称。

2. 信息传递　虽然政府大力打击制假售假企业，并在媒体上予以曝光，很大程度上维护了消费者的正当权益，但因中国幅员辽阔，大部分农村地区基础设施薄弱，广大农村消费者很难确切了解政府公布的食品安全信息，这是造成中国农村市场劣质、不安全食品问题频繁发生的重要原因之一。

## 四、畜产食品安全的政府监管

### (一)政府监管的必要性和可能性

在信息不对称条件下，生产经营者既难以从改善畜产食品安全上获益，也难以因为违反畜产食品安全法规而受罚，缺乏改良畜产食品安全的激励，而且市场机制本身也难以提供生产经营者提高畜产食品安全水平的激励。食品安全信息不对称会使消费者做出各种不同的选择，但所有选择的结果除了都会使消费者的利益受到损害外，对提高食品安全水平帮助都不大。

信息不对称是造成中国畜产食品安全问题频繁发生的根本原因，因而要解决中国畜产食品安全问题，首先就要从尽可能消除信息不对称入手。由于信息不对称在一定社会经济条件下客观存在且很难消除，所以目前和未来一段时间的主要任务应是尽可能降低信息不对称的程度，尤其应尽可能降低生产经营者与消费者之间的信息不对称。由于在信息不对称方面的市场机制失灵，即在信息不对称条件下依靠市场机制不能有效地实现畜产食品的生产经营安全与消费安全之间的均衡，要降低或消除生产经营者与消费者之间的信息不对称，必须有介于两者之间的第三方来提供客观公正的信息。

通常认为政府应该也能够成为克服市场参与者之间信息不对称的第三方。一方面，信息不对称导致的畜产食品安全问题不仅对广大消费者造成了严重伤害，还极大地制约着社会经济的健康发展和国际间的贸易往来，而且具有直接性、广泛性和不可逆性，所以政府有责任通过克服或消除信息不对称来监管食品安全。另一方面，政府具有垄断性的强制力可强制性地赋予市场参与者的说明义务，政府是超越市场交易主体之上的公共组织，政府具有组织优势可以更有效地降低信息成本，政府权威的存在使其提供的信息具有公信力，所以政府有能力通过克服信息不对称来监管食品安全。

### (二)政府监管的政策目标与主要内容

1. *政府监管的政策目标*　政府对畜产食品安全监管的重要目标是社会公共利益即保护消费者的利益，但在实际监管执行过程中可能表现为目标的多元性。①注重保护城市消费者的利益。因为城市居民收入水平较高，对畜产食品安全要求较高，畜产食品加工企业集中在城市，政府便于监管，但对广大农村市场却疏于管理。②注重提高本国畜产食品的国际竞争力。由于畜产食品的进口国主要集中在发达国家，而发达国家对畜产食品安全要求很高，为了突破其技术性贸易壁垒，政府对出口的畜产食品提出很高要求，而对在国内市场销售的畜产食品要求却不严格，即在国际市场和国内市场实行双重标准。③注重保护畜牧业。由于畜牧业是弱质产业，并且当畜产食品安全提到政府和整个社会的重要议事日程以后，国民经济的发展也到了对畜牧业实行保护政策的阶段。但畜产食品安全目标的提出和实施会增加畜牧业的生产成本，为了不降低农牧民的收入，政府可能增加相关的财政支出或对此提供补贴，如对品种改良、动物重大疫病防治和实施可追溯体系的补贴等。④注重生态环境保护。促进畜产食品资源的可持续开发利用、保障安全畜产食品生产加工过程中不对生态和环境造成危害，控制其从生产到消费废弃物(包括废水、废气、包装物等)的排放等。⑤注重解决最为迫切的畜产食品安全问题。畜产食品安全管理涉及一系列问题，一些国家政府特别是发展中国家政府难以全面监控，因而注重解决最为重要的问题，如疯牛病、禽流感、瘦肉精、苏丹红等问题。畜产食品安全管理的多元化政策目标最好都能够实现，但对于中国这样的发展中国家而言难度较大，由于上述多元化政策目标可能产生相互矛盾，需要政府根据具体情况适当协调。

2.政府监管的主要内容　①以供应链为主线，建立协调整合、共同治理的畜产食品安全监管体制。畜产食品生产的产业链条不断延长，所涉及的部门众多，因此需要在适度保留原来农业、卫生、质检、工商等部门畜产食品安全管理分工的基础上，对分散在不同部门之间的畜产食品安全管理职能进行协调，发挥各部门共同治理的整合效应，遵循从“农场到餐桌”的原则，建立从初级农畜产品生产到畜产食品最终消费的完整的管理链条。②建立畜产食品安全控制体系。主要围绕生产流通过程和畜产食品特征，对产业链上各环节的生产经营者进行严格的从业资格认证、建立市场准入制度、建立安全标准体系和认证体系、定期或不定期地进行检查和检验等。③加强对消费者有关畜产食品安全知识的教育。消费者对畜产食品安全的认知、支付意愿、购买行为等会对畜产食品市场产生重要影响。针对某些消费者的消费理念落后或不成熟，政府应充分利用各种新闻媒体加强对消费者的教育，使消费者树立起安全食品消费观，让消费者认识到消费安全食品不仅有利于身体健康，而且会促使生产经营者提供安全食品。④促进畜产食品安全信息的有效传递。将畜产食品从经验品和信用品转化为搜寻品，解决信息不对称性和市场失灵问题，需要建立良好的畜产食品安全信息传递机制。在畜产食品安全管理中，政府应建立畜产食品安全信息体系，并将其纳入农业信息体系的框架内；建立相对完整的畜产食品安全数据库和功能全面的信息服务平台，及时向农牧户、企业和消费者提供与畜产食品安全相关的信息及服务；逐步建立公开、透明的畜产食品安全信息发布制度，包括食品安全例行监测结果公告制度、品质公告制度、认证公告制度、禁用限用农业投入品公告制度、食品安全标准制修订听证制度等。

### （三）中国畜产食品安全的环境特征与政府监管措施

1.中国畜产食品安全的环境特征　①正处于转型经济环境下的过渡时期，畜产食品生产经营者还没有完全从提高数量转向提高质量安全水平上来。②小规模分散经营的现状在短期内不会改善，畜产食品生产经营者的机会主义行为不会消除。③政府是畜产食品安全监管的主体，但受限于人力、财力和物力，受限于管制政策实施者的有限理性和交易费用的大小。④法制化程度不高，标准不完善。⑤畜产食品生产经营者和相关部门的工作人员整体专业素质不高，行业的自律性较差。⑥市场发育尚未完善，经济发展水平还不高，消费者的收入水平还不高，缺乏对较高安全水平食品的支付能力，大部分消费者还不是成熟或挑剔的消费者，使得较低安全水平的食品由于低价格而存在较大的市场空间。

2.政府监管的措施　政府监管的主要措施应该是健全和完善适应中国国情的保障畜产食品安全的法律法规，并且建立适应法律要求的组织机构来严格执法，其主要工作应围绕信息的获取和披露来进行。除了法律措施，政府还可以采取经济和行政的措施，但在畜产食品安全方面应以强制的法律措施为主。政府作用的重要方面在于可以改进生产经营者与消费者之间信息不对称，提高消费者获取信息和发布信息的能力，提高消费者对安全畜产食品的认知程度和保护自己利益的能力，提升消费者与生产经营者的谈判能力，并通过消费者的成熟度的提升来促进生产经营者更多提供安全畜产食品。

政府监管是迫使生产经营者实现自觉和理性的强制性措施，但因政府也可能会失灵，仅仅依靠政府还不足以完全解决因信息不对称而导致的畜产食品安全问题。因此，在采取政府强制性监管的同时，根据中国特定的食品安全环境特征，应逐步健全和完善包括政府管制、行业自律、生产者自控和社会监督四者有机结合的监管体系。

## 第三节　畜产食品安全监管体系

### 一、畜产食品安全监管体系的构成

#### （一）畜产食品安全监管体系的概念

监管又可称为管制或者规制，是指政府依据一定的法律法规对企业的市场进入、价格决定、产品质量和服务条件施加直接的行政干预。政府监管的主要目标是解决由垄断、外部性和信息不对称的存在所造成的市场失灵。现代政府监管可分为反不公平竞争监管、经济性监管和社会性监管 3 种基本类型。畜产食品安全政府监管旨在保障消费者的利益，属于社会性监管，是国家食品安全监管机构为行使和履行职责，依法对畜产食品生产、流通、运输、仓储、消费等环节进行组织、协调、控制和监督的行为。畜产食品安全监管体系是包括政府、生产经营者、消费者以及公共媒介对畜产食品安全监督和管理的法规（包括标准）、政策、组织机构、监督检测方法或手段等的有机组合。

#### （二）畜产食品安全监管体系的构成

从政府监管角度畜产食品安全监管体系主要由以下几部分构成。

1. *畜产食品安全法律法规体系*　国家、部门、行业和地方颁布并实施的与畜产食品安全相关的法律、法规等，《中华人民共和国食品安全法》是中国畜产食品安全监管体系中的法律体系核心。

此外，中国正在实施的与畜产食品安全相关的法律主要有：《中华人民共和国农产品质量安全法》《中华人民共和国动物防疫法》《中华人民共和国进出口商品检验法》《中华人民共和国进出境动物检疫法》《中华人民共和国农业法》《中华人民共和国环境保护法》等。实施的相关行政法规主要有：《国务院关于加强食品等产品安全监督管理的特别规定》《中华人民共和国进出口商品检验法实施条例》《中华人民共和国进出境动植物检疫法实施条例》《中华人民共和国兽药管理条例》《中华人民共和国农药管理条例》《中华人民共和国出口货物原产地规则》《中华人民共和国标准化法实施条例》《饲料和饲料添加剂管理条例》《农业转基因生物安全管理条例》等。实施的相关部门规章主要有：《食品生产加工企业质量安全监督管理实施细则（试行）》《进出境肉类产品检验检疫管理办法》《流通领域食品安全管理办法》《农产品产地安全管理办法》《农产品包装和标识管理办法》等。

2. *畜产食品安全标准体系*　国家、地方、行业和企业制定并实施的与畜产食品安全相关的强制性标准和非强制性标准，《中华人民共和国标准化法》是中国畜产食品安全监管体系中标准体系的最重要依据。制定并实施的与畜产食品安全相关的标准主要有七大类：①农产品中农药、兽药等有毒有害物质最大允许量或最大残留限量，种子种苗、农药、兽药、肥料、畜禽品种、渔用苗种、饲料和饲料添加剂等农业投入品质量要求等方面的市场准入类标准。②动植物品种资源、农产品产地环境（含养殖环境）、生态环境保护等方面的资源环境保护类标准。③动植物检疫与防疫、诊断与防治等方面的标准，以及转基因生物安全评价方面的动植物卫生类标准。④农业投入品的安全使用准则，农产品安全控制规范（GAP、GMP、GVP、HACCP），农产品包装、标识、贮运等方面的准则类标准。⑤重要农产品质量、规格的分等分级标准，以及重要农产品质量、安全分析测试方法或评价方法等方面的公平贸易类标准。⑥农产品种植、养殖、采摘、捕捞、保鲜等生产操作规程。⑦农产品质量安全的名词、术语等基础类标准。

3. 畜产食品安全监管组织体系　为保障畜产食品安全而设置的组织机构和运行机制。进入 21 世纪以来中国食品安全监管组织体系不断发展变化，以适应相关法律规定。根据十一届全国人大一次会议审议通过的《国务院机构改革方案》和《卫生部主要职责、内设机构和人员编制规定》，2008 年 3 月 17 日国务院将综合协调食品安全、组织查处食品安全重大事故的职责由国家食品药品监督管理局划入卫生部。卫生部牵头建立食品安全综合协调机制，负责食品安全综合监督；农业部负责农产品生产环节的监管；国家质量监督检验检疫总局负责食品生产加工环节和进出口食品安全的监管；国家工商行政管理总局负责食品流通环节的监管；国家食品药品监督管理局负责餐饮业、食堂等消费环节的食品安全监管。根据党的十九届三中全会审议通过的“深化党和国家机构改革方案”，农产品（包括畜产品）质量安全管理是农业农村部的主要职责，食品（包括畜产食品）安全管理是国家市场监督管理总局的主要职责。

4. 畜产食品安全检验检测体系　为保障畜产食品安全而设置的检验检测机构和运行机制。中国畜产食品安全检验检测机构分布在农业农地部等多个政府部门。

5. 畜产食品安全认证体系　为保障畜产食品安全而设立的相关认证和运行机制。我国已经设立的与畜产食品安全相关的认证主要包括两大类：针对畜产食品本身的畜产食品安全认证（简称产品认证）和针对畜产食品管理体系的畜产食品安全管理体系认证（简称体系认证）。其中，畜产食品安全认证有绿色食品认证、有机产品认证、地理标志农产品认证和农产品质量安全承诺达标合格认证；畜产食品安全管理体系认证主要有良好农业规范（GAP）认证、良好操作规范（GMP）认证、危害分析和关键控制点（HACCP）认证、食品可追溯体系认证等。

## 二、畜产食品安全认证的发展与演变

认证是由认证机构证明产品、服务、管理制度符合相关技术规范的强制性技术要求或者标准的合格认证活动。食品认证是一项系统工程，它包括食品生产、加工、销售、消费等各相关环节，并着眼于现实资源和技术条件，以消费者的身体健康和安全为最高目的，以制定标准、实施标准为主要环节，按照统一、简化、协调、优选的原则，在各有关方面的协作下，对产品的生产、加工、储藏、运输、销售全过程进行标准化管理。

### （一）2018 年前畜产食品安全认证

2018 年以前，我国畜产食品安全认证主要实行的是旧“三品一标”认证。

1. 无公害农产品认证　无公害农产品是指产地环境、生产过程和产品质量符合国家有关标准和规范的要求，经认证合格获得认证证书，并允许使用无公害农产品标志的、未经加工、或者初加工的食用农产品。一般说来，无公害农产品必须达到以下要求：生产地生态环境质量必须达到农产品安全生产要求；必须按照无公害农产品管理部门规定的生产方式进行生产；产品必须对人体安全、符合有关卫生标准；无公害农产品生产还应是优质的；必须取得无公害农产品管理部门颁发的标志或证书。因此，无公害农产品可以概括为：无污染、安全、优质、营养并通过管理部门认证的农产品。无公害农产品由农业部进行宏观管理，由省级农业行政主管部门进行产地认证，由授权的认证机构进行产品认证。

2.绿色食品认证　绿色食品是遵循可持续发展原则，按照特定生产方式生产，经专门机构认证，许可使用绿色食品标志的无污染的安全、优质、营养类食品。我国提出绿色食品的特点是：发展绿色食品必须遵循可持续发展的原则；绿色食品特定的生产方式是指按照标准生产、加工、并对产品实施“从土地到餐桌”的全程质量控制；绿色食品是无污染、安全、优质、营养的食品；对产品依法实行统一标志与专门管理。开发绿色食品有较为完整的质量标准体系。绿色食品标准包括产地环境质量标准、生产技术标准、产品质量和卫生标准、包装标准、储藏和运输标准、生产资料及生产基地认定标准。从1996年开始，在绿色食品的申报审批过程中区分A级和AA级绿色食品。AA级绿色食品标准的制定参照国际有机农业运动联盟的有机农业及生产加工基本标准、欧盟有机农业2092/91号标准以及世界食品法典委员会的有机生产标准，因而AA级绿色食品接近有机食品。绿色食品的认证管理机构为农业农村部的国家绿色食品发展中心。

3.有机食品认证　有机食品有有机食品和有机转换食品之分。有机食品是指根据国家或相关有机农业生产要求和相应的标准生产、加工、储存、运输、销售的供人类消费、动物食用的产品；有机转换食品是指生产该产品的基地已经在按照国家有机产品标准进行管理，但尚没有完成规定的转换时段，因此该产品尚不能被认证为有机食品。有机食品和有机转换食品均为健康安全的产品，都是完全按照国家有机食品标准进行生产和加工的，但有机转换食品仅能使用有机转换食品标志，该标志明显区别于有机食品标志。有机农业是指遵照一定的有机农业生产标准，在生产中不采用基因工程获得的生物及其产物，不使用化学合成的农兽药、化肥、生长调节剂、饲料添加剂等物质，遵循自然规律和生态学原理，协调种植业和养殖业的平衡，采用一系列可持续发展的农业技术，以维持持续稳定的农业生产体系的一种农业生产方式。国家认证认可监督管理委员会负责中国有机食品认证活动的统一管理、综合协调和监督工作。

4.地理标志农产品认证　标示农产品来源于特定地域，产品品质和相关特征主要取决于自然生态环境和历史人文因素，并以地域名称冠名的特有农产品标志。由国家质量监督检疫检验总局、国家监督管理总局和农业农村部分别负责认证。

### （二）2018后畜产食品安全认证与管理

1.新农产品“三品一标”　2018年以后，农业农村部取消了无公害农产品认证，提出了新农产品“三品一标”，即绿色食品认证、有机食品认证、地理标志农产品认证和食用农产品质量安全承诺证达标合格认证。其中食用农产品质量安全承诺证达标合格认证要求要明确农产品生产企业、农业专业合作社、从事农产品收购的单位或者个人应当根据质量安全控制和检测结果出具承诺履约证明等标志。承诺履约证明包括：产品名称、产地、生产者、承诺内容、承诺依据等信息。新农产品“三品一标”对农业高质量发展的作用主要表现在：

(1)坚持“品质品牌共建、数量质量并进、规模效益齐升、认证保护严管”。既要重视农产品认证，还要重视农产品品牌保护，又要加大农产品品牌宣传推介力度，更要重视全程质量监管，做到支撑守底线拉高线一起抓，保安全提品质同步推进。

(2)坚持“生产者受益、经销者有利、消费者满意”。将新农产品“三品一标”认证与国家现代农业产业园、农业现代化示范区、国家农业绿色发展先行区、特色农产品优势区、优势特色产业集群、国家农产品质量安全县、地理标志农产品保护工程、国家数字农业创新应用基地建设工程等一体化实施，充分发挥农产品“三品一标”在产品端的带动作用，促进产管并举、产销联动，提高农产品质量品质，全产业链拓展增值增效空间。

(3)坚持“完善制度建设、构建信用机制”。针对生产经营主体，建立优质农产品生产基地目录制度，健全全程质量控制和特征品质标准体系，完善农产品品牌保护和管理机制，全面推进承诺达标合格证制度，构建信用管理机制。

2.农业生产“三品一标”　农业生产“三品一标”是指品种培优、品质提升、品牌打造和标准化生产。农业生产“三品一标”对农业高质量发展的促进作用表现在：

(1)品种培优：以品种为主线，以企业为主体，以科研为支撑，以基地为依托，加强农业种质资源保护利用，强化育种技术创新，加强良种繁育基地建设，加大种业知识产权保护力度，加快高产优质、抗病抗逆、适宜机械化作业等优良品种选育，为实现农业农村现代化和满足人民美好生活需要提供重要品种支撑。

(2)品质提升：以种植业、畜牧业和渔业的关键生产环节为主线，推广优良品种、集成推广技术模式、净化农业产地环境、推广绿色投入品、构建农产品品质核心指标体系，保障农产品产品质量。

(3)品牌打造：以培育知名品牌为核心，以建立农业品牌标准为抓手，鼓励地方政府、行业协会等，打造一批地域特色突出、产品特性鲜明的区域公用品牌、核心授权企业品牌和特色优质农产品品牌。

(4)标准化生产：推动现代农业全产业链标准化，按照“有标采标、无标创标、全程贯标”的要求，加快产地环境、投入品管控、农兽药残留、产品加工、储运保鲜、品牌打造、分等分级关键环节标准的制修订，推动建立现代农业全产业链标准体系。

## 本章小结

食品安全是指食品按其原定用途进行制作和食用不会使人们受害的一种担保，包括成分安全、功能安全、免疫安全和遗传安全。食品的安全性可分为绝对安全性与相对安全性，食品是否安全既取决于制作、食用方式是否合理，食用数量是否适当，也取决于食用者自身的一些内在条件，因而相对安全性的定义更符合生活实际。食品安全是一个综合概念、社会概念、政治概念和法律概念，不同于食品卫生、食品质量、粮食安全、生物安全、营养安全。食品安全的基本特征包括危害的直接性、隐蔽性和累积性，来源的多环节性，管理的复杂性；物理、化学和生物污染是影响食品安全的主要因素；影响食品安全水平的主要因素是社会经济发展水平、科学技术发展水平和人们总体生活水平。

畜产食品安全的突出问题有兽药残留超标、有害化学物质污染、微生物污染和畜禽疫源性人畜共患病；畜产食品生产和加工的原料不合格、畜产食品生产经营企业缺乏积极性、畜产食品安全监管体系存在缺陷是畜产食品安全问题发生的主要直接原因；畜产食品安全信息不易获取以及传递不畅等导致生产者、经营者、消费者乃至政府之间信息不对称是畜产食品安全问题发生的根本原因。政府应该并能够承担起畜产食品安全监管责任，克服市场参与者之间信息不对称的市场机制失灵。政府对畜产食品安全监管的重要目标是社会公共利益即保护消费者的利益，但在实际监管中因监管内容的复杂多样会表现为目标的多元性。因中国畜产食品安全的环境特征复杂，在加强政府强制性监管同时，应健全和完善包括政府管制、行业自律、生产者自控和社会监督四者有机结合的监管体系，由法律法规体系、标准体系、监管组织体系、检验检测体系和认证体系构成。我国畜产食品安全认证主要有无公害农产品认证、绿色食品认证和有机产品认证。

## 复习思考题

1. 试比较食品安全的不同概念和内涵。
2. 简述食品安全与食品卫生、食品质量、粮食安全、生物安全、营养安全的关系。
3. 食品安全的基本特点有哪些？哪些因素将影响食品安全水平？
4. 畜产食品安全问题的直接原因与突出问题有哪些？
5. 试用信息不对称理论分析畜产食品安全问题产生的原因。
6. 简述政府监管畜产食品安全问题的必要性、主要内容和措施。
7. 畜产食品安全监管体系应该包括哪些组成部分？
8. 简述无公害农产品认证、绿色食品认证和有机产品认证的区别和联系。

## 参考文献

[1] 李秉龙，薛兴利. 农业经济学. 3 版. 北京：中国农业大学出版社，2015.
[2] 乔娟，潘春玲. 畜牧业经济管理学. 2 版. 北京：中国农业大学出版社，2010.
[3] 乔娟，周云龙. 农业标准化知识读本. 北京：中国农业大学出版社，2009.
[4] 乔娟，李秉龙. 中国食品质量安全问题的原因与对策探讨. 中国畜牧杂志，2008，44(8)：23-26.

# 第十四章　畜牧业宏观调控

◆ 学习要点

- 畜牧业宏观调控的理论依据
- 畜牧业宏观调控的基本原则
- 畜牧业宏观调控的目标与战略重点
- 畜牧业宏观调控的内容与手段

## 第一节　畜牧业宏观调控的理论依据与基本原则

### 一、畜牧业宏观调控的理论依据

宏观调控是现代市场经济中的普遍现象，是现代市场经济的一个显著特征。所谓宏观调控是指政府遵循自然规律和经济规律，运用经济、法律和必要的行政手段，从系统、综合和全局的角度对经济运行状况和发展趋势进行总体指导和调节，以保持经济总量的平衡，促进经济结构的优化，提高宏观经济效益，实现可持续发展，推动社会全面进步。

农业宏观调控是一般意义上的宏观调控在农业部门和领域中的特殊体现，它是以政府为主体，着眼于经济运行的全局，运用经济、法律和必要的行政手段对农业资源的配置从宏观层次上进行调节和控制，以促进农业经济总量的均衡、结构优化、要素合理流动，保证农业的持续、稳定、协调发展。

由于畜牧业本身所具有的特征导致市场在某些方面失灵，依靠市场机制不能有效地解决这些问题，同样需要政府在市场配置资源的基础上，采取各种手段加以宏观调控。导致市场在畜牧业中失灵的主要原因在于畜牧业的外部性、弱质性、波动性和畜牧业发展所需要的公共物品或服务。

#### （一）畜牧业的外部性

所谓外部性，是指某一经济组织或个人的活动能使他人得到附带的利益（或受到损害），而受益者（或受害者）无须付出相应的代价（或无法得到赔偿）的现象。畜牧业既具有正的外部性又具有负的外部性。正的外部性主要表现为有助于提高农业资源的利用效率、促进农牧业的有机结合、保持文化的多样性和历史传承、保持物种的多样性和生态环境的稳定等；而负的外部性主要表现为超载过牧所带来的生态环境破坏、废弃物处理不当所带来的环境污染、重大疫病控制不当给动物和人类所带来的危害。负的外部性是畜牧业发展过程中的主要问题。解决这些负外部性问题需要通过政府来界定产权,政府制定一系列法律法规和技术标准甚至补贴来解决废弃物可能造成的环境污染,通过社会公共防疫体系对动物的重大疫病进行防控等。

### (二)畜牧业的弱质性

畜牧业具有弱质性是由于以下几个方面的原因:①畜牧业是建立种植业的基础之上,种植业的弱质性当然会波及畜牧业,只有种植业特别是饲草料的生产发展到一定程度,现代畜牧业的发展才具备了基础。②草原的生态环境更为脆弱,草原更容易遭受旱灾、雪灾、风灾、虫灾等自然灾害,因此草原畜牧业更容易受到自然灾害的影响。③相对于种植业来讲,从事畜牧业需要养殖者具备更高的素质,但由于从事畜牧业需要每天辛苦地工作,并且从事畜牧业的比较利益低下,因而高素质的劳动力往往转移到非农产业当中去。④畜牧业生产需要育种繁殖、饲养营养、疫病防控、经营管理等多项技术,但由于受到畜牧业比较利益低下的影响,相关技术的市场供给不足,政府的公共服务缺乏,养殖者对相关技术的有效需求也不足。⑤随着畜牧业养殖规模的扩大,养殖废弃物不断增加,政府和社会对环境问题越来越关注,养殖规模的扩大受到耕地和草原承载力的限制,养殖者处理废弃物可能会增加生产成本、降低经营收入。⑥随着人们收入水平的提高和健康保健意识的增强,人们越来越关注畜产品的质量安全,然而生产高质量的畜产品需要更多的成本投入,但高投入不一定带来高收益。⑦畜牧业更容易遭受重大动物疫病的影响,动物感染重大疫病可能使养殖者甚至整个产业遭受灭顶之灾。

### (三)畜牧业的不稳定性

畜牧业的不稳定性主要是以下几个方面的原因造成的。①畜牧业生产容易遭受诸如洪水、干旱、酷热、严寒等自然灾害的影响,使畜禽生产经营者遭受损失,并且由于受到动物(如牛、羊)自身繁殖率低和生产周期较长的影响,数量的恢复非常缓慢。②畜牧业生产非常容易遭受重大动物疫病的侵害,不仅要增加防疫成本,而且可能要强行捕杀,使经济遭受巨大损失,并且在短期内不敢恢复生产。③在农产品国际贸易自由化的背景下,国内市场容易遭受国际质优价廉畜产品的冲击,使得国内的畜牧业生产由于缺乏竞争力而难以恢复,或者国际畜产品价格和产量的波动也会传导到国内市场。④畜产品具有鲜活性,不宜长期冷冻储藏。畜产品消费达到较高水平以后,消费量不再增长甚至下降,消费者对价格变动的反应不敏感,这就造成价格对供给的反应非常敏感,造成畜产品市场价格的大幅度波动。⑤畜牧业生产的分散性与畜产品加工、销售的垄断性,使得畜牧业生产者缺乏畜产品价格的决定权,而大型特别是连锁加工经销商的地区和较大范围的垄断却使他们具有压低收购价格和抬高销售价格的能力。

### (四)畜牧业发展所需要的公共物品或服务

公共物品是指具有非排他性和非竞争性的产品。非排他性和非竞争性决定了公共物品不能由市场供给,必须由政府提供。畜牧业中的许多基础设施具有公共物品或准公共物品的性质,如畜禽新品种培育、重大动物疫病防控、饲草料与畜产品质量安全监管、公益性技术推广与服务、对农牧民的技术培训等。应该说,随着畜牧业现代化的推进,畜牧业发展所需要的公共物品或服务有增加的趋势。

## 二、畜牧业宏观调控的基本原则、目标与战略重点

### （一）畜牧业宏观调控的基本原则

《全国畜牧业发展第十二个五年规划（2011—2015）》提出了我国畜牧业可持续发展的基本原则。

1. 坚持发展标准化规模养殖　转变养殖观念，调整养殖模式，在因地制宜发展适度规模养殖的基础上，加快改善设施设备保障条件，大幅度提高标准化养殖水平，积极推行健康养殖方式，促进畜牧业可持续发展。

2. 坚持优化结构布局　大力调整优化畜牧业结构和布局，突出支持主产区和优势区发展，稳定非主产区生产能力，科学规划，统筹安排，分步实施，保障畜牧业稳定发展。

3. 坚持数量质量发展并重　加强畜牧业综合生产能力建设和各环节质量控制，转变发展方式，实现畜牧业生产发展与资源、生态环境及社会需求之间的动态平衡，促进畜牧业健康发展。

4. 坚持推进农牧结合　充分利用种养业资源和产品可循环利用特点，推行种养结合的产业发展模式，促进种养业副产品的资源化利用，实现畜牧生产与生态环境的协调发展。

5. 坚持科技兴牧　依靠科技创新和技术进步，突破制约畜牧业发展的技术瓶颈，不断提高良种化水平、饲草料资源利用水平、生产管理技术水平和疫病防控水平，加快畜牧业发展方式转变，推动畜牧业又好又快发展。

### （二）畜牧业宏观调控的总体目标

《全国畜牧业发展第十二个五年规划（2011—2015）》提出，我国畜牧业宏观调控的总体目标是："十二五"时期，畜牧业生产结构和区域布局进一步优化，综合生产能力显著增强，规模化、标准化、产业化程度进一步提高，畜牧业继续向资源节约型、技术密集型和环境友好型转变，畜产品有效供给和质量安全得到保障，草原生态持续恶化局面得到遏制。

2016 年中央一号文件明确提出，加快现代畜牧业建设，根据环境容量调整区域养殖布局，优化畜禽养殖结构，发展草食畜牧业，形成规模化生产、集约化经营为主导的产业发展格局。启动实施种养结合循环农业示范工程，推动种养结合、农牧循环发展。

总而言之，我国畜牧业的宏观调控是按照高产、优质、高效、生态、安全的要求，始终坚持转变畜牧业发展方式，完成保供给、保安全、保生态这"三大任务"。

### （三）畜牧业宏观调控的战略重点

《全国畜牧业发展第十二个五年规划（2011—2015）》确定了我国畜牧业宏观调控的战略重点，即着力构建畜禽标准化生产、畜禽牧草种业、现代饲草料产业、现代畜牧业服务、饲料和畜产品质量安全保障、草原生态保护支撑"六大体系"，稳步提高畜产品综合生产能力，努力确保饲料和畜产品质量安全，加快提升草原生态保护建设能力和水平，为农业农村发展提供有力支撑。

1. 加快推进畜禽标准化生产体系建设　标准化规模养殖是现代畜牧业的发展方向。按照"畜禽良种化、养殖设施化、生产规范化、防疫制度化、粪污处理无害化"的要求，加大政策支持

引导力度，加强关键技术培训与指导，深入开展畜禽养殖标准化示范创建工作。进一步完善标准化规模养殖相关标准和规范，要特别重视畜禽养殖污染的无害化处理，因地制宜地推广生态种养结合模式，实现粪污资源化利用，建立健全畜禽标准化生产体系，大力推进标准化规模养殖。

2.加快推进现代畜禽牧草种业体系建设　种业是现代畜牧业发展的根本。按照“保种打基础、育种上水平、供种提质量、引种强监管”的要求，进一步加强对畜禽遗传资源的保护力度，完善畜禽育种机制，增强自主育种和良种供给能力，逐步改变畜禽良种长期依赖进口的局面。组织实施主要畜种的遗传改良计划，加大畜禽良种等工程建设力度，扩大畜牧良种补贴范围和规模，加快健全完善畜禽良种繁育体系，积极培育具有国际竞争力的核心种业企业，建设现代畜禽种业。加强基层畜禽良种推广体系建设，稳定畜禽品种改良技术推广队伍，建设新品种推广发布制度，加大新品种推广力度。加强草业良种工程建设，建立健全草种质资源保护、品种选育和草种质量监管体系，实施牧草良种补贴，加强草种基地建设，提高良种供应能力。

3.加快推进现代饲料产业体系建设　饲草料产业是现代畜牧业发展的基础。按照“提高门槛、减少数量，转变方式、增加效益，加强监管、保证安全”的原则，大力发展优质安全高效环保饲草料产品；着力规范饲草料生产企业，严格许可审查，坚决淘汰不合格的企业；鼓励饲草料生产企业竞合，建立饲草料行业诚信体系，推行生产全过程质量安全管理制度；统筹国际国内两个市场，加强饲草料资源开发利用，着力构建安全、优质、高效的现代饲草料产业体系。

4.加快推进现代畜牧业服务体系建设　完善的服务体系是现代畜牧业发展的有效保障。完善畜牧业监测预警体系，加大信息引导产业发展力度；深入推进畜牧技术推广体系改革和建设，研发和推广一批重大产业关键性技术；建立健全产销衔接机制，完善利益联结机制；建立健全畜牧业防灾减灾体系，提高畜牧业抗风险能力，实现畜牧业减灾促增收；强化公共防疫服务，提高服务质量和水平。

5.加快推进饲料和畜产品质量安全保障体系建设　饲料和畜产品安全是现代畜牧业发展的重点。严格饲料行政许可，提高饲料和饲料添加剂生产企业准入门槛。加强对生鲜乳收购站和运输车辆的许可管理，推动生鲜乳收购站标准化建设。大力实施饲料和生鲜乳质量安全监测计划，扩大监测范围，提高监测频次，对重点环节和主要违禁物质开展全覆盖监测。加快制定和实施畜牧、饲料质量安全标准；加强检验检测、安全评价和监督执法体系建设，强化监管能力，提高执法效能；全面实施畜禽标识制度和牲畜信息档案制度，完善畜产品质量安全监管和追溯机制。

6.加快推进草原生态保护支撑体系建设　草原生态保护是现代畜牧业发展的重要方面。按照“保护草原生态、转变发展方式、促进草畜平衡、推动转移就业”的要求，加大扶持力度，完善政策体系，构建草原生态保护建设长效机制；实施草原生态保护重大工程，稳定和完善草原承包经营制度，落实基本草原保护、禁牧休牧轮牧和草畜平衡制度；加强草原执法监督和技术推广体系建设，提高人员素质，改善物质装备条件，增强执法监管和服务能力。

# 第二节 畜牧业宏观调控的内容与手段

## 一、畜牧业宏观调控的内容

### (一)大力推行畜禽标准化生产

畜禽标准化生产，就是在场址布局、栏舍建设、生产设施配备、良种选择、投入品使用、卫生防疫、粪污处理等方面严格执行法律法规和相关标准的规定，并按程序组织生产的过程。各地畜牧兽医主管部门要围绕重点环节，着力于标准的制订、修订、实施与推广，达到“六化”，即：畜禽良种化、养殖设施化、生产规范化、防疫制度化、粪污处理无害化和监管常态化。要因地制宜，选用高产优质高效畜禽良种，品种来源清楚、检疫合格，实现畜禽品种良种化；养殖场选址布局应科学合理，符合防疫要求，畜禽圈舍、饲养与环境控制设备等生产设施设备满足标准化生产的需要，实现养殖设施化；落实畜禽养殖场和小区备案制度，制定并实施科学规范的畜禽饲养管理规程，配制和使用安全高效饲料，严格遵守饲料、饲料添加剂和兽药使用有关规定，实现生产规范化；完善防疫设施，健全防疫制度，加强动物防疫条件审查，有效防止重大动物疫病发生，实现防疫制度化；畜禽粪污处理方法得当，设施齐全且运转正常，达到相关排放标准，实现粪污处理无害化或资源化利用；依照《畜牧法》《饲料和饲料添加剂管理条例》《兽药管理条例》等法律法规，对饲料、饲料添加剂和兽药等投入品使用，畜禽养殖档案建立和畜禽标识使用实施有效监管，从源头上保障畜产品质量安全，实现监管常态化。各地要建立健全畜禽标准化生产体系，加强关键技术培训与指导，加快相关标准的推广应用步伐，着力提升畜禽标准化生产水平。

### (二)推进标准化规模养殖的产业化经营

标准化规模养殖与产业化经营相结合，才能实现生产与市场的对接，产业上下游才能贯通，畜牧业稳定发展的基础才更加牢固。我国产业化龙头企业和专业合作经济组织在发展标准化规模养殖方面取得了不少成功经验，要继续发挥龙头企业的市场竞争优势和示范带动能力，鼓励龙头企业建设标准化生产基地，开展生物安全隔离区建设，采取“公司＋农户”等形式发展标准化生产。积极扶持畜牧专业合作经济组织和行业协会的发展，充分发挥其在技术推广、行业自律、维权保障、市场开拓方面的作用，实现规模养殖场与市场的有效对接。各地畜牧兽医主管部门要加强信息引导和服务，鼓励产区和销区之间建立产销合作机制，签订长期稳定的畜产品购销协议；鼓励畜产品加工龙头企业、大型批发市场、超市与标准化规模养殖场户建立长期稳定的产销合作关系，并推动标准化规模养殖场上市畜产品的品牌创建，努力实现生产上水平、产品有出路、效益有保障。

### (三)突出抓好畜禽养殖污染的无害化处理

随着我国畜牧业生产总量的增长和经营规模的不断扩大，畜牧业发展对生态环境的影响日益显现，一些地方畜禽养殖污染势头加剧。各级政府在促进畜牧业发展的同时，必须同时抓好畜禽养殖污染防治，正确处理好发展和环境保护的关系。抓紧出台畜禽养殖废弃物综合防治规划，突出减量化、无害化和资源化的原则，把畜禽养殖废弃物防治作为标准化规模养殖的重要内容,总结推广养殖废弃物综合防治和资源化利用的有效模式。要结合各地实际情况,采取不同处理工艺,对养殖场实施干清粪、雨污分流改造,从源头上减少污水产生量;对于具备粪污消纳能力的畜禽养殖区域,按照生态农业理念统一筹划,以综合利用为主,推广种养结合生态模式,实现粪污资源化利用,发展循环农业;对于畜禽规模养殖相对集中的地区,可规划建设畜禽粪便处理中心(厂),生产有机肥料,变废为宝;对于粪污量大而周边耕地面积少,土地消纳能力有限的畜禽养殖场,采取工业化处理实现达标排放。各地在抓好畜禽粪污治理的同时,要按有关规定做好病死动物的无害化处理。

### (四)着力抓好动物重大疫病防控工作

重大动物疫病对我国畜牧业健康发展具有巨大的威胁,要坚持“加强监控、转变策略、渐进净化”的重大疫病防控战略,做好动物重大疫病防控是各级政府畜牧工作的重要内容。因此,应该统一国家兽医行政管理职能,推进官方兽医制度和执业兽医制度建设,加快兽医队伍建设工程、兽医科技创新工程、新型兽药创制工程和基础设施建设工程建设,全面提升动物疫病防控能力。以奖代惩,完善和改革动物疫病监测预警、疫病报告、风险分析等制度;预防为主,综合防控,完善扑杀补贴机制;加快落实国家中长期动物疫病防治规划(2012—2020 年),有计划、分阶段地逐步消灭危害严重的重大动物疫病,控制或区域净化部分一类重大动物疫病,控制重要的人兽共患病,有效防范外来动物疫病。伴随标准化规模养殖的推进,加快提高养殖场动物防疫管理水平和生物安全隔离能力;推行无规定疫病区、生物安全隔离区建设,推行无疫苗无抗生素健康养殖示范生产。

### (五)加强畜牧业质量安全标准和畜产品质量安全检验检测体系建设

畜牧业质量安全标准和畜产品质量安全检验检测体系的建设是政府宏观调控的重点内容之一,它对于提高畜产品的流通效率和畜产品市场竞争力,稳定生产和经营秩序,保障公平竞争,使消费者吃到安全卫生的食品都是至关重要的,为此,需要政府通过制定和完善相关的法律和标准来加强监管。我国畜牧业和畜产品质量安全的标准体系还有待不断完善,某些畜产品缺乏标准,某些畜产品的质量安全标准还不能适应市场需求的多样化、产品用途专门化的要求。因此,应借鉴发达国家宏观调控的经验,建立健全畜产品质量安全标准,强化质量安全管理,完善检测手段,加大对畜产品质量安全的检测监控力度;要建立畜产品质量安全可追溯体系,强化畜禽养殖档案管理,对畜产品的生产和销售实行全程监管;要大力发展无公害、绿色、有机畜产品生产;鼓励畜产品加工企业参与国际市场竞争,按照国际标准组织生产和加工,努力扩大畜产品出口;要实施出入境检验检疫备案制度,强化对进口畜产品的检验检疫,完善检验检测标准与手段,防止疫病和有毒有害物质传入。总之,加快畜产品质量安全的安全立法,加强执法监督,是中国政府对畜牧业进行宏观调控的重要领域。

### (六)强化畜牧业信息体系建设

信息是现代畜牧业更为重要的生产要素,它的作用范围远远地大于传统的畜牧业生产要素,而且具有一系列自身的生产、传播机制。在现代畜牧业中,信息是核心和关键,信息驱动着畜牧业生产的全过程,信息流调整着商流、物流、能量流、资金流、人流的方向、速度和效率,是现代畜牧业生产所不可或缺的生产要素。畜牧业信息化即在畜牧业领域全面地发展和应用现代信息技术,使之渗透到畜牧业生产、市场、消费等各个具体环节,大幅度地提高畜牧业生产效率和生产力水平，促进畜牧业持续、稳定、高效发展的过程。但由于畜牧业信息资源的经济特性表现在有用信息资源的相对稀缺性、在主体和地域之间分布的不均衡性、开发利用的竞争性、商业与公益并存性。同时还由于畜牧业信息商品是一种体验商品，它具有高固定成本与低复制成本性、价值发挥的使用者依赖性、易扩散性、外部性等特征。因此，政府在畜牧业信息体系建设中要承担重要的责任。如政府在畜产品和相关生产要素信息网络建设、畜产品可追溯体系建设、动物营养与疾病防治专家咨询系统建设等方面要发挥重要作用，使传统畜牧业与互联网嫁接起来。

#### （七）保护和治理草原的生态环境，促进牧区又好又快发展

草原既是牧业发展重要的生产资料，又承载着重要的生态功能。长期以来，受农畜产品绝对短缺时期优先发展生产的影响，强调草原的生产功能，忽视草原的生态功能，由此造成草原长期超载过牧和人畜草关系持续失衡，这是导致草原生态难以走出恶性循环的根本原因。在新的历史条件下，牧区发展必须树立生产生态有机结合、生态优先的基本方针，做好草原划定和草原功能区划工作，保护基本草原和保护耕地放在同等重要的位置；坚持重点突破与面上治理相结合、工程措施与自然修复相结合，全面加强草原生态建设；建立草原生态保护补助奖励机制，坚持保护草原生态和促进牧民增收相结合，实施禁牧补助和草畜平衡奖励，保障牧民减畜不减收，充分调动牧民保护草原的积极性；按照机构设置合理、队伍结构优化、设施装备齐全、执法监督有力的要求，进一步加强草原监管工作；通过提高防灾减灾能力、加大生产补贴力度、稳定和完善草原承包经营制度，加快转变发展方式，促进草原畜牧业从粗放型向质量效益型转变。

#### （八）加强和优化畜牧业产学研科技创新体系和技术推广体系

针对畜牧业经济发展方式转变对科技的全方位需要，应加大对相关各领域科技原始创新和推广应用的支持，构建以企业为主导，农科教、产学研结合紧密的科技创新体系，使科研和国家畜牧业未来的发展紧密相连。畜牧业作为我国农业产业体系中的重要组成部分，政府应加强其科研、教育和推广领域的宏观调控。第一，应加快畜牧兽医高新技术的研究和开发，积极利用信息技术、生物技术，培育畜禽新品种；第二，加强基层畜牧技术推广体系建设，加快畜牧业科技成果转化，抓好畜禽品种改良、动物疫病诊断及综合防治、饲料配制、草原建设和集约化饲养等技术的推广；第三，强化畜牧业科技教育和培训，提高畜牧业技术人员和农民的整体素质；最后，加强国家基地、区域性畜牧科研中心创新能力建设，支持畜牧业科研、教学单位与企业联合，发展畜牧业高新科技企业。

### 二、畜牧业宏观调控的手段

#### （一）计划手段

计划手段是计划经济体制下宏观调控最重要的手段。在市场经济体制下，市场机制在各种资源配置中起基础性作用，但市场机制在某些方面会表现出失灵，因此需要政府的宏观调控，计划手段仍然是不可缺少的。在农业市场经济中，政府的畜牧业发展计划是对未来畜牧业的发展原则、目标、战略、关键技术、政策措施等的设计与谋划，是对一定时期畜牧业发展目标

的具体化、数量化以及发展途径、相关经济政策的组合。与计划经济的计划不同,它不是依靠行政命令、层层分解下达,而是通过市场机制和政府调控的各种手段的结合来实现,通过一系列规划来加强畜牧业市场体系建设,解决畜牧业市场机制失灵、畜牧业发展的外部性、公共物品供给、畜产品质量安全、生态环境安全等问题。

### (二)经济手段

经济手段是指依据价值规律的要求,通过与价值形式相关的各种经济杠杆调节经济主体的经营行为,以达到宏观经济调控目的的调节手段。在市场经济条件下,经济手段是畜牧业宏观调控的重要手段之一。畜牧业宏观调控的经济手段主要有价格手段、财政手段、信贷手段、保险手段等。

1.价格手段　畜产品价格是畜产品供求关系的集中体现,在市场经济条件下,政府已不再直接规定畜产品的价格,但政府在一定的条件下仍然可以或者有必要干预畜产品和相关生产要素的价格。这是由于畜产品价格可能由于自然灾害、质量安全事件等原因,出现暴涨或暴跌,消费者或生产者遭受重大损失,这时政府可能采取抛售政府库存或增加政府库存、补贴消费者或生产者等措施干预市场价格;政府也可能对优良种畜禽购买、畜牧机械购买、技术培训等采取价格补贴等方式,降低相关生产要素的价格,增加农牧民收入,促进畜牧业的发展。

2.财政手段　财政手段是国家凭借政权的力量和对生产资料的所有权,把企业和个人所创造的一部分国民收入集中起来,形成国家的财政收入,然后在国民经济的各个方面加以分配使用的一种调控手段。它体现的是以国家为主体,对国民收入进行分配和再分配的关系。为了推进畜牧业持续健康发展,我国政府免除了畜禽养殖税费,减免畜产品初加工和深加工税费。对规模化标准化养殖、圈舍建设、良种购买、畜牧机械购买、退耕还草、禁牧、草畜平衡、种草、青贮等采取财政补贴政策。

3.信贷手段　随着畜牧业现代化的推进,畜牧业的资本有机构成越来越高,畜牧业产业链上的各个经营主体对资金的需求越来越多,自有资金难以满足生产经营的需要,信贷成为经营资金的重要来源。但银行业的发展趋势是走向商业化,由于畜牧业经营风险大、规模小,因此一般商业银行不愿意给畜牧业经营者提供信贷。情况更严重的还在于各类银行在农村所吸纳的大量储蓄反过来贷给农牧户的资金很少,而是通过银行体系转贷给城市中的工商企业追求利润最大化。我国政府对此采取了以下几项政策措施来增加对畜牧业的信贷支持。第一,建立国有农业政策性银行——农业发展银行,增加对农业重要产业和重要工程的贷款;第二,在中国农业银行仍设有农业政策性贷款项目;第三,倡导各国有商业银行增加对农业的信贷;第四,对大额的农业信贷实行政府贴息;第五,通过建立和完善农村信用合作社或互助组织来加强农民的资金互助。

4.保险手段　畜牧业在生产过程中容易遭受各种自然灾害和疫病的损害,通过保险的办法,用集合具有同一风险的多数单位和个人的资金,建立起保险基金,以对特定灾害和事故所造成的损失进行经济补偿。但由于畜牧业生产比较利益低下,按照商业原则养殖者支付不起很高的保险费,因此养殖者对畜牧业保险的有效需求不足;畜牧业保险一般收费低、风险大、赔付率高,商业保险公司几十年的试验证明,畜牧业保险是大保大赔、小保小赔、不保不赔,因此商业性保险公司承保畜牧业保险的积极性不高,有效供给不足。唯一可行的路径或模式是通过政府的保险费用补贴、税收减免获政府建立政策性保险公司，推行畜牧业政策性保险。

### （三）法律手段

在市场经济条件下，用法律形式来全面规范畜牧经济活动中各主体的权利、义务和行为规则，使相关法律成为畜牧业宏观经济调控的重要手段。如《畜牧法》《动物防疫法》《环境保护法》《畜禽养殖污染防治管理办法》《畜禽规模养殖污染防治条例》《农产品质量安全法》《食品安全法》等。由于畜牧业相关法律具有规范性、国家意志性、国家强制性、普遍性、程序性和可诉性等特征，使得饲草料、兽药的生产、畜禽养殖、疫病防控、废弃物处理、屠宰加工、畜产品销售等走上了法制化轨道。我国与畜牧业发展相关的法律制定的越来越多，越来越完善。通过一系列法律规范市场主体行为，以保障畜牧业健康可持续发展。

### （四）行政手段

行政手段是指国家行政机构通过采取强制性的命令、指示、规定和下达指令性的任务等行政方式来调节和管理经济活动。对畜牧业采取行政手段进行管理的主要原因来自两个方面：①虽然在市场经济条件下畜牧业的发展要走法制化的道路，但市场的环境条件是经常变化的，法律不可能涵盖所有方面，政府需要根据法律还没有涉及的新情况、新问题制定政策措施加以解决。②法律具有规范性和稳定性，法律需要行政机关通过制定具体的政策措施来执行和落实。

在市场经济条件下，政府对畜牧业的宏观调控手段都不是单一的，一般是在法制化的前提下，多种调控手段的相机抉择。

## 本章小结

在市场经济条件下，政府对畜牧业进行宏观调控的主要理论依据在于畜牧业本身所具有的外部性、弱质性、波动性和畜牧业发展所需要的公共物品或服务。畜牧业宏观调控的基本原则是坚持发展标准化规模养殖、坚持优化结构布局、坚持数量质量发展并重、坚持推进农牧结合、坚持科技兴牧，其总目标是保供给、保安全、保生态，战略重点是着力构建畜禽标准化生产、畜禽牧草种业、现代饲草料产业、现代畜牧业服务、饲料和畜产品质量安全保障、草原生态保护支撑“六大体系”。畜牧业宏观调控的主要内容是大力推行畜禽标准化生产，推进标准化规模养殖的产业化经营，突出抓好畜禽养殖污染的无害化处理，着力抓好动物重大疫病防控工作，加强畜牧业质量安全标准和畜产品质量安全检验检测体系建设，强化畜牧业信息体系建设，保护和治理草原的生态环境促进牧区友好又快发展，加强和优化畜牧业产学研科技创新体系和技术推广体系。政府对畜牧业的宏观调控是计划手段、经济手段、法律手段和行政手段的有机配合和相机抉择。

## 复习思考题

1. 为什么在市场经济条件下需要政府对畜牧业进行宏观调控？
2. 我国对畜牧业进行宏观调控的基本原则和目标有哪些？

3.我国对畜牧业进行宏观调控的战略重点有哪些?

4.我国对畜牧业进行宏观调控的主要内容有哪些?

5.对畜牧业进行宏观调控的主要手段有哪些?各自的主要作用是什么?

## 参考文献

[1] 李秉龙,薛兴利.农业经济学.3版.北京:中国农业大学出版社,2015.

[2] 乔娟,潘春玲.畜牧业经济管理学.2版.北京:中国农业大学出版社,2010.

# 第十五章　畜牧业可持续发展

◆　学习要点

- 畜牧业可持续发展的内涵与基本特征
- 畜牧业可持续发展的主要制约因素
- 畜牧业可持续发展战略

## 第一节　畜牧业可持续发展的内涵与基本特征

### 一、农业与畜牧业可持续发展的内涵

#### (一)农业可持续发展的内涵

对于什么是农业可持续发展，自 20 世纪 80 年代以来就有多种不同的解释，但随着 80 年代后期可持续发展概念被明确界定，可持续发展理论体系逐步完善，农业可持续发展内涵趋于定型。1991 年 4 月，联合国粮农组织在荷兰召开有 124 个国家的高级专家出席的国际农业与环境会议，通过了著名的《登博斯宣言》，进一步阐明了农业可持续发展的确切内涵。一般来讲，农业可持续发展是指在满足当代人需要，又不损害后代满足其需要的发展条件下，采用不会耗尽资源或危害环境的生产方式，实行技术变革和机制性改革，减少农业生产对环境的破坏，维护土地、水、生物、环境不退化、技术运用适当、经济上可行以及社会可接受的农业发展战略。不造成环境退化是指希望人类与自然之间、社会与自然环境之间达到和谐相处，建立一种非对抗性、破坏性关系；技术上运用适当是指生态经济系统的合理化并不主要依靠高新技术，而以最为适用、合理的技术为导向；经济上可行是指要控制投入成本，提高经济效益，避免国家财政难以维持和农民难以承受的局面；能够被社会接受则是指生态环境变化、技术革新所引起的社会震荡，应当控制在可以承受的范围内。

#### (二)畜牧业可持续发展的内涵

依据农业可持续发展的内涵，畜牧业可持续发展应该以科技进步支撑畜牧业"高效、安全、健康、绿色"发展。"高效"是指畜禽生产率、资源利用率、资金利润率、劳动生产率即畜牧业总要素生产率或综合生产能力显著提高；"安全"是指必须保障畜产品安全和动物源食品安全；"健康"是指以畜禽健康保障人类健康，以充足、安全、优质、营养的畜产品保障人类更高层次的

健康需求;“绿色”是指畜牧业发展与资源低耗、环境友好、生态和谐相互统一。

## 二、畜牧业可持续发展的基本特征

### (一)生态持续性

生态持续性主要关注于生物——自然过程以及生态系统(自然资源供给与生态系统服务)的永续生产力和功能。长期的生态持续性要求维护畜牧业资源基础的质量,维护其生产能力,保护农业自然条件、基因资源和生物多样性。首先,种植业与畜牧业的关系是农业的基本关系。种植业的发展特别是为养而种的种植业结构的调整,是畜牧业进一步发展的基础。畜牧业的发展提高了植物产品的利用率,为人类提供了更高品质的食品,同时也为种植业的进一步发展提供了更为优质的肥料。这既是传统农业发展的基础,也是现代农业特别是生态农业的重要选择。但现代种植业与畜牧业在生产单位和地域上的高度分离,弱化了它们之间的联系,特别是畜牧业养殖规模的扩大所带来的废弃物处理,不仅是经济问题同时还是生态环境问题。其次,发展畜牧业资源利用要适度。为了实现畜牧业生态可持续发展,必须通过科技进步提高良种、饲草料、土地、水、劳动力以及养殖废弃物等资源的利用效率,加强优良地方品种资源保护及其开发利用,在有限的资源条件下发展适度规模经营。第三,畜牧业的发展要保持生态环境友好。畜牧业的发展必须考虑当地环境的承载力,在不破坏生态环境、不危害人类生存环境的前提下,注重草原和农区养殖生态环境保护,通过发展循环经济,实现人类、动植物与生态环境的协调发展。

### (二)经济持续性

经济持续性主要关注畜牧业生产者的长期经济利益。对畜禽养殖者来说,从事畜牧业生产的根本目的是要增加自身收入。随着人们收入水平的提高,消费者对畜产品的需求不断增长,这为畜产品供给的增长提供了市场。相对于种植业来说,畜禽养殖经营规模的扩大较少受到土地的直接限制,可以在一定程度上实现工厂化集约生产。因此,畜牧业是农民增加收入的重要来源,并且在农业收入当中占有越来越大的份额。但畜牧业发展仍然受到诸多挑战,使其经济可持续性受到限制。这些限制包括:①来自消费者消费需求增长的逐步下降,即消费者对畜产品的消费也会受到恩格尔定律的作用,随着收入的增长,畜产品消费支出在家庭消费总支出当中的比例也会逐步下降;考虑到人们健康意识增强,以及老龄化社会的到来,某些人群对畜产品(特别是猪肉等)的消费可能绝对地下降。这些会造成畜牧业的比较效益逐步下降。②畜牧业发展还受到生产成本上升和生态环境保护与治理的约束,规模扩张或集约养殖受到越来越严格的限制。③由于世界畜产品贸易迅速走向自由化,物美价廉的畜产品进口增加,我国畜产品在价格和质量两个方面都处于竞争劣势,使国内畜产品生产者面临着更为激烈的国际竞争。④畜牧业生产经常受到重大动物疫病的威胁,畜牧业生产者一旦遭受重大动物疫病风险,轻者无利可得,重者血本无归。⑤畜牧业生产者还经常遭遇价格风险,畜产品价格的蛛网效应特别是较长期的价格低迷,使农民从事畜牧业生产获利微薄甚至无利可得或亏损。

### (三)社会持续性

社会持续性主要关注如何满足社会对畜产品不断增长的需求、畜产品质量安全、资源的合理利用与公平分配、畜产品生产者生存等问题。①增加畜产品供给有助于提高国家的粮食安全水平。虽然畜牧业发展需要建立在种植业特别是粮食生产的基础上,但畜牧业特别是牛、羊等草食性畜牧业的发展，提高了人类不能直接利用的饲草、农作物秸秆等的利用率，因而畜牧业的发展提高了高质量食品的供给水平。②在生活水平不断提高的情况下，消费者不仅关注畜产品的数量和品种，而且越来越关注质量安全。严格规范饲草料添加剂和兽药使用，特别是降低各种有害微生物对畜产品的污染，保障人们吃上质量安全的畜产品，是带有社会性的重要任务。③畜牧业集约化发展会带来很大的负外部性，不受约束的畜牧业发展会带来草原等生态环境的破坏，会造成下水、土壤甚至农畜产品的污染，解决这些问题需要法律、政策、产权、技术等多种措施。④畜牧业生产者本身就是弱势群体。现代畜牧业发展对生产者提出了越来越高的要求，在农业劳动力仍然过剩的情况下，却出现了畜牧业生产者的有效供给不足。草原畜牧业几乎是牧民的唯一产业，地处边疆环境恶劣地区的少数民族牧民，由于受到语言文化等因素的限制，向外转移非常困难。国家禁牧、休牧、草畜平衡等改善草原生态环境政策的要求，使本来就处于贫困状态的牧民面临着更加严峻的生产生活问题。

# 第二节 畜牧业可持续发展的主要制约因素

## 一、畜产品需求呈刚性增长

人口数量稳定增长、居民收入快速增加以及工业化和城镇化水平不断提高，是推动我国畜产品需求呈刚性增长的三大主要因素。

### (一)人口总数稳定增长

人口基数大、持续增长是我国养殖产品需求刚性增长的基本因素。我国总人口数从1978年的9.6亿人增加到2015年的13.75亿人。据相关专家预测，我国人口总数将持续增加，2020年将达14.5亿人，2030年达到15亿人左右。由于我国人口总数仍将持续增加，因而对畜产品的需求也必将持续增长。

### (二)居民收入快速增加

改革开放以来，我国经济持续快速增长，城乡居民收入快速增加，刺激居民消费水平不断提高，是畜产品需求量持续增加的最主要因素。根据对一些发达国家和地区动物源食品消费趋势的分析，动物源食品人均消费量随着居民收入增加而增加，当人均GDP在5 000美元以下时，动物源食品消费，特别是肉类消费将呈暴发式增长，而在5 000～10 000美元区间，肉类消费增速有所放缓，之后由于消费习惯改变等因素，不同国家肉类消费呈现不同变化趋势。2015年我国人均GDP为5.2万元，约合8 016美元；2015年我国城镇居民人均可支配收入31 195元，约合5 020美元；2015年我国农村居民人均纯收入为10 772元，约合1 733美元。我国经济发展虽然进入新常态，但仍然会保持较长时期的中高速经济增长，城乡居民收入也会保持较高的增长速度。因此，我国居民的畜产品消费也会保持增长的态势。

### (三)工业化和城镇化水平不断提高

随着现代化进程加快，我国工业化和城镇化水平不断提升，大大促进了畜产品消费增长。我国城镇居民的畜产品需求明显高于农村居民，城镇居民畜产品消费量为农村居民的2倍以上。2015年我国城镇化率达到56.1%，比世界平均水平高约1.2个百分点，到2020年我国城镇化率将超过60%,不断增加的城镇人口将成为我国畜产品需求新的增长点。

## 二、资源短缺制约更趋严重

饲草料、畜禽良种、水与养殖用地等是畜牧业可持续发展不可或缺的生产资源,但在我国未来畜牧业发展进程中,各种重要资源短缺将日趋严重,如果不加以重视和解决,将严重影响我国畜牧业的可持续发展。

### (一)饲草料资源自给能力不足

1.饲料安全事关我国粮食安全大局　粮食安全始终是关系我国国民经济发展、社会稳定和国家自立的全局性重大战略问题。随着生活水平的持续提高,我国居民对养殖产品需求呈刚性增长,口粮消费比重则逐渐下降,使我国粮食安全的内涵发生深刻变化。粮食安全不再仅仅是口粮安全,还涵盖饲料用粮和工业用粮安全,饲料用粮安全将成为我国粮食安全最为突出的问题和所面临的最大挑战。随着畜产品需求的不断增长,饲料用粮消耗也将持续增加,未来饲料用粮需求量将超过口粮需求量。

2.饲草料的国际依存度将持续增加　从我国口粮和饲料用粮消费趋势来看,未来我国粮食安全的重点将是在确保口粮的基础上,更多地关注饲料用粮的安全。但是从目前生产能力和消费量来看,我国饲料用粮整体上将长期处于供不应求的格局,特别是蛋白质饲料短期内难以摆脱依赖进口的局面,能量饲料和牧草缺口则呈扩大趋势,已威胁到我国粮食安全。

3.牧草资源保障能力偏弱　草食性畜牧业是我国畜牧业的重要组成部分和重点发展方向,但是草食性畜牧业赖以发展的牧草资源保障能力不容乐观,主要表现在草原退化局面仍未根本性改观,草原生产能力偏低,我国单位草地面积产肉量仅为澳大利亚、美国等国家的5%～10%,人工草场建设和牧草种植相对滞后。

### (二)自主畜禽良种支撑能力不足

1.我国畜禽种业严重依赖国际市场　我国是世界上畜牧业生产大国,同时也是全球最大的畜禽种业市场,即我国是世界上最大的畜禽原种进口国。我国畜禽种业主要依赖从别国的原种进口,严重缺乏具有自主知识产权的本国本地畜禽良种,自主畜禽良种对畜牧业可持续发展的支撑能力不足,畜禽种业作为战略性新兴产业尚处于培育阶段。

2.国际垄断加剧严重制约我国自主畜禽种业的发展　发达国家畜禽种业已发展成为相对独立的新兴产业,其发展大体上经历了无主导时期、国家主导时期和企业主导时期三个阶段。无主导时期是指在20世纪以前,畜禽育种主要由养殖户、科研机构自发、无组织、无计划地进行,畜禽种业尚处于萌芽阶段。国家主导时期是指在20世纪初到70年代,开始出现以育种协会等形式有组织地进行育种研究,同时一些国家开始制订全国性的畜禽育种计划,畜禽种业已初具规模。企业主导时期是指20世纪80年代以后,一些大型育种公司相继成立,经过兼并重组,孕育出一批以种业为主营业务、规模巨大的国际畜禽种业集团。目前跨国种业公司已在育种技术、人才队伍、核心产品、销售网络、资本实力、管理经验等方面取得了绝对的优势,其培育的畜禽品种凭借优越的生产性能已经快速推广到世界各地,成为当地主要养殖品种,但也因此阻碍了当地自主畜禽种业的发展。大量引进国外品种在一定程度上促进了我国畜牧业的发展,但也带来了我国畜禽育种业经济效益低下、优良地方品种遗传资源减少甚至灭失、潜在外来疫病威胁等问题。

3. 自主培育的畜禽品种在市场占有率和生产性能上还都低于进口品种 经过政府、企业和科研院所的长期努力，我国已经培育出了一些经过国家认定的畜禽新品种，但这些畜禽新品种在产仔率、产肉(蛋、奶)率等方面还赶不上国外的良种，因而市场占有率还比较低，推广起来比较困难，还需要政府、育种企业和科研院所协同攻关，将畜禽育种产业作为战略性新兴产业加以培育。

### (三)水土资源与规模养殖矛盾日益突出

畜禽养殖总量的增长和单体经营规模的扩大对水资源和土地资源提出了更多的要求。但我国是世界上水资源和土地资源非常稀缺的国家，并且由于城市化的高速发展和新农村建设速度的加快，工业用水和生活用水刚性增长，建设用地不断增加，农业用水和用地绝对减少；一些地区通过划定畜禽养殖禁养区、限养区，将畜牧业迁至城市远郊区或边远地区；房前屋后、人畜混居式的养殖方式逐渐减少。畜禽养殖规模化和标准化的发展对水资源和土地资源提出了更多的要求，特别是规模化养殖用地缺口巨大。预计到2030年我国规模化养殖场数量将比目前增加1倍以上，因此还需新增大量养殖场用地，届时养殖用地矛盾将更加突出。并且很多地方养殖业用地没有纳入土地利用总体规划，特别是没有统一纳入农业用地规划，使得一些养殖场虽有扩大规模的意向，但无法获得养殖用地。

## 三、生态环境压力日益凸显

随着养殖规模的扩大和集约化程度的提高，大量粪便污水肆意排放、随意堆放，饲料和药物过量投放，过度放牧等对土壤、水体、空气及草原造成较为严重的局部环境污染，畜牧业已经成为最主要的农业污染源。

### (一)养殖废弃物利用率偏低，加重环境污染

养殖废弃物的妥善处理成为畜牧业可持续发展的重要限制因素。畜禽养殖废弃物(粪便、污水、病死畜禽等)已成为环境污染的重要来源，如果处理不当，将对土壤、水体、空气等环境造成较为严重的污染。据《第一次全国污染源普查公报(2010)》显示，2007年，我国畜禽养殖业主要水污染物排放量：化学需氧量1 268.26万吨，总氮102.48万吨，总磷16.04万吨，铜2 397.23吨，锌4 756.94吨。畜禽养殖业粪便产生量2.43亿吨，尿液产生量1.63亿吨。重点流域畜禽养殖业主要水污染物排放量：化学需氧量705.98万吨，总氮45.75万吨，总磷9.16万吨，铜980.03吨，锌2 323.95吨。在我国畜牧业的发展历程中，散养户和小规模养殖户是我国畜产品的最主要生产者。由于散养和小规模养殖模式能够较容易地通过粪便还田等方式处理部分养殖废弃物，并且其废弃物的单位场(户)产生量相对较低，对环境的影响相对较弱，因此并没有引起足够的重视。我国现代农业的发展越来越多地表现为种植业和畜牧业的分离，越来越多的现代化养殖场没有或只有很少的耕地，一般是通过购买商品饲料来实现规模较大的养殖，难以实现种养两业的自我循环。而规模化养殖场具有废弃物总量多、对周边环境影响大、处理成本高等特点。随着规模化养殖的推进，规模化养殖比重的提高，养殖业环境污染的问题将变得愈发突出。随着我国畜牧业的发展，特别是规模化养殖比重和水平的提高，养殖废弃物总量将大幅增加，如果不能有效处理，将对生态环境造成严重的威胁，反过来制约我国畜牧业的可持续发展。如何实现对养殖废弃物的资源化、无害化和再利用处理，成为我国畜牧业可持续发展必须解决的问题。

### (二)畜牧产业发展与生态环境保护尚不协调

长期以来,我国畜牧业存在片面追求经济效益、对生态建设和保护重视不足等问题,导致养殖对生态的不利影响长期积累,生态保护难度有所加大。一是草原生态修复任重道远。草原是草原畜牧业发展的基础,然而由于人口增长、不合理人类活动以及草原畜牧业发展对草原的过度利用,造成草地资源生物量减少、草原生态环境退化,草畜矛盾突出。尽管经过十余年的环境政策干预,我国草原生态发生了一些趋好性变化,生态环境加剧恶化的趋势初步得到遏制,但已恢复的草原生态仍很脆弱,根据《全国草原监测报告(2013)》,全国中度和重度退化草原面积仍占 1/3 以上,我国重点天然草原的牲畜超载率为 16.8%,全国 246 个牧区、半牧区旗县天然草原超载率仍高达 21.3%。因此,迫切需要寻找一条草原地区畜牧业发展和生态环境保护相协调的可持续发展道路。二是养殖废弃物的处理距离法律法规的要求相差甚远。为了防治畜禽养殖污染,推进畜禽养殖废弃物的综合利用和无害化处理,保护和改善环境,保障公众身体健康,促进畜牧业持续健康发展,国务院于 2014 年开始实施《畜禽规模养殖污染防治条例》,该条例对畜禽养殖场、养殖小区的养殖污染防治提出了非常严格的要求,但达到要求的养殖场和养殖小区还比较少。我国畜禽饲养数量多,规模化养殖程度不高,病死畜禽数量较大,无害化处理水平偏低,随意处置现象时有发生。为全面推进病死畜禽无害化处理,保障食品安全和生态环境安全,促进养殖业健康发展,国务院办公厅在 2014 年就建立病死畜禽无害化处理机制提出了意见。该意见提出按照推进生态文明建设的总体要求,以及时处理、清洁环保、合理利用为目标,坚持统筹规划与属地负责相结合、政府监管与市场运作相结合、财政补助与保险联动相结合、集中处理与自行处理相结合,尽快建成覆盖饲养、屠宰、经营、运输等各环节的病死畜禽无害化处理体系,构建科学完备、运转高效的病死畜禽无害化处理机制。但抛弃、收购、贩卖、屠宰、加工病死畜禽事件仍然时有发生。

## 四、动物疫病防控形势依然严峻

虽然我国大多数动物疫病得到有效遏制,但是新发、再发和外来疫病威胁加大,重大动物疫病和人兽共患病危害依然严峻,我国疫病防控任务更加艰巨。重大动物疫病频发不仅给我国畜牧业造成巨大损失,也对我国人民健康形成直接和潜在的威胁。

### (一)动物疫病频发,损失巨大

在当前影响畜牧业可持续发展的各种因素中,以动物疫病的危害最为严重和直接,它给畜牧业带来了巨大的经济损失。据统计,我国动物疫病造成的猪死亡率约 10%,家禽近 20%,牛羊 3%～5%,均高于发达国家。经测算,近年来我国每年由重大动物疫病所造成的直接经济损失达 300 亿元以上,连同因疫病引起的生产性能下降、兽医卫生开支加大和其他经济损失每年共达 700 多亿元。重大动物疫病,尤其是人兽共患病,还严重威胁到人类健康。

### (二)动物疫病威胁更趋广泛复杂

目前我国动物重大疫病流行形势依然严峻,防控任务仍然艰巨。①新发再发传染病和外来疫病双重威胁。据 20 世纪 80 年代末的调查,我国动物传染病有 202 种,近 30 年又新增动物疫病 30 多种。②重大动物疫病和人兽传染病危害严重。高致病性禽流感、高致病性猪蓝耳病和口蹄疫等重大动物疫病短期内难以根除,布鲁氏菌病、结核病、炭疽、狂犬病、日本血吸虫病等人兽共患病尚未得到有效控制。③动物疫病复杂化。疫病症状非典型化、耐药谱增宽,出现跨种传播病毒和超级耐药细菌等。

### (三)动物疫病防控机制有待于进一步完善

尽管我国动物疫病防控工作在各个方面都取得了突出成就，但在疫病防控机制方面还有待进一步完善。①疫情责任追究制度不够明确，扑杀补偿机制不够合理，疫情调查、上报、公布、保密等制度不够完善。部分地方政府假借疫情责任追究实行地方保护，存在疫情瞒报甚至不报现象，导致疫情测报不落实、防控措施不到位，甚至成为疫情扩散的重要人为因素，国家更无法获得真实有效的疫情统计数据；还有一些养殖者抵触疫情公开和疫区动物扑杀，阻碍了迅速与有效控制疫情。②“以预防为主”变相为“以药物预防为主”。由于动物疫病监测诊断能力严重不足，动物疫病得不到及时准确的诊断，从而使行业不具备完善的预防能力；一些养殖者过于依赖疫苗和药物的大量投放，忽视生物安全条件建设和管理体系建设手段，致使兽药投入成本过高及部分养殖产品中药物残留较为严重。③种用动物的疫病净化工作还很不够，造成了疫病从源头垂直传播的问题。④市场准入机制、动物疫病区域化管理及免疫退出机制不完善，还存在活畜禽交易、活畜禽远距离运输、动物私屠乱宰等不规范现象。

## 五、畜产品加工业的引领功能有待强化

发达的畜产品加工业是现代畜牧业必不可少的组成部分和重要标志。加快畜产品加工业发展，对于促进国民营养与健康、提升畜产品附加值、促进畜牧业经济结构调整和引领畜牧业稳定发展都具有重大战略意义。但与发达国家相比，我国畜产品加工业存在着加工水平低、产品结构不合理等问题，导致加工业对畜牧业的引领功能不强。

### (一)畜产品加工水平低

我国是世界上的畜产品生产大国，肉类、蛋类总产量长期稳居世界首位，奶类产量也处于国际前列。但是，由于消费习惯、加工业科技和装备发展滞后等因素，我国畜产品加工业存在加工率低、产值低，特别是产品结构不合理。加工产品以初级产品为主，深加工比重低。例如肉制品，我国生鲜肉品比重过大，深加工肉制品比重仍偏低；生鲜肉品中热鲜肉和冷冻肉比重高，符合未来消费方向的冷却肉比重却偏低，而国外生鲜冷却肉却在向经过更加精细加工的调理制品发展；深加工肉制品中高温制品比重偏高，低温制品(中高档次)比重偏低，且目前发展比较快的调理制品比重更低。这些问题使得加工业对畜牧业发展的引领作用不足。

### (二)畜产品加工业的减震作用不强

畜产品加工业既能引领和带动畜牧业发展，提升畜牧业附加值，又能有效调节畜产品供需平衡，稳定物价，减缓畜牧业的剧烈波动，促进畜牧业的稳定发展。发达国家非常重视畜产品加工业的发展，在科技创新、装备开发等强力支持下，畜产品深加工率已达到50%～90%，精深加工产值与初级产品产值比值可达3∶1，并且畜牧业发展均是以大型加工企业引领。目前我国畜产品加工业仍处于发展初期阶段，加工企业规模小，生产能力利用不足，加工装备落后，加工深度和水平低，加工企业与养殖者没有形成利益共同体，对市场供求及价格的剧烈波动起不到稳定器的作用。

## 六、科技支撑能力急需提升

科技进步是畜牧业可持续发展的核心推动力。改革开放以来，我国畜牧业的科技创新水

平不断提高，对畜牧业的贡献逐步增大，但与发达国家相比仍有较大差距。

### (一)科技投入强度长期偏低，创新性人才缺乏

畜牧业的科技投入强度偏低。我国科技投资强度低于发达国家，我国农业科技投入强度就更低于发达国家，而畜牧业科技投入在农业科技投入中的占比远远低于畜牧业产值在农业产值中的占比，这说明国家的科技投入满足不了畜牧业发展的需要。我国在畜牧业中的科研人员总量偏少，在品种培育、污染防治、养殖产品加工等基础研究、前沿技术研究领域严重缺乏具有较强自主创新能力和国际影响力的科研人才。

### (二)科技条件差，自主创新能力弱

良好的科研条件建设是保障自主创新能力的基石。目前我国畜牧科技条件建设方面存在明显不足，主要表现在：以畜牧科技为主要研究对象的国家重点实验室、国家工程中心、重大动物疫病国家参考实验室等国家级科研平台偏少；畜禽遗传资源保种场(保护区、基因库)、畜禽生产性能测定中心(站)、种畜禽场等设施设备急需改善；产品质量检测监测站、高级别动物试验基地、野生动物疫情测报站、诊断实验室、公路动物防疫监督检查站和乡镇畜牧兽医站等基层的公益性平台建设不仅数量少，而且存在后续运转经费无法落实的问题。目前我国畜牧科技自主创新能力特别是原始创新能力偏弱，缺乏一批具有重要应用价值的重大创新性成果，主要表现在：目前自主培育的动物新品种在生产中所占的比例较小，国外优良品种垄断市场的局面未明显改变；饲草料基础数据和营养需要体系研究进展缓慢，新型饲料资源开发利用的技术研发还不深入，草原各种生物灾害监测预警与防控技术研究和应用程度还远远不够等。

### (三)科技推广体系有待于健全

我国畜牧业科技成果转化率落后于畜牧业发达国家，主要是因为我国畜牧科技推广人才素质偏低，科技公益性基层推广网络效用不佳，大多数基础推广机构缺乏足够资金支持，缺乏合理的人才激励机制，存在素质偏低、年龄老化、队伍不稳等问题，特别是一些新技术新方法推广体系尚未建立。公益性的畜牧科技推广体系不完善，商业性的畜牧科技推广体系发展不足。

## 七、畜牧业的规模化、标准化、组织化程度偏低

畜牧业规模化、标准化、组织化的程度，会对畜牧业的劳动生产率、畜禽生产率、生产成本、投入产出效率、饲草料等资源利用率、产品质量等级、疫病防控、环境污染治理、价格稳定与生产经营者的利益分配等产生十分重要的影响。

### (一)规模化养殖程度较低

虽然我国畜牧业规模化养殖程度有了明显的进展，但与畜牧业发达国家相比，我国畜牧业规模化经营程度仍然偏低。我国畜牧业规模化经营程度偏低的原因来自于资金、技术、饲草、场地、经营管理能力缺乏等许多方面，而造成的结果是畜牧业劳动生产率低下，畜产品成本和价格不断增长，畜产品缺乏国际竞争力，小规模经营户常常是选择退出而不是通过扩大经营规模来谋生存。

### (二)标准化生产进展较为缓慢

畜禽标准化生产，就是在场址布局、栏舍建设、生产设施配备、良种选择、投入品使用、卫生防疫、粪污处理等方面严格执行法律法规和相关标准的规定，并按程序组织生产的过程。各地

畜牧兽医主管部门要围绕重点环节，着力于标准的制订、修订、实施与推广，达到"六化"，即：畜禽良种化，养殖设施化，生产规范化，防疫制度化，粪污处理无害化和监管常态化。但总体来看，我国畜牧业标准化生产还处在典型示范阶段，还不是广大养殖场户的普遍选择。这当然会影响畜牧业的投入产出效率，难以生产出高质量的畜产品，容易遭受疫病的侵害，废弃物等不能得到有效的处理等。

#### (三)组织化程度偏低

家庭经营是畜牧业生产的最基本经营单位，但由于家庭经营规模比较小，在与现代大市场对接的过程中存在着很多问题，因而需要走组织化的道路。组织化的路径之一是建立畜牧专业合作社。在家庭经营的基础上，建立畜牧专业合作社有助于促进畜牧业的社会分工与生产专业化，有助于减少畜产品交易的不确定性，有助于减少畜产品和畜牧专有资产的损失，有助于节约交易成本和寻求规模经济，有助于市场经济的完善。但由于我国畜牧业专业合作社运作不规范，特别缺乏地区性、全国性的专业合作社，因而合作社应有的很多功能发挥不出来。虽然在肉鸡、蛋鸡等产业采取公司＋合作社＋养殖户等模式实现了较为紧密的一体化生产经营，但公司始终处于主导地位，养殖户仍然非常缺乏定价话语权和利润分配机制，市场价格频繁大幅度波动，特别是活畜禽价格长期低于养殖成本，引发出许多道德、违法行为。

## 第三节　畜牧业可持续发展战略

### 一、畜牧业可持续发展的总体思路、基本原则

#### (一)总体思路

我国畜牧业可持续发展的总体思路是，以保障畜产品有效供给、动物源食品安全和养殖生态环境友好和谐为目标，以科技进步为支撑，以加快推进适度规模化标准化为根本手段，强化资源安全、质量安全、环境安全及养殖安全保障，促进畜禽种业等战略性新兴产业和加工业等重点产业的发展，加快推进我国畜牧业由数量增长型向质量效益型、资源高耗型向资源节约型、环境污染型向环境友好型转变，推进畜牧业结构调整和经济发展方式转变，促进环境、生态、资源、动物与人类和谐相处、协调发展，走出一条具有中国特色的"高效、安全、健康、绿色"的畜牧业可持续发展道路。

#### (二)基本原则

1. 坚持自给为主原则　从我国人口众多、需求巨大的国情出发，为保障国家安全和社会稳定，必须坚持畜产品基本自给的原则。虽然随着农产品贸易自由化的推进，加之我国畜产品生产成本和价格的上涨，我国牛羊肉、乳制品等的进口在增加，贸易逆差在扩大，但实现畜产品的基本自给仍然是要坚持的基本原则。

2. 坚持因地制宜原则　我国地域辽阔，各地自然资源禀赋、经济发展水平、产业现实基础与居民需求都存在着差异，因此各地应该根据自身的自然社会经条件，确立本地的优势主导产业，采取适合本地条件的种养结构、养殖模式、经营规模和产业化经营模式，形成各具特色的产

业集聚、产业融合、产业循环经济模式。

3. 坚持质量优先原则　为保障居民生命健康，应加快推进标准化生产，加快建立完善的畜产品质量安全监管体系，加强对畜产品生产、加工、运输、贮存等各环节的全程质量安全控制，强化从业人员质量安全保障生产自律意识，从而确保各类畜产品的质量安全与可靠。

4. 坚持生态友好原则　为保持良好的生态环境，实现畜牧业的可持续发展，应在不破坏生态环境、不危害人类生存环境的前提下发展畜牧业，注重养殖过程的生态环境保护及养殖废弃物的有效利用，注重畜牧业环保意识的宣传，实现人类、动物、生态、环境的和谐发展。

5. 坚持持续高效原则　在推动畜牧业发展方式转变的过程中，必须注重提高畜牧业的综合生产能力，也就要同时提高畜产品的生产效率、质量安全水平和生态环境保护和治理水平，实现畜牧经济、生态环境和社会的可持续发展。

## 二、畜牧业可持续发展的战略重点

我国畜牧业可持续发展的战略重点是加快畜牧业结构调整和经济发展方式转变，实现质量效益、资源节约、环境友好条件下的产量提高；同时，保障畜牧业可持续发展所必须的良种和饲料等资源供应，并通过拓展养殖产品加工业延伸产业链，提高养殖业的附加值。

### （一）规模化、标准化推进战略

坚持科学合理的规模化、标准化战略。加快推进畜牧业规模化、标准化战略，有利于增强畜牧业综合生产能力，保障畜产品供给安全；有利于提高生产效率和生产水平，增加农民收入；有利于从源头上对畜产品质量安全进行控制，提升畜产品质量安全水平；有利于有效提升疫病防控能力，降低疫病风险，确保人畜安全；有利于加快牧区生产方式转变，维护国家生态安全；有利于畜禽粪污的集中有效处理和资源化利用，实现畜牧业与环境的协调发展。

畜牧业规模经营要以家庭经营为基础，在自愿互利的基础上通过专业合作社和公司等龙头企业实现外部经营规模的扩大。在农区畜牧业经营规模的扩大要注重考虑种养结合，要特别考虑耕地对粪肥的消纳能力；在牧区畜牧业经营规模的扩大要首先考虑草地的承载能力。要注意畜牧业的规模经营不是简单的经营规模扩大，而在生态环境可承载的前提下，实现经济效益的最大化。

我国畜牧业的标准化可以概括为“六化”，即畜禽良种化，养殖设施化，生产规范化，防疫制度化，粪污处理无害化和监管常态化。要因地制宜，选用高产优质高效畜禽良种，品种来源清楚、检疫合格，实现畜禽品种良种化；养殖场选址布局应科学合理，符合防疫要求，畜禽圈舍、饲养与环境控制设备等生产设施设备满足标准化生产的需要，实现养殖设施化；落实畜禽养殖场和小区备案制度，制定并实施科学规范的畜禽饲养管理规程，配制和使用安全高效饲料，严格遵守饲料、饲料添加剂和兽药使用有关规定，实现生产规范化；完善防疫设施，健全防疫制度，加强动物防疫条件审查，有效地防止重大动物疫病发生，实现防疫制度化；畜禽粪污处理方法得当，设施齐全且运转正常，达到相关排放标准，实现粪污处理无害化或资源化利用；依照《畜牧法》《饲料和饲料添加剂管理条例》《兽药管理条例》等法律法规，对饲料、饲料添加剂和兽药等投入品使用，畜禽养殖档案建立和畜禽标识使用实施有效监管，从源头上保障畜产品质量安全，实现监管常态化。各地要建立健全畜禽标准化生产体系，加强关键技术培训与指导，加快相关标准的推广应用步伐，着力提升畜禽标准化生产水平。

### (二)科技进步促进战略

坚持“加大投入、人才为本、强化创新”的科技进步促进战略。加大科研投入，拓宽投入渠道，改革资金运行机制，提高资金拨付效率和利用效率，重视国家阶段性投入与畜牧业连续性科研之间的矛盾；以人为本，加强科技创新团队和领军型创新人才培养；加快重点实验室、工程技术研究中心、产业技术体系或联盟等平台建设；坚持产学研用紧密结合，建立健全良种繁育、饲料加工、疫病防控、污染防治、现代加工等科技创新体系，加强畜牧科技自主创新；以畜牧科技服务中介组织为主体，建立完善先进养殖科技推广体系。

### (三)饲料资源保障战略

坚持“调整结构、挖掘潜能、拓宽渠道”的饲料资源保障战略。在保障口粮供给的前提下，扩大饲用粮食作物和人工牧草的种植；培育饲料用粮和人工牧草专门化优良品种；同时，采取走出去的方式积极拓展饲料进口渠道；加强我国玉米豆粕的替代资源的开发利用；积极发展新型饲料添加剂产品、安全环保型饲料产品和地方特色饲料产品；健全饲料质量安全监管体系。针对我国饲料谷物资源短缺，能量饲料供应不足，蛋白质饲料原料严重匮乏，蛋白质饲料自给率低下等问题，开发和高效利用各种饲料资源；针对我国优质牧草资源有限，草原牧草还难以满足牧区养殖需要等问题，开展饲草料营养含量、各类畜禽营养标准和饲料配方研究，建立饲料资源高效利用大数据平台，为营养的标准化奠定基础。

### (四)食品安全保障战略

坚持“加强执法、完善标准、全程控制”的食品安全保障战略。制订以动物源食品安全为主体的专门化法律法规，加大执法力度和惩罚力度；建立责权明确、高度协调的监督管理体制；加强动物源食品安全风险评估、食品安全控制、监测与检测和溯源跟踪等技术研究，建立和完善动物源食品安全风险评估体系、安全标准体系、安全监测体系及认证认可体系，逐步建立和完善统一、权威、高效的动物源食品安全全程综合控制体系。

### (五)生态环境保育战略

坚持“政策引导、载量控制、综合利用”的生态环境保育战略。完善相关法律法规，奖惩相结合，以财政补贴等形式鼓励养殖户建立污染防治设施和开展污染防治，对污染治理不力行为加大惩罚力度；以农牧结合为重点，因地制宜地推广以农、林、牧、渔相结合的复合产业生态养殖；开展区域畜牧业环境承载力评价，控制区域内养殖规模；在养殖重点区域和环境敏感区域建立环境监测预警体系，初步建成国家畜牧业污染监测网络；适时推出对饲料中重金属添加量最高值进行限定的法规；以“变废为宝”为宗旨，加强养殖废弃物无害化、资源化和再利用的处理技术研究和推广，实现养殖废弃物综合利用；高度重视草原牧区的生态效益，通过多种手段使草原载畜量恢复到平衡水平；充分发挥草原草地的固碳功能，将草原草地的保育纳入我国低碳经济战略中。

### (六)重大疫病防控战略

坚持“加强监控、转变策略、渐进净化”的重大疫病防控战略。统一国家兽医行政管理职能，推进官方兽医制度和执业兽医制度建设，加快兽医队伍建设工程、兽医科技创新工程、新型兽药创制工程和基础设施建设工程建设，全面提升动物疫病防控能力。以奖代惩，完善和改革动物疫病监测预警、疫病报告、风险分析等制度；预防为主，综合防控，完善扑杀补贴机制；加快落实国家中长期动物疫病防治规划，有计划、分阶段地逐步消灭危害严重的某些重大动物疫病，控制或区域净化某些一类重大动物疫病，控制重要人兽共患病，有效防范外来动物疫病。伴随标准化规模养殖的推进，加快提高养殖场户动物防疫管理水平和生物安全隔离能力；推行无规定疫病区、生物安全隔离区建设，推行无疫苗无抗生素健康养殖示范生产。

### （七）新兴产业培育战略

坚持“明确产业、依靠科技、立足长远”的新兴产业培育战略。重点打造动物种业、动物生物医药产业和生物质能源产业等战略性新兴产业。制定和实施相关战略性新兴产业的发展规划，加大投入，加强自主创新和技术集成推广，推进新兴产业的产学研结合和产业化运作。动物种业重点是确立引种为辅、选育为主的指导思想，建立企业为主导的产学研结合的科技创新体系和国家为支撑的动物育种体系，加强遗传资源的保护和利用，加强种用动物质量管理和疫病净化，打造发达的自主种业，为我国畜牧业转型和可持续发展提供坚实基础，为我国国民经济提供新的增长点；生物医药产业重点是建设原始创新平台；生物质能源产业的重点是开发和推广可盈利的养殖业废弃物沼气生产技术和模式。

### （八）重点产业提升战略

坚持“扶持龙头、品牌引领、适度集中”的重点产业提升战略。重点支持对畜牧业带动作用大、发展前景好、基础相对较弱的产业，包括畜产品加工业、牛羊业等。培育加工业龙头企业，鼓励品牌建设，提高产业集中度，加强加工关键技术创新，建立相关标准体系，大幅度提高产品加工比重，提升畜牧业附加值；建立全国标准统一的畜禽生产性能测定与品种登记制度，继续加强品种登记、性能测定和后裔测定等，提高良种繁育能力，大幅度提高畜禽单产和良种化水平，推进标准化规模养殖建设。

### （九）畜牧业强国战略

畜牧业强国战略就是主要依靠自身力量解决我国人民畜产品供给问题，对内改变畜牧业在国民经济中的短板地位，对外彰显我国在国际畜产品市场竞争中的优势，通过畜牧业现代化，实现畜牧业高质量发展，农牧民走向共同富裕。畜牧业强国的主要特征表现为：畜产品供给能力强，畜牧业科技与产业创新能力强，畜牧业可持续发展能力强，畜产品国际竞争力强，畜牧业现代化水平高。

### （十）积极稳妥推进畜牧业“双碳”战略

“双碳”是指碳达峰与碳中和。碳达峰是指某个地区或行业年度二氧化碳排放量达到历史最高值，然后经历平台期进入持续下降的过程，是二氧化碳排放量由增转降的历史拐点，标志着碳排放与经济发展实现脱钩，达峰目标包括达峰年份和峰值。碳中和是指某个地区在一定时间内（一般指一年）人为活动直接和间接排放的二氧化碳，与通过植树造林等吸收的二氧化碳相互抵消，实现二氧化碳“净零排放”。碳达峰与碳中和紧密相连，前者是后者的基础和前提，达峰时间的早晚和峰值的高低直接影响碳中和实现的时长和实现的难度；而后者是对前者的紧约束，达峰行动方案必须在实现碳中和的引领下制定。

我国政府提出要力争在2030年前实现碳达峰、2060年前实现碳中和。为此要根据我国畜牧业生产规模和技术水平，在保障畜产品有效供给的前提下，预测畜牧业温室气体排放趋势和达峰时间，评估减排、固碳与可再生能源替代的潜力和成本，提出畜牧业碳达峰与碳中和的技术路径，加快制订颁布畜业碳达峰与碳中和的法律法规与技术标准，使我国畜业走上低碳发展的道路。

## 本章小结

农业可持续发展是指在满足当代人需要，又不损害后代满足其需要的发展条件下，采用不会耗尽资源或危害环境的生产方式，实行技术变革和机制性改革，减少农业生产对环境的破坏，维护土地、水、生物、环境不退化、技术运用适当、经济上可行以及社会可接受的农业发展战略。依据农业可持续发展的内涵，畜牧业可持续发展应该以科技进步支撑畜牧业"高效、安全、健康、绿色"发展。畜牧业可持续发展的基本特征是生态可持续、经济可持续和社会可持续。制约我国畜牧业可持续发展的主要因素有畜产品需求呈刚性增长、资源短缺制约更趋严重、生态环境压力日益凸显、动物疫病防控形势依然严峻、畜产品加工业的引领功能不强、科技支撑能力有限，以及畜牧业的规模化、标准化、组织化程度偏低。畜牧业可持续发展应坚持自给为主、因地制宜、质量优先、生态友好和持续高效的原则。加快推进畜牧业规模化和标准化、促进科技进步，坚持饲料资源保障、食品安全保障、生态环境保育、重大疫病防控、新兴产业培育、重点产业提升畜牧业强国战略、积极稳妥推进畜牧业"双碳"战略应作为畜牧业可持续发展的战略重点。

## 复习思考题

1. 畜牧业可持续发展的基本内涵与基本特征是什么？
2. 我国畜牧业可持续发展的制约因素有哪些？
3. 我国畜牧业可持续的基本思路和基本原则是什么？
4. 我国畜牧业可持续发展的战略重点有哪些？

## 参考文献

[1] 王济民，张蕙杰，等. 21世纪初期我国畜牧业发展战略与科技对策研究. 北京：中国农业出版社，2010.

[2] 中国养殖业可持续发展战略研究项目组. 中国养殖业可持续发展战略研究. 北京：中国农业出版社，2013.